美育学

杜卫 ◎ 著

人民出版社

责任编辑：刘　恋　岳改苓
封面设计：林芝玉

图书在版编目（CIP）数据

美育学/杜卫 著. —北京：人民出版社，2022.12（2024.12 重印）
ISBN 978－7－01－025125－7

Ⅰ.①美…　Ⅱ.①杜…　Ⅲ.①美育　Ⅳ.①G40-014

中国版本图书馆 CIP 数据核字（2022）第 182249 号

美 育 学
MEIYU XUE

杜 卫 著

人民出版社 出版发行
（100706　北京市东城区隆福寺街 99 号）

中煤（北京）印务有限公司印刷　新华书店经销

2022 年 12 月第 1 版　2024 年 12 月北京第 3 次印刷
开本：710 毫米×1000 毫米 1/16　印张：29
字数：440 千字

ISBN 978－7－01－025125－7　定价：90.00 元

邮购地址 100706　北京市东城区隆福寺街 99 号
人民东方图书销售中心　电话（010）65250042　65289539

目　录

中编　审美发展论

下编　美育方法论

绪　　论

第 一 章

美育学建构的问题、范畴和方法

　　"美育"这个术语是席勒创造的,20 世纪初被引入中国。但是,"美育学"这个术语在席勒及其后的一些西方重要美育论著中没有发现,很可能是东亚学者创造的。① 1903 年,王国维发表了《论教育之宗旨》,文中提到了"美育学"一词:"希腊古代之以音乐为普通学之一科,及近世希痕林、歇尔列尔等之重美育学,实非偶然也。"②这很可能是汉语文献中最早出现"美育学"的说法。从上下文看,王国维说的"美育学"是继承了古希腊音乐教育传统的一科,具体是指以审美培养人格的系统学说或理论。在另一处,他用了"审美学"一词,说:"今转而观我孔子之学说,其审美学上之理论虽不可得而知,然其教人也,则始于美育,终于美育。"③这里"审美学"的意思是指美学或者审美哲学,与美育学的用法在学理上一致。此后,虽然有蔡元培大力倡导美育,发表了不少关于美育的演讲,并且李石岑、吕澂、朱光潜、丰子恺、蔡仪等学者也都有一些论述美育的论著,但是我国系统的美育理论建构很晚才出现。

---

① 　关于"美育学"在日本出现的情况,目前查到有菊之家主人:《美人之镜:一名·容貌改良美育学》,俭养馆 1892 年版。该书内容主要是涉及服饰美容,其中第一编"关于美育学的论说",用了"美育学"一词,介绍了中村正直博士和国家图书馆馆长九鬼隆一关于"美育学"的论述。这本小册子里所写的"美育学"使用的是汉字形式。后来三国祟提到"美育学",意思明显与日本的论著不同。这条资料的查找得到梁艳萍教授的帮助,谨表谢忱。

② 　王国维:《论教育之宗旨》,《王国维全集》第 14 卷,浙江教育出版社、广东教育出版社 2009 年版,第 11 页。

③ 　王国维:《孔子之美育主义》,《王国维全集》第 14 卷,浙江教育出版社、广东教育出版社 2009 年版,第 16 页。

纵观 20 世纪中国美育理论研究论著,较早出现的美育学著作是杨恩寰主编的《审美教育学》(1987 年)。从源头上讲,"美育"这个术语可以被看作是"审美教育"的简称,而"审美教育学"的提法与"美育学"在实质上应该是一致的。在此书中,作者明确提出:

> 审美教育学是正在走向成熟、着手建立的一门新的学科。①

随着中国高等教育学科建制的逐渐形成,"学科"概念开始被应用到学术研究中,由此,"美育学"就不单单是系统"学说"或"理论"的意思了,而是突出了"学科"的意义。最先以"美育学"冠名的著作要数蒋冰海的《美育学导论》(1990 年)。这部著作提出:

> 美育学,是美学的一个分支,同时,也是一门具有广阔前景的应用学科。②

在这里,蒋冰海明确把美育学定位成"美学"的一个学科分支,而且是"应用学科"。此后,被冠以"美育学"的著作陆续出现,例如,《现代美育学导论》(杜卫著,1992 年)、《美育学概论》(杜卫主编的国家教委重点教材,1997 年)、《走向现代形态美育学的建构》(刘彦顺著,2007 年),等等。另外,论述美育学研究以及知识建构、学科建设的论文也有一些。曾繁仁认为"美育"已发展成为"独立的学科",在中国,美育已经"走到社会与学科前沿",应该"建立具有中国特色的美育学科的范畴体系"。③

从王国维提出"美育学"到今天的 100 多年里,"美育学"从一个名词发展为由美学、艺术学与教育学等学科交叉而成的学科分支,具有理论和应用双重性质。学科并不仅仅是建制,构成其内涵的是美育的知识体系。20 世纪 80 年代开始的美育学理论建构虽然取得了一定的进展,但是深入系统的美育知识体系还在形成过程之中。随着国家和社会各界对于美育的特殊作用和重要价值越来越重视,美育的教学、研究及美育师资培养培训出现了空前大的需

---

① 杨恩寰主编:《审美教育学》,辽宁人民出版社 1987 年版,第 1 页。
② 蒋冰海:《美育学导论》(修订本),上海人民出版社 1999 年版,第 1 页。
③ 曾繁仁:《走到社会与学科前沿的中国美育》,《文艺研究》2001 年第 2 期。

求,美育学的学科建设已被提上议事日程。① 我国有着深厚的美育思想传统,也为建设"美育学"学科知识体系提供了良好的基础。因此,中国建立美育学的条件已经基本具备。

"学科"一般有两层基本的含义:一是知识体系,即相对独立的知识领域和知识体系;二是基于特定知识领域及其知识体系而在大学等学术机构建立的教学和研究体制,具体体现为教学科研机构或平台。前者是学科的根基和内涵,是后者的理据,后者是为相关知识领域的知识生产和人才培养服务的学术实体。这里讨论的美育学建构主要涉及美育学知识体系的建构,这是未来美育学学科建制的基础。

一、美育学建构所面临的本土问题

任何人文学科的理论,其意义和价值首先来源于具有历史具体性的真实而有意义的问题。尤其是在 20 世纪以来大量西方思想文化涌入中国的背景下,对于中国的人文学者来说,确立基于本土思想文化和现实社会问题的理论观点和命题显得更为重要。中国美育学不单单是对中国美育传统思想和知识的总结,更重要的是面对中国当下思想文化和教育问题、打通古今中外美育思想的中国人的美育理论;立足当下本土问题,传承中国优秀美育传统是其鲜明特点。

20 世纪,西方美学、美育理论和教育学理论传入中国,王国维、蔡元培、朱光潜等先贤是针对着当时中国的人生问题和社会问题而倡导美育的。他们最关心的问题是国人内心和社会文化的改造,也就是广义的启蒙。这种启蒙的意向决定了中国现代美育理论具有强烈的现实指向性,也就是说,不管这些先贤如何强调审美、艺术和教育的独立,注重审美的超脱或无功利性,其思想内

---

① 例如,中央美术学院于 2019 年召开"美育学学科建设专家咨询会",中国美术家协会主席、中央美院院长范迪安在 2020 年全国政协会议上提出"加强美育学学科建设"的提案,2020 年 9 月 1 日来自中央美术学院等单位的领导和专家学者在《中国教育报》发表了一组"加强美育学学科建设、推动美育事业发展"的笔谈。2020 年 9 月,《艺术教育》刊发了一组关于"艺术教育学科建设"的文章。

涵并不等同于西方审美现代性思想，他们归根到底是想通过审美和艺术使国人的内心世界产生变革，由此推动中国当时的文化乃至社会发生变革。所以，他们提出的美育理论普遍重视国人思想道德的改造，希望用审美、艺术来洗刷人心、纯洁情感、提升精神。这就决定了他们的美学和美育思想在核心层面隐含着某种执着的"审美功利主义"倾向，只不过他们认定美或者审美（艺术）本身就具有这种育人的独特效用，试图使这种功能效用作用于国人心理本体和中国思想文化的重建。① 例如，王国维是为了解决人生苦痛和社会罪恶，蔡元培是为了消除一些国人"近功近利"的私念，朱光潜是为了使一些国人"脱俗"。②

今天思考中国美育学的知识建构，我们同样要从当下的问题出发，首先就要探讨当前中国的思想文化现状和教育（包括美育）实践对学术界提出的与美育相关的问题。笔者认为，这些问题主要有两个层面：一个是一般意义上"以人为本"的教育观念和人的全面发展的指导思想，这是育人的根本性问题；另一个是学生审美、人文素养的培养和促进个体创造力的发展，这是属于美育的特殊问题。具体表现为：在美育过程中促进学生审美发展，使其在逻辑思维发展的同时，发展敏锐的感知力、活泼的想象力和丰富的体验力，以保持感性和理性平衡发展；通过优秀艺术品和自然景观的熏染，使学生于内心深处养成真诚的仁爱之心，助力道德发展；通过经典艺术作品的体验性学习，对人

① 关于中国现代"审美功利主义"的论述，详见杜卫：《中国现代的"审美功利主义"传统》，《文艺研究》2003 年第 1 期。

② 王国维："人有生矣，则不能无欲；有欲矣，则不能无求；有求矣，不能无生得失；得则淫，失则戚：此人之所同也。……避苦而就乐，喜得而恶丧，怯让而勇争：此又人人之所同也。于是，内之发于人心也，则为苦痛；外之发见于社会也，则为罪恶。然终世无可以除此利害之念，而泯人己之别者欤？曰：有，所谓'美'者是已。"（见王国维：《孔子之美育主义》，《王国维全集》第 14 卷，浙江教育出版社、广东教育出版社 2009 年版，第 13—14 页）蔡元培："我以为吾国之患，固在政府之腐败与政客军人之捣乱，而其根本，则在于大多数之人皆汲汲于近功近利，而毫无高尚之思想，惟提倡美育足以药之。"朱光潜："在这个危急存亡的年头，我还有心肝来'谈风月'么？是的，我现在谈美，正因为时机实在是太紧迫了。……我坚信中国社会闹得如此之糟，不完全是制度的问题，是大半由于人心太坏。我坚信情感比理智重要，要洗刷人心，并非几句道德家言所可了事，一定要从'怡情养性'做起，一定要于饱食暖衣、高官厚禄等等之外，别有较高尚、较纯洁的企求。要求人心净化，先要求人生美化。""在这封信里我只有一个很单纯的目的，就是研究如何免俗。"（朱光潜：《谈美》，《朱光潜全集》第 2 卷，安徽教育出版社 1987 年版，第 5—6 页）

类优秀文化成果有深入认知和吸收，并在此基础上完善学生的人格；通过艺术学习，丰富和发展个性，培养个体创意能力和创新意识，促进学生创造力的发展。美育的这些具体任务可以归结为一个核心，那就是培养"丰厚感性"。这不仅是我国当前教育所紧迫需要的，也是受理智主义、科学主义深重影响和消费主义文化强烈冲击的全球教育所需要的。

我们今天这个社会有一股非常强劲的潮流，那就是急功近利，逐利似乎成为人人可以接受的一种"公理"甚至"公德"。人生存发展的社会关系被不恰当地简化为物质利益关系，严重遮蔽了人生存发展的丰富性和多维度性。过分偏重功利目的，使得教育越来越专注于狭小专业领域，导致学生想象力贫乏、同情心萎缩、思维扁平化甚至僵化。对此，美国哲学家玛莎·C.努斯鲍姆给予了严肃批判。在《功利教育批判：为什么民主需要人文教育》等论著中，她批评美国的教育沦为了"功利教育"，教育的目的似乎只是为了增加财富，而忽视了人的丰富性。而她倡导的"民主教育"是一种人文教育，其中艺术和想象力的培养是重点之一。事实上，教育功利化是全球趋势，与此同时发生的是人文教育的削弱。虽然我国从政府层面明确教育目的是人的全面发展，倡导素质教育多年，国内外不少有识之士也都指出人文教育的削弱将使未来付出沉重代价，但是这种趋势还未得到根本性改变。

随着现代化步伐的加快，科技进一步强势发展，一方面带来了经济的繁荣、日常生活的诸多便利和国力的增强；另一方面，现代化的弊端逐渐显露，其表现之一便是全球整个教育中的人文知识被严重弱化。金耀基曾指出：

> 在科学大胜之下，大学知识结构成为一个"认知性的复合体（cognitive complex）"，出现一种排他性的"知识的科学典范"。即是说，什么都以科学为尺度，一定要是属于科学的东西才算"知识"，对科学的崇拜导致了"科学主义（scientism）"。科学主义，不仅认为科学是知识的一种形式，而且把知识与科学等同起来，科学即知识，知识即科学。事实上，现在一般人的思维已经逐渐接受了这种科学主义。不仅在中国有此现象，在全世界都有这种趋势。这当然是不合理的。其实，知识（knowledge）可以有多种不同的属性，科学性的知识之外还有其他的知

识。在这种科学即是知识的意识形态下,任何一种知识都必须带有科学的面貌或者尽量使其"科学化",才能享有"知识"的地位。①

这种情况不仅出现在大学,连中小学也深受影响。这种情况也不仅出现在教育界,而是遍布整个社会生活甚至私人领域。由于对"知识的科学典范"的迷信,似乎只有符合客观性、可重复性、标准化的知识才得到承认。再加上目前我国社会诚信建设不尽人意,人们对主观评价信心不足,于是各种评价和考试都要求客观化和标准化。这样的评价制度反过来深刻影响了教育教学过程,本着"考什么、学什么"的功利性动机,真正有用的知识就只剩下那些可以被客观化、标准化考试的知识和技能了。于是,人文知识、审美体验、道德感等主观性和个体性比较鲜明的知识和素养在目前学校里难以得到应有的重视!这是当前学校教育中疏于德育、美育的重要原因之一。

面对这样的状况,早在二十多年前,中国科学院院士杨叔子就指出部分大学生存在"五精五荒"现象:"精于科学,荒于人学""精于电脑,荒于人脑""精于网情,荒于人情""精于商品,荒于人品""精于权力,荒于道力"。他说:"面对知识经济的出现,'五个精于'是正确的,'五个荒于'是错误的。……'五个荒于'的严重后果是荒于个人的社会责任,'五个荒于'的根本则在于'荒于人学','荒于人文'。"因此,他强烈呼吁"加强大学的文化素质教育(特别是人文素质教育),提高大学生的文化素质(特别是人文素质)"。②"荒于人学"和"荒于人文"的后果不仅导致学生社会责任感的缺失,还造成了汉语能力、艺术能力、创造力、文化认知能力以及人文价值观念的系统性缺失。而且,对"知识的科学典范"的迷信甚至还可能造成对科学技术发展的障碍,那就是在教育过程中忽视甚至压抑创造力的发展。一味强调知识的客观性、可重复性和标准化就会导致教育重视普遍性而忽视个性、重视记忆而忽视想象、重视理智而忽视情感体验;错误地把个体的发展理解为逻辑思维的发展,忽视人的审美发展,从而使学生的个性、想象和情感得不到应有的发展,这容易伤害创造力的发展。

---

① 金耀基:《人文教育在现代大学中的位序》,《中国大学教育》2003 年第 11 期。
② 杨叔子:《现代大学与人文教育》,《高等教育研究》1999 年第 4 期。

一百多年前,蔡元培主张教育要"以人为本",并大力提倡发展学生的个性;他下大力气消除科举教育的影响,批判读书为了做官的陈腐观念。他说:"教育是帮助被教育的人,给他能发展自己的能力,完成他的人格,于人类文化上能尽一分子的责任;不是把被教育的人,造成一种特别器具,给抱有他种目的的人去应用的。"① "与其守成法,毋宁尚自然;与其求划一,毋宁展个性。"②

这种以人为本、重视学生个性发展和在教育过程中突出学生中心地位的思想,对于我国当今的教育还具有十分准确的针对性。1919 年 5 月,蔡元培去职离京,在天津车站接受记者采访时,谈到了他以后的计划。他说要找一个"幽僻之处,杜门谢客",温习德语、法语,并学习英语,"以一半日力译最详明之西洋美术史一部,最著名之美学若干部,此即我此后报国之道也"。接着他说道:

> 我以为吾国之患,固在政府之腐败与政客军人之捣乱,而其根本,则在于大多数之人皆汲汲于近功近利,而毫无高尚之思想,惟提倡美育足以药之。③

类似的话语也出现在 20 世纪 30 年代出版的《谈美》中,朱光潜写道:

> 我坚信中国社会闹得如此之糟,不完全是制度的问题,是大半由于人心太坏。我坚信情感比理智重要,要洗刷人心,并非几句道德家言所可了事,一定要从"怡情养性"做起,一定要于饱食暖衣、高官厚禄等等之外,别有较高尚、较纯洁的企求。要求人心净化,先要求人生美化。④

在当今批判"精致的利己主义"和"急功近利"浮躁心态的语境中,重温蔡元培和朱光潜百年之前讲的这些话,不禁为其诊断之精准、思想之深刻而感慨万千!

在"科学主义"和"急功近利"观念的影响下,我们的教育还不能完全把学

---

① 蔡元培:《教育独立议》,《蔡元培全集》第 4 卷,浙江教育出版社 1997 年版,第 585 页。
② 蔡元培:《新教育与旧教育之歧点》,《蔡元培全集》第 3 卷,浙江教育出版社 1997 年版,第 338 页。
③ 蔡元培:《在天津车站的谈话》,《蔡元培全集》第 3 卷,浙江教育出版社 1997 年版,第 630 页。
④ 朱光潜:《谈美》,《朱光潜全集》第 2 卷,安徽教育出版社 1987 年版,第 6 页。

生视为一个活泼的生命个体,顺着学生的个性发展需要提供适当的教育;还不可能完全从学生的全面发展出发来组织教育活动,把孩子们在教育过程中的健康成长作为教育最重要的价值;而升学、考级、就业等被排在了学生全面发展和健康成长之前,对于学生精神成长和心灵陶冶关心不够,这种残缺的教育也就很难为美育的正常开展提供充分机会。学校教育偏重"工具性",没有把人文价值教育摆在突出地位,而美育就是一种价值教育,不仅能为学生道德成长提供重要基础,而且会对学生人生观、价值观的生成产生积极影响。这就需要学界加强有关问题的针对性研究,为教育改革和加强美育工作提供理论上的支撑。美育在整个人文教育体系中处于基础地位,推动美育在各级各类学校的开展是落实教育"以人为本""立德树人"理念的重要举措。美育学的知识建构应该紧扣这个时代特征。

美育是一种偏重感性的教育,它和理性方面的教育一起组成相互协调的促进人感性和理性协调发展的教育。目前的情况是,一方面学校课程偏重理智发展和记忆力的强化,另一方面社会上"滥情"的娱乐文化对儿童青少年影响非常大。社会上的娱乐文化也是以艺术的面目出现的,有些非常感性化,非常"煽情",这在自媒体娱乐节目中表现得尤为突出。针对"娱乐至死"的这种"感性",美育将如何定位?面对这种"滥情"的"艺术",我们还能笼统地把艺术作为丰富人的人文素养、提升人的精神境界的途径吗?当初,美学的诞生可以说是体现了感性对理性压抑的一种反抗,这种反抗成为审美现代性的核心意义。[①] 但进入现代化中后期或者后现代文化时期,美学必须回应这些问题,美育学也必须对美学的一些基本范畴做出重新审视。这就不仅仅是美育学自身的建设,而且是美育问题推动美学基本概念范畴的反思和更新。其实,自20 世纪以来,中国美学一些重要概念的内涵就来自美育问题研究。

目前学校美育存在一个突出的问题,即没有把审美能力的培养作为核心

---

① 伊格尔顿曾指出:"美学是作为有关肉体的话语而诞生的。……审美关注的是人类最粗俗的,最可触知的方面,而后笛卡儿哲学(post-Cartesian)却莫名其妙地在某种关注失误的过程中,不知怎的忽视了这一点。因此,审美是朴素唯物主义的首次激动——这种激动是肉体对理论专制的长期而无言的反叛的结果。"(特里·伊格尔顿:《美学意识形态》,王杰译,广西师范大学出版社 1997 年版,第1 页)

目标。一方面,受到工具主义和急功近利观念的影响,直接把审美观培养定为美育的目标,殊不知个体审美发展的规律是在自己不断积累审美经验的基础上才能形成审美观的,而审美经验的获得和积累主要依靠审美能力。说到底,还是一种灌输式教育观念在作祟,以为审美观是可以通过老师的说教"输入"到孩子们心里的。例如,告诉学生哪些是美的,哪些是不美的,以及为什么。这种陈旧教育观念与我们这个时代严重脱节。教育的主要任务之一是培养人不断学习、成长的能力①,此所谓"授人予渔",这是国际教育界的共识,也是我国 20 世纪末教育改革以来的一个重要认识成果。对于美育来说,培养学生审美能力就是使学生在审美领域"学会学习"的关键。只有具备一定的审美能力,学生才会对审美活动保持持久兴趣,不断在审美活动中获得审美经验,这是美育的基础。所以,美育的理论和实践都应该把培养审美能力作为美育的核心任务。审美能力是人的一种特殊能力②,不同于一般的日常认知能力和科学认知能力,这就需要加强对这种特殊能力的研究,以提高美育的针对性和有效性。然而,我国对于审美能力的研究很薄弱,不仅理论界对这方面的研究成果不多,而且心理学界对于审美能力的实验研究更是缺乏,这也从另一个方面导致了我国对于培养和发展个体审美能力的忽视。教育是为了人的全面发展,同理,美育也应该着眼于学生的审美发展,即学生在审美能力和审美意识等方面的成长。人的审美发展不同于科学认知能力的发展,不是一个从具象的感知型认知到抽象的逻辑型认知的转变,而是一直保持着具象的不断丰富和深化的过程。但是,目前对于审美发展的研究成果不多,相比逻辑型认知发展的研究成果几乎可以忽略不计了。这种缺失导致我们对中国儿童青少年审美发展的基本规律、阶段性特点和个性差异等缺乏必要的认知,因而缺少对美育特殊规律和方法的正确把握,容易造成美育教学的盲目性。对于审美能力

---

①　约翰·杜威说:"教育的目的在于使个人能继续他们的教育,或者说学习的目的和报酬是继续不断生长的能力。"(约翰·杜威:《民主主义与教育》,《我的教育信条》,彭正梅译,上海人民出版社 2017 年版,第 100 页)蔡元培说:"教育是帮助被教育的人,给他能发展自己的能力,完成他的人格……"(蔡元培:《教育独立议》,《蔡元培全集》第 4 卷,浙江教育出版社 1997 年版,第 585 页)

②　对于审美能力特殊性的认识,美学史上曾有不少学者涉及,系统的梳理详见刘旭光《审美能力的构成》,《文学评论》2019 年第 5 期。

和审美发展的研究需要多学科参与,特别是心理学、脑科学的参与,我国需要启动这方面的大型协同研究项目来加以推动。

中国拥有作为人格教育的悠久美育传统,在新的历史条件下要弘扬中华美育精神,充分发挥美育在净化心灵、涵育德性方面的基础性作用。同时,我们已经进入创新的时代,需要重新审视美育在开发和发展人的创造性方面的独特功能。近年来,国家层面出台的文件中已开始点出美育在发展学生创新能力和创新意识方面的作用①,然而,在今天的学校艺术课堂和艺术社团里,学生创造个性的保护和激发还远远未得到重视,反而出现了学生普遍模仿一种风格(基本上是艺术教师本人或者艺术教师所倡导的)的现象,这是很不应该的。在学习艺术的起步阶段,模仿是需要的,也是难免的。但是,这种起步阶段的模仿是为了今后的创造。可是,在普遍以老师为标准、不敢表现自我内心独特感受、过于追求评价标准化的学校文化里,孩子们的个性和创造性受到压抑是可想而知的。对一首诗歌的理解只有一个标准答案,同一个版画社团里的小学生创作风格高度雷同,全国中小学生朗诵的音调、节奏甚至表情和手势都那么相像,等等,这些现象表明我们目前的美育还没有把发展学生的个性和创造性作为十分重要的任务。针对这样的问题,中国美育学应该加强对美育促进学生个性和创造性发展的研究,以跟上我们这个创新引领的时代,让美育在继承传统的同时又有所创新。

优秀的艺术不仅是一种精神食粮,同时还是人类相互交流和理解的手段,因而也是促进民族和解、维护世界和平的一种力量。在全球化的时代,在民粹主义、民族主义甚嚣尘上的今天,以艺术为手段来增进各国各民族人民的人文交流和理解显得十分重要。中国学界对此的研究还很不够,我们应该跟上时代的步伐,让美育为中国的和平发展以及世界和平作出自己的贡献。随着中

---

① 国务院办公厅印发的《关于全面加强和改进学校美育工作的意见》(国办发〔2015〕71号),把"激发想象力和创新意识"作为美育的重要任务之一,并提出美育工作要"以创新能力培养为重点",这样对美育促进学生创造力发展作用的重视在中国政府的文件中前所未有。2020年,中办、国办下发的《关于全面加强和改进新时代学校美育工作的意见》中说:"美是纯洁道德、丰富精神的重要源泉。美育是审美教育、情操教育、心灵教育,也是丰富想象力和培养创新意识的教育,能提升审美素养、陶冶情操、温润心灵、激发创新创造活力。"

国不断发展壮大,加强和世界各匡、各民族间的交流和理解日渐显得紧迫,通过艺术等人文交流达到相互理解对于中国的发展至关重要。美育在这方面的价值应该得到重视。

以上列举的美育问题可能不全面,但至少揭示出中国美育学建构所面临的自己的问题。这里所谓的"自己"有两层含义:一是美育学本身的学术问题,而非其他学科的问题;二是当今中国美育实践所面临的本土问题,而非外国的问题。唯有从当下所面临的本土问题出发,中国的美育学才能扎下深根,继而有枝繁叶茂的未来;唯有从当下所面临的本土问题出发,中国的美育学才能为中国的美育事业提供理论和思想支撑;唯有从当下所面临的本土问题出发,中国的美育学才能真正成为中国人建构的关于美育的学科知识体系。

二、美育学的概念范畴架构

美育学的应用性交叉学科性质

中国学界一般都承认,美育学是美学和教育学等多学科交叉形成的应用型学科,其主要支撑学科是美学和教育学。这有其合理性。但是,由于美育的具体实施过程主要是普通艺术教育,因此,美育学的支撑学科还应该包含独立设置的学科门类"艺术学"。因此,从中国学科建制的实际出发,美育学可以被定位成以美学、教育学和艺术学为主要支撑学科的交叉学科。这里所讲的教育学是一个学科门类,包含诸多一级学科。国内一些学者,如杨恩寰、蒋冰海、曾繁仁、刘彦顺等,都认为美育学是美学、教育学和心理学等交叉而成的。笔者赞同美育学包含了心理学的观点,但是,从我国目前学科分类的现状来说,因为心理学(特别是与教育相关的心理学)被归到了教育学学科门类中,所以教育学本身就包含心理学了。至于有的学者还认为美育学包含了社会学等,这也是事实,不过,从广义上讲,艺术社会学或者审美社会学本身也可以被看作美学的分支,而教育社会学又属于教育学学科门类。因此,在现阶段,把美学、教育学和艺术学作为美育学的主要支撑学科是合适的。

美育学还有一些分支,主要由各艺术门类的美育理论和方法构成,如文学教育学、音乐教育学、美术教育学,等等。

中国美育学具有学科交叉性,但是我们不能满足于把美学、艺术学或教育学理论中的概念范畴简单地照搬进美育学,而应根据美育活动性质和价值以及具体过程,抓住几个重要环节,在美学与教育学的融合中概括和确立美育学自身的概念范畴。只有这样,美育理论的研究才可能贴近美育活动的"事实",美育学才可能对美育实践发挥一定的导向作用。美育学概念有两种类型:一种是美育学特有的,如感性教育、心育、丰厚感性、深度体验、审美发展、审美能力、艺术创意能力、景观美育,等等;另一种是美学、艺术学或教育学中有的,但经过重新阐发和改造,具有美育学独特内涵。从育人的角度看,美学中的审美范畴及其相关的审美价值、审美功能等概念贯穿于美育活动的整个过程,应该经过改造后引入美育学。从审美的角度看,教育学中"以人为本"的观念、发展的观念和"以生为本"的观念和方法、课程理论和方法、人格范畴及其相关的能力、个体心理发展和个性差异等理论和方法,对于概括和分析美育活动十分适合与必要,也应该引入美育学,并使之与审美范畴和美育过程的特点相融合。当然,不同的美育内容和途径决定了具体的教育教学方法的差异,所以美育学所研究的美育方法是体现了美育目标的总体教学方法原则,属于方法论的性质,而非具体的一门课程的方法。这种方法论的价值在于,寻求美育教育教学的具体途径和方法论原则,为具体的美育教育教学活动提供指引,体现了美育导向。正是在跨学科的融合之中,美育学的概念系统才能被建立起来。

美育学应该把构建自己的核心范畴作为中心任务。作为一种知识体系,中国美育学的理论体系应该是一个范畴系统,其中有众多概念构成的概念网络结构。在这个网络结构中,逻辑起点的确立十分关键。美育的性质是对整个美育活动最抽象和最基本的规定,是美育学的起点。而后是审美发展和美育方法论这两个范畴按从抽象上升到具体的辩证思维方法联结起来,从而构成美育学的基本范畴框架。在每一范畴之下,又有一系列从属概念的具体展开,以形成纵横交错的概念网络结构。需要指出的是,作为交叉、应用型的知识体系,美育学不必过于强调逻辑体系的规整和学科边界的清晰。应用型学科的特点之一就是多学科参与的交叉性,因为实践问题是具体的,理论越贴近具体实践,知识的应用就越丰富多样,不可能像抽象理论那样纯粹了。因此,美育学的构建既需要一些属于自己的核心概念范畴,也会呈现出多学科协同交叉的应用型特点。这种开放的学科意识可以使中国美育学在面向新问题、寻求新方法等方面保持足够的活力。

美育的性质

美育的性质实质上就是"美育"这个概念的内涵,它是美育学的第一个核心范畴,也是美育学知识建构的逻辑起点。美育性质问题具有哲学意味,可以说是美育学中的哲学问题。

关于美育的性质,目前国内一般的说法主要有两种:感性教育和情感教育。前一种说法保持了西语中"审美教育"这个词的本义,美育最基本的含义就是感性教育。席勒首创的美育是"die ästhetische Erziehung",这里的"ästhetische"来源于鲍姆嘉通创造的新词"Aesthetica"(这个词后来被译为"美学"),其词根的本义是感觉、感性,所以"Aesthetica"本义是感觉学或感性学。① 由此类推,席勒首创的"审美教育"一词,本义就是感性教育。(详见本书第四章)美育本来就是针对着理性对感性的压抑、人远离自然而提出来的,"感性教育"的说法强调了美育的现代性意义,突出了美育不同于其他教育的鲜明特性和价值。"情感教育"的说法主要有两个思想来源:一个是康德的哲学,审美属于情感领域;另一个是中国的美育传统,诗教和乐教历来重情,是一种情育。所以,情感教育的说法继承了中国美育传统,有比较浓重的本土色彩。上述两种对于美育性质的界说各有所长,而且是可以融合的:"感性"范畴本身就包含着"情感",而且比"情感"概念更具哲学意味和现代性意义。

美育作为感性教育还可以展开为两个方面:人格教育和创造教育。人格教育是中国美育传统精神的集中体现,传统儒家的礼乐教化目的直指"修身",具体说是"正心、诚意",就是培养以"仁义礼智信"为核心的人格。而创

---

① R.Williams, *Keywords*, London: Fontana Press, 1988, p.31.

造教育是新时代的美育任务。美育本身就具有发展创造性的功能,但是以前对此不够重视。最近几十年,国际上对于艺术教育培养学生创造性的独特作用越来越强调,值得引起我们的关注。我们已处在一个创新引领发展的时代,在人工智能快速发展的背景下,无论是从生产力发展的角度还是从个体生存发展的角度讲,创造性将是人类最需要也最突出的一种属性。因此,美育的创造教育属性就凸显出来了。但是,人格教育讲求共性和规范,创造教育高扬个性和自由,这两种美育的意义如何在理论上相互融合,在实践中相互协调,将是今天中国美育学需要深入研究的重大课题。

美育的性质这一范畴的展开,是美育的功能,美育与德育、智育、体育、劳育等诸育的关系,以及美育与普通艺术教育的关系等。其中,美育与德育、美育与艺术教育的关系不仅是重要的理论问题,也是紧迫的现实问题。从哲学上讲,美育问题的核心之一是审美与道德的关系问题;可以说,美育理论的核心部分之一就是审美和艺术的价值在教育中的延伸。所以,美育和德育有着深刻的联系。另外,美育的现代意义是部分地脱离文化的既有规范而使人得到内心自由,个性和创造性得到发展。这就使得美育和德育有着明显差异。美育和艺术教育的关系在理论上并不难处理,艺术教育是美育的主渠道,而并非所有的艺术教育都是美育。但是,在实践中,目前的问题比较突出。专业艺术教育、社会艺术培训和艺术考级偏重艺术技能,相对忽视艺术内涵,于是偏离美育方向,这需要深入研究。从具体的美育实践看,艺术课程是美育最主要的渠道,那是有学校组织、专任教师和课程、教材、课时及教学条件等保障的,而景观美育和社会美育基本上是在学校美育课程之外的。就当下来讲,中国儿童青少年接受的美育效果如何,主要看中小学艺术课程的教学质量。因此,学校的艺术课程应该成为美育学研究的关注重点,也就是说,学校艺术教育是美育最重要的途径,离开了学校艺术教育,美育就可能成为可有可无、时有时无、忽冷忽热的若干活动,其作为促进人的全面发展之一的作用很难得到实现。

审美发展

审美发展是美育学的第二个核心范畴,属于美育的心理学问题。美育的心理学研究赋予美育理论具体性和实践性。正如美国学者史密斯所言：

> 有了各类心理学的帮助，艺术课程教师在确定学生是否或何时敢于进入审美领域时会聪明得多，还能帮助艺术教师确定学生以何种方式或途径进入到审美领域以及程度多深。[1]

美育心理学研究作为美育哲学和美育方法论中介，是美育理论走向实践和应用的桥梁，也是美育哲学从实践中获取营养的中介。

"审美发展"（aesthetic development）是从英国引进的一个概念[2]，是指个体全面发展的一个重要维度，主要包含审美需要、审美能力和审美意识的发展。个体的成长、发展，实质上是个体内部素质和能力结构的转变。如果说美育就是要促进学生的审美发展，那么就是要促成学生审美需要、审美能力和审美意识的结构性转变，从而使儿童青少年的感性方面更敏锐、更丰厚。一个人的发展并不全是理性、逻辑的发展，还应该包含儿童天性的保护，以及感觉、知觉、想象、体验等感性能力的发达。杜威曾说：

> 就专门应付特殊的科学和经济问题的力量的发展而言，我们可以说，儿童应该向成年人方面发展。就同情的好奇心、无偏见的敏感性和心灵的开放而言，我们可以说，成年人应该向儿童看齐。[3]

杜威这个判断的深刻性在于，儿童的一些天性是值得保护和发展的，而这些天性几乎全都与艺术有关。这也从一个侧面揭示了审美发展的特殊性及其价值。因此，全面认识个体审美发展的结构和规律，探索促进审美发展的内部机制和外部条件，是中国美育学研究的重要内容。

审美发展这一范畴的展开就是审美能力、审美意识等审美核心素养的发

---

[1]　Ralph A. Smith, "Psychology and Aesthetic Education", *Studies in Art Education*, Vol. 11, No. 3 (Spring, 1970), p.28.

[2]　20 世纪 80 年代，英国埃克塞特大学高级讲师 M.罗斯出版了一批关于在艺术教育中促进学生审美发展的研究成果，详见 M.Ross, *Development of Aesthetic Experience*, Oxford: Pergamon, 1982 和 M.Ross, *The Aesthetic Impulse*, Oxford: Pergamon, 1984。笔者从 20 世纪 90 年代就开始借鉴这个概念，开展中国儿童青少年审美发展研究，并把这个概念吸收进了笔者的美育论著中。

[3]　约翰·杜威：《民主主义与教育》，《我的教育信条》，彭正梅译，上海人民出版社 2017 年版，第 79 页。

展,以及个体审美心理差异和审美发展的年龄阶段性等。在这些概念中,审美能力处于核心地位。根据马克思主义的观点,需要是生产和消费的动力,又是生产和消费活动的产物,只有在审美创造和欣赏过程中,审美需要才可能在得到满足的同时得到提升;而从事审美创造和欣赏活动都需要主体具备一定的审美能力。因此,审美能力发展在青少年审美发展结构中处于关键性地位,审美能力的发展是审美需要、审美趣味等要素发展的基本杠杆。如前所述,国内外对于审美能力的研究还比较薄弱,这是需要中国学者努力的一个方面。审美意识包括审美趣味和审美观念,这是审美发展中偏于观念、意识的方面,它并不完全是概念式的,却与社会意识甚至人生观、价值观等有着密切关联。从美育角度看审美意识,不仅有美学里一般的审美意识问题,更重要的是个体审美意识的发展和个性差异问题,这是美育学的问题。审美发展范畴里还有审美发展的个体差异和阶段性问题,对于具体的美育实践来说,理解个体审美发展的个性差异和发展阶段的特点,对于课程设置、教学设计、教学方法的选择,以及提高美育教学的成效都很有助益。

美育方法论

美育方法论是中国美育学的第三个核心范畴,具体到美育实施的方方面面,是对美育实施途径和教学方法的概括提炼。美育实施有诸多途径,其中艺术教育是主体,还包括景观教育;美育实施的范围有三个,其中学校美育是主体,还包括家庭美育和社会美育。在美育教学中,除一般的教学论原则外,美育的方法论有其特殊性,例如中国对培养人的内在德性总是讲"熏陶""熏染""潜移默化""怡情养性",也就是强调美育过程以"润物细无声"为特点的由情入性。这是美育方法的特殊性所在。在现代教育体系中,艺术课程体现出强烈的"活动"性质,因为美育必须是学生在审美体验过程中受到教育,所以艺术课程的教学必须是学生主动参与审美活动的过程,光靠讲解和训练还不够,关键是引导学生进入审美体验。在此意义上讲,"活动"是美育教学的突出特点。美育教学的难点包括如何激发学生的审美兴趣、如何大胆表现自己的内心体验和想象、如何对学生的艺术创作进行评价等,这就需要对美育过程中对儿童的压抑性、限制性因素进行反思,消除目前美育课堂普遍存在的学生"无惑"现象。我们的美育教室是否能够成为学生天性自由表达的场所,能否为学生的个性化表达提供条件,直接关系到美育课程的教学目的能否达成。美育教学是最需要教学民主的,师生之间、学生之间应该真正平等相待,但是,"以生为本"这个教学理念要具体落实到每一个教室、每一节课,还需要长期的努力。问题的关键在于教师,中国美育学要为中国美育师资的培养和培训提供知识和观念上的有力支撑。

美育方法论需要具体研究以学校作为美育主渠道的普通艺术课程和学习评价。

艺术教育课程是一个一般意义上的概念,包含课程设置和目标、课程内容和方法,以及课程的教学评价。此外,还应该包含各门艺术教育的理论和课程教学方法,包括文学教育理论和方法、音乐教育理论和方法、舞蹈教育理论和方法、美术教育理论和方法、设计美育理论和方法、书法美育理论和方法、戏剧教育理论和方法,等等。这应该是中国美育学的另一个大板块。我国对于这方面的研究有不少,但还流于经验总结,缺乏有理论支撑和有科学方法为依托的研究和提炼。限于能力和水平,本书目前还无法独立完成这方面的研究,只能在这里提出一个构想。普通艺术课程不同于专业艺术教育课程,这些"音乐课""美术课""舞蹈课"等,是实施美育的主要途径,而不是用于培养专业艺术人才的。由于课程目标的美育定性,因此普通艺术教育课程的内容、方法都是不同于专业艺术教育课程的。要按照儿童青少年审美发展的阶段性特点和学生的个体差异,选取合适的教学内容、采用合适的教学方法,这需要做大量的实验研究。

关于艺术课程的学习评价问题,大家知道,艺术评价从来都是见仁见智的,很难有统一的标准。目前的艺术课学习评价偏重于知识或技能掌握,而且重视标准化,忽略了个性化,这是需要改进的。但是,这些都不是取消或者忽视学生艺术学习评价的理由。正如美国艺术教育专家所说:

应该承认,任何评价都是不全面的。我们不可能得到所有需要的数据去获知一个学生所学到的所有东西。但这并不意味着我们不应该努力去发现学生和我们自己做得如何。评价就是这样的一种努力。评价就是去获得某些信息，这些信息有助于我们改进我们的教学。[①]

我国在学校普通艺术教育课程学习评价方面的研究十分薄弱，美育方法论应该着重研究这个领域的问题。

三、美育学的建构方法

习近平总书记在给中央美术学院八位老教授的回信中指出："做好美育工作，要坚持立德树人，扎根时代生活，遵循美育特点，弘扬中华美育精神，让祖国青年一代身心都健康成长。"[②]"立德树人"，"让祖国青年一代身心都健康成长"，这是对当前我国教育的总体要求，即以人为本，促进人的全面发展。同时，又要遵循美育特点，发挥美育独特育人作用。具体到美育学知识建构，就是要把美育的自律性与他律性有机结合。"扎根时代生活"，就是要体现新时代美育的新特点、新内涵、新任务，同时又要弘扬中华优秀美育传统，突出美育学知识建构的本土性内涵。这是对我国当前美育学知识建构的方法论指引。

理论与实践相结合

美育学具有理论性和应用性双重品格，从目前中国美育理论研究的现状看，应该更强调理论与实践的结合。美育学的双重品格是辩证统一的。我国目前美育理论研究的一个突出问题是上述两方面严重脱节，从而使这两方面的研究都受到严重局限。这具体表现为两个意义的"抽象"。一是逻辑层面上的抽象，即缺乏理论的具体性。一些美育研究满足于用几个美学和教育学

---

①　Elliot W. Eisner, *The Arts and Creation of Mind*, New Haven: Yale University Press, 2002, pp. 178-179.

②　《新华月报》编：《新中国70年大事记：1949. 10. 1—2019. 10. 1》（下），人民出版社2020年版，第1894页。

概念来概括和阐述美育问题,并未深入到美育自身的性质特点和规律中去,更不能回答当前美育实践中所面临的问题。美育实践的主体是学校美育课程的教学,而对这个方面的理论研究还十分薄弱,甚至多数美育理论研究论著根本没有关注到这个层面,这种与实践脱节的"理论"本身也不可能是真正意义上的美育学理论。二是经验层面上的抽象,即缺乏应有的理论高度。一些美育研究局限于对个别事例的经验性归纳和描述,忽视了对美育活动的一般性质和规律性的探索。这种似乎与实践贴得很紧的研究实则带有相当的盲目性和随意性。

为克服上述不足,提高中国美育学对实践的指导效能,必须把理论与实践有机地结合起来。我们应该认识到,理论的应用性或者实践性并非简单地举几个例子或者作一点经验总结,而在于发现并提炼当下实践中带有根本性和规律性的问题,并加以理论的概括和反思。对现实问题的发现、概括和阐释永远是理论研究的动力和核心,也是理论与实践相结合的要义所在。同时,我们也应该看到,对一些具体问题的研究离不开深刻的理论思维的统摄。例如,在艺术教学方法问题上,探讨符合美育规律的特殊方法论的论述很少,不少论著仍把技巧训练或思想内容的讲解置于首位。这种在实践问题研究上的偏差,显然与美育观念上的偏差直接有关。因此,对美育一般理论问题的研究是十分必要和重要的。坚持理论与实践相结合原则的关键是确立从理论到实践的一系列中介环节,从而把"自上而下"的理论思辨与"自下而上"的经验分析相互沟通。针对美育研究的现状,采用类型学和心理学的研究成果十分必要。例如,对美育一般性质、功能和规律的研究应进一步具体化,可以通过分类研究的方式,对美育的各种形态(如优美的教育、崇高的教育、悲剧的教育、喜剧的教育等)作细致的分析,这是理论研究从抽象到具体推进的重要途径。美育研究中需要大量引进心理学的知识和方法,美育的对象是人,美育的一系列功能都具体落实到对受教育者的心理建构上。因此,不仅美育的一般理论应与美育心理学的研究相联系,而且美育的方法论也应把美育心理学作为科学依据。在这个意义上说,美育心理学是美育学理论构架中的中介层面,是沟通美育理论和美育实践的桥梁。

美育学理论中最具有实践性的是美育方法论,它与美育实践贴得最近,应该纳入现代美育学的理论体系之中。当然,美育方法论并不提供面面俱到的操作方法,而是从体现现代美育观念、实现美育特殊功能和概括美育过程中的某些普遍规律的视角出发,提出实施美育的若干方法论原则,为美育实践提供有效的理论指导。

弘扬中华优秀美育传统

美育学的建设应该在继承与借鉴中创新。任何一个学科的基础理论建构都离不开对传统的批判继承,美育学也不例外。虽然美育是从西方引进的概念,席勒创建了较为系统的美育理论,但是,中国具有十分丰富而深刻的美育思想传统,而且一直影响到今天。可以毫不夸张地说,中国是世界上美育传统历史最久、美育思想最为丰富深刻、最具美育传统生命力的国家。按照王国维的阐述,孔子教人"始于美育,终于美育"[1],即把孔子的育人体系整个儿地归纳为美育了。接着王国维的说法,蔡元培、朱光潜也有类似观点。事实上,正是由于中国传统哲学关注人生、关注个人私欲的管控调适,才使得 20 世纪初的中国美学家、教育家重视对西方美学、美育理论的引进;正是由于传统儒家主张以情感体验的方式把人格理想内化到受教育者内心、传统心性之学主张"修身"要达到诚于中而形于外的境界,也正是由于王阳明的心学主张在"一念发动处"着手追求意念的"诚"[2],才使得美学、美育学在 20 世纪初的中国会受到诸多著名教育家、思想家和美学家的重视。我们今天建设中国自己的美育学,当然要根据当下的需要有所创造,但前提是要对中国的美育传统"接着讲"。"接着讲"由冯友兰提出,陈来曾对此阐发道:

> "接着讲"是说一切创新必有其所本,有其基础,必须接续前辈学者

---

[1] 王国维:《孔子之美育主义》,《王国维全集》第 14 卷,浙江教育出版社、广东教育出版社 2009 年版,第 14 页。

[2] 王阳明说:"我今说个'知行合一',正要人晓得一念发动处,便即是行了。发动处有不善,就将这不善的念克倒了。须要彻根彻底,不使那一念不善潜伏在胸中。此是我立言宗旨。"(王阳明:《传习录》下,《王阳明全集》(上),上海古籍出版社 2011 年版,第 109—110 页)这种对意念纯正的追求,实际上也正是"审美无利害性"观念在中国现代备受重视并产生误读的本土思想渊源。详见杜卫:《中国现代美学与儒家心性之学的内在联系》,《文学评论》2015 年第 4 期。

和同时代学者的已有成果，同时力图据本开新，发人之所未发，比前人有所创造、有所前进。这样，学术发展和学术创新才能走上良性增长的大道。①

这里说的"据本开新"应该是人文学科知识生产的规律。人文学科的知识生产不是递进式的，并非新的理论取代以前的理论，而是在对前人学术知识的不断体悟和"同情式理解"基础上不断丰富和深化。中国具有悠久而丰厚的美育传统，中国美育学的建构首先就要大量吸收我们自己的优秀美育传统，弘扬中华美育精神。

当前我国人文学界对于古代的思想资源还比较重视，在美学和美育理论研究方面也如此，比如对于孔子、荀子等古代美育思想的借鉴比较常见，但是，常常忽略对 20 世纪初以来中国现代美育思想的研究和借鉴。其实，中国现代美育理论并非全部学习照搬西方美育理论的产物，而是以中国古代美育传统为本并吸收西方美育理论的结果。也就是说，西方美学和美育理论启发了王国维、蔡元培、朱光潜等现代学者，他们重新认识中国文化传统，挖掘出中国巨大的美育思想宝库，从而同时构建了中国美育传统和现代美育理论。可以说，中国现代美育理论是对中华古代美育传统的继承和创新，也是西方美育理论的本土化。更值得珍视的是，这种理论是面对当时中国社会和文化问题所做出的回应，具有强烈的现实感和使命感，体现出中华美育传统所具有的家国情怀和人文精神。但是，这么丰富而有价值的理论和思想资源一直没有得到应有的重视。如今，中国的美育学建构应该承接中国现代美育理论和思想来"接着讲"，这是中国人创建"美育学"的应有之义。

在美育学知识建构中"接着讲"还有一层重要意义，那就是要努力实现马克思主义与中华优秀传统文化的结合，实现西方美学和美育理论的中国化。在把西方美学与中国优秀美学思想资源相互融合，使西方美学本土化方面，中国现代美学家做了许多创造性工作。今天，我们应循着前辈开辟的这条路径"接着讲"，以解决当下遇到的问题。

---

① 陈来：《论学术创新与"接着讲"》，《探索与争鸣》2016 年第 3 期。

当今中国是一个开放发展的国家,继承优秀传统并不意味着排斥外来优秀文化和有价值的知识。席勒之后,欧美国家系统的美育理论并不多见,相关的研究集中在艺术教育领域,成果十分丰富,问题意识很强,这是十分值得借鉴的。例如,美国的《审美教育杂志》发表了大量通过艺术解决现实问题的论文,如关于帮助解决社区不同种族文化融合的问题、关于帮助不同性别儿童健康成长的问题、关于游戏与儿童身心健康问题,等等。还有一些美学研究论文与当下儿童发展和社会问题解决有关。中国美育学的建设必须是开放的,不仅对其他学科开放,主动吸收其他学科的新成果、新方法,不断充实自身,而且应该对世界开放,不断学习国外的相关研究成果和研究方法,以补充自身的不足。尤其是当前中国越来越开放,经济社会快速转型,我们面临的一些美育问题与一些发达国家面对的问题有越来越多的相似性,因此借鉴国外美育研究成果显得尤为重要。

自律与他律

美育学作为一种交叉学科和专门知识体系,所面对的诸多矛盾之一是:自律论与他律论的矛盾。概括地说,美育"自律论"的基本观点是:美育是一种独立的教育形态或类型,它有自己独特的性质、特征、功能、规律和方法,有自己独立的目的,这个目的就是培养审美的人,使人性得以完善。美育"从属论"则认为:美育是德育或智育的一种手段或途径,是为德育或智育服务的,以德育或智育的目的为目的。这两种观念的根本差异在于是否把美育的人文性作为美育的基本理论出发点,具体地说就是:教育(包括美育)是否以人自身的生存和发展为最根本目的,是否以人性、人格的完满为最高理想。对此,美育自律论的回答是肯定的,但是论证不清晰,实践更困难;美育从属论的回答是含混的,但在国内倒是很常见。

然而,上述两种观念是建立在二元对立的思维方法基础之上的。二元对立思维方法的基本特点就是以非此即彼的方式固执地强调事物间的对立,而忽视了事物间的内在联系。在这种方法论指导下,有些理论把教育的人文性和工具性、美育的相对独立性和从属性(即它同其他教育形态之间的相互联系和渗透）、感性教育和理性教育等范畴对立起来。其实，每一种教育形态都只是以促进受教育者某一方面的发展为主要目标的，同时，每一种教育形态必然对整体人格产生影响，而个体某一方面的发展与其他方面的发展是相互联系、互为条件的，所以德智体美劳等各种教育形态对于培养全面完整的人格而言也是互为条件的。我们一方面应该对美育的特殊性（即相对独立性）有充分认识，另一方面也要研究美育同其他各种教育形态之间的联系，特别是与德育的紧密联系；既要避免美育"从属论"的错误，又要克服封闭的美育自律论的弊病。

　　美育作为感性教育有它自己独特的性质、特征、功能、规律和方法，这些都是其他各种教育形态所不可替代的。它不仅是德育或智育的手段，而且是具有相对独立地位的一种教育形态，否则就取消了美育作为与德智体诸育并列的地位。这是美育以及美育理论相对独立存在和发展的认识基础。在美育思想史上，最早确立美育独立地位的是席勒。他从人的全面发展理想出发，通过把人格素质划分为理智、意志、情感，再加上人的身体，从而奠定了美育与体育、智育、德育相并列的独立地位："有促进健康的教育，有促进认识的教育，有促进道德的教育，还有促进鉴赏力和美的教育。这最后一种教育的目的在于，培养我们的感性和精神力量的整体达到尽可能和谐。"①同时，席勒很明确地认定美育是德育的基础，这里有两层含义：一层是人的道德养成必须经过审美阶段，另一层是审美处于低于道德的层级。后者可能是我国诸多学者不愿意承认的，但是，如果仔细研究过从康德到黑格尔哲学和美学的人，则根本不难理解其运动发展的概念逻辑。

　　美育理论的自律论观点充分强调了美育的人文性。这种人文性的主要精神是：把人的全面发展和人格的完整性作为美育理论和实践的出发点和归宿，把审美育人（促进个体的审美发展或感性发展）作为美育的根本性质和基本任务，把关心人的生存和发展、尊重个性发展、促进个体的情感解放和精神自由作为美育的根本价值尺度。从美育思想史来看，正是这种美育理论的自律

---

① 　席勒：《美育书简》，徐恒醇译，中国文联出版公司1984年版，第108页。

性,排除了把美育作为手段或是把人作为手段的美育"工具论",从而奠定了现代性美育观的人本主义基础。离开了这个基本点,任何从实用主义、道德主义、工具主义或形式主义立场出发的美育理论,都不可能达到对美育基本理论问题的全面、深刻理解。但是,如果一味强调美育的自律,排除美育的社会历史价值,就容易走向封闭。例如,形式主义美学试图割裂审美与人生的深刻联系,由此使审美走向封闭的自律性。结果,审美的意义只在于感性材料的组合关系之中,其深刻而活泼的生命情调和人文价值却被排斥在外。审美的人生价值被排除了,也就无美育可言。在美育理论中,还能见到一些"复古"式的美育价值观,主张美育要培养学生遗世独立的闲人雅趣,这可以说是一种中国传统文人的美育自律论,不仅对当代的儿童青少年不合适,而且与当代生活有些脱节。道德主义者或智力主义者只看到审美或艺术活动中与道德或认识活动有关的一些方面,排斥感性和个性发展对于个体自身生存发展的重要意义,只把审美感知和情感看作道德或认识活动的辅助手段,对美育的理解只是一种"从属论"的观点,他们从根本上否定了美育的独立地位和特殊功能,几乎可以等同于美育"取消论"。

正如人既是宇宙间独一无二的生灵,又与自然和社会有着多种多样的深刻联系那样,美育的自律论不应该是封闭的自律论,而应该是一种开放的自律论。它之所以是自律的,是因为其性质与功能均由审美和教育的人文性本身所派生,并对个体的生存发展有直接的作用,由此形成了独特的性质与功能;它之所以是开放的,是因为它与其他教育活动处于密切的联系之中。这种联系体现为两个层面:(1)美育内在包含着其他教育活动的某些因素,或者说美育与其他教育活动有部分的重合。正如前面所述,审美本身就包含着一种秩序感,一种文化的和社会的因素;艺术也是人类社会交流对话的一条有效途径。因此,审美和艺术活动必然包含着与认识、道德相协调的一面。席勒也指出,审美自由不是"脱离规律"的,而是与逻辑必然性和道德必然性处于协调的关系,即超越了规律对情感自由表现的"强制性"。① 因为审美与认识和道

---

① 详见席勒:《美育书简》,徐恒醇译,中国文联出版公司 1984 年版,第 108 页。

德有相互联系的一面,所以美育是开放的,它本身就具有某种智育和德育的功能,也为学生智力、创造力、道德发展提供必要的基础。席勒就曾把审美状态称为"零",这种零状态的意义在于,它恢复了人性的完整,从而为人的各种能力和素养的进一步发展提供了可能。① (2)美育亦能为其他教育活动提供有效手段。美育有自己特殊的目的,但同时又可作为其他教育活动的手段,这二者并不矛盾。但是,有效地运用美育方法只能基于对美育本身规律的认识和掌握,所以自律的观念仍是必要的,这是把握美育性质问题的基点,特别是在我国在理论和实践上对美育的特殊性还缺乏必要的研究和确认的当下,适当强调美育的相对独立性是有必要的。事实是,从认识过程来说,不能确认美育自身的独特性质,就不可能真正确立美育与其他教育的内在和外在联系。另外,正如任何事物都是既相对独立又与其他事物相联系一样,美育与其他教育的联系也不能被忽视,只有在美育与其他教育的区别和联系中才可能实现对美育的真正的全面把握。

西方现代美学的一个基本特点是主张审美自律、艺术独立,这是西方现代美学"现代性"的突出特征。尽管这种美学思想传入中国之初,基本上与中国固有的传统思维融合,而演变成了中国自己的现代美学理论,但是,从 20 世纪80 年代开始,这种主张审美自律和艺术独立的美学思想对中国的美学研究产生了比较深入的影响,对于深入理解审美和艺术自身规律,认识审美和艺术的基本特征和特殊价值都具有历史性的积极意义。但是,把审美自律论推到极端,隔断其与社会历史多方面的内在联系,就使得审美的意义变得稀薄,其理论就不可能全面把握审美的多方面价值,更不可能为美育学提供理论支撑。这是值得充分注意的。

在美育学"自律"与"他律"的关系问题上,有一个长期存在的理论问题需要澄清,那就是认为美或者审美是包含了真和善并超越了认知活动和道德实践的最高形式,审美境界是人生的最高境界。问题还要从对席勒美育理论的理解开始。席勒曾提出,从人性的观念出发,获得了美的观念,审美是感性冲

---

① 　详见席勒:《美育书简》,徐恒醇译 中国文联出版公司 1984 年版,第 111—112 页。

动和形式(知性)冲动的统一,他说:

> 只有当人在充分意义上是人的时候,他才游戏;只有当人游戏的时候,他才是完整的人。①

学界经常以此来说明席勒认为审美是人性的完美状态,于是得出结论说,美是超越了认知和道德实践的最高形态。可是,这只是《美育书简》的第15封信中所说的。接下来,席勒进一步论证了这种"审美状态"到底是怎样的。在第17封信中他写道:

> 如果人的完整性在于他的感性与精神力量的和谐能力,那么他可能或者由于缺乏和谐或者由于缺乏能力而实现不了这种完善性。在我们获得与此有关的经验证据之前,我们事先根据单纯的理性已经确信,我们所看到的现实的因而带有局限的人,或者由于各种力量的片面活动而破坏了人的本质的和谐,或者由于人的本性的统一是建立在他的感性和精神力量的单调松弛状态,而分别或者处于紧张状态或者处于松弛状态。
>
> 正如现在所要证明的,这两种对立的限制将通过美而被排除。在紧张的人身上恢复和谐,在松弛的人身上恢复能力,并以此方式按照人的本性使局限状态返回到绝对状态,使人成为自身完美的整体。②

在第二十封信中席勒指出,这种审美状态只是从感觉到思维的"中间状态":

> 心灵由感觉到思维的转变要经过一个中间状态。在这一状态中感性和理性同时起作用,这正是由于它们相互扬弃了它们规定的力量,并通过它们的对立产生一种否定。在这一中间状态中,精神既不受自然的强制也不受道德的强制,并以两种方式活动,优先服务于一种所谓自由使命。如果我们称感性规定的状态为自然状态,称理性规定的状态为逻辑的和道德的状态,那么我们就必须把这种现实的和能动的规定可能性的状态称为审美状态。③

---

① 席勒:《美育书简》,徐恒醇译,中国文联出版公司1984年版,第90页。
② 席勒:《美育书简》,徐恒醇译,中国文联出版公司1984年版,第95页。
③ 席勒:《美育书简》,徐恒醇译,中国文联出版公司1984年版,第107—108页。

在第 21—22 封信中,席勒把审美状态称为"零",这种零状态的意义在于它恢复了人性的完整,从而为人的进一步发展提供了可能。① 接着,在第 23 封信里,席勒提出了一个十分重要的论断:

> 要使感性的人成为理性的人,除了首先使他成为审美的人,没有其他途径。②

他还明确指出美育的根本任务就是恢复人性,从而使人有可能顺利进入道德状态:

> 教养(这里指的就是美育——引者注)的最重要任务之一就是使人在其纯粹自然状态的生活中也受形式的支配,使他在美的王国所及的领域中成为审美的人。因为道德的人只能从审美的人发展而来,不能由自然状态中产生。③

对于熟悉德国古典哲学和美学的人来说,席勒关于人的发展的阶段理论是不难理解的。席勒所说的人性完整的样板是古代希腊人,而不是处于工业化进程中的人。这不是席勒的发明,也不止他这么理解,古希腊的美至少从德语学者温克尔曼开始就有理想化的表达,而到了席勒之后的黑格尔那里也是美(也就是优美)的代表。德国古典哲学思维不仅是逻辑和历史相互印证的,而且其逻辑还是辩证运动的。康德的《判断力批判》呈现出从《美的分析》向《崇高的分析》的辩证运动,这种运动也是感性和理性和谐向着理性溢出或超越感性的辩证否定的逻辑运动——如果说美是"道德的象征",那么"崇高"则由于理性溢出感性而更接近"道德",也就是康德哲学体系的最终归宿——"目的"。而在黑格尔的美学体系里,"理念"从感性的显现(美)到诗(文学),就是一个不断从感性物质中摆脱出来而走向理念本身的过程,由此黑格尔甚至描述了艺术的消亡。因此,在他们的哲学体系中,美是过渡性的,美不可能是终极目的,而只是一个中介,一个精神从物质走向纯粹理性的中介。由此,我们就不难理解席勒所说的审美状态的意义,它是从"感觉"到"思维"的中

---

① 详见席勒:《美育书简》,徐恒醇译,中国文联出版公司 1984 年版,第 110、112 页。
② 席勒:《美育书简》,徐恒醇译,中国文联出版公司 1984 年版,第 116 页。
③ 席勒:《美育书简》,徐恒醇译,中国文联出版公司 1984 年版,第 118 页。

介,审美的人也是从自然的人过渡到道德的人的中介。正如席勒所阐述的那样:"由审美状态到逻辑和道德状态(即由美到真理和义务)与由自然状态到审美状态(即由单纯盲目的生命到形式)相比,其步骤要容易得多。前一个步骤人通过他的单纯的自由就能完成。因为他只需为自己取得而不需付出,只需使他的本性分化而不需去扩大它。处于审美心境的人只要他愿意的话,就可以普遍有效地进行判断,普遍有效地行动。他的本性使他容易完成由粗陋素材到美的转变,这时他的内心将表现出一种全新的活动。他的意志对于意志本身赖以存在的心境是无能为力的。我们只要给他以重大的推动,就能使审美的人获得理智和高尚的情操。"①这才是席勒主张美育的真实目的。正因为如此,所以席勒在肯定了美育的目的是"培养我们的感性和精神力量的整体达到尽可能和谐"的同时,还列举了其他三种与美育相并列的教育形态,即体育、智育和德育,而不是用美育来囊括智育和德育,把"审美的人"当作人生存发展的最高理想。

上面的引述并不一定完整,特别是还没有把讨论放在席勒的整个美学思想框架中展开,但已足以证明,席勒所讲的美育在人的整个教育体系中的位置和作用,那就是在工业化进程中,面对人性分裂,美育的直接任务是恢复人性的完整,亦即促进人的全面发展。但是,美育不可能单独实现人的全面发展,而是为人更高阶段的发展提高基础;那种认为审美状态是人的最高实现阶段的观点,是误解席勒美育理论的结果。

---

① 席勒:《美育书简》,徐恒醇译,中国文联出版公司 1984 年版,第 118 页。

第 二 章

美育学的哲学和美学基础

一、美育学的教育哲学基础

美育学作为多学科交叉形成的应用型学科,其哲学基础就是教育哲学的基本观念和方法。在我国,教育哲学的基本观念就是马克思主义"以人为本"和"人的全面发展"的学说。

"以人为本"和人的全面发展学说

作为美育概念的提出者和现代美育理论的构建者,席勒论述美育的出发点就是人性的完善,贯串《美育书简》的哲学思想和核心价值是人本主义。

人本主义是追求合乎人类本性的生存和发展,并与一切反人性的现象作不懈斗争的理论和实践。人本主义者认为,人有着发展其能力的潜在可能,全面开发和发展人的各种能力,寻求有利于人类全面发展的生存环境是人类自身最根本、最神圣的使命。人本主义思想有着历史的具体性,这主要体现在:(1)对人的理解;(2)对实现人的幸福和全面发展理想的途径的理解。我们在后面还要指出:正是在这两点上产生了马克思主义人道主义思想与一切非马克思主义人道主义思想的根本分歧。

以历史的观点看,人道主义思潮和运动产生于欧洲的文艺复兴时期。当时,新兴资产阶级从古希腊罗马那里吸取了素朴的人道主义思想因素,他们竭力宣扬尊重人的个性、尊严和自由,认为人只有依靠自身的力量,发展自己的智慧和能力,才能够实现人的个性、尊严和自由。从这种信念出发,文艺复兴时期新兴的资产阶级必然十分重视教育。当时教育的一个不同于以前的突出特征就是重视其培养人的作用,要求通过教育使青少年在各个方面得到发展,以造就符合新兴资产阶级理想的"全人"。当时最伟大的教育家杨·阿姆司·夸美纽斯就认为,人生来就有潜在的发展可能,只要通过教育,人人都可以在各个方面得到发展。他提出:"人的本身,里外都只是一种和谐。"①因此,他主张教育要有助于青少年全身心的和谐全面发展。在这样的思想指导下,当时的教育都对智育、体育、德育、美育重新加以重视,并使它们得到扩展和深化。格莱夫斯在《中世教育史》第十二章"意大利人文主义之教育"中曾说:"人文主义教育之课程,内中含有各种元素——智育的,美育的,德育的和体育的。"②与神学和禁欲主义的封建教育相对立,随着人的觉醒和全面发展教育观念的形成,文艺复兴时期,人道主义的美育得到承认和发展,加上当时文学艺术和美学的大繁荣,使得加强文学艺术修养、培养审美能力、发展人的情感生活成为当时教育的重要内容。

启蒙运动时期,站在这个运动前列的思想家、哲学家几乎都是人道主义者。他们思考的中心是人的尊严和自由,以及人在各个方面的能力、创造性。正是在这个时代,康德写出了著名的"三大批判",其中的《判断力批判》着力研究了人类审美鉴赏力的特征和审美活动的和谐自由性质,奠定了现代美学的基础。康德的学说直接启发了席勒,后者写出了《美育书简》,第一次明确提出并深入论述了美育的基本问题。席勒论美和美育的出发点和归宿不是别的,正是"人性",他关心的是人的生存和发展。可以说,这部世界上首次出现的美育专著是建立在人本主义思想基础之上,并为了实现"人性"的理想而写成的。

席勒认为,人性中固有两种因素:感性和理性。按人的本性,这两种因素应该是和谐统一的,这种和谐统一造就了完整的人格,古希腊人正体现了这种人性的完善。但是,由于工业化分工等原因,近代人格分裂,人的能力片面发展。他不无愤慨地写道:

---

① 夸美纽斯:《大教学论》,傅任敢译,人民教育出版社 1957 年版,第 31 页。
② 格莱夫斯:《中世教育史》,吴康译,华东师范大学出版社 2005 年版,第 144 页。

只要一方面积累起来的经验和更明晰的思维使科学更明确的划分成为必然,另一方面国家的越来越复杂的机构使等级和职业更严格的区别成为必然,那么人的本性的内在纽带也就断裂了,致命的冲突使人性的和谐力量分裂开来。①

这种对近代工业文明"非人性"现象的深刻批判正体现了席勒要求人类幸福生存、全面发展的人本主义理想;因为在他看来,能力的片面发展损害生活的美满。他说:

不论世界作为一个整体由这种人的能力的分隔培养中获得多么大的好处,但仍然不能否认,接受这种培养的个体在这种以世界为目的的灾难中仍要蒙受痛苦。通过体育训练虽然培养了强壮的身体,但是只有通过自由而匀称的游戏才能培养肢体。同样,个别精神能力的紧张活动可以培养特殊人才,但是只有精神能力的协调提高才能产生幸福和完美的人。②

基于这种思想,他要通过教养来使分裂人格重新愈合,而这种教养就是美育。席勒把促进人类幸福生存、全面发展作为美育的最高价值,这种美育理论的提出实质上也是"以人为本"的人本主义思想在美学中的集中体现。此后,中外美育理论也大都延续着席勒开创的"以人为本"的美育理论和实践思路,把人的生存发展福祉作为美育最根本的价值关切。

蔡元培倡导美育也是接受了人本主义思想的结果。从哲学观上讲,蔡元培把人本主义和世界大同看作历史运动的必然,人类自觉的必然。他指出,各民族在认知、伦理、审美、政治和社会组织等方面的"一切文明形式,都是各国民在各时代,超越自己,而创造一种实现人道的系统。所以人类的自成,就是历史进步最后的意义"③。这种世界大同和人道主义的思想是蔡元培世界观、文化观和人生观的核心。从这种哲学观出发,他主张教育的目的是人的全面

①　席勒:《美育书简》,徐恒醇译,中国文联出版公司 1984 年版,第 50 页。
②　席勒:《美育书简》,徐恒醇译,中国文联出版公司 1984 年版,第 55 页。
③　蔡元培:《简易哲学纲要》,《蔡元培全集》第 5 卷,浙江教育出版社 1997 年版,第 227—228 页。

发展，教育改革的重点是"养成健全人格，提倡共和精神"；所谓"健全人格"，分为德、智、体、美，这四点又同自由、平等、博爱相契合，所以，养成健全人格，也就发展了"共和精神"。① 也是从这种哲学观出发，蔡元培特别重视美育。他指出，教育界"所主张者，必为纯粹人道主义"。"夫人道主义之教育，所以实现正当意志也。而意志之进行，常与知识及感情相伴。于是所以行人道主义之教育者，必有资于科学及美术。"②因此，美育正是实现人道主义理想的必然选择："人类共同之鹄的，为今日所堪公认者，不外乎人道主义……人道主义之最大阻力为专己性，美感之超脱而普遍，则专己性之良药也。"③蔡元培把大力倡导美育的人本主义主旨表达得十分鲜明。

在马克思主义的经典著述中，与现代美育问题关系最密切、对美育学知识体系建构具有直接指导意义的是关于人的全面发展学说。马克思主义的创始人在论述美学和教育学的基本问题时，常常是从人的全面发展观出发的。例如，马克思关于审美活动是人通过感觉对其本质力量的直接而全面地占有的论述，关于从人类生产活动的整体性质引出"人也按照美的规律来构造"④的思想，关于人类以思维、艺术、宗教和精神实践的方式把握世界的论述；恩格斯关于在共产主义社会，通过教育使年轻人摆脱现代这种分工为每个人造成的片面性的思想，等等，都贯穿着人的全面发展的红线。这些都为美育学的研究提供了直接的指导思想和方法论。同时，马克思主义关于人的全面发展理论也是我国当前素质教育思想的哲学基础。例如，把教育的根本目的设定为育人、主张通过德智体美劳"五育"来全面开发受教育者的各种潜能并防止学生的片面发展、针对当前教育中存在的突出问题而提出创新教育，等等，都是从马克思主义关于人的全面发展学说出发的。

马克思主义关于人的全面发展学说也为我们批判继承前人的美育理论提

---

① 蔡元培：《在北京高等师范学校〈教育与社会〉杂志社演说词》，《蔡元培全集》第 4 卷，浙江教育出版社 1997 年版，第 82 页。

② 详见蔡元培：《华法教育会之意趣》，《蔡元培全集》第 2 卷，浙江教育出版社 1997 年版，第 380—382 页。

③ 蔡元培：《哲学大纲》，《蔡元培全集》第 2 卷，浙江教育出版社 1997 年版，第 340 页。

④ 《马克思恩格斯选集》第一卷，人民出版社 2012 年版，第 57 页。

供了理论指导。如前所述,启蒙运动以来的美育思想总是同各种关于人的全面发展的理想息息相关、紧密相连的。任何思考人类自身生存与发展问题的理论,总是不同程度地涉及人的感性方面的发展、涉及审美(或艺术)的人生价值、涉及美育的哲学问题;一切旨在全面开发受教育者各种潜能的教育思想,总把美育置于相当重要的地位。因此,我们可以说,现代美育思想就是从"以人为本"的哲学观念出发的。对于这些思想遗产,我们只有从马克思主义关于人的全面发展学说出发才能正确把握和理解,并加以批判吸收,以推动中国美育学的建立和发展。

强调以马克思主义关于人的全面发展学说作为中国美育学的哲学基础,对我们正确认识美育的本质特征与功能价值都具有十分重要的意义。美育所关注的是人的生存与发展,它以人的需要与能力可以而且应该得到全面发展为信念,其基本的价值在于:满足和提高人的审美需要,提高人的人文素养和创造能力,使个体获得感性和理性的平衡协调发展,使人的高品质生活成为可能。它的价值取向首先在于人自身,在于人的生存发展的充分可能与完满。在此意义上,我们可以说,现代美育观念与人的全面发展理想是根本一致的。然而,目前我国教育界存在着一种不良倾向,即用一种急功近利的实用主义态度来对待美育,并因为美育没有显著的实用功能且产生效果相对较隐较缓而轻视甚至排斥美育。从某种意义上讲,普通教育具有两种基本的功能性质,一种是手段性的,另一种是目的性的。前者主要体现为,用科学技术、劳动技能和某些社会生活常识、常规来武装和训练学生,使他们掌握改造世界的必要工具和适应生活的本领;后者则主要体现为,使学生在认识、道德、审美、体育和各种社会实践(包括劳动)等各种人生经验中,逐渐养成良好的人格素质,使个体在肉体与精神的协调平衡中健康成长。这两个方面在根本上并不矛盾,但确实又有不同的侧重和意义。美育的功能首先基于后者,即以促进人的各种潜能得到全面发展的根本目的。所以,从马克思主义关于人的全面发展学说出发来认识和研究美育,是把握美育基本性质与功能的必要前提。

在美育理论方面,也存在着一种偏向,即把美育仅仅理解为德育的辅助手段或途径。产生这种观念的原因是多方面的,其中一个重要原因是没有认识到美育与人的全面发展有着直接而密切的关系。人的全面发展意味着人的各种潜能的全面开发、提高并相互协调。在人的各种潜能中,审美是一个重要的方面,它与道德的方面既有联系,又有区别。所以,道德发展与审美发展有相互促进的关系,而且美育的某些方法也可以被运用到德育过程中去。但是,美育的意义远不仅仅限于此。美育是促进个体审美发展的教育,人的审美发展有相对的独特性和特殊规律,美育对人的生存发展的完满具有不可替代的促进作用与积极意义。所以说,没有美育的教育是不完全的教育,这个"不完全"正是就教育应该促进人的全面发展这一层面上讲的。也就是说,如果没有以促进人的审美发展为主要作用的美育,教育就不可能达到促进人的全面发展的目标。德育具有突出的重要性,但是,如果把美育仅仅限定在德育的范围内,把它当作德育的一部分或手段,那就从根本上否认了人本来具有的审美潜能和艺术天性的发展要求,否定了美育的自身价值,取消了美育的独特性质和相对独立的地位。由此可见,立足于人的全面发展,对于我们认识美育的重要作用,深入把握美育的独特性质、功能、规律和方法,均具有重要意义。

人的全面发展的逻辑规定与历史规定

在众多关于人的全面发展的理论中,马克思主义关于人的全面发展学说占有极为重要的地位。从某种意义上说,马克思主义创始人对资本主义社会现实的批判和关于共产主义的学说都指向一个理想目标,即人的全面发展。青年马克思这样描述"对私有财产的积极扬弃"对人类自身的意义:

> 人以一种全面的方式,也就是说,作为一个完整的人,占有自己的全面的本质。①

从上述意义上可以说,人的全面发展是马克思主义的最高人格理想,也是其建构社会理想的基本尺度。

人的全面发展思想具有较悠久的历史渊源,但是,非马克思主义的全面发展观存在着抽象性和空想性的不足,具体体现为:对人的全面发展缺乏具体的

---

① 《马克思恩格斯文集》第一卷,人民出版社 2009 年版,第 189 页。

社会历史界定,未能揭示实现这一理想的现实途径。马克思主义在其发展过程中,把前人空想的全面发展观改造成为科学的理论,揭示了其社会历史的内涵和实现这一理想的物质条件,使之与现实的改造和共产主义运动有机地结合在一起,这个现实的改造就是消灭"异化劳动"①。马克思主义的这一科学理论是以逻辑与历史相统一的思维构架展开的,从而使人的全面发展这一概念获得了逻辑与历史的双重规定。这种辩证思维的方法也为我们认识马克思主义关于人的全面发展学说的基本内涵,研究新的历史条件下人的全面发展问题,提供了重要的方法论指导。

马克思主义对于人的"全面""完整"的理解是从人与动物相区别的本质特征入手的。人与动物的根本区别在于他能够在实践活动中自觉地认识和掌握客观规律以实现自己的目的。从这个意义上说,自由自觉的活动是人的基本特质。活动是主体的活动,活动主体有两个最基本要素:需要与能力。需要是活动的内在动力,能力是人从事活动、满足需要(即实现目的)的本质力量;能力在活动中创造出需要的对象并使主体与对象联系起来,使需要得到满足与发展。由此可见,需要和能力是人类活动发生与发展的主体根据。人的实践活动中所体现出来的各种需要与能力的总和,构成了人的本性的整个内涵,也就是人的"全面""完整"的基本内容。因此,人的全面发展的第一个逻辑规定是人的需要与能力的全面发展。具体地说,就是"人的个性的自由发展、人类能力的全面发展和人的一切社会关系的充分发展"②。

要真正实施以人的全面发展为目标的素质教育,培养学生丰富全面的能力是关键性的一环。一个人的素质往往体现为他的需要和能力,素质的提高又落实在一定的活动中需要和能力的提高。就主体活动和发展的内部关系来说,一方面,需要是能力的内在规定,需要的水平决定了能力的水平;需要的发展与丰富推动着能力的发展与丰富;没有内在的审美需要,主体就缺乏投入审美活动的内部动力,审美能力也就不可能得到发展。另一方面,由于各种需要只有凭着各种活动能力,在主客体相互作用的对象性活动中才能得到满足与

---

① 杨愉:《马克思论"人的解放"及其对人的全面发展的基本要求》,《学术探索》2020 年第 2 期。
② 王虎学:《马克思分工思想的人学意蕴》,《哲学动态》2011 年第 4 期。

发展,所以能力的水平也规定了需要的水平,能力的发展与丰富也促进了需要的发展与丰富;没有一定的审美能力,主体就不可能投入审美活动,审美需要也就不可能得到满足和发展。因此,就教育活动自身来说,人的素质的全面发展取决于从事创造和享受对象世界的活动能力的全面发展。能力,作为一种可教育因素,成为促进人的全面发展的关键性因素。现代教育应该全面地开发与培养受教育者的各种能力,从而引生新的需要,造就各种素质全面发展的现代人。由此可见,美育也应该把发展审美能力作为主要的任务。

然而,人的需要与能力不是凭空产生的,而是在一定的社会活动中发展起来的。社会活动又无时无刻不受人与对象的各种关系的制约与规定,所以人的需要与能力的全面发展必须以人与自然、个体与社会的关系的协调为前提:"个人的全面性不是想象的或设想的全面性,而是他的现实关系和观念关系的全面性。"①马克思主义认为,人是对象性的、社会性的存在,人只有在对象性活动中才能发展和体现自己的本质力量,确证自己的存在。随着实践活动的深广化发展,产生出与人的某一种本质力量相对应的某一种对象的特殊的把握方式,形成某些相对独立的对象性关系及其活动方式,从而使人的本质力量相对独立地发展。在诸如感性实践、审美、认识等对象性关系与活动当中,人形成、发展并实现着相应的意志、情感、理智等本质力量。因此,人的本质力量的全面发展必须以人与对象的关系的全面性为前提。

个人的发展又受到社会关系的制约,正如马克思与恩格斯所指出的:"只有在共同体中,个人才能获得全面发展其才能的手段。"②个体的全面发展取决于特定的社会关系,如果脱离社会而过度"自由"地发展,个体就会陷于孤独、痛苦的境地,这种个体的"自由"实际上意味着人格内涵的虚无;如果过于依赖社会或一味地受制于社会,就会丧失独立的个性:这两种状况都不会给个体的全面发展提供充分条件。只有在个体与社会处于协调的关系之时,个体的全面发展才可能充分实现。

马克思主义把"个人的全面性"界定为"现实关系和观念关系的全面性",

---

① 《马克思恩格斯全集》第 46 卷(下),人民出版社 1980 年版,第 36 页。
② 《马克思恩格斯选集》第一卷,人民出版社 2012 年版,第 199 页。

揭示了人的全面发展的现实、社会基础与观念意识条件,使人的全面发展学说具有了科学性与实践性,并由此而阐明了实现人的全面发展的现实道路,即消灭私有制,彻底变革旧的现实关系和观念关系,实现共产主义。只有在人与自然、个体与社会的协调全面关系真正形成的社会,人的全面发展才会充分地实现。这就是对人的全面发展的第二个逻辑规定。

现在的问题是,我们尚处于"社会主义初级阶段",在现阶段的教育中,人的全面发展是否可能? 或者说,现阶段的"全面发展"意味着什么?

人类的发展是一个历史过程,只要人类存在,人的发展就不会终止。所以,一方面,人的潜能的丰富性和全面性是无限的;另一方面,人的发展总被限定在一定的历史水平上。所以,人的全面发展是无限与有限的辩证统一。

人的全面发展不是自然的产物,而是历史的产物,是在一定的现实条件下实现的。①

在一定的历史条件下,人的全面发展程度总是有限的,人们对"全面发展"的理解与展望也总是以人类特定时期总体的需要和能力的发展水平为根据的。要对人的全面发展问题作具体的界定,并使之与实践相结合,就必须从历史的观点出发,给人的全面发展赋予历史的规定性。在这方面,马克思主义为我们提供了方法论启示。

马克思在考察人类社会发展的三种历史形态时,曾对存在于这三种社会形态中的人的发展状况进行了历史的具体分析。在"最初的社会形态",由于分工尚未产生或尚未充分发展,一方面使"人的生产能力只是在狭窄的范围内和孤立的地点上发展着",另一方面部分个体却实现了低水平的全面发展。在自然经济形态中,劳动者往往一人从事整个生产过程的工作,掌握各种生产技能和生活本领,人与人之间发展的方向与水平也相差无几,个体几乎可以成为其他社会成员的代表。处在这种发展水平上的人,各种需要和能力尚未得到充分的独立发展,感性与理性、肉体与精神也尚未分裂或对立,而是处于混沌的和谐状态。马克思评论道:

---

① 王虎学:《论"人的全面发展"的现实条件》,《福建论坛·人文社会科学版》2012 年第 4 期。

在发展的早期阶段,单个人显得比较全面,那正是因为他还没有造成自己丰富的关系,并且还没有使这种关系作为独立于他自身之外的社会权力和社会关系同他自己相对立。①

正是由于个人与社会还处于混沌的同一关系,因此,个人的发展水平与社会成员的集体发展水平基本一致。也就是说,个人达到了低水平的全面发展。对此,马克思描述为"原始的丰富"。

随着分工的发展,以及近代机器工业的兴起,人的原始丰富性被打破了。这是一个矛盾痛苦的历程:从整体上说,人类的能力得到了空前充分的发展和丰富;从个体上说,每一个人的发展水平远远落后于集体的总体发展,显得相对片面与贫乏。这是由于分工把人的活动按职业进行划分,把原先属于个体整体性活动的各个方面割裂和孤立起来,形成了物质活动和精神活动、社会活动与个体活动的疏离甚至对立。在个人身上,道德意志、审美情感与理智等能力也被分割开来,感性与理性、肉体与精神的原始同一也被打破,造成了个体人格的分裂和片面发展。但是,被相互分离的人的需要和能力,由于其专门化的独立发展而达到空前发达的地步,从而使人类总体的发展达到了空前的水平。这就是近代以来,在"以物的依赖为基础的人的独立性"为特征的社会形态中,人的发展的二律背反。这种状况在现代工业劳动过程中表现得最为突出。现代工业生产是社会化的大生产,劳动成为一种多方面合作的程序。这种程序中往往包含着人类所能达到的各种智慧、热情、创造力和其他能力,但对每一个劳动者来说,他只是高度综合的复杂程序中的一个环节、一个要素,犹如一只大挂钟中的一个小零件,终日重复着一种动作程序,只发挥他的一小部分才能。于是,丰富的个体对生产过程来说,可能只具有一只手或一条腿的意义。席勒就曾经批判过由于分工造成的人从身体到心智的分裂。影片《摩登时代》中由卓别林扮演的那位装配工人,只是在装配线前紧张而机械地重复做着一种动作,他实际上已沦为机器的一个部件。人本来应该具有的个体主动性、创造性,他的热情、想象力和个性趣味等在社会化生产过程中往往没

---

① 《马克思恩格斯全集》第46卷(上),人民出版社1979年版,第109页。

有发挥的机会,有时反而受到严重压抑。不仅体力劳动如此,脑力劳动也是一样。科学家、哲学家、艺术家等从事精神性生产的人也不可避免地走向片面发展的道路。不仅他们的劳动往往与身体运动分离,而且由于专业知识和技能等高度细致的划分,他们在精神能力方面也只发展了一小部分。智力的发展常常导致情感、敏感性和个性兴趣的丧失,有少数科学家几乎已失去了感受生活和欣赏美的能力与兴趣。而情感与想象的丰富又常常妨碍着智力的发展。个人的精力和实践所限,为了在某一专门的领域中获得进展,必须牺牲与此关系不直接的需要与能力。这些已成为现代化社会中的一种普遍现象。

马克思主义认为,由于高度分工而造成的人的片面发展,集中体现为个体与社会的分离,也就是个体的类属性的抽象化。人类总体需要和能力的空前丰富证明每一个体可能蕴藏着多么丰富的潜能,相比之下,每一个体实际上所达到的发展水平却低得可怜。马克思一方面愤然谴责这种不合理的社会现象,另一方面又辩证地指出,人的这种高度片面化发展恰恰是人类总体能力丰富发展的必要前提。只有在这种社会形态(即社会发展的第二阶段)中,“才形成普遍的社会物质变换,全面的关系,多方面的需求以及全面的能力体系”,所以说“第二个阶段为第三个阶段(共产主义——引者注)创造条件”。[①]而在共产主义社会形态中,个体可以得到全面发展,也就是建立在人与自然、人与社会高度和谐关系上的个体对人类总体本质力量的全面占有。这种全面性不能被理解为每一个人在每项活动领域中都达到最高的水平,而是指他的各种潜能都得到一定的发展,而不是只发展了某一种能力,使其他各种可能发展的能力处于压抑或沉睡的状态。再者,由于人与自然、个体与社会的关系得到了改善,个体在某一领域中的活动不再被孤立为只片面地发挥他的极小部分能力的单调劳动,而是为个体发挥多方面的才能和满足多方面的需求创造了条件。

马克思主义历史地阐述人的全面发展的方法,为我们认识我国现阶段人的全面发展的具体问题提供了方法论指导。我国现阶段分工仍是必要的,甚

---

① 《马克思恩格斯全集》第46卷(上),人民出版社1979年版,第104页。

至还不够,工业化的社会大生产不仅需要,而且要充分发展。而且,由于区域发展不平衡,城乡发展不平衡,人们所处的生存发展条件各不相同,全面发展的状况也不相同。因此,现阶段人的全面发展不可能达到马克思主义所描述的理想水平,但又有了一定的现实条件。特别是全面建成小康社会之后,人们的物质生活水平有较大提高,文化和精神生活需求日益旺盛,"以人为本""科学发展"越来越成为大家的普遍共识,人的全面发展也成为一切经济社会文化发展的根本目的,"人的全面发展"开始现实地列入中国的社会进程,并居于重要位置。根据马克思主义关于个体的需要和能力与社会总体的需要和能力相统一的全面发展方向,我们应努力使二者尽可能地趋于一致。不能认为人的全面发展在目前情况下还只是一种理想,只有在共产主义阶段才能实现,就不关心个体发展的全面性。事实上,马克思主义创始人也曾对历史上的某个时代或某些人物的发展水平极为赞赏,肯定了人的全面发展在某种程度或某种范围内实现的可能性。例如,马克思称古希腊为人类"发展得最完善的时代"①;恩格斯称文艺复兴时代是需要和产生了"在思维能力、热情和性格方面,在多才多艺和学识渊博方面的巨人"②的时代。据此,我们可以说,虽然在人类发展的现阶段,人的全面发展只是阶段性和局部的,水平也不很高,但是,如果我们把共产主义看作人类为摆脱各种对人的全面发展的束缚而争取自由解放的过程,把人的全面发展的实现理解为人类在不同历史时期不断丰富个体人格、尽可能地实现人在感性与理性、精神与肉体等方面的平衡的过程,那么在不同历史时期里,个体需要、能力与社会总体的需要、能力之间矛盾、分裂的减缓,在不同程度上具有人的全面发展的意义。

更值得注意的是,普通教育不完全等同于职业培训,就二者的具体目标来说,前者的目标是培养通才,后者的目标是培养专才。虽然职业培训也有育人的任务,但其主要目标是训练人的专长。而普通教育,特别是基础教育,它的根本任务是培养人,教育的人文性和理想性都意味着应该为学生各种潜能的发展提供机会,造就素质全面、优良的人,这是素质教育观念的核心所在。事

---

① 《马克思恩格斯全集》第 46 卷(上),人民出版社 1979 年版,第 104 页。
② 《马克思恩格斯选集》第三卷,人民出版社 2012 年版,第 847 页。

实上,由于个体内部各种素质有着密切的有机联系,所以只有素质相对全面的人,才可能在今后特定的领域作出较大的专业成绩,才可能去创造和享受美好的生活。人文艺术教育的缺失,使得比较偏重于科学技术教育的学校照样不可能培养出世界一流的科学家和工程师,这对我们已不是陌生的教训。如今的中国越来越意识到素质教育的重要性,而素质教育的思想和目标与现代美育思想是高度吻合的,即教育是为了培养全面发展的个性。

因此,我们不能仅仅满足于憧憬美好的未来,而忽视现时人的生存与发展。人的全面发展不能只是一个美好而遥远的许诺,而应该是一个由今天到达明天的实践过程。我们应该时时铭记,成为实现人格理想的人,不仅是手段,而且是目的,他今天的生存与发展本身就有一个全面发展的基本需求。有学者指出:"新时代要求新教育,既要实现教育的均衡发展,又要实现教育的充分发展,要让每个人享有公平而又有质量的教育,实现每个人充分和全面的发展。这是新时代教育观照人的'完整性'发展的基本内涵。"①从全球视野来看,人人享有都受人类优秀艺术成就和文化遗产以及参与文化艺术活动的权利,美育也是为了满足这种基本的权利而设置的。② 发展每一个人的审美能力应该是每一个人的基本发展需求,所以,我国把美育列入了教育方针。我们应该以意识到的理想为指导,在现实的条件下,努力提高人的生存发展质量。再则,美好生活的建设者也应该具有丰富的需要和能力,因为使每一个体得到自由全面发展的理想社会不是从天上掉下来的,而恰恰是由具有丰富需要和能力的劳动者创造的。这正是我们重温马克思主义关于人的全面发展学说的根本意义所在。

人的"发展"与教育观念

我们对人的全面发展的理解比较注重在"全面"上,而对同样重要的"发

---

① 潘希武:《人的"完整性"的现代性意蕴及其教育观照》,《华南师范大学学报(社会科学版)》2018 年第 5 期。

② 联合国教科文组织在 2006 年推出了《艺术教育路线图》(*Road Map for Arts Education*),把对每一个儿童进行艺术教育理解为维护人人接受教育、参与文化活动、发展创意能力的人权。(详见 UNESCO 官方网站。)

展"重视不够,这直接导致在教育观念和实践中无法真正贯彻"全面发展"教育的思想。因此,有必要对人的"发展"做深入思考和探究,从而对"人的全面发展"以及人的全面发展教育有整体的把握。

朱光潜曾指出:

> 教育的功用就在顺应人类求知、想好、爱美的天性,使一个人在这三方面得到最大限度的调和的发展,以达到完美的生活。"教育"一词在西文为 education,是从拉丁动词 educare 来的,原义是"抽出",所谓"抽出"就是"启发"。教育的目的在"启发"人性中所固有的求知、想好、爱美的本能,使它们尽量生展。中国儒家的最高的人生理想是"尽性"。他们说:"能尽人之性则能尽物之性,能尽物之性则可以赞天地之化育。"教育的目的可以说就是使人"尽性","发挥性之所固有"。①

朱光潜的这段话包含着一个深刻的教育哲学问题——人是否具有"求知、想好、爱美的天性",或者说,人内在的可教育性是什么? 作为促进人的发展的教育与受教育的个体之间到底应该是怎样的关系?

从"以人为本"的立场出发,人的发展就是人所具有的潜能的开发和伸展。

人的发展有内外部两种动因:内部生存和发展的潜能,表现为个体发展的需要;外部对人才的要求,表现为特定社会对人的发展的目标设定。根据马克思主义基本原理,外因通过内因起作用,也就是说,人的发展的根本动力在内因,就是个体生存和发展的潜能和需要。因此,着眼于人的发展的教育是顺势而为、因势利导的教育活动。这种观念的前提是对人性的肯定,也就是相信人人具有求真、向善、爱美的潜能;因为人人都具有这样的可教育性,人的全面发展是有可能的。因此,教育是促进人发展的活动,这里所讲的"发展"实质上是人的内在潜能的开发和伸展。基于这样的认识,促进人的全面发展的教育

---

① 朱光潜:《谈美感教育》,《朱光潜全集》第 4 卷,安徽教育出版社 1988 年版,第 143 页。引文中所引儒家的话语原文为:"唯天下至诚,为能尽其性。能尽其性,则能尽人之性。能尽人之性,则能尽物之性。能尽物之性,则可以赞天地之化育。可以赞天地之化育,则可以与天地参矣。"见李学勤主编:《十三经注疏·礼记正义(上、中、下)》,北京大学出版社 1999 年版,第 1448 页。

就应该是顺势而为、因势利导的。所谓"顺势而为"和"因势利导"就是尊重人的内在发展需求和个体差异(个性),尽量避免脱离学生发展阶段特点的教育教学行为,拒绝千篇一律的教育教学要求;尽可能地让教育成为一种适合学生发展的"供给"活动,在"适合"的教育活动中引导学生融入社会,成为一个有个性的社会人。只有适合学生发展的教育"供给",才会被受教育者有效接受并内化;只有适合人的发展需求和特点的教育活动,才可能是最有效的。反过来讲,违背人的发展需求和特点、又仅重视育人的社会需求,往往使教育教学处在极为低效的状态。

发展的观点对于我国当前的教育观念变革至关重要。在教育过程中努力实现学生全面发展的目标,是一个需要认真研究和探索的课题。第一,教育兼具现实性和理想性,尽管现阶段社会现实并不能提供人的全面发展的完美条件,但是教育应该尽可能地把开发和保障学生各种潜力的发展作为根本任务。第二,学生的全面发展是以学生为主体的发展,而不是完全依靠外力给学生输入各种能力和素养。把学生作为发展的主体,就要求教育者了解并尊重学生作为发展主体的需求和潜能,充分调动学生自我发展的能动性,同时为学生发展提供必要的知识和能力训练。应该认识到,只有与学生的发展需要相互适应的教育,只有把学生当作发展主体的教育,才可能是真正能够深刻影响其身心的教育,才可能对学生一生的发展产生积极作用。第三,全面发展是有个性的发展,不是"平均发展"。全面发展教育是要培育具备多方面知识和能力、能够综合运用人的各种精神力量和身体运动能力来从事创造性劳动的个性,也就是"丰厚的个性"。如果一个学生各门功课都能达到优良、平均成绩处于领先水平却没有个性特长,那么这实际上并不是一个全面发展的个性。每一个人都是独一无二的个性,他的发展是受到其个性定向的,也就是说,每一个学生的发展一定是个性化的发展,有的方面强一些,某些方面弱一些。如果一个学生发展得很平均,却没有优势特长,那么这种发展只能说是平均发展,而非全面发展。因此,在具体教育过程中,对每一个学生而言,全面发展是不可能完全平衡的,而且只有这种不平衡才能培养出具有创造个性的人才。

二、美育学的美学基础

审美：作为一个生存范畴

美育学的美学基础来自现代美学的核心范畴——审美（aesthetic）。它的本义是感性，美育在西语里面的本义也是感性教育（即 aesthetic education），美育就是基于审美经验的教育。因此，一味专注于对象性的"美"的美学很难为美育学提供直接的美学资源，以往诸多的美育理论由于从美这个范畴出发，在美和美感这一对范畴里展开美育理论，既无从全面把握美育的性质和功能，也不可能深入揭示美育"审美育人"的人文价值。美育作为感性教育，其基本意义也是从"审美"（即感性）生发开来的，"审美"是美育学在美学上的逻辑起点。审美作为一个主体性范畴与教育有机融合，就是把审美的价值转化为一种教育资源，这是美育的一个重要特点，也是美育学作为美学和教育学交叉学科的一个重要特点。因此，美育学应当把关注于人的生存和发展的美学作为其美学上的出发点，这种美学在中国就是人生论美学。

审美是一个广阔的领域，可以从不同的角度去审视、描述或界定它。但是，它在根本上是人的一种基本的生存方式，属于生存范畴。这不仅是由于人的最基本活动是生存活动，而且由于审美的最终意义在于它的人生价值。因此，美学和美育学都应抓住审美这个基本意义，把作为认识论范畴或实践论范畴的审美还原为生存论范畴，从而使自身获得对人生的关切，对生命的关怀，重新确认审美和美育的应有之义，重新确认美育关注人的全面发展、促进人格完善以及关注人的生存福祉的人文性。再从美育活动的内在特征来看，审美育人过程主要不是以思维为特征的认识过程，也不是物质性的实践过程，而是情感释放和升华、生命活力激发、创造性发展以及开启心智、怡情养性的体验过程，有着鲜明的人文导向。所以，只有把审美作为一个与人的生存发展、与人的个体生命活动直接关联的范畴，才可能真正揭示美育的应有之义。

把审美（艺术）当作人的一种生存状况，一种崭新的人生境界，这是中国美学的一大特点，更是中国现代美学的重要传统。

中国古代哲学主要是人生哲学。[①] 同样,中国古代美学主要是人生美学,这些观点前辈学者多有论述,此不赘论。作为专注人生的美学,中国古代美学十分重视人的生存状态,追求人的生命价值的实现,主张在具体的生活中养成高尚人格和提升生命境界,探求个体内心情与理的和谐、人与人的和谐、人与自然的和谐。与此相应,中国古代审美文化(以文学艺术为代表)偏重情志的抒发和意趣的表现,追求在想象创造的世界里生命的表达和实现,擅长在日常生活的细节和自然的一草一木中发现人性的美好和人生的真谛。虽然中国美学并不擅长对审美人生作形而上的长篇大论,但是中国美学始终围绕着人生这个根本来展开,其核心问题不是美为何物,而是审美对人生有何意义,人生如何实现艺术化、审美化,人如何借助艺术和自然景观来达到生命的完满和精神的自由。由此我们可以说,在中国美学中,审美根本上是一个生存范畴。

孔子曾说:

知之者不如好之者,好之者不如乐之者。[②]

过去的诠释者大都把知、好、乐解作道德与知识修养的三个阶段,所谓"知"即懂得道理,"好"即喜爱,"乐"即以此为快乐。的确,孔子要求把道德内化为个体的自发要求,使得人人从内心深处向往仁义,自发地实践伦理原则,并以此为乐,达到"从心所欲不逾矩"的地步。他所说的"乐"的确包含这层意思。然而,"乐"又不仅是对社会而言,它同时也具有个体生存的意义。"知"与"好"均外在于个体生命,是人对于客体的一种服从或追随,所以它们主要是外在价值;唯有"乐",才是个体生命得以实现的生存状态,因为"乐"是人的一种生命状态,是人把外在的法则转化为自身的需要,从而获得内在的自由。所以,孔子又说:

---

① 张岱年说:"人生论是中国哲学之中心部分……人生论实是中国哲学所特重的。可以说中国哲学家所思所议,三分之二都是关于人生问题的。世界上关于人生哲学的思想,实以中国为最富,其所触及的问题既多,其所达到的境界亦深。"(张岱年:《中国哲学大纲》,江苏教育出版社 2005 年版,第171 页)冯友兰说:"中国哲学,向亦注重人生方面。"(冯友兰:《哲学与人生之关系》,《东方杂志》第33卷,第 1 号,1933 年 11 月)钱穆认为,"哲学是西洋人的一种学问",中国人思想的方法道路与西方的哲学很不相同。"倘使说中国有哲学,只是比较偏于人生方面的。"(钱穆:《人生十论》,广西师范大学出版社 2004 年版,第 93 页)

② 《论语·雍也》,杨伯峻:《论语译注》,中华书局 2009 年版,第 60 页。

> 兴于诗,立于礼,成于乐。①

所谓"成于乐",便是个体在与社会的和谐融洽之中实现的生存完满。孔子讲"诗",重在"兴观群怨";讲"礼",重在约束个体的一套政治和伦理秩序。这虽也是必要的,但主要是外在于个体生存的社会法则。而"乐"却是"尽善尽美"的,是情理融合的,它的本质是"仁",又具有作用于个体情感的感性形式。只有"乐",才能使个体的本质("仁")得以实现,这种实现的方式是心理愉悦,即"乐"(lè)。因此,"乐"具有内在价值,"成于乐"在本质上是一种以"仁"为核心的审美化、情感性的人生境界,是内心和谐自由的生存状态。所以,孔子还说:

> 志于道,据于德,依于仁,游于艺。②

这个"游"不正是"从心所欲不逾矩"的自由状态吗?值得注意的是,在孔子那里,个体审美化生存(即"乐")的境界可以在许多方面得以实现:闻韶乐"三月不知肉味"③,是从艺术欣赏中得之;"浴乎沂,风乎舞雩,咏而归"④,"知者乐水,仁者乐山"⑤,是从自然、游历中得之;"一箪食,一瓢饮,在陋巷,人不堪其忧,回也不改其乐……"⑥是从日常生活中得之。这里体现着孔子的一个重要思想,即以主体的创造性来实现人生各个方面的审美化。虽然孔子美学的核心还是"仁"(即伦理道德的"善"),他追求的人生的审美化与现代美学的人生理想有差异,但是把审美放在人生境界的框架中来理解则与现代美学是相通的。

中国古代另一位重要美学家庄子则追求"逍遥游"。这种"游"的实质在于"体道",实现"道"。"道"是"无为而无不为",用康德的话来说,便是"无目的的合目的性"。不过,庄子的重点落在人生自由境界之上,体现出中国传统美学鲜明的生存论特色。"道"无所依凭,无所欲求,却又是由此而有所得,即

---

① 《论语·泰伯》,杨伯峻:《论语译注》,中华书局 2009 年版,第 80 页。
② 《论语·述而》,杨伯峻:《论语译注》,中华书局 2009 年版,第 66 页。
③ 《论语·述而》,杨伯峻:《论语译注》,中华书局 2009 年版,第 68 页。
④ 《论语·先进》,杨伯峻:《论语译注》,中华书局 2009 年版,第 118 页。
⑤ 《论语·雍也》,杨伯峻:《论语译注》,中华书局 2009 年版,第 61 页。
⑥ 《论语·雍也》,杨伯峻:《论语译注》,中华书局 2009 年版,第 58 页。

在个体内心里敞开一个境界,一种自由自在、澄明透彻的心境。它是美妙的生存状态,同时,它又类似于由审美态度、审美观照、审美体验、审美愉悦等综合构成的审美心境。值得注意的是,庄子不是从对美或艺术的分析中,而是从对人生意义的探求中揭示了这种境界。在摒弃了"明乎礼义,而陋于知人心"①的儒家哲学方法论之后,庄子把目光集中于宇宙生命本体,集中于理想人生,集中于个体内心体验的极致。他发现,只有以一种类似于审美的态度去观照万物、体察人生,才能体悟到生命的真正意义,才能实现个体的自由生存。就这样,庄子从人生哲学出发,创立了属于生存论范畴的审美学,深刻揭示了宇宙的诗意和审美的人生价值。这也正是庄子美学的现代意义之所在。

　　孔子和庄子的上述思想几乎影响了他们身后的整个中国美学和艺术创作实践,执着于宇宙生命情调之发现,追求生活之艺术化,强调艺术的人生价值已成为中国美学与艺术的主导精神。写诗作画的真正意义在于创造一种神情飞扬、气韵生动的心灵境界,审美欣赏的美妙之处在于"澄怀""畅神",使个体精神跃入自由闲适的状态。审美的最根本价值不是外在的,而是内在的,在于对人生的感受与体悟,在于为个体生存开创一个新境界。而且,在中国人的生活中,审美境界不仅得之于艺术活动,而且得之于日常生活,来源于生活的艺术化。这种生活的艺术化主要也不是外在的修饰,而在于用洒脱的审美态度来待人接物,在于人内心世界的解放。于是,王羲之发现了山阴的山水之美;阮籍独自驾车狂奔,又为"穷途"涌哭而返;支道林放鹤归林;王子猷乘兴访友,至门前而返……平淡的生活由此脱俗而放异彩,个体的生存于是充满诗意。这种依凭人的主体创造性而开创审美化、艺术化人生境界的生存美学精神,对于我们建立现代美育学是多么宝贵的思想资源!离开了对人生的关怀,离开了审美、艺术与人的生存发展的直接联系,美育理论和实践不仅丧失了其最根本的意义,而且同我国优秀的文化传统格格不入。

　　在西方,生存论的审美理论肇始于康德。康德用知—认识、意—实践、情—审美的三分法划出了人类活动的三大领域。审美即以主体的快感或不快

---

①　郭庆藩:《庄子集释》,中华书局 2013 年版,第 623 页。

感为基准的鉴赏判断,是实践与认识之间的中介与纽带。审美情感摆脱了生理欲望和道德规范的压迫,以非概念的形态,在想象中达到内心诸心理功能的和谐自由活动。他试图在审美情感领域实现感性与理性、人与自然的和谐统一。在今天看来,这种具有浓重认识论色彩的美学思辨实质上潜藏着某种生存论美学的启示:作为情感活动的审美不必通过任何外在的手段来实现其自身的内在价值,它以个体的内心体验("单称判断")直接关联到生存的价值,直接实现着人类的本质,直接导向人的目的。因此,情感在审美活动中具有了独立于任何外在价值的人生意义,而情感的独立价值只能从人的生存与发展中去理解。

席勒发挥了康德的上述潜在思想。他指出:

> 美对我们是一种对象,因为思索是我们感受到美的条件。但是,美同时又是我们主体的一种状态,情感是我们获得美的观念的条件。美是形式,我们可以观照它,同时美又是生命,因为我们可以感知它。①

在这里,席勒把美从"对象""形式"的意义扩展到"主体的一种状态""生命"的意义,实际上也是把审美从认识论范畴向生存论范畴的扩展与转化。"生命"是美的内容和本质,作为对象的美正是"生命形象"(又译"活的形象"),它在根本上是由人的审美("游戏")冲动创造出来的,受到主体审美活动的规定,是审美主体自由的生存状态的一种象征。所以,审美不仅是认识,它首先是一种体验,是一种人格状态、生命状态,它直接关联到人格的完整和谐与生存幸福,是一个生存范畴,而人的审美生存状态(或称"审美心境")有别于生存的自然状态、逻辑状态和道德状态。虽然席勒凭着浪漫的想象力,轻易地把审美的心灵自由扩大到人的现实自由,企图以心境转化来替代现实变革,有浓重的空想色彩,但是他确立的作为生存范畴的审美理论很值得我们重视。这不仅为后世的美学开辟了一条新的道路(如存在论美学),而且从人生价值入手的审美理论建构为现代美育学的建设奠定了一个良好的基础。

在《1844年经济学哲学手稿》中,马克思提出了人的三种自我确证方式。

---

① 席勒:《美育书简》,徐恒醇译,中国文联出版公司1984年版,第103页。

一种是实践的方式："通过实践创造对象世界，改造无机界，人证明自己是有意识的类存在物。"①另外两种是思维的方式与感觉的方式："人不仅通过思维，而且以全部感觉在对象世界中肯定自己。"②这种在感觉中肯定人自身的方式具有深刻的美学意义。尽管言年马克思的这部著作仍沿用了认识论的术语，不乏浪漫情调，但他把人的上述三种自我确证方式视为人实现其类本质的三个层面，实质上已深入人的生存本体。而且，他把人的自我确证方式分别归属于三种生存领域（认识、实践和审美）。审美是一种"感觉"的方式，即体验的方式，主要属于心理领域，而不像席勒以及目前国内外一些浪漫美学理论那样，把审美价值直接等同于整个人生价值，以体验代替认识与实践，用想象的自由代替现实的解放。因此，马克思所说的对人的本质的全面占有并不仅仅在人的生存活动之中实现，而是人在多种对象性活动中自我实现的总和。其中，审美的相对独立意义在于，它是"对属人的现实的占有"，也就是对人的作为人的存在的感受、体验和自承。

中国现代的人生论美学

20 世纪初，西方美学和美育理论传入我国，王国维率先创建了人生论美学，为中国现代美学奠定基础，也为中国美育学奠定了美学基础。王国维在研读西方哲学著作时有一点深刻感悟，那就是哲学是超越了世俗经验的形而上思维。因此，知识不仅有实用的一类，还有超功利的一类，那就是哲学。他曾感慨地写道：

伟大之形而上学，高严之伦理学，与纯粹之美学，此吾人之酷嗜也。③

这是年轻的王国维学术志趣的真实写照。在他眼里，超功利的纯粹知识其实还是有目的的，只不过不是政治、经济等实用目的，而是为人生这个根本目的。王国维讲的就是真理和人生。他一方面引进了西方近代学术的普遍观

---

① 《马克思恩格斯选集》第一卷，人民出版社 2012 年版，第 56 页。
② 《马克思恩格斯全集》第三卷，人民出版社 2002 年版，第 305 页。
③ 王国维：《自序二》，《王国维全集》第 14 卷，浙江教育出版社、广东教育出版社 2009 年版，第 121 页。

念,即学术以求真为目的;另一方面又接受了西方生命哲学家的人本主义思想,主张学术以满足人性的需要为目的。他的学术独立论是从人固有的需要出发来立论的,其直接的思想来源是叔本华关于"人是形而上学的动物而有形而上学的需要"的观点。他说:

> 且夫人类岂徒为利用而生活者哉,人于生活之欲外,有知识焉,有感情焉。感情之最高之满足,必求之文学、美术,知识之最高之满足,必求诸哲学。①

所以,在王国维那里,学术不仅仅是为了客观的真理,还为了人生,而且他对后者看得更重。而且,他的学术独立论和艺术独立论是与人生价值论紧密相关的。他认为:"天下有最神圣、最尊贵而无与于当世之用者,哲学与美术是已。"②二者以真理为目的,哲学家发明真理,艺术家表现真理。在他看来,艺术与哲学一样,都关注宇宙和人生的大问题,只不过方法不同:

> 特如文学中之诗歌一门,尤与哲学有同一之性质。其所欲解释者,皆宇宙人生上根本之问题。不过其解释之方法,一直观的,一思考的;一顿悟的,一合理的耳。③

这等于是把文学与哲学都归入"形上之学"。因为王国维所理解的"真理",实质上就是对"宇宙人生上之根本问题"的解释。按照他当时的观点,这种根本问题还是人生问题:

> 研究人如何而生活之问题,此实科学中之科学。④

这是王国维对于中国现代人生论美学的基础性建构。

王国维主张审美和艺术的价值在于使人的情感得到满足和升华,从而拯救人生,这才是他主张审美和艺术独立、强调审美和艺术的形而上意义的

---

① 王国维:《奏定经学科大学文学科大学章程书后》,《王国维全集》第 14 卷,浙江教育出版社、广东教育出版社 2009 年版,第 34 页。
② 王国维:《论哲学家与美术家之天职》,《王国维全集》第 1 卷,浙江教育出版社、广东教育出版社 2009 年版,第 131 页。
③ 王国维:《奏定经学科大学文学科大学章程书后》,《王国维全集》第 14 卷,浙江教育出版社、广东教育出版社 2009 年版,第 37 页。
④ 王国维:《脱尔斯泰伯爵之近世科学评》,《王国维文集》第 3 卷,中国文史出版社 1997 年版,第 451—452 页。

本意所在。在他的心目中,只有关注人生、解救人生和提升人生境界的文学艺术作品才是有价值的。他还接过叔本华的话说,艺术当中以文学(诗歌、戏曲、小说)为"顶点",因为"其目的在描写人生故"①。正因为这种"人生艺术论"是以出世的精神解决现实的人生问题,所以王国维讲审美无用,实际上还是着眼于"用";他讲艺术的形而上意义,实际上还是着眼于现实人生的解救。

王国维是得风气之先的学者,关注人生后来成为"五四"前后中国文学艺术的主流,也是朱光潜、宗白华、丰子恺等美学、美育理论的主色调。特别是"人生艺术化"理论一时成为中国现代美学较为集中而重要的本土理论。

第一,"人生艺术化"意味着一种脱俗的生活,这可能是现代人生艺术化思想最为一致之处。他们所讲的脱俗就是摆脱了世俗功利考虑,超越了世俗的价值观念,让人在不脱离世俗生活的情况下,获得更多精神性的生活享受,在日常生活之中寻得更多超越了柴米油盐、功名利禄的乐趣。所以,他们一方面推崇康德等西方美学家的审美无利害性理论,另一方面在传统的道家学说中吸取思想的养分,把超越狭隘功利目的作为实现人生艺术化的必要条件。值得注意的是,主张人生艺术化的现代文人几乎没有一人把艺术和道德、审美与现实截然对立起来,而是十分强调艺术化人生的德性内涵,并试图以出世的艺术来改变现实人生,从而显示出这种人生艺术化思想与西方现代审美主义的重要差异,而更多地体现出中国传统人生哲学的底蕴。概括地说,中国现代人生艺术化思想中蕴含着以出世的精神来做入世的学问的特点,使美学具有了超越性和现实性高度融合的本土化特征,这也是中国现代美学的一种基本精神。

第二,人生艺术化思想主张一种感性化、精神性的生活。在这个意义上,"艺术化"相当于"情感化""情趣化",其实质是"人性化"。西方现代美学是被作为一种人本主义思想引进现代中国的,又同中国传统关注人生的哲学和美学思想相互印证和阐发,在当时者多中国人文知识分子看来,其注重感性、

---

① 王国维:《〈红楼梦〉评论》,《王国维全集》第 1 卷,浙江教育出版社、广东教育出版社 2009 年版,第 59 页。

情感和艺术独立的思想背后蕴含着对人性的尊重和对人生的关怀。讲人生的艺术化就是强调人生是一个完整、具体的生命体,是一种个性化的、创造性的生活,是一种在平凡的生活中不断超越平庸和世俗的精神性生存方式。正是在人性这个理想概念基础上把人生和艺术高度统一,使得人生艺术化思想具有了坚实的人本主义思想基础。因此,王国维可以毫不费力地以一句"无用之用"把艺术的独立论和人生论统一起来,创建中国现代的人生论美学;朱光潜可以把建立在审美直觉和审美距离等概念基础之上的美学指向人生艺术化的最终价值目标。丰子恺强调人生的童真童趣,不仅包含着对世俗人生的厌恶,而且表露了对人性本真状态的追求。从当时思想界的背景看,主张人生的情感化还有一个深刻的原因,那就是反思科学的局限。这在今天仍有意义。

第三,人生艺术化思想倾向于对传统思想文化的继承。与当时激进的知识分子不同,主张人生艺术化的知识分子都注重对传统思想文化的吸取,或者说,人生艺术化这个命题本身就是从传统中来的。事实上,中国古代哲学的一个突出特点正是"人生论"。当然,这些知识分子并不排斥西方文化,也都或多或少地批判过国民的"劣根性",但是,他们并不断然拒绝传统,而是有选择地吸收传统,特别是用世界性的眼光,借鉴西方的一些思想,根据国人现实的生存状况,提出人生问题解决的途径。这种建设性的态度使得人生艺术化思想成为激活传统美学思想资源并同西方学术思想相互交融的创造性美学成果。

第四,人生艺术化思想具有鲜明的社会责任感。如前所述,中国现代人生艺术化思想不是与世隔绝的,也并不像有的人所说的是主张象牙塔中的生活,而是具有明确的现实针对性的。事实上,主张人生艺术化的诸多知识分子认为中国落后的根本原因在于人的素质落后,他们是想通过改造人生来改造国人。当然,这些知识分子在对待民族危机的态度上也并不一致。例如,信佛的丰子恺在日军入侵时愤然用手中的笔来抵抗,周作人却违背了他自己先前主张的人生立场,成为历史的罪人。实事求是地说,周作人的人生艺术化思想是有所建树的,不会因为他的不光彩历史而被抹杀,但是,任何人在民族危难时所犯下的罪恐怕很难得到饶恕。

　　总之,中国人生论美学主张审美和艺术的相对独立,超越世俗利益,又充满着温暖的人文关怀。它关注人心,追求审美的人生价值,追求人生境界与审美境界的高度一致,显示出既有超越性又有现实性的双重理论品格。这种把超越性和现实性有机融合的人生论美学对于当今建构中国美育学是十分宝贵的思想资源。事实上,人生论美学就是挖掘审美、艺术对于人的生存和发展的价值的理论,将这种理论应用于教育也就成了美育理论。因此,中国现代人生论美学理论是建构中国美育学一分切近的理论基础,值得认真研究并加以继承发扬。此外,中国古代和现代先贤们美学思想中的人生观、审美观与当代有很大差异,这要求我们在继承的同时要加以批判性的阐发和创造性的转化。

　　审美是一种感受,所以审美活动中的自我实现主要在心理领域,是人的情感本质的实现。对现实生存来说,审美中的自我实现(即审美的自由解放)是现实生活的理想,是一种自由的象征。但是,审美还有其更基本的价值与功能,那就是它开创了生存的情感之维,在深度体验中实现人格的完满和人生境界的提升。

　　审美情感首先是一种生存情感,即生存体验,这是它最基本的意义与特征。关于情感,人们又可以把它理解为对人与现实的关系的某种反映,或者是对周围环境的反应、态度或评价。因此,情感亦具有认识和实践的属性。但是,对于审美情感来说,这两种对情感的理解主要涉及情感的外在性,因为它外在于生存感受,尚未深入生存本伛。现代美育学需要把从属于认识或实践意义的情感还原为个体生存意义上的情感。情感不仅具有主体对客体、个体对社会的意义,而且具有对自我的意义。它是个体对自我的感受,这种感受形成了个体的一种心境,一种独特的精神性的生存状况。一个人的愉快、崇敬、狂欢、痛苦、焦急、悲哀等内心体验,个体情感的压抑或满足、敏锐或麻木、丰富或枯竭,对于他的生存质量均有十分重要的意义。个体生存的完满不仅在于他有道德、有智力、有健康的身体,也不仅在于有财富、有权力、有名誉,还在于有丰富的情感需要和满足,有敏锐的生存感受。一个情感麻木、枯竭或压抑的人,即使其他方面十分富足,他的个体人格也不会有全面的发展,其生存也不会完满、幸福。

生存的情感之维是审美活动的基本领域,而审美活动又是展开生存的情感之维的根本途径。在压抑情感表现、排斥情感价值的时代,唯有审美才为独立的个性情感提供了一块自由栖息的绿洲。而在"滥情"的氛围中,高雅艺术又为人们提供了让心灵优雅地栖息和适度地成长的场域。在这个意义上说,审美具有解放的性质与功能。用历史的观点来看,审美解放(即生存情感的解放)应该包含着两大历史阶段:在人类摆脱自然状态成为文化人的阶段,审美解放意味着感性的文化提升,即从纯粹的生理本能发展与升华为具有理性因素和精神特征的人的情感。而在人类文明发展到工业化、科技化的时代,由于知识理性和技术理性对人的生存的负面影响,理性对感性的过分压迫,以及人与自然、人与人关系的疏远化,审美解放又侧重于情感向自然复归(当然不是简单的回到原始状态),即冲破理性规范的某些不合理束缚与压抑,恢复情感的自发性、敏感性和丰富性。一般来说,古典哲学家较偏重审美解放的前一种意义,强调感性的理性化,现代哲学家则较偏重审美解放的后一种意义,强调理性的感性化,这正是审美范畴的现代性之所在。古典美学和现代美学的这种差异性事实上正体现了在历史发展的不同阶段,人类所拥有的不同生存和发展要求,也说明审美具有某种文化补偿性质和功能。这种性质和功能受到具体历史条件的制约,最终是由人类的生存需要所决定的。而在今天,面对中国现代化进程和"后现代"文化的冲击,美育学在价值取向上则需要保持感性和理性的平衡——在立足美育的感性教育定性基础上,保持对理性和科学的开放。面对大众文化感性泛滥、众多娱乐产品"滥情"有余的状况,作为审美范畴的"感性"需要被重新界说,这是当代美学面临的新问题之一。"丰厚感性"则不失为既与中国传统美育思想相衔接,又可以面对上述文化状况的一种新界说。

审美解放并不仅发生在现实世界,而且实现于个体内心世界。在此,我们仍可借用康德对审美的一个重要规定——无目的的合目的性。如果从个体生存的角度来说,"无目的"就是非物性、非外在性、非现实性,"合目的"就是与个体生存的某种内在要求相契合。因此,审美根本上是为了人自身,为了开创生存的自由心灵空间。尤其对现代人来说,审美首先是一种情感的创造性表现与升华,是个体对自我的生存感受,其次才是一种观照或修养,后者本质上是达到前者的手段或方式。如果没有情感的创造性表现与升华,审美对象没有意义,审美观照亦没有意义,审美修养更无从谈起。如果阻碍或压抑情感表现,损害情感的丰富性或敏锐性,任何修养或陶冶都意味着走向审美的反面,成为对人生审美化的阻碍。总之,审美是人展开生存的情感之维,是实现情感的创造性表现与升华、开创人生新境界的途径,它本身就是个体对其生存的自我感受。这便是审美的生存论意义。

三、席勒的现代性美育思想

席勒是公认的现代美育思想创始人,也是第一位提出系统美育理论的美学家。我国从 20 世纪初引进的欧洲美育理论主要是席勒的理论。大家对席勒的美育理论似乎很熟悉了,其实不然。在 100 多年前,中国学者所面对的主要问题并不是现代化的问题,而且当时的现实语境也没有多少现代性问题,中国人文学科的知识建构也才开始。所以,从王国维到蔡元培再到朱光潜,对席勒美育思想的现代性问题关注都不够。目前,我国已处于现代化中后期,国人的生存发展境况发生了很大变化,一些现代化进程中出现的问题开始呈现。因此,有必要重新研读《美育书简》,特别是关注其美育思想中的现代性特征。这无论是对我们理解审美和美育这两个重要范畴的现代性意义,并深刻认识与这两个范畴相关的现实问题,还是对建构具有时代特征的美育学,都无疑是有益的。

美育问题的提出

在西方思想史上,美育问题总与"感性"这个关键词密切相连,而且或深或浅地包含着人道主义的观念。柏拉图深信,道德上的善基于个体心灵的和谐,因此,人格的养成要从和谐的艺术教育入手,或者说美育是整个教育的基础。① 这是西方美育思想的一个十分重要的源头,在席勒和英国美学家、批评家赫伯特·里德的著述中,我们时常可以读到类似的话语。

然而,思想总是具体的,不同时代、不同现实生活背景上提出的类似话语,表面上似乎是在复述前人的思想,但这种复述只要是有意义的,就一定与前人的思想有着重要的差异,这种差异所包含的具体思想则是任何研究者应该特别关注的东西。席勒提出美育问题不仅限于柏拉图式的思想,席勒不是逻辑地阐述教育应该以什么为基础,或者美育在一般意义上能对教育发挥什么作用。他面对着柏拉图从未面对的问题,而美育则是解决这个特定时代的现实问题的一种方案。因此,席勒关于美育的论述虽然也有些与前人相似,甚至继承了柏拉图等先哲们的某些思想,但是其精神实质和具体内涵是不同的。

席勒提出的美育问题首先是政治问题。席勒写作《美育书简》期间②,正是法国革命爆发和进入雅各宾专政后不久。法国革命使三十多岁的席勒激动了一阵,而雅各宾专政、路易十六被送上断头台,又使席勒对法国革命感到失望,认为不幸的杀戮正暴露了革命的野蛮。当时的德国经济和社会发展相对落后,资产阶级无法与封建贵族抗衡,所以像席勒这样的诗人只能在观念上追求自由,在理论上讨论理想。

在《美育书简》中,席勒审查了当时(18世纪末)德国的社会状况,认为人

---

① 柏拉图的这种观点是一以贯之的,在《会饮篇》《法律篇》等对话中论述得比较集中。例如,在《法律篇》(柏拉图的晚年著作)中,他以"雅典客人"的身份说:"我认为快感和痛感是儿童的最初的知觉,德行和恶行本来就取快感和痛感的形式让儿童认识到。……我心目中的教育就是把儿童的最初德行本能培养成正当习惯的一种训练,让快感和友爱以及痛感和仇恨都恰当地植根在儿童的心灵里,这时儿童虽然还不懂得这些东西的本质,等到他们理性发达了,他们会发现这些东西和理性是谐和的。整个心理的谐就是德行,但是关于快感和痛感的特殊训练会使人从小到老都能厌恶所应当厌恶的,爱好所应当爱好的……依我看,它配得上称为教育。"(柏拉图:《柏拉图文艺对话集》,朱光潜译,人民文学出版社1963年版,第300页)。

② 《美育书简》的写作经过了一段曲折。1793年5月—1794年7月,席勒给丹麦王子F.克里斯沁写了系列书简,主题是关于审美教育的,作为席勒对克里斯沁先前两年为自己提供生活资助的酬谢。起初这些书简并没有传出丹麦宫廷,而且在1794年王子宫殿着火时被毁坏了。后来,席勒又重新构想和重写了系列书简,其长度是原稿的两倍,共27封信,并在新创办的、由他主编的《季节女神》上连载。现在我们可以读到的版本中,只有第1—11和第24—27封信与原稿大致相同,其余的部分都是新写的。《美育书简》的写作过程以及在这个过程中席勒思想的发展变化(转向辩证思维)都给这部重要著作留下了深刻印记,例如前后观点、概念、术语的不一致,等等。(参见Reginald Snell的译者序言,Friedrich Schiller, *On the Aesthetic Education of Man*, tran.Reginald Snell, New York: Frederick Ungar Publishing Co.1965。)

被两种"疾病"所困,一是感性的强制,另一是理性的强制。他把这种国家称为"自然国家",它是靠力量而不是法则建立起来的。所以,德国的当务之急是造就一大批理想公民,即人性完整的人,否则,建立理性、自由国家的理想根本无法实现。而理想公民的造就不能依靠国家,因为上述人的分裂恰恰是这个国家自身所造成的,但哲学和理性又是那么懦弱。因此,席勒说:

> 至于理性在观念中所设想的国家,不可能作为更好人性的基础。相反,它只能建立在更好人性的基础上。……除非是达到人的内心不再分裂、人的本性充分发展,从而能使他自己成为设计师并保证人的现实成为理性的政治创造物。否则,我们仍然会把这种国家改革的各种尝试看作不合时宜而把建立在这一基础上的希望看作是幻想。①

至于如何使人性从分裂复归完整,席勒给出的办法是美育。他认为,需要一种特殊的力量来直接作用于人的性格,这种力量就是美,特别是有才能的艺术家所提供给我们的美。依靠这种美的教养,人才有希望获取自由的社会存在。依靠这种美,才可能恢复人性的完整。由此,才可能建成理想的国家。席勒把政治问题的解决(建立理性自由的国家)置于完整人性的培育基础上,而治愈人性分裂的方案就是美育。正是在这个意义上,席勒写道:

> 我们要想在实践中解决政治问题,就必须通过美育的途径,因为正是通过美,我们才能达到自由。②

这里有一个问题,艺术(美)是不是总可以引人高尚和人格完整? 席勒的解决办法是——重新界定美。这种界定的方法是:先从人性的理想来解说美,提出从人性的观念与美的观念的一致出发,从解决人格分裂这个现实问题出发,把美界说为生命和形式的融合(统一)。这里有一个矛盾:现实的人是分裂的,偏于感性冲动或理性(形式)冲动。但是,恰恰又需要有二者融合的美来解决这种人格的分裂。于是,办法只有一个,依靠从事非现实创作的艺术家。艺术家凭着天才(康德已有论述)创造出融合了感性冲动和理性冲动的美,人们可以通过这种美来达到性格的完整。正如席勒所讲的,人要想达到

---

① 席勒:《美育书简》,徐恒醇译,中国文联出版公司 1984 年版,第 56 页。
② 席勒:《美育书简》,徐恒醇译,中国文联出版公司 1984 年版,第 27 页。

"外观",就必须超越"实在"。①

由此可见,席勒对他所面临的政治问题的解决方案是经由主体意识的革命,具体地说就是感觉、知觉方式的革命——摆脱感性物质和知性观念的束缚,实现心理上的和谐自由。也就是说,席勒提出来的解决现实人格分裂的方案是经由"非现实的道路",即审美之路。他看到了人性处于分裂状态会对国家、社会和人的生存本身造成巨大危害,所以要对人进行必要的心理调节,使对立的冲动处于中和状态。这其实体现了席勒要求重建资产阶级意识形态的设想,它不是过分暴力的,同时也是革命性的。这种具有折中性质的审美意识形态构成了席勒《美育书简》的重要政治学基础。对此,有人评价说,席勒试图用观念或心理的自由来取代现实或实践的革命,其美育理论因而具有明显的空想性质。这种批评固然有理。但是,对于身处 18 世纪德国的席勒来说,他的美育理论所具有的政治批判性足以使其在当时德国的思想界独树一帜。实际上,没有人的自由解放的"空想",没有关于人性完满的观念,现实的变革就可能迷失方向;如果没有关于人的生存理想,任何现实变革的方案和实践都很有可能具有反人性、非人道的危险。我们尽可以批评席勒的"美育政治学"是观念上的"巨人"、实际行动上的"侏儒",但是,正是这个理论曾对马克思的现实变革理论发生过众所周知的影响,而马克思的现实变革思想恰恰是以人的解放和全面发展为主要目的的。

随时间的推移,《美育书简》的政治背景对今天的我们已没有重要或直接的意义。我们今天重读席勒这部划时代著作,或者说这部著作在今天的生命力,主要在于其深刻的文化人类学意义,尽管这种意义在席勒当时的写作意图中是与政治问题的解决交织在一起的。

完美人性的观念

在《美育书简》中,无论是对当时现实的分析和批判,还是对美、审美、美育的阐述,都时刻与席勒的人道主义观念和对人的生存状况的关切密切联系

---

① 席勒:《美育书简》,徐恒醇译,中国文联出版公司 1984 年版,第 139 页。

着,即使是政治问题的解决方案也是以人、人性和人道观念为基础的。可以说,人性观念是《美育书简》中一切论述的理论基础。所以,席勒提出的美育问题更主要的是文化人类学问题;而正是这种人本主义的立场,使得《美育书简》成为提出审美现代性的历史性文献。

在《美育书简》中,席勒从文化的角度指出了"现时代"的一些弊病:"欲求占了统治地位……利益成了时代的伟大偶像……哲学家的探索精神把想象力也撕成了碎片,艺术的领域在逐渐缩小,而科学的范围却在扩大";现代人的人性被分解,"成了碎片","无法发展他生存的和谐……把自己仅仅变成他的职业和科学知识的一种标志"。① 再进一步,席勒试图揭示造成上述状况的原因,他指出"正是教养本身给现代人性造成了这种创伤",其要害是理性的过度扩张和等级、职业的严格区分,从而使得人的本性的内在纽带断裂,"致命的冲突使人性的和谐力量分裂开来"。② 他写道:

> 心灵的感受性就程度而论与想象的活泼性相关,就范围而论与想象的丰富性相关。分析能力占主导地位必定剥夺了想象的激发和威力,对象领域的进一步限制必定减少了他们的丰富性。爱抽象思维的人往往具有一颗冷漠的心,因为他们把印象分解了,而印象只有作为一个整体才能打动人的心灵。专业的人往往具有一颗狭隘的心,因为他的想象力限制在他的单调的职业圈子里,而不能扩大到陌生的表现方式中。③

同时,席勒又从历史必然性的角度分析了造成上述人性分裂状况的深层原因。他说,他所描述的现代人性分裂状况也适用于处于"文明进程中"的任何民族,"因为所有民族在通过理性回归自然之前,都无一例外地会由于理智的过度敏感性而远离自然",其结果是"我们的本性成了文化的牺牲品"。④

这里有一个我们理解《美育书简》的关节点:席勒之所以提出美育,是因为他认为文化问题的要害是感性的缺席或被压抑。我们以前理解席勒的《美

---

① 席勒:《美育书简》,徐恒醇译,中国文联出版公司 1984 年版,第 37—38、57 页。
② 席勒:《美育书简》,徐恒醇译,中国文联出版公司 1984 年版,第 50—51 页。
③ 席勒:《美育书简》,徐恒醇译,中国文联出版公司 1984 年版,第 53 页。
④ 席勒:《美育书简》,徐恒醇译,中国文联出版公司 1984 年版,第 37、48 页。

育书简》往往更多地注意他所提出的美的概念,因为席勒把美定位在感性与理性和谐的辩证框架内,而我国的研究者又多从黑格尔关于"美是理念的感性显现"这个观念出发来理解席勒美学,所以我们很难发现《美育书简》论述的着眼点在何处,更难于发现席勒美育观念的这种鲜明的现代性意义。

仔细研读《美育书简》,特别是前十封信,我们就可以发现,席勒提出美育问题,除了要解决所面临的政治问题之外,更重要的是试图解决人类文明发展所带来的人的生存危机,即过度的理性①压抑、消除人的感性,从而造成人天然具有的和谐本性的丧失。他提出美育问题的着眼点是:在理性占主导的世界里,恢复和确认感性的地位,重建与理性相协调的感性世界。所以,他更多地从对过度、片面理性的批判入手来引出美育的话题。他指出,理性对人有过分的要求,它为了精神性的追求而剥夺了人的自然本性,为了统一的人格而抽去了具体生存状态里人性的多样性和丰富性。这其实就是启蒙理性的片面性所在,而美育正是为了纠正启蒙理性的片面性而为时代所需要。他写道:

> 认为一切知性启蒙所以值得重视只是在于它对于性格的反作用,这是不够的。在一定程度上这种启蒙还要由性格出发,因为必须经过心灵才能打开通向头脑的道路。感受性的培养是时代最急迫的需要,这不仅因为它是一种改善人生洞察力的手段,而且因为它本身就会唤起洞察力的改善。②

这就是说,席勒在承认启蒙理性的合理性的同时,着重揭示和批判了它的弊病和危害,并认为要用一种新的文化策略来修正文化发展的方向,使之朝着更合乎人性的方向平衡协调地发展。所以他写道:

> 理性消除了感性的迷误和欺诈的诡辩,曾经使我们背弃自然的哲学本身又在大声急切地召唤我们回到自然的怀抱——为什么我们总还是野蛮人?③

---

① 席勒在《美育书简》中对于概念术语的运用时常并不严格,关于压抑性的启蒙理性,有时叫"理性",有时叫"理智"或"知性"等。这里的"理性"与席勒所讲的体现了人性和社会理想的"理性"意思不同。为了便于区分,本书把它称为"过度理性"或"片面理性"。
② 席勒:《美育书简》,徐恒醇译,中国文联出版公司1984年版,第50页。
③ 席勒:《美育书简》,徐恒醇译,中国文联出版公司1984年版,第59页。

　　这里讲的"野蛮人"是指受理性压抑的人,而受感性压抑的人被席勒称为"原始人"①。席勒提出恢复当时人性中缺失的东西,就是要恢复被正在建立的现代文明压抑、排斥了了的人的原始性,就是要恢复人性中的自然性,即感性。虽然席勒主张建立一种感性与理性平衡和谐的人性,但是针对当时的现状,席勒提出美育的重点是恢复感性,消弥启蒙理性的片面和专制,由此克服人性的分裂。

　　从美学思想发展的内部关系来考察,席勒写作《美育书简》面对的是理性主义和经验主义的美学,以及康德对这两种美学的批判性综合。

　　理性主义美学,至少从它在德国被命名起,其实是理性主义扩张性发展的结果。理性主义哲学在试图解释一切的发展过程中,开始进入感性领域。被誉为"美学之父"的鲍姆加通意识到,既然人类心智活动被分为知情意,那么在逻辑学和伦理学之外应该有一门学问研究情感或"混乱的"感性认识。这种美学思想的兴起至少为哲学开辟了一个新领域——感性和艺术、美,而且试图确立作为"独立科学"的美学学科。这本身就具有创新的重要意义。但是,理性主义美学所理解的美和审美偏重于感性认识过程中的理性法则,遵循的是感性的理性化的理路。美被界说为"感性认识的完善",也就是感性的多样性被寓于理性的同一性之中。在这里,虽然感性的多样性得到了有限的尊重,但是它的意义恰恰要依据数学的科学方法,在具有"理性同一性"的"形式"之中才得以确认。② 同样,美学被界说为"低级认识论",感觉和情感虽然被纳入合法研究的范围,但是这种采用近代数学方法的科学无非是理性主义的逻辑学的一种延伸或应用。正如伊格尔顿所指出的:

①　席勒的原话是:"人能够以这种双重方式对立起来:或者当它的情感支配了他的原则时,成为一个原始人;或者当他的原则破坏他的情感时,成为一个野蛮人。原始人忽视艺术,并把自然作为至高无上的情侣;野蛮人嘲弄和蔑视自然。然而他比原始人更为丢脸,他进而成了自己的奴隶的奴隶。有教养的人把自然当作自己的朋友,他尊重自然的自由,而只是抑制了自然的专横。"(席勒:《美育书简》,徐恒醇译,中国文联出版公司1984年版,第45页)

②　关于这个问题,一位美国学者有较为简明的论述:"理性主义的本体论在实质上和形式上都是数学思维的一种功能,其中最首要的是充足理由律,即任何特定杂多的每一要素都一定能还原到总体结构的一种逻辑的、本体论的功能,也就是说它一定是事物形式中的一部分。形式在鲍姆加通由演绎组成的美学中逐渐扮演了一个必不可少的角色。的确,美是形式(在上述意义上)。"(L.P.维塞尔:《活的形象美学》,毛萍、熊志翔译,学林出版社2000年版,第23页)

如果说他(指鲍姆加通——引者注)的《美学》以一种创新的姿态开
辟了整个感觉的领域,那么,它所开启的实际上是理性的殖民化。①

所以,理性主义美学思想从总体上说是理性主义的一种扩张。虽然它为
审美现代性的出场提供了一种条件,但是它对启蒙理性的批判远没有对它的
继承多。

18世纪,英国出现了一批更关注人的感性生命的经验主义者,他们的异
军突起显然在欧洲哲学和美学的航船上又扯起了一面风帆,一面试图与理性
主义对峙的风帆,它的标识是"生命"。值得注意的是,经验主义美学思想与
伦理学有着密切的联系,实际上,许多美学的论述恰恰是与对道德或道德感的
论述联系在一起的。例如,"趣味"是经验主义美学关注的一个问题,而趣味
正与社会风俗、道德感联系在一起。实际上,在经验主义美学中,美感也常常
是同道德感一起考虑的。西方现代美学中的关键性概念"审美无利害性"原
来正是一个伦理学概念,通过夏夫兹博里等经验主义思想家的阐述,它进入美
学领域,主要是描述没有功利考虑的一种知觉方式,同时也排除了这一概念本
来具有的实践性意义。

有意思的是,与理性主义把美和艺术硬纳入理性形式的做法不同,经验主
义美学是把道德乃至知性和社会性"审美化"了②,情感成了连接美感和道德
感的纽带,"快感"和"痛感""同情心""无利害感""爱"等成了打通美学与伦
理学的关键词。由于同伦理学的密切关系,经验主义美学特别关心形而下的
社会问题,这一点特别体现在对社会风俗的关切。休谟强调了审美趣味的可
教育性;夏夫兹博里意识到,他自己的神圣使命是培养人们具有良好的审美趣
味。"我们需要为正当的情趣'铺平道路',主张正当的审美情趣是培养出来
的,这是当时英国整个美学学派的特征。"③

在《判断力批判》中,康德批判地综合了美学中的理性主义和经验主义,
并构想出人类通过美(感性的美)经由崇高(理性的美)而实现人的目的的思

---

① Terry Eagleton, *The Ideology of the Aesthetic*, Oxford: Basil Blackwell, 1990, p.15.

② Terry Eagleton, *The Ideology of the Aesthetic*, Oxford: Basil Blackwell, 1990.

③ 吉尔伯特、库恩:《美学史》上卷,夏乾丰译,上海译文出版社1989年版,第323页。

辨哲学之路。在康德美学中,经验三义和理性主义的一些片面性被克服了,同时,感性与理性、客体与主体等范畴仍处于二元对立之中。而且,在康德用思辨方法所绘就的人类发展蓝图中(体现于《判断力批判》上下卷中美—崇高—目的论的逻辑演进过程),感性的美仍被安置在一个低级的水平上,它同一切感性的东西一样是有待超越或者扬弃的。在康德美学中,纯粹美基本上是在观念中的抽象物,除了几种抽象的形式之外,康德几乎举不出多少美的事例来说明这种美的存在;而在崇高(依存美)范畴里,感性的东西只是以痛感的否定形式作为唤起主体理性精神的一个条件,而崇高感的出现必然要超越感性而达到理性精神的领域。所以,在康德的哲学里,美学或者审美仅仅是一个中介,它没有独立的意义,离开了理性精神和理性目的,审美就无法得到理解。

在《美育书简》第一封信中,席勒坦言"下述命题绝大部分是基于康德的基本原则",事实也是如此。但是 席勒并没有照搬康德的理论,而是从观念到方法都有所创新。在《美育书简》第15封信里,席勒在提出用"游戏冲动"消除"感性冲动"和"形式冲动"的对立,使它们相互协调,并把美界说为"生命形式"(朱光潜将此译作"活的形象")之后,有一个十分重要的注释:

> 在《关于崇高与美的观念起源的哲学探讨》中,博克把美解作单纯的生命。据我所知,对这个论题有过论述的独断论体系的每一个支持者都把美解作单纯的形式……在这个论题上,如同在其他方面一样,批判哲学开辟了让经验论回归原则和让思辨回归经验之路。[①]

这段话,一方面可以理解为席勒的结论是以试图批判地综合经验主义和理性主义美学的康德思辨哲学为基础的,另一方面也透露出席勒正是在康德的基础上完成了经验主义和理性主义的统一。[②] 实际上,席勒提出的"生命形式"本身就是对主张美是生命的经验主义和主张美是完善(用席勒的话来说就是"形式")的理性主义的一种综合,而正是在这种综合里,席勒发展了康德

---

① Friedrich Schiller, *On the Aesthetic Education of Man*, In a Series of Letters, tran. Reginald Snell(New York: Frederick Ungar, 1954), p.77.

② 参见 L.P.维塞尔:《活的形象美学》,毛萍、熊志翔译,学林出版社 2000 年版,第 4 页。

美学。

说到席勒对康德美学的发展，人们引用最多的是黑格尔的评价①，认为席勒的贡献在于克服了康德学说的主观性和抽象性，从现实性上来认识感性和理性的统一。这个评价，从理念论美学的发展来讲是毫无疑问的，然而，从整个美学在 19、20 世纪的发展，特别是审美现代性的创生来看，仅仅从这个角度来看席勒美学对康德学说的发展是远远不够的。事实上，正是黑格尔式的评价模式阻碍了我们今天发现席勒《美育书简》的划时代意义。

对感性的空前肯定

事实上，思辨哲学家对二律背反命题的解决，总有一个出发点，总有一个价值目标统摄着逻辑的演进，所以他们在谈论矛盾双方的"统一""融合"时，从来都是有所偏重的。上面已经提到康德把对美的论述引向超越了感性的理性，黑格尔更是把美作为人类童年（古希腊）的特征，是理念运动相对低级的阶段。席勒虽然也有类似的论述，但是，他更关心的是如何在这个理性占主导的世界里，恢复感性的重要地位，对经验界人的生命活力予以更多的肯定。而且，他对感性和理性对立的解决方法也同偏重理性主义立场的思辨哲学家不同。他用游戏冲动来统摄对立的感性冲动和形式冲动，在游戏冲动里，感性和理性不是一方压制另一方，而是相互协调：消除了各自对人性强制的因素，使它们可以和谐地活动。与理性主义在处理这个矛盾时的惯用方法不同的是，席勒从来没有用牺牲个体生命活力来换取理性的胜利，因为在他看来，感性与一贯得到认可的理性一样，也是人性的一个必要条件，而不是像理性主义者所认为的那样仅仅是人的微不足道，甚至应该予以蔑视的动物性。尤其在理性主义占据主导的思辨哲学领域，席勒更多地强调了感性生命对于人性完满的不可缺少的意义。他说：

①　这段话是这样的："美感教育的目的就是要把欲念、感觉、冲动和情绪修养成本身就是理性的，因此理性、自由和心灵性也就解除了它们的抽象性，和它的对立面，即本身经过理性话的自然，统一起来，获得了血和肉。这就是说，美就是理性和感性的统一，而这种统一就是真正的真实。"（黑格尔：《美学》第 1 卷，朱光潜译，商务印书馆 1979 年版，第 78 页）

上流社会不无理由地以此自炫的知性启蒙，整个来说对人的志向的高尚化影响甚微，倒不如说是他提供了适应腐化的准则。①

这表明，席勒认为感性与理性的协调不仅对于人的感性方面的发展是需要的，而且对于理性自身的发展是必要的。所以，诗人兼哲学家席勒更多地吸收了经验主义美学的精华，他的《美育书简》是将理性感性化的一部美学宣言。这种弘扬人性中的感性本质，并以感性反抗理性专制的思想，正是席勒美育理论现代性的特征之一。

席勒的美育理论基于对现实存在着的人性分裂的发现、揭示和批判，具有鲜明的文化批判性质。康德所面临着的是理性主义和经验主义在哲学上的对立，而席勒则把这种对立与现实中人性的分裂联系起来，从而创造性地描绘了"现代境遇"中存在着的人性的真实状况。在对"现代人"与希腊人的比较中，他指出：希腊人"感性和精神还没有严格地区分而成相互敌对又界限分明的不同领域"，"而现代人获得的形式是来自把一切分离开来的知性"，人性被撕成了"碎片"。他辩证地承认，现代人在性格、能力等方面的片面发展是历史的必然，因为人类在走出自然王国而趋向理性王国的过程中，必然要脱离自然，而人的多种素质的发展只能以各种能力的对立作为手段。而且，人类总体能力恰恰是在这种条件下得到了空前的发展。但是，席勒的价值天平显然更倾向于个体的幸福和人性的完美，因为把人的能力分离着发展对于人自身来说只能是"手段"，而个体的幸福和人性的完美才是最根本的目的，把手段作为目的正是人性异化的现代文化的一个主要表征。② 席勒对现代人的描绘，十分深刻而经典地抓住了现代人的某种现代性实质——分裂和异化。德国存在主义者雅斯贝尔斯曾分析说，现代西方文化具有分裂症倾向，现代艺术与精神分裂症有着共同的历史根源，艺术家正是在成为精神分裂症患者之时才获得真实的历史存在。所以，精神分裂恰恰反映了时代的真实③，而现代主义艺术在相当程度上正是把这种分裂和异化作为揭露和批判的对象。这种对现代

---

① 席勒：《美育书简》，徐恒醇译，中国文联出版公司 1984 年版，第 47 页。
② 详见席勒：《美育书简》，徐恒醇译，中国文联出版公司 1984 年版，第 48—56 页。
③ 详见今道有信等：《存在主义美学》，崔相录等译，辽宁人民出版社 1987 年版，第 148—155 页。

化进程中文化弊病的揭露和批判,正是审美现代性创生的必要前提。审美现代性首先来自对启蒙理性的反省和批判,从一定程度上说,审美现代性就表现为一种对启蒙理性、对文化的非人性化的批判精神。有意思的是,现代性自身的这种内在矛盾或二元对立的逻辑结构也真实地映现了现代文化的特征——分裂。席勒对于现代人性的分裂和异化的揭示和批判,构成了他的美育理论的另一个现代性特征。

如前文分析的那样,席勒是面对现实问题而提出美育问题的,所以他的理论有更鲜明的时代性和现实性。在康德那里,人性具有先验性质。席勒一开始也从先验的意义上提出了人性的观念,但是,由于他关心的总是现世的人,所以在论述中,特别是将美与人性的观念结合起来展开论述时,人性和美更多的是经验界的东西。例如,他分析说,人有两种冲动,感性冲动的对象是生命,形式冲动的对象是形式,这种分裂的人性正是席勒在《美育书简》第 6 封信里所分析的"现代的人性"的实际状况。在他看来,现代人本来就有两种对立的冲动,现代文明的最大弊病在于对这种分裂的粗暴解决,即用理性压抑、排斥感性,而他自己所提出的解决方案则是解除理性对感性的粗暴专制,恢复感性的自发性,从而使分裂的二者自由地协调。在席勒的美育理论中,人性的问题和美的问题归根到底是现世的、经验界的问题,它关联着人的肉身,即感性具体的现世存在。这样,席勒就把美学(包括美育)问题从神性的彼岸世界拉回到人性的此岸世界,为人的感性的现世存在的合法性辩护,甚至把美作为可以同已经被理性证明了的彼岸世界的"神"平分秋色的"第二造物主"。把美作为此岸世界的神,就是为人性的此岸性提供的合法性,因为"美"是"人性的一种必要条件"①;而确认人性的此岸世界的具体性,就为美和美育的现世性提供了合法性。这样,席勒的美和美育就成了解决当下人的生存危机以及文化危机的一种途径,而不是像一些思辨哲学家那样,美或审美只不过是从人的自然性向理性过渡的一个逻辑环节。这种现世性和此岸性正是席勒美育理论现代性的一个重要特征。

---

① 席勒:《美育书简》,徐恒醇译,中国文联出版公司 1984 年版,第 70 页。

第 三 章

中国的美育思想传统

虽然"美育"这个概念来自国外,但是,中国具有悠久而丰富的美育传统,这种美育传统甚至可以说居于中国人文传统的核心地位,与中国的人生哲学紧密相连,是中国传统"修身"的核心组成部分。中国的美育思想传统是自古一直延续到今天的一种育人之道和文化精神,为方便论述,本章分为古代和现代两部分阐述,实际上二者是有机联系在一起的。

一、中国古代美育思想传统

中国美育思想传统的建构

中国自古以来重视"诗教""乐教",也有让学生在自然环境中游历以陶冶性情的传统,但并没有被冠以"美育"之名。一方面,正是由于我国有深厚的以情感体验来培养人格的思想和实践传统,因此从 20 世纪初开始,中国的美学家和教育学家们持续重视、引进并阐发席勒的美育思想。事实上,中国现代美学在相当程度上是由于对美育的重视才得以建立的。另一方面,我们今天讲的"中国的美育传统"实际上是西学东渐之后被一些中国学者从理论上建构起来的。正是由于一些前辈学者"取外来之观念,与固有之材料互相参证"①,激活了我国悠久而丰厚的美育思想与实践,中国的美育传统才得以逐渐构型。因此,我们今天谈论的"中国美育传统",实际上是在中西文化碰撞、

①　这是陈寅恪对王国维"文艺批评和小说、戏曲之作"的评论,见陈寅恪:《海宁王静安遗书序》,载《王国维全集》第 20 卷,浙江教育出版社、广东教育出版社 2009 年版,第 213 页。

融汇的背景下开始被建构起来的,与 20 世纪中国美学家所建立的美育理论有着深刻的内在关联。开创这项工作的,正是王国维。

在王国维的历史性美育文献《孔子之美育主义》中,他一方面引入西方的美学和美育思想;另一方面,也是更重要的,对孔子的教育思想和实践进行了阐释,并把孔子的教育实践概括为从美育开始并最终成就于美育。王国维指出,人生而有欲,便朝夕受制于一己之利害得失,"于是内之发于人心也,则为苦痛;外之见于社会也,则为罪恶"。如何才能"除此利害之念"? 王国维给出的答案是"美"。他根据康德和叔本华的审美"无利害性"理论,阐述了"美"具有消除人们内心中"利害之念"的作用。他写道:

> 美之为物,不关于吾人之利害者也,吾人观美时,亦不知有一己之利害。无欲,故无空乏,无希望,无恐怖,其视外物也,不以为与我有利害之关系,而但视为纯粹之外物。此境界唯观美时有之,苏子瞻所谓"寓意于物"。

然后,他列举了中外哲人和诗人的言论或诗句作为例证,特别引述了席勒的美育理论来说明"美育为德育之助"或者说"美育与德育之不可离"。在阐述了美育对于消除"利害之念"(即"私欲")的特殊功效之后,王国维笔锋一转,开始转入对孔子美育理论的阐释:

> 今转而观我孔子之学说,其审美学上之理论虽不可得而知,然其教人也,则始于美育,终于美育。

孔子的美育实践还不限于"诗教""乐教":

> 且孔子之教人,于《诗》、乐外,尤使人玩天然之美,故习礼于树下,言志于农山,游于舞雩,叹于川上,使门弟子言志,独与曾点。点之言曰:"莫春者,春服既成,冠者五六人,童子六七人,浴乎沂,风乎舞雩,咏而归。"由此观之,则平日所以涵养其审美之情者可知矣。之人也,之境也,固将磅礴万物以为一,我即宇宙,宇宙即我也。①

他把这种状态描述成人生和社会的理想境:"此时之境界,无希望,无

---

① 详见王国维:《孔子之美育主义》,《王国维全集》第 14 卷,浙江教育出版社、广东教育出版社 2009 年版,第 14—17 页。

恐布,无内界之争斗,无利无害,无人无我,不随绳墨,而自合于道德之法则。一人如此,则优人圣域;社会如此,则成华胥之国。孔子所谓'安而行之',与希尔列尔(即席勒——引者注)所谓'乐于守道德之法则'者,舍美育无由矣。"文章的最后,王国维提出了著名的美育"无用之用说":

> 呜呼! 我中国非美术之国也,一切学业,以利用之大宗旨贯注之,治一学,必质其有用与否;为一事,必问其有益与否,美之为物,为世人所不顾久矣。……庸讵知无用之用,有胜于有用之用者乎?

> 以我国人审美之趣味之缺乏如此,则其朝夕营营,逐一己之利害而不知返者,安足怪哉,安足怪哉! 庸讵知吾国所尊为大圣者,其教育固异于彼贱儒之所为乎? 故备举孔子美育之说,且诠其所以然之理,世之言教育者,可以观焉。[1]

王国维对于美育的理解来自康德和叔本华的美学理论,也来自席勒的美育理论,而他对美学及美育理论的兴趣主要源于西方美学中的审美"无利害性"理论。这其中有一个深刻的历史文化原因:王国维选择了美学和美育,恰恰是因为其契合了中国传统儒家的育人方式以及把"私欲"作为人格完满的最大障碍的思想。他把"无利害性"直接解读为"无欲",所以说"无欲,故无空乏,无希望,无恐怖,其视外物也,不以为与我有利害之关系,而但视为纯粹之外物。此境界唯观美时有之"。他还把原本作为审美判断条件之一的"无利害性"解读为美的一种独特功能,所以他说:

> 盖人心之动,无不束缚于一己之利害,独美之为物,而入高尚纯洁之域,此最纯粹之快乐也。孔子言志,独与曾点,又谓"兴于诗,成于乐"。[2]

王国维有意无意地从儒学的思想来解读西方的某些美学和美育理论,然后又拿着这种"误读"了的西方理论反转过来阐释孔子的育人思想和实践,开始了中国美育传统的阐释性建构。在这种中西学术思想的"视界融合"中,他

---

[1]　王国维:《孔子之美育主义》,《王国维全集》第 14 卷,浙江教育出版社、广东教育出版社 2009 年版,第 18 页。

[2]　王国维:《论教育之宗旨》,《王国维全集》第 14 卷,浙江教育出版社、广东教育出版社 2009 年版,第 11 页。

对于孔子美育思想和实践的总结概括主要有以下几点:第一,孔子育人"始于美育,终于美育",也就是说,孔子育人的主要途径是美育。这个判断把中国美育的传统提升到了很高的地位,即孔子教育思想和实践的核心。第二,孔子做的美育不仅有诗教、乐教,还有"使人玩天然之美",也就是景观美育。这指出了孔子美育思想和实践的完整性。第三,孔子之所以把美育作为主导途径来实施教育,是因为美育能使人进入"无欲"的境界。在此境界,于个人,则无内心痛苦;于社会,则和谐有序。因此,美育是"无用之用","胜于有用之用"。孔子是中国历史上伟大的教育家,被封为"万世师表";儒家教育思想和实践又是中国传统中的主流。因此,王国维对孔子美育实践的阐释,于中国美育传统的建构,具有十分重要的意义,也产生了深远的影响。

蔡元培在任民国政府教育总长不久,阐述了"新教育"方针,同样在传统中寻求对美育的支持。他把中国古代的"乐教"称为"美育":

以中国古代之教育证之,虞之时,夔典乐而教胄子以九德,德育与美育之教育也。周官以卿三物教万民,六德六行,德育也。六艺之射御,军国民主义也。书数,实利主义也。礼为德育,而乐为美育。[1]

朱光潜在《谈美感教育》(写于 1940—1942 年之间)一文中甚至把儒家的礼乐教化都纳入美育的名下,他说:

《论语》有一段话总述儒家教育宗旨说:"兴于诗,立与礼,成于乐。"诗、礼、乐三项可以说都属于美感教育。诗与乐相关,目的在怡情养性,养成内心的和谐(harmony);礼重仪节,目的在使行为仪表就规范,养成生活上的秩序(order)。蕴于中的是性情,受诗与乐的陶冶而达到和谐;发于外的是行为仪表,受礼的调节而进到秩序。内具和谐而外具秩序的生活,从伦理观点看,是最善的;从美感观点看,也是最美的。儒家教育出来的人要在伦理和美感观点都可以看得过去。[2]

这里把孔子的这句话视作儒家教育的"宗旨",并把它归结为"美育",也是对中国美育传统的一种建构,其主要思想与王国维是一致的。宗白华也十

---

[1] 蔡元培:《对于新教育之意见》,《蔡元培全集》第 2 卷,浙江教育出版社 1997 年版,第 14 页。
[2] 朱光潜:《谈美感教育》,《朱光潜全集》第 4 卷,安徽教育出版社 1988 年版,第 145 页。

分肯定地指出,孔子和儒家的育人思想中的美育的分量是很重的,并直接把诗教、乐教命名为"美感教育"(也就是美育):

> 本来中国古代的教育基本就是诗,书,礼,乐。孔子说:"兴于诗,立于礼,成于乐。"这实在就是美感教育。①

他后来还具体阐释了孔子这三句话的内涵:

> 挺简括地说出孔子的文化理想、社会政策和教育程序。……中国古代的社会文化与教育是拿诗书礼乐做根基。……教育的主要工具、门径和方法是艺术文学。艺术的作用是能以感情动人,潜移默化培养社会民众的性格品德于不知不觉之中,深刻而普遍。尤以诗和乐能直接打动人心,陶冶人的性灵人格。而"礼"却在群体生活的和谐与节律中,养成文质彬彬的动作、步调的整齐、意志的集中。②

正是在这样的认识基础上,宗白华本着继承传统的精神,还在讨论哲学系是否应该开设美学课程时说"中国礼乐之教养重美育"③,并以此作为开设美学课程的依据。

经过王国维和作为教育总长的蔡元培的阐述,以及随后的重要现代美学家们的不断细化,我国的美育传统被初步建立。这个传统可以追溯到周代,又以孔子为代表,以儒家为主体,所以也可以说是中国传统育人思想的核心部分。这些现代教育家、美学家、思想家不仅总结和建构了中国古代美育传统,还同步创建了中国现代美育理论。这种理论,对于我们今天来说,作为中国美育思想的现代传统,虽然与中国美育思想的古代传统有些不同,但二者的精神实质是具有连贯性的。因此,可被视作整个中国美育传统的有机组成部分。

"修身":中国美育思想传统的精神内涵

钱穆曾指出:

---

① 宗白华:《〈美育〉等编辑后语》,《宗白华全集》第2卷,安徽教育出版社1998年版,第261页。
② 宗白华:《艺术与中国社会》,《宗白华全集》第2卷,安徽教育出版社1998年版,第410页。
③ 宗白华:《致〈星期评论〉编者刘英士的信》(1941年),见周红:《新发现的一组宗白华佚文》,《南京师范大学文学院学报》2007年第3期。

中国人从古到今,都讲修身二字。这可说是中国人讲道,即人生哲学,一个共同观念。[①]

而 20 世纪以来,把美育理论引进中国并对中国美育传统作出阐释的学者几乎都把美育纳入中国传统修身的范畴。无论是王国维论说孔子教人使用美育,还是朱光潜、宗白华把礼乐教化与美育直接关联,他们都肯定了中国传统美育是古代修身的重要组成部分。蔡元培则直接把美育同传统的修身概念关联了起来:

爱美是人类性能中固有的要求。……我以为如其能够将这种爱美之心因势而利导之,小之可以怡性悦情,进德修身,大之可以治国平天下。……人我之别、利害之念既已泯灭,我们还不能讲德么? 人人如此,家家如此,还不能治国平天下么?[②]

这里,蔡元培是把美育同《礼记·大学》里面的"八条目"直接关联,明确了美育的"修身"属性。

修身是传统儒家培养人才、教育百姓的根本,这一点在《礼记·大学》中说得很清楚:

古之欲明明德于天下者,必先治其国;欲治其国者,必先齐其家;欲齐其家者,必先修其身;欲修其身者,先正其心;欲正其心者,先诚其意;欲诚其意者,先致其知,致知在格物。格物而后知至,知至而后意诚,意诚而后心正,心正而后身修,身修而后家齐,家齐而后国治,国治而后天下平。自天子以至于庶民,壹是皆以修身为本。[③]

在上述"八条目"当中,"身修"居于关键地位,它是齐家、治国、平天下的基础,而格物、致知、诚意、正心则是修身的内容和步骤,其中诚意和正心又处于内修的关键环节。唯有意念诚实,才能心正无邪。所以说"意诚而后心正,心正而后身修"。传统美育就是实现诚意和正心的主要途径和方法,孔子讲的诗教乐教,孟子讲的养气,都十分强调对私欲的调控,以恢复情感的纯正和

① 钱穆:《人生十论》,广西师范大学出版社 2004 年版,第 120 页。
② 蔡元培:《〈美学原理〉序》,《蔡元培全集》第 7 卷,浙江教育出版社 1997 年版,第 623 页。
③ 《礼记·大学》,《十三经注疏》(下),浙江古籍出版社 1998 年版,第 1673 页。

谐,最后都指向诚意和正心的目标。

中国古人讲修身,虽然也重视"礼乐兼修",但是更注重乐。这与注重修身的内在性有直接关联。上述"八条目"里讲修身的具体途径和方法是格物、致知、诚意、正心,这四项中的前两项是对外的,后两项是对内的,直指心灵,是要把人之为人的道理内化为个人内心之中,与个人的心性一体。只有这样,才能够做到"诚于中而形于外",才能达到"从心所欲不逾矩"的境界。所以,在《郭店楚墓竹简》中有"教,所以生德于中者也"①一说。这充分体现了中国人格教育的一个深刻传统:人格化育的内在性指向。在《论语》里,孔子讲的比较多的是礼,要恢复周礼。但是,他实际上更注重内在的仁。例如,他说:"人而不仁,如礼何? 人而不仁,如乐何?"这说明孔子是把仁作为更高、更重要的内在品质来强调的。没有仁,光有礼是没有意义的。接着,《论语》还记载了这样一段对话:"林放问礼之本。子曰:'大哉问! 礼,与其奢也,宁俭。丧,与其易也,宁戚。'"②这表明,孔子认为礼的根本不在于排场,而在于内心,在于合乎"仁"、包含了"仁"的情感。

孟子特别强调"养气",其实也是注重内心的涵养。一个人心正、意诚,便养成贯通全身的气质与涵养,并通过外表自然流露出来。他说:"胸中正,则眸子瞭焉;胸中不正,则眸子眊焉。"③"君子所性,仁义礼智根于心,其生色也睟然,见于面,盎于背,施于四体,四体不言而喻。"④这就是修身所达到的一种境界!

王阳明心学所阐述的修养功夫也就是诚意、正心的功夫。心学形成于宋明,"由程颢开创,由陆九渊王阳明完成"⑤。陆王的学说虽然有差异,但是都承认一个先验的心本体,即所谓"心即理"(陆九渊)、"心外无理"(王阳明),都主张通过后天的修养,去除对原本就是"仁义礼智"的心的遮蔽,恢复心本体。陈来评论说:

---

①　荆门市博物馆编:《性自命出·郭店楚墓竹简》,文物出版社 2019 年版,第 18 页。

②　《论语·八佾》,杨伯峻:《论语译注》,中华书局 2009 年版,第 24 页。

③　《孟子·离娄章句上》杨伯峻:《孟子译注》(上),中华书局 1960 年版,第 177 页。

④　《孟子·尽心章句上》杨伯峻:《孟子译注》(下),中华书局 1960 年版,第 309 页。

⑤　冯友兰:《中国哲学简史》,北京大学出版社 2010 年版,第 247 页。

陆九渊认为，任何人都有先验道德理性，他称之为本心，这个本心提供道德法则，发动道德情感，故又称仁义之心。由于本心是每个人先天具有的，所以是不虑而知、不学而能的"良"心。人的一切不道德的行为都是根源于"失其本心"，因而一切为学功夫都应该围绕着保持本心以免丧失。①

而不道德的行为，其实就发源于"私欲"，即利己主义。因此，一切为学的工夫就是要去除这个私欲。这种思想到了王阳明那里就得到了充分阐发。

王阳明说：

人心是天、渊。心之本体无所不该，原是一个天，只为私欲障碍，则天之本体失了。心之理无穷尽，原是一个渊。只为私欲窒塞，则渊之本体失了。如今念念致良知，将此障碍窒塞一齐去尽，则本体已复，便是天、渊了。②

这里，王阳明表达了三层意思：第一，人心即理；第二，人心被私欲遮蔽障碍，人就丧失了道德本性；第三，致良知，就是要去除私欲这个遮蔽障碍，恢复人原先有的心本体。所以，王阳明心学最终指向知行合一的个人修养，也就是致良知。

由于直接认定"心即理"，强调心的"主宰"作用，所以陆王心学逻辑必然地把内心意念(动机)作为判断道德行为的依据。陈来在评论陆九渊所谓"义利之辨"时说：

陆九渊认为，评价某人是道德的人(君子)还是不道德的人(小人)，显然不能仅仅依据某人行为上是否合于准则的要求，而必须考察其内在的动机，从道德原则出发，为了道德原则的行为，才具有道德的性质。在这个意义上，所谓义利之辨，"义"即道德动机，"利"即利己动机。陆九渊认为，一个动机是道德的，则必定是与利己主义对立的，也就是说，道德性原则是与利己主义完全对立的。因此，义利之辨要解决的是道德评价和道德人格的问题，并不是要排斥任何建功立业的行为。譬如，对于儒家来

---

① 陈来：《宋明理学》，生活·读书·新知三联书店 2011 年版，第 207 页。
② 王阳明：《传习录》下，《王阳明全集》(上)，上海古籍出版社 2011 年版，第 109 页。

说,富民强国本身并不是必须排斥的,必须排斥的只是利己主义的动机。①

这种强调内心动机之纯正的理论,在王阳明那里最为突出。他明确地说:

> 此需识我立言宗旨。今人学问,只因知行分作两件,故有一念发动,虽是不善,然却未曾行,便不去禁止。我今说个"知行合一",正要人晓得一念发动处,便即是行了。发动处有不善,就将这不善的念克倒了。须要彻根彻底,不使那一念不善潜伏在胸中。此是我立言宗旨。②

在这里,王阳明要求问学的人,只要有一点不善的动机就必须去除,否则就不能致良知,也就不可能有至善的行为。而且,在他看来,"礼"也是依据心这个本体的。出于孝心,你自然会关心父母的冷暖:"这都是那诚孝的心发出来的条件。却是须有这诚孝的心,然后有这条件发出来。"③这表明,在王阳明看来,人先要有道德心,引发道德情感,然后促成道德行为。一旦这道德心有了"私欲之蔽",那些行孝的所谓礼数就是虚伪的,也就不是至善的。对此,陈来有如此的评论:"……仪节的周全并非至善的完成,动机(心)的善才是真正的善。""对于王守仁来说,心外无'理'主要强调心外无'善',善的动机意识是使行为具备道德意义的根源,因而善只能来自主体而不是外物,格物和致知都必须围绕着挖掘、呈现这一至善的根源入手。"④

基于这样的认识,王阳明十分强调心之"诚",肯定荀子讲的"养心莫善于诚"。他说:"'诚'字有以工夫说者:诚是心之本体,求复其本体,便是思诚的工夫。……《大学》'欲正其心,先诚其意'。"所有个体修养的功夫就落在了一个"诚"字上,因为这个"诚"正是王阳明所说的"一念发动处",即修养功夫的关键。一方面,"诚"是真实的心本体;另一方面,它也是一个意念、一种动机、一种态度。它连接着知与行。唯有至善之心引发真诚的动机和态度,才能有真正善的言行。"思诚"的对立面就是"己私",即私欲,利己主义,所以,"思诚"

---

① 陈来:《宋明理学》,生活·读书·新知三联书店 2011 年版,第 226 页。
② 王阳明:《传习录》下,《王阳明全集》(上),上海古籍出版社 2011 年版,第 109—110 页。
③ 王阳明:《传习录》上,《王阳明全集》(上),上海古籍出版社 2011 年版,第 3 页。
④ 陈来:《宋明理学》,生活·读书·新知三联书店 2011 年版,第 285—286 页。

就要去除"己私",去除利己主义的意念。这个思想在下面一段话中得到了具体阐发：

> 我解"格"作"正"字义,"物"作"事"字义。《大学》之所谓"身",即耳、目、口、鼻、四肢是也。欲修身,便是要目非礼勿视,耳非礼勿听,口非礼勿言,四肢非礼勿动。要修这个身,身上如何用得工夫?心者身之主宰,目虽视而所以视着心也耳虽听而所以听者心也,口与四肢虽言动而所以言动者心也,故欲修身在于体当自家心体,常令廓然大公,无有些子不正处。主宰一正,则发穷于目,自无非礼之视;发穷于耳,自无非礼之听;发穷于口与四肢,自无之言动:此便是修身在正其心。然至善者,心之本体也。心之本体,哪有不善? 如今要正心,本体上何处用得功? 必就心之发动处才可著力也。心之发动不能无不善,故须就此处著力,便是在诚意。如意念发在好善上,便实实落落去好善;一念发在恶恶上,便实实落落去恶恶。……好善去恶,无有不诚矣! 诚意工夫,实下手处在格物也。若如此格物,人人便做得,"人皆可以为尧舜",正在此也。①

王阳明是把所有个体修养的功夫落在了一个"诚"字上,因为这个"诚"正是王阳明所说的"一念发动处",也就是修养功夫的关键。由此,王阳明展示了他的致良知学说的"行动路线图":正身必先正心,正心必先端正动机态度,端正动机态度必先去除私欲,因而个体修养就在去除私欲处入手。如果从育人的角度看,王阳明讲的心学其实就是"心育学",其目的就是通过个体意念的真诚,而去追求个体心的纯正。

也正因为此,20 世纪初叶开始的中国美育思想进程总是紧紧扣住"审美无利害性"这个关键命题,因为"无利害性"关涉意念,心无杂念,就可实现正心目标,这也正是修身的关键。王国维、蔡元培等先贤虽然受到西方美学和美育理论的影响,但是他们倡导美育就是试图以"无利害性"的美和艺术来克服私欲,帮助国人完成"修身"的使命。无论是心学讲道德修养的工夫,还是中国现代美育理论讲育人,终究是为了去除"私欲"这个病根。二者甚至在表述

---

① 王阳明:《传习录》下,《王阳明全集》(上),上海古籍出版社 2011 年版,第 133—134 页。

私欲及其国民相关精神疾病时所用的词语都相同或相似，而且这些词语的含义也基本相同。例如，"己私""功利"（陆九渊），"私欲""自私自利"（王阳明），"欲""一己之利害"（王国维），"专己性""近功近利""自私自利"（蔡元培），"私欲""物欲""利害计较""无所为而为"（梁启超），"自私""俗"（朱光潜），等等。朱光潜直接提出要"洗刷人心"（《谈美》），讲道德修养的理想境界就是美德自然而然地流露出来；也还举了一个例子说孝道，这些话语、观点和举例方式都直接来自王阳明的《传习录》。王阳明虽然并没有直接讲诗教乐教，也没有直接讲如何教人，但是他的修身功夫理论直接被 20 世纪的蔡元培、梁启超、朱光潜等教育家和美学家纳入美育系统之中，成为中国美育传统的核心要素。例如朱光潜，他不仅把"怡情养性"的美育说成"是德育的基础工夫"①，而且和王阳明在《传习录》中那样，举"孝"的例子来说明真正的道德要从诚意中来，是真情流露，即所谓"问心的道德"②。由此可见阳明心学与中国现代美育理论的深刻渊源。

传统儒家注重修养的内在性，是要求把社会伦理和人文涵养内化在身心之中，就像孟子所说的，仁义礼智植根于心，然后能够通过身体自然流露出来，更不用讲经过学习训练的言行举止了。因此，修身不仅追求理智上懂道理，更重要的是，要达到情感上的体验化接受，从而使修身的内涵积淀于内心深处，融化在身体之中。所以，孔子说："知之者不如好之者，好之者不如乐之者。"③在这个追寻道的修身功夫层层递进过程中，唯有乐（le，去声）才能达到内心与道的融合为一，这也正是孔子所推崇的最高境界。对此，徐复观评论说：

> 到了以道为乐，则道才在人身上生稳了根，此时人与道成为了一体，而无一丝一毫的间隔。④

由此可见，传统儒家所讲的意诚、心正实在是经由情感体验的过程来实现的，正是经由情感，社会伦理和人文涵养才能真正内化。李泽厚在阐述孔子

---

① 朱光潜：《谈美感教育》，《朱光潜全集》第 4 卷，安徽教育出版社 1987 年版，第 146 页。
② 朱光潜：《文艺心理学》，《朱光潜全集》第 1 卷，安徽教育出版社 1987 年版，第 45 页。
③ 《论语·雍也》，杨伯峻：《论语译注》，中华书局 2009 年版，第 60 页。
④ 徐复观：《中国艺术精神》，华东师范大学出版社 2001 年版，第 8 页。

《论语·八佾》中关于礼与乐关系的语录(见本文前面引述)时说：

> 如果没有"仁"的内在情感，再清越热喧的钟鼓，再温润绚丽的玉帛，是并无价值的；内在情感的真实和诚恳更胜于外在仪容的讲求。从而，这里重要的是，不仅把一种自然生物的亲子关系予以社会化，而且还要求把体现这种社会化关系的具体制度("礼乐")予以内在的情感化、心理化，并把它当做人的最后实在和最高本体。关键就在这里。①

修身的内在性及其情感化是中国传统礼乐教化的根本所在，因此，儒家虽然推崇礼乐并举，但总是把乐置于更基础性、更终极性的地位——"成于乐"。至此，我们可以概括地说，作为"修身"重要途径的美育，其精神实质是"心育"，也就是诚意和正心的功夫。无论是诗教、乐教还是自然游历，无论是情感的自然感发还是人文陶养，都指向一个目标——心灵的养育。中国古代美育的传统就是以情感人，直抵人心，是心的陶养和澄明。作为"心育"的传统美育是根本，作为"情育"的美育是特征和途径。

说到修身，人们往往会把它理解为道德修养。其实，在中国古代，特别是先秦时期，道德的含义要比今天所讲的道德宽泛，几乎可以等同于人之为人的修养，也就是人文化育。然而，这种人文涵养的核心乃是伦理道德。孔子和孟子等先秦儒家代表人物讲的"仁、义、礼、智"，就是这种人文品质的集中体现，而与这些人格品质相对的，则是私欲和物欲。孔子等先秦儒家一方面倡导仁义礼智，另一方面也把私欲和物欲作为修身需要克服的负面因素。孔子特别重视乐教，同时认为并非所有的乐都是可以用来实施教化的。他最推崇韶乐，说它"尽美矣，又尽善矣"②，却排斥郑声，说"郑声淫"③。这表明孔子推崇的是情感中和的艺术，排斥情感过度放任的艺术，和他称赞《关雎》"乐而不淫，哀而不伤"④是完全一致的。他夸奖自己的弟子颜回："回也，其心三月不违仁"，"贤哉，回也！一箪食，一瓢饮，在陋巷，人不堪其忧，回也不改其乐。贤

---

① 李泽厚：《中国传统的述说》，载李泽厚：《哲学纲要》，北京大学出版社 2011 年版，第 319 页。
② 《论语·八佾》，杨伯峻：《论语译注》，中华书局 2009 年版，第 33 页。
③ 《论语·卫灵公》，杨伯峻：《论语译注》，中华书局 2009 年版，第 162 页。
④ 《论语·八佾》，杨伯峻：《论语译注》，中华书局 2009 年版，第 30 页。

哉,回也!"①那就是充分肯定颜回在物质条件很差的情况下,仍然能够心怀志向,不改信念。《论语》中还记载,孔子在齐国听了《韶乐》,则"三月不知肉味,曰:'不图为乐之至于斯也!'"②这已突出了传统儒家追求超越了物质享乐的精神愉悦的美育价值观。孟子则用对比的方式阐述了道德伦理高于自然生命的思想:"生,亦我所欲也,义,亦我所欲也;二者不可得兼,舍生而取义者也。生亦我所欲,所欲有甚于生者,故不为苟得也;死亦我所恶,所恶有甚于死者,故患有所不辟也。……一箪食,一豆羹,得之则生,弗得则死,嘑尔而与之,行道之人弗受;蹴尔而与之,乞人不屑也。"③从修身的角度看,以上所述一则是人生的志向和信念不会因物欲所动,一则是社会道德原则高于一己的生命,都体现了道德人文的自觉,体现了把人与禽兽相区分的自觉意识,体现了对人的尊严的维护和追求。荀子则提出"以道制欲"说——"君子乐得其道,小人乐得其欲。以道制欲,则乐而不乱"④。这等于点出了乐教的根本宗旨就是"以道制欲"。到了王阳明那里,他干脆直截了当地把物欲和私欲当做遮蔽"心本体"和妨碍"致良知"的主因,修养的功夫就要从去除物欲和私欲入手。⑤

"情育":传统美育特征论

中国古代哲人对美育的特点有着深刻的理解,与西方美学和美育理论相比是非常独特的。《礼记·乐记》一开头就对"乐"的本源作了界说:

> 凡音之起,由人心生也。人心之动,物使之然也。感于物而动,故形于声。声相应,故生变,变成方,谓之音。比音而乐之,及干戚、羽旄,谓之乐。⑥

这里说"音生于心":心感物而动,形象于声,声按照一定的规则组合起来

---

① 《论语·雍也》,杨伯峻:《论语译注》,中华书局 2009 年版,第56、58 页。
② 《论语·述而》,杨伯峻:《论语译注》,中华书局 2009 年版,第68 页。
③ 《孟子·告子章句上》,杨伯峻:《孟子译注》(下),中华书局 1960 年版,第265—266 页。
④ 《荀子·乐论》,《荀子集释》,上海书店出版社 1986 年版,第254 页。
⑤ 王阳明关于去除物欲和私欲的论述及其意义,详见杜卫:《论中国现代美学与儒家心性之学的内在联系》,载《文学评论》2015 年第4 期。
⑥ 《礼记·乐记》,《十三经注疏》下,浙江古籍出版社 1998 年版,第1527 页。

就成了音。正因为音发自于心,是受感于物而心动使然,所以乐能够感动人心。荀子对于音乐感化人心的作用有过深刻的阐述:

> 声乐之入人也深,其化人也速,故先王谨为之文。

> 乐者,圣人之所乐也,而可以善民心,其感人深,其移风易俗易(此处"易"字原文遗漏),故先王导之以礼乐而民和睦。①

荀子说音乐"入人也深""化人也速""感人深""移风易俗易",这是对音乐独特育人功能的深刻阐述。首先,音乐感人并非靠说教,而是靠"声乐",也就是按一定规则组合起来的声音,正是这样的艺术才能够直抵人的内心深处,实现教养内化的作用。其次,因为音乐能够深入人心,所以化育作用迅速,在欣赏音乐的快感中,不知不觉受到感染,情感得到疏导和提升,从而化育人心。再次,音乐使人受到感化,于是社会风尚、生活习俗也得到改善,这就实现了移风易俗的效果。最后,正是因为音乐的作用独特而深入人心,所以对于音乐要慎重,并非所有的音乐都可以实现教化的功效,孔子删诗(当时诗是入乐的)、排斥"郑声",也正是因为这个缘故。

正是基于对音乐化育人心作用的深刻认识,所以传统儒家才这么重视乐教。《乐记》说:

> 致乐以治心,则易、直、子、谅之心油然生矣。易、直、子、谅之心生则乐。②

这里说的是,经过审慎选择过的乐能够教化心灵,使得和易、正直、子爱、诚信之心油然而生,而且正因为心正、意诚而生快感。这就是乐教的特点,也是美育的特点和规律。《乐记》中还说:

> 夫乐者,乐也,人情之所不能免也。乐必发于声音,形于动静,人之道也。声音动静,性术之变,尽于此矣。故人不耐无乐,乐不耐无形,形而不为道不耐无乱。先王耻其乱,故制"雅颂"之声以道之。使其声足乐而不流,使其文足论而不息,使其曲、直、繁、瘠、廉、肉,节奏足以感动人之善心

---

① 荀子:《乐论》,《荀子集解》,上海书店出版社1991年版,第253—254页。
② 《礼记·乐记》,《十三经注疏》下,浙江古籍出版社1998年版,第1543页。

而已矣,不使放心邪气得接焉。是先王立乐之方也。①

人心感物而动,引发情感,这是人本性使然,不可避免。但是,情感需要加以疏导和陶冶,才能达到中和,而不至于过度。荀子曾说:

> 乐(yuè)者,乐(lè)也。……故乐者,所以道(这里的"道"即"导",是引导、疏导的意思,下同——引者注)乐也。金石丝竹,所以道德也。②

这是乐教的鲜明特点和独持作用,也是腐儒们一味强调的道德训诫所不能实现的作用。因为心和情虽含有理智的因素,但主要不是理智的、逻辑的,对心和情的疏导和提升显然不能光靠说教,甚至主要不能靠讲道理,而是应该用体验的方式,也就是乐教的方式来进行,才会是有效的。之所以要重视对心和情的疏导和提升,是因为前面已经说到过的儒家重视修身的内化。唯有以体验的方式感动人心,引起情感的共鸣,才能实现内化,才能完成对心的养育任务。也就是把个体的、生理性的情感,疏导并提升到个体和社会、生理和精神交融的境界。孔子正是在这个意义上把理想人格的完成定位在乐教,而非礼教。

先秦时期,诗乐还没有完全分离。所以,用今天艺术分类的观点看,诗教与乐教也有相同之处。例如《诗经·毛诗序》说:

> 诗者,志之所之也。在心为志,发言为诗。情动于中而形于言,言之不足,故嗟叹之。嗟叹之不足,故永歌之。永歌之不足,不知手之舞之、足之蹈之也。……治世之音安以乐,其政和。乱世之音怨以怒,其政乖。亡国之音哀以思,其民困。③

所以,诗、礼、乐在教化人的功用上是一体的,只不过侧重点不同。关于"诗教"的效果,最经典的表达当数《礼记·经解》中所说"温柔敦厚而不愚":

> 孔子曰:"入其国,其教可知也。其为人也,温柔敦厚,《诗》教也。……其为人也温柔敦厚而不愚,则深于《诗》者也。"(孔颖达疏:"温,

---

① 《礼记·乐记》,《十三经注疏》下,浙江古籍出版社1998年版,第1544页。
② 《荀子·乐论》,《荀子集释》,上海书店出版社1986年版,第254页。
③ 《诗经·毛诗序》,《十三经注疏》(上),浙江古籍出版社1998年版,第269—270页。

谓颜色温润；柔，谓情性和柔。")①

这里的意思有两层：第一，诗教使人脾气温和、性情淳厚。第二，只有使人温柔敦厚而不至于"愚"，才是诗教最高的效果。所以，诗教的目的还是使人性情中和，不偏不倚。《诗经·毛诗序》中说得很明白：

发乎情，止乎礼义。发乎情，民之性也；止乎礼义，先王之泽也。②

情是人所不可免的，感物而动就会生情。但是，情往往会偏，所以需要用中和的诗乐来加以调和，使人的性情达到中和。这也是同孔子所讲的"乐而不淫，哀而不伤"相一致的。诚如朱自清所言：

"温柔敦厚"是"和"，是"亲"，也是"节"，是"敬"，也是"适"，是"中"。这代表殷、周以来的传统思想。儒家重中道，就是继承这种传统思想。③

由此可见，诗教虽然主要从属于政治和道德，但是其作用于气质、性情的独特方式，和乐教一样体现了中国传统美育的特点。

潜移默化：传统美育方法论

美育这种"心育""情育"的性质和特点直接决定了美育的特殊方法。中国的传统美育讲究的是一个人自觉自为地接受诗乐的熏染，在情感体验中怡情养性、体悟人生，这就是"潜移默化"的美育方法。"潜移默化"是指"人的思想、性格和习惯，因受各种因素的影响，无形中起了变化"。④ 这个词原本并非专指美育的方法，但是用这个成语来描述美育特殊的育人方式是十分恰当的。首先，潜移默化是一个渐进的过程，犹如中药调理身心，虽不能立竿见影，却持久而深入，这符合美育怡情养性、养育人心的规律和特点。美育，切忌急功近利，操之过急。其次，作为"心育"和"情育"的美育是"润物无声"的教育过程，通过耳濡目染，使人受到熏陶。美育，切忌耳提面命地训诫和简单粗暴地

---

① 《礼记·经解》，《十三经注疏》(下)，浙江古籍出版社 1998 年版，第 1609 页。
② 《诗经·毛诗序》，《十三经注疏》(上)，浙江古籍出版社 1998 年版，第 272 页。
③ 朱自清：《诗言志辨》，广陵书社 2018 年版，第 151 页。
④ 《汉语大词典》第 6 卷，汉语大词典出版社 1990 年版，第 134 页。

灌输,也不是用具有乐感的艺术形式来包裹干巴巴的训条来灌输。美育中的社会伦理和人文内涵应该如盐溶于水,了无痕迹,滋润着人们的心灵,可谓"润物细无声"。最后,潜移默化是深入人的内心,对人的思想、性格和习惯产生影响。美育的育人作用虽然是渐进的,起效比较慢,却能够产生深入而持久的教育效果。所以,潜移默化作为中国传统美育的一种方法论,是与传统诗教和乐教的宗旨和特点高度吻合的。与"潜移默化"相似相近的还有"陶冶""熏陶""移情"等,这些都是值得我们进一步深入研究和提炼的中国传统美育方法论话语。

中国的美育思想传统是丰富深厚而有生命力的,对于中国美育思想传统的发掘和研究使我们越来越清楚地认识到,中国具有深厚的美育思想传统,在世界上独树一帜。

二、中国现代美育思想传统

问题和方法

进入 20 世纪的中国学术界有一个奇特现象,那就是在急于寻求富国强兵之道的氛围里有一些学者选择了无用的美学,而这些美学的研究又在相当程度上偏重于美育。这是值得认真深入探究的。

一个不争的事实是:中国国门被迫打开,中国知识分子开始接触到西方的学术、思想和文化;在"向西方学习"的大背景下,他们大量引进西学,其根本目的是急切地解决中国自己的问题。西方美学和美育思想的引进也同样怀有这种意向。而中国知识分子从西洋引进思想,必然要经过一番选择、解读、甚至误读,并与中国的古代传统思想相互融合,由此产生的知识才是有根的,才能真正发挥效用。而这些工作总受着一个目标的牵引,那就是意欲解决中国本土的问题。本土问题是他们的思想原发点,本土问题意识是他们的学术或理论之所以具有价值的根本所在。正是由于中国和西方在现代化进程中存在着"时间差"和现代化所颖以展开的不同文化传统的"地域差",因此我们在总结中国现代美育理论的时候必须充分重视其本土化特征和意义。因此,寻找和确定当时中国知识分子热衷的一些理论、观点和思想所针对的问题,对于我们深入和准确地理解中国现代美育理论的精神实质是至关重要的。

我们发现,20世纪前五十年对中国现代美学作出过重要贡献的美学家最关心的问题是中国思想文化的改造,也就是广义的启蒙。这种启蒙的意向决定了中国现代美学具有强烈的现实指向性,也就是说,不管这些美学家如何强调审美和艺术的独立,注重审美的超脱或无功利性,其目的并不等同于西方审美现代性思想,他们归根到底是想通过审美和艺术使国人的内心世界产生变革,从而推动中国当时的文化乃至社会发生变革。所以,这些美学家普遍重视国人思想道德的改造,一方面在同西方的比较中对某些国民性进行批判;另一方面希望用审美、艺术来洗刷人心,纯洁情感、提升精神。这就决定了他们的美学思想在核心层面具有某种隐含而执着的功利主义倾向,只不过他们试图使这种功利主义效用作用于国人心理本体和中国思想文化的重建,因而同传统美学中的"道德工具主义"思想有着重要的差别,同当时以及后来以文学艺术为武器来进行政治宣传和思想改造的"政治功利主义"思想也有着重要区别。

当时的绝大多数美学家都重视教育,并提倡美育,他们是想用美育来切实发挥审美的这种拯救和改造人心的启蒙目的。对我们今天的研究者来说,抓住"美育"这个话题,就有可能揭示这一时期现代性美学思想的某种特定内涵和特征。正是"美育"这个话题,集中地把当时美学与启蒙、审美与人生、审美与道德、艺术与科学、超脱与功利、传统与西方等一系列重要学术和社会问题扭结在了一起。

中国美育学的建设当然涉及中国传统美学思想的当代转换问题。这个观点是值得重视的,因为我国当代美学在一段时期里,几乎与本民族的传统思想之源割断了,而且与中国人的生存状况和发展要求也似乎隔得很远。当然,立足当代,吸收传统和西方学术文化的美学建设策略已经讲得够多了,但是,如果我们仅仅把传统定位在古代,那实在是某种民族主义僵化思想的表现,或者说是受了某些西方学者或者学术机构的误导。

中国当代美育理论研究的一大认识误区就是漠视我们自己的现代传统,

这具体表现为：(1)仅仅把中国古代美育思想作为中国美育学的传统,甚至"言必先秦",似乎越古越是中国的东西;(2)把美学和美育思想传统仅仅理解为"国粹",似乎只有未受到外国特别是西方学术思想影响的古代思想才可以被称作是"中国的",而近代以来受到外国特别是西方学术影响的中国美育理论就不完全是"中国"的了;(3)前两种认识误区导致在美育研究中有意无意地将中国当代美育理论建构与古代美育理论割裂开来,形成了古代和当代的"对峙"。而20世纪初以后,中国美育理论本来应该与这两个时期的美学思想相贯通的,却被"非驴非马"地搁置了起来。造成这种状况的原因是多方面的,其结果是使中国的美育学建构严重缺乏本土资源,毫无道理地忽视本土问题,从而使当代中国美育理论略嫌空洞、缺乏智慧和创造性。许多西方当代学者对于中国原汁原味的文化传统十分欣赏,但对近代以来在传统和西方交互影响下产生的中国文化就兴趣差多了。他们的学术兴趣自有其产生和持有的理由,但是,中国当代学者是没有理由忽略这一段转型时期的思想文化的。因为我们今天的社会文化转型尽管与20世纪前半期有诸多不同,但是,从宏观的现代化历史进程来看,无疑还是同胜于异的。其实我们不难发现,当前思想文化界所讨论的诸多热点问题,无论是问题的内涵,还是提问的方式、问题解决的思路,在相当程度上正是一百多年以来思想文化改造和建设在新历史条件下的继续和发展。

事实是,中国美学和美育理论的现代转换从晚清就开始萌动了,从王国维开始创立的中国美学现代传统正是我们实现传统美学当代转换的最切近的思想和理论基础。所谓"现代传统",就是指鸦片战争以后,在"借思想文化以解决问题"的思维大框架中形成的,交融了古代传统美育思想和西方现代美育理论而有所创新的现代美育精神,其核心是交织了审美独立和心灵启蒙的、超越性和现实性相融合的审美功利主义思想,这个核心思想也就是中国美育理论的现代性特征所在。

为了更深入地解释中国现代美育理论的思想实质,研究者应当把研究对象置于当时具体的历史语境之中。"历史语境"这个概念往往失之宽泛,而把某一美育理论观点与历史语境联系在一起的是理论观点所针对的具体问题,即某一位美学家在提出某一种理论观点时所针对的或者所意欲解决的问题，由此，研究者可以进入更为具体的相关语境。对于学术研究来说，问题往往是思想之所以产生并得以显示的契机，所以，后人要想真切、具体地把握其学术思想内涵就必须追溯与之相关的问题。通过追溯思想所由发生的问题，可以把握该思想的具体内涵；而且，在中西思想文化激烈碰撞的时期，只有追溯这种本土问题，才能弄清由这种本土问题而引发的具有创造性的本土思想。因此，研究中国现代美育理论应该采用"问题追溯—思想发生"的描述方法，即追溯某一种理论提出时所直接面对的本土问题，描述从特点问题生发的思想，分析和阐释其特定和深层的内涵，以避免对历史文献作表面或似是而非的解读。同时，把这种方法与"接受—影响"的比较研究方法相结合，从而把对于中国现代美育理论的研究引向深入。

美育作为启蒙话语

根据"问题追溯—思想发生"的描述方法，我们不难看到，王国维、蔡元培和朱光潜提出的一系列美学和美育问题是有其独特的问题域的。对这种问题域的分析，有助于我们深入而准确地把握他们所提出的理论内涵的独特思想意义。

进入 20 世纪的中国知识界，在相当长的历史时期里，"启蒙和救亡"是占据着重要地位的两大主题。[①] 然而，在当时绝大多数人文知识分子心目中，这两大主题并不完全对立，而是处于不同的层次；而且，启蒙是更为基础的工作：启蒙是救亡的思想文化基础和先决条件，启蒙的目的归根到底也无外乎抵御外敌和国富民强。这种思路，按林毓生的说法，源自中国的儒家传统，形成于康有为、谭嗣同、梁启超等近代知识分子，概括地说，就是"借思想·文化以解决（社会、政治等）问题的途径"。林毓生具体界说了这种思路：

在 19 世纪 90 年代的中国第一代知识分子与 20 世纪 10 年代中国第

---

① 参见李泽厚：《启蒙与救亡的双重变奏》，《中国现代思想史论》，东方出版社 1987 年版，第 7—49 页。但是，李泽厚认为，启蒙的主要特征是反传统，"五四"以后的中国现代思想史总是救亡压倒了启蒙。这些观点是值得商榷的。

二代知识分子之间,尽管存在着许多差异,但两代知识分子的大多数成员念兹在兹的却是同一个显著的关怀:欲振兴腐败没落的中国,就必须彻底转化中国传统的世界观,并全盘重构中国传统的心智状态。

……

借思想·文化以解决(社会、政治)问题的途径,是一种有关社会与政治变革问题之解决方式的基本假定,它强调的是思想和文化变革必然的优先性。①

这种思想文化的改造实际上是一个启蒙的过程,无论是介绍西方思想和学术,或批判中国传统思想文化,还是通过出书办刊、兴办教育乃至写作小说以传播新学,归根到底都是批判旧思想、旧文化,宣传新思想、新文化,启发国人心智,促使国人于愚昧中猛醒。

中国现代的美育研究正是在这种初始的学术语境中发生的,它所面对的问题也是启蒙。但是,选择美学这门偏重于感性的学问来进行启蒙,还有其独特的意义。林毓生曾深入分析过这种思路的思想根源在于传统儒学,特别是"心学"。他认为,儒家思想模式的最主要特征是强调心的内在的道德功能,或强调心的内在思想经验的功能,经过宋明理学的发展,形成了"后古典儒家文化的一种独特倾向":

一个通过强调基本观念的力量和优先性,来研究道德和政治问题一元论和唯智主义的思想模式。……当中国人面临某种道德和政治问题时,一种普遍的文化反应是,他们倾向于强调其所理解之基本观念的力量和思想的优先性。②

有意思的是,王国维、蔡元培和朱光潜等不仅接过了这种思想模式,而且追溯到先秦经典儒学那里,从乐教和诗教引发出"情"的命题,而这个命题恰恰与美学及美育是相契合的。这种对于乐教和诗教传统的发掘直接受到西方审美主义和生命哲学的启示,从而形成了以"情"为本、关注国人心理本体重

① 林毓生:《中国意识的危机》,杨贞德等译,联经出版事业股份有限公司 2020 年版,第 49、50—51 页。

② 林毓生:《中国意识的危机》,杨贞德等译,联经出版事业股份有限公司 2020 年版,第 77 页。

建的感性(审美)启蒙思路。这是中国现代美育理论不同于近代以来激进知识分子的改良思路之处。王国维关注国人的"欲",蔡元培关注国人的"专己性",朱光潜关注国人受现实利害关系束缚的"人心",并几乎一致地提出要以"无利害性"的美、审美、艺术来消除国人心中的"私欲""物欲""利害计较"。这显然是延续着从先秦儒学到宋明理学的思想模式,而其传统的立足点还是先秦儒学的乐教和诗教。这可以在王国维的《孔子之美育主义》、朱光潜的《乐的精神与礼的精神》等发掘中国传统美育思想资源的文章中见出。

这种思想模式在这几位美学家那里,还同孔子的教育目的及其治国策略相一致。在他们看来,思想文化问题的解决需要以教育为更基础性的途径。王国维就曾指出:

> 孔子教育之目的,可从两方面观察之:一、修己之德以锻成意志,而为完全之人物,以达高尚之仁;二锻炼意志修德而治平天下。故前为纯粹之道德家,后为道德的政事家。以修德为第一义,治人为第二义。①

这就是说,以孔子为代表的先秦儒家是要求先修身,再治国;思想文化的优先性于是也具体表现为教育的优先性。王国维自己也提出要用美育来改造国人的生活嗜好,认为这是解决吸食鸦片这个社会痼疾的根本所在。蔡元培、朱光潜在这个问题上持基本相同的主张,而且表达得更为明确。

与"五四"时期一些知识分子激烈的反传统倾向有所不同,上述三位教育家、美学家尽管有不少关于国民性的针砭,但是并不把对传统思想文化的批判作为启蒙的主要内容,特别是王国维,他的论著里几乎没有任何实质性的反传统指向。这可能是因为他们所研究的教育和美学相对远离现实斗争和直接的意识形态纷争,而偏向于形而上的哲学,所以他们更关注人生的内在意义和价值,更倾向于从形而上的意义上来重建国人的心理本体,因而使得他们的思想更具有建设性。但是,这并不意味着他们不关心现实的变革和社会的改造,只不过他们主张现实社会的改造要从人的改造做起,而人的改造要从更为内在和基础的心和情做起。所以他们都注重以启蒙为最终目的的教育,并倡导作

---

① 王国维:《孔子之学说》,《王国维文集》第3卷,中国文史出版社1997年版,第146页。

为这种新型教育的重要组成部分的美育。即使是竭力主张哲学和艺术独立的王国维，也提出要以艺术来改造国人的生活"嗜好"；即使是反复强调审美超脱的朱光潜，也主张以"谈美"来洗刷人心，从而达到清洁社会的现实目的。这同样是延续着"借思想文化以解决问题的途径"的思路。但是，在他们的学说里，所谓"思想文化"的重建问题，首先是"人心"的重建问题，而"心"的重建要同时从"情"入手，归根到底还是要通过审美（感性）教育而使人的世界观、价值观、信仰等得到转换，然后才可能达到改造社会的目的。这就意味着启蒙的要求往往要通过新型的启蒙教育来实现。只不过他们倾向于从"情"入手来洗涤人心，使人高尚纯洁，并由此达到改造社会的现实目标。所以，他们从审美的角度切入问题，更倾向于以美育为途径，这正是他们提出美育问题的出发点和归宿。

这种以美育来实现思想文化重建的意向既有传统思想的来源，又有西方美学思想的来源。从传统上讲，儒家重乐教和诗教的传统特别受到这些教育家和美学家的关注：王国维就在《孔子之美育主义》里讲，孔子育人是把美育作为出发点和归宿；蔡元培以儒家的乐教来参证美育的价值，肯定了传统美育思想中注重陶冶性情的观念；朱光潜在《乐的精神与礼的精神》里讲，"乐"为"礼"之本，儒家育人讲求从"性情"这个人的根本处入手，所以"情"是"理"的内在性。这些对中国传统思想资源的发掘显然受到西方现代美学的启示，甚至可以说是部分地应用西方现代美学理论对中国传统美学思想材料进行阐发的结果。康德、席勒、叔本华、尼采这些西方现代美学的重要代表人物对他们产生了深刻影响。其中，王国维、朱光潜受非理性的审美主义影响最深。叔本华、尼采等怀疑理性、反对唯理论、标举直观、主张感性生命优先等思想，为以美育来实现思想文化重建的思路的形成起了重要的推动作用。

在中国现代思想史上，不仅有以理智为中心的理性启蒙思想（如标举"民主""科学"的"五四"新文化运动），而且还有一条以情感为中心的"感性启蒙"思路，后者是颇具中国特殊性的。虽然以思想史的专业眼光看，后一种思路或许被看作微不足道，而且对整个中国现代思想界的影响确实不够大，但是，并不能说它没有思想史的价值。事实上，"五四"初期的确是注重理性的，但是,随着新文学运动的兴起,浪漫主义思想成了新文化运动的一翼。陈独秀曾在《新文化运动是什么?》一文中注意到:人的生命除了"知识的理性"之外,还有"本能上的感情冲动",而情感的疏导、丰富和提升要依靠艺术。他反思说:"现在主张新文化运动的人,既不注意美术、音乐,又要反对宗教,不知道要把人类生活养成一种什么机械的状况,这是完全不曾了解我们生活活动的本源,这是一桩大错,我就是首先认错的一个人。"①所以,他提出要注意蔡元培提出的一句话,"新文化运动莫忘了美育"。事实上,以王国维、蔡元培、朱光潜为代表的美育理论,正是新文化运动的浪漫主义思潮的一种表现,那种内含在理论表述之中的"感性启蒙"思想与新文学所表现出来的"审美自觉""人的自觉""人性解放""情感解放"等思想是相一致的。从中国美育思想史的角度看,这种以"感性启蒙"为目的和特点的美育理论是值得加以充分重视的,因为它在某种程度上决定了中国现代美育理论的一种富有时代精神和民族特点的主导性内涵。而且,从当代中国哲学越来越关注生存、生命等范畴来看,中国美育学的这种现代传统或许还有某种重要的借鉴意义:它承续了中国传统文化的血脉,而且也是可以同当代世界哲学的某种走向相吻合的。

启蒙作为一个思想史概念主要是以理性主义的兴起为特征的,所以,启蒙几乎与理性同义,甚至人们常常说"启蒙理性"。而西方的审美主义恰恰是理性主义充分发展之后,作为启蒙理性进一步发展的必然结果。所以,西方有的学者曾概括说,审美现代性是启蒙现代性的延续和反叛。②而在中国,启蒙主义不是完全土生土长的,作为哲学范畴的启蒙理性与审美感性都是从西方引入中国的,而且是在引进西方思想时被整体性地引入的。同时,由于当时中国思想文化界的主导性意向是借西方思想文化以改造中国思想文化,最终解决中国现实社会问题,而西方审美主义及其审美现代性产生的现实和思想基础在中国并不存在,因此,西方现代性意义上的审美范畴到了中国就被本土化了。这样,原本以修正甚至颠覆启蒙理性为宗旨的席勒、叔本华、尼采等人的美学到了中国变成了从感性情感方面重建国民性、启发国人心智、重建国人道

---

① 陈独秀:《新文化运动是什么?》,《新青年》第七卷第五号,1920 年 4 月 1 日出版。
② 详见周宪:《现代性的张力》,《文学评论》1999 年第 1 期。

德的重要思想资源。席勒的美育理论给美育两种定位：一种是主张以美育来调解感性与理性的分裂，恢复感性的地位，强调的是美育对于理性占主导所带来的文化和生存危机的诊治；一种是主张美育作为人从自然状态经过审美状态达到理性（道德）状态的中介地位，强调的是美育对于人的发展的基础性地位。王国维、蔡元培、朱光潜基本上都选择了后者，相对忽视了更具现代性意义的前者，而且把席勒的通过审美达到更高的理性（道德）水平的思想同中国传统儒家学说相结合，给这种思想赋予浓重的"修身"意味。所以，在诸多中国现代教育家和美学家那里，这种包含在审美概念之中的感性在总体上不仅与启蒙理性并不矛盾，而且可以相互协同，甚至服务于现代理性的确立。这种状况以西方学术的眼光看或许是荒谬的，但在现代中国却是真切的历史事实。正是中国当时特定的语境规定了本土化了的审美范畴的特定意义。

　　造成这种状况的原因是多方面的，但是，借思想文化以解决问题的思路和对国人进行启蒙的强烈意向却是主导性的原因。正是这种思路和意向决定了上述教育家和美学家对西方现代美学理论资源的取舍，他们几乎完全一致地更加注重西方现代美学中关于审美作为道德之基础的观念，而这种观念其实不仅仅是席勒等西方现代美学家所强调的，还可以追溯至柏拉图，也就是说，这其实并不是西方审美现代性精神之所在。也正是这种思路和意向，决定了他们对西方现代美学理论的理解甚至误读，他们几乎都把"审美无利害性"这个作为西方现代美学基石的命题作了功能性的理解（后面将作详述）。还是这种思路和意向，决定了他们把西方现代美学和美育理论与中国传统的乐教和诗教思想相结合；他们都从情的内在性入手，强调感性作为人格培养的基础性地位，甚至强调国人某些理性的缺陷和道德的堕落恰恰是情感不发达和趣味低下的结果，从而引出了"美育"这个话题。所以，他们在解读和介绍西方现代美学和美育理论时，其中所包含着的审美现代性意义并不是他们特别关注的焦点，相反，他们更加关注如何从感性入手来建设感性和理性协调发展的"完全的人"。在这里，感性甚至有时只是手段或途径，理性，特别是道德，才是真正的目的。朱光潜是最关注感性生命的，他的美学理论相对更接近西方审美主义的立场。但是，他对生命力的关注最终还是为了民族的复兴，而且在他看来,感性生命是理性得以确立的最内在的基础,也是个人道德修养的"源头活水",这种对于理性精神建设的重视也正是朱光潜肯定和强调感性生命意义的重要原因。对于理性和道德的特别关注是由当时中国知识分子所意识到的历史使命,以及中西美学思想碰撞和交融所决定的,并不是个别美学家单纯的学术兴趣使然。

虽然这种所谓的"现代"中国美学其实与西方的现代美学在精神实质上有较大差异,甚至用西方审美现代性作标准来衡量的话,可能还够不上"现代"美学的资格,但毋庸置疑的是,这是由处于现代化初始阶段的中国问题所引发出来的属于中国自己的现代美育思想。有的学者可能不愿意承认这种中国现代美育理论是以启蒙为指归的学说,因为那也太"实用主义"了。这种心情或可以理解,但是,我们必须明白,从 19 世纪以来,中国开始吸收西方思想文化的主要动机就是"拿来"为我所用的。这种实用主义的意向开启了中国向西方学习的大门,极大地推动了中国学术的发展,离开了这种实用主义态度,恐怕中国还没有现代学术。仅仅拿西方学术的标准来衡量中国的现代美育理论是不合理的,问题是这种中国现代美育理论是否有合乎中国思想文化建设要求的实际意义和价值。

也正是借思想文化以解决问题的思路和对国人进行启蒙的强烈意向,决定了绝大多数中国现代美学家从美学研究走向美育的研究和倡导。笔者曾在论述中国 20 世纪前五十年文学审美论时,列数王国维、蔡元培、鲁迅等人对美育的特别重视,并评论说:"以如此重要的国学家、思想家、教育家、文学家却对美育如此强调推崇,在中外历史上都是空前绝后的。究其原委,他们是试图以审美教育来解放人性、改造文化、变革社会。"①现在看来,还有必要补充几句话,那就是:由于这种中国现代美学具有强烈的思想文化功利目的,因此,这种美学必然关注美育,并落实于美育。或者可以说,这种以启蒙为宗旨、以社会问题解决为目的的美学,由于始终从功能作用的角度研究美和审美,始终强调审美对于人和人生的价值和功效,因而本身就是一种广义的美育思想。

---

① 详见杜卫:《走出审美城》,东方出版社 1999 年版,第 28—29 页。

"人本主义"："审美功利主义"的精神实质

借思想文化以解决问题的思路和对国人进行现代启蒙的强烈意向,加上西方现代美学和中国传统美学的碰撞、融合,铸就了中国现代美学史上这种追求审美和艺术的"无用之用"的重要思想——"审美功利主义"。这或许是一个令人费解的美学概念。说它令人费解,不仅因为王国维、蔡元培、朱光潜都有过审美和艺术无功利性的明确论述,把他们的理论说成是"功利主义"的似乎有悖于他们的原旨,而且因为在西方的现代美学中,审美是排斥功利的,甚至可以说,非功利性恰恰是西方现代美学的最重要特征之一。在这样的语境中,说"审美"等于就是说"无功利性",而在这种"审美"概念之后加上一个"功利主义",就显得自相矛盾了。

审美无利害性命题在现代西方美学中处于关键性地位。事实上,现代西方美学中审美主义的根基就是建立在这个追求审美纯粹(自律)性、因而具有强烈排斥性的概念之上的,而这种排斥性主要是针对现实的功利性目的而言的。可是到了中国,声称吸取了康德、席勒、叔本华、尼采、克罗齐等现代美学家思想,并反复强调审美"无用"的王国维、蔡元培、朱光潜等美学家,却有意无意地改造了这个西方现代性美学命题,使之具有了鲜明的功利主义内涵。

根据美国美学家斯托尔尼兹的介绍,我们知道"利害性"和"无利害性"原是诞生于 18 世纪英国的一对伦理学概念,它们的意义是"实践性"的。英国经验主义哲学家夏夫兹博里在描述具有美德的人作为一个旁观者"观察和静观"自己举止和美德的美时,采用了"无利害性"概念,它是指一种不涉及实践和伦理考虑、只关注事物的美的注意和知觉方式,这种方式后来被发展为"审美知觉方式",作为美学概念的"无利害性"由此诞生。[①]　康德在《判断力批判》中把"审美无利害性"作为审美的首要条件:审美的满足或不满足是"全然无利害性"的。[②]　叔本华把审美看作是一种"静观",其特点是"放弃了对事物

---

① 详见斯托尔尼兹:《"审美无利害性"的起源》(中译文本),《美学译文》(3),中国社会科学出版社 1984 年版,第 23 页。

② 详见 I.Kant, "Critique of Judgment", S.D.Ross edit., *An Anthology of Aesthetic Theory*, New York: State University of New York Press, 1984, p.109。

的习惯看法",不追究因果关系,不涉及意志、欲望,"把人的全副精神能力献给直观,浸沉于直观,并使全部意识为宁静地观审恰在眼前的自然对象所充满"。他把这种知觉方式描述为"一种对欲求没有任何关系的认识",并称为"美感的观察方式"。① 尼采把审美排斥在逻辑关涉之外,认为它源自感性生命的冲动和直观,这种如梦般的直观把一切既有的世俗和理性因素摒弃在精神的快乐之外,因而突出地显示了审美的无利害性特征。② 克罗齐用"直觉"这个概念区分艺术和非艺术,这个直觉是非物理、非道德、非概念和逻辑的,而且,它同快感以及艺术的教育作用无关。③ 因此,他所理解的"无利害性"是审美直觉最根本的性质。从上述几位西方现代美学家关于审美无利害性的论述中,我们可以概括出以下要点:"无利害性"是现代西方审美范畴的最基本规定之一,这个规定是指审美的知觉方式不涉及功利考虑。由于这个概念采取了否定性的话语形式,因而具有排他性,后来被发展成为区分审美与非审美的一个基本尺度和确立审美、艺术自律观念的一块基石,并被审美主义者进一步用作区分艺术与非艺术的标准。所以,审美无利害性这个命题的精神实质在于体现了西方美学建立审美自律乃至艺术自律理论的现代性诉求,实际上并不涉及审美和艺术的现实功用问题;或者说,这个命题实际上把审美和艺术的现实功用问题排斥在现代美学之外。

然而,到了中国,"审美无利害性"命题就发生了"误读"或者变异,这是思想在跨文化传播和交际过程中经常出现的一种情形。王国维在引进西方审美理论时,先是用"无利害性"来确立审美和艺术的独立地位,然后就对这个概念作功能性的理解。他认定美的性质是"可爱玩而不可利用","一切之美,皆形式之美也"。这种审美的无利害性在于把对象视作美时,"决不计及可利用之点"。"其性质如是,故其价值亦存于美之自身,而不存乎其外"。再进一步,由于美的形式不关于人的利害,"遂使吾人忘利害之念,而以精神之全力

---

① 详见叔本华:《作为意志表象的世界》,石冲白译,商务印书馆 1982 年版,第 249—251、263、273 页。

② 详见 F. Nietzsche, "The Birth of Tragedy", S. D. Ross edit.: *An Anthology of Aesthetic Theory*, New York: State University of New York Press, 1984, pp.164–170。

③ 详见克罗齐:《美学纲要》,朱光潜等译,外国文学出版社 1983 年版,第 209—219 页。

沉浸于此对象之形式中"。① 这里最关键性的一步推论是:既然审美具有无利害的性质,因而也具有无利害的功能。按王国维的理解,审美无利害性由观赏方式转变为美的对象或审美自身的功能,既然审美具有无利害的性质,因而也具有无利害的功能;关键在于在审美之时,全神贯注于美的形式而忘却了利害考虑,由此形成一种高尚纯粹的情感,这种情感不仅是在审美过程中发生的,而且可以迁移到审美过程之外的整个人生。于是,审美和艺术具有了去除人的私欲、消除生存苦痛、提升人生境界的功能。所以,王国维讲审美和艺术的"无用之用"胜于"有用之用"。② 这就是中国审美功利主义(审美功能论)关于审美功能心理机制的独特阐释。蔡元培、鲁迅、丰子恺、朱光潜等人均接受了这种观念,并同王国维一样,建立起审美或艺术的功能论,也就是审美功利主义理论。可见,虽然王国维竭力反对国人凡遇着一种学说必先问"有用"与否的思维方式和学术态度,但是他自己也没有摆脱对"用"的执着。所以,他才会在充分强调审美和艺术的"无用",并反对"沾沾于用"的观念之后,又反过来提出"无用之用"的命题。他充分肯定了审美和艺术的有用,而且认为具有巨大的思想文化作用。蔡元培虽然强调审美的无利害性,但是又充分强调了审美的这种无功利的超越性和普遍性恰恰是实现他所追求的"共和理想"的人格改造工具。朱光潜虽然坚持审美经验本身不涉及功利性目的(如道德),但是十分肯定审美和艺术具有人生艺术化的巨大作用。他直截了当地把"审美无利害性"翻译为"无所为而为",于是审美直观就成了"无所为而为的玩索"或"无所为而为的观赏"(disinterested contemplation)。③ 在这两个句子里,第二个"为"字可谓"境界全出",就是把审美无利害性被中国现代知识分子"实用主义"地理解,并被本土化为一个具有思想文化意义的功利主义命题的内在含义充分地揭示出来。

---

① 王国维:《古雅之在美学上之位置》,《王国维全集》第 14 卷,浙江教育出版社、广东教育出版社 2009 年版,第 106—107 页。

② 王国维:《孔子之美育主义》,《王国维全集》第 14 卷,浙江教育出版社、广东教育出版社 2009 年版,第 18 页。

③ 朱光潜:《文艺心理学》,《朱光潜全集》第 1 卷,安徽教育出版社 1993 年版,第 211 页。

这样,我们就不难理解审美功利主义这个概念以及它所包含的一系列貌似自相矛盾的独特话语形式:审美—功利主义,无用—有用("无用之用"——王国维;"美术似无用,非无用也"——蔡元培;"不用之用"鲁迅),出世—入世("非有出世间之思想者,不能善处世间事",蔡元培;"以出世的精神,做入世的事业",朱光潜),无为—有为("无为而为"——王国维;"无所为而为"——朱光潜)。其实,它们貌似自相矛盾,实际上前半部分的否定恰恰是为了后半部分的肯定:前面一部分强调的是审美和艺术摆脱直接的现实社会功利目的,而后一部分则肯定了审美和艺术对于人和人生的积极作用,前后统一于感性启蒙的目的之中,统一于人生论美学观之中。虽然上述句式明显受到中国古代传统思想的影响,但是其思想意义超越了中国古代的美学传统,其核心的内容就是对审美和艺术的形而上理解,并以此强调了审美和艺术的现代人学意义,体现出中国现代美学和美育理论超越性和现实性相融合的特征。

王国维、蔡元培、朱光潜积极引进"审美无利害性"命题的一个批判性价值在于对中国传统美学中的政治或道德功利主义观念的批判。他们都坚决反对把美和艺术直接用作道德、政治说教的工具,主张审美和艺术的积极人生价值,并在此意义上强调审美和艺术的独立。引入"审美无利害性"命题的建设性意义在于,确立审美和艺术的独立地位,而实质上使得审美和艺术被上升到超验的高度,而获得了人学的意义。中国美学的这种由经验层面向形而上层面的提升,或许正是西方美学引入之后中国现代美学所产生的最深刻的变革之一,也是审美功利主义最富建设性的价值所在。王国维以寻求"形上之学"的学术态度和关注人生的人文关怀,创造性地提出了"以人为本"、为人生的美学,奠定了中国现代美学的人学基础,开创了审美功利主义的先河。蔡元培倡导"纯粹之美育",欲以审美的普遍性和超越性来提升国人的情感,使他们的精神从经验世界超越到"实体世界",消除他们内心的"人我之见、利己损人之思念",从而为实现人道主义理想开辟道路。朱光潜主张以美和艺术来培养国人的审美态度,以超脱世俗世界,并在审美的世界里获得身心的多方面解放,实现"人生的艺术化",即个体生命的完满。从历史的角度看,这些思想在中国是崭新的。它之所以新,是因为在这种美学理论里,人不再是手段,而是目的:"人"这个概念从作为伦理学-政治学之附庸的地位中被解救了出来,获得了相对独立的哲学意义。因此,审美功利主义具有鲜明的现代人文精神。在这一点上,审美功利主义同着力强调文学艺术的直接道德和政治功能的梁启超的美学理论也有着深刻的分歧。

在王国维之前,中国思想界注重美育者首推梁启超。这位 19 世纪后期中国"诗界革命"和"小说革命"的主将吸收了外来的思想,从政治改良的目的出发,主张以艺术来改造国民性:

> 过渡时代,必有革命。然革命者,当革其精神,非革其形式。吾党近好言诗界革命。

> 盖欲改造国民之品质,则诗歌音乐为精神教育之一要件,此稍有识者所能知也。①

从"改造国民之品质"出发,他认为文学是艺术中最高的,而小说又是文学中"最上乘的"。在《论小说与群治之关系》一文中,他指出,小说有"薰""浸""刺""提"四种支配入道的"力",这都是从文学的社会学功能角度来立论的,最关注之处是小说对人的情感的作用以引发人的行动。他以为,既然小说有如此大的情感作用,那么进行社会革命,就必须先进行小说革命:

> 故今日欲改良群治,必自小说界革命始;欲新民,必自新小说始。②

可见,他推崇的文学艺术教育是直接的社会政治改良的一部分,其政治功利主义立场显而易见。

1918 年后,梁启超退出政治舞台,其著述开始注重文学艺术自身的特点,也肯定过美的超越性之类的观点,并比较关注"情感教育""趣味教育"。但是,他前期的政治功利主义情结并没有如有些研究者所讲的那样消退,而是隐藏在"情感""趣味"背后了。事实上,他讲的"情感教育"和"趣味教育"也是关注在由人的改良进而实现社会改良。他自己在 1921 年就说过:

> 我生平是靠兴味做生活源泉,我的学问兴味政治兴味都甚浓。两样比较,学问兴味更为浓些 我常常梦想能够在稍微清明点子的政治之下,

---

① 梁启超:《饮冰室诗话》,《梁启超全集》第 9 册,北京出版社 1999 年版,第 5327、5333 页。
② 梁启超:《论小说与群治之关系》,《梁启超全集》第 2 册,北京出版社 1999 年版,第 886 页。

容我专作学者生涯;但又常常感觉,我若不管政治,便是我逃避责任。①

这说明他自己在后期虽然更注重学术,在美学上也较多地关注艺术的特点,不像前期那样直接将文学与政治挂钩,但并没有忘却政治。有学者曾评论说:梁启超后期主要是作为一名学者,这只是"大体而言",他的思想"绝非如此单纯","说到底,梁启超本质上还是个文人型的政治家"。② 这个评价是中肯的。即使是在梁启超倾向于审美和艺术自身特点的美学论著中,我们也可以发现其一贯的政治、道德倾向性,只是这种倾向性没有像他在前期"革命"的文学理论中那样直露罢了。例如,他重视情感教育,正是由于他认为情感教育胜过说教,因为说教只是让人知,而不是鼓动人们去行动,而他的目的仍然是实际的社会政治变革,所以,他更偏爱以文学艺术为手段的情感教育。也正是从政治改良的目的出发,梁启超对情感的认识偏重在伦理学的意义上,他特别看重情感善与恶的性质,并主张情感教育的目的就是"将情感善的美的方面尽量发挥,把那恶的丑的方面渐渐压伏淘汰下去"③。在这里,情感本身的发展及其教育不是被归结为人生意义,情感只是手段;于是,情感教育也偏重于对人的情感的陶冶和激励,使之成为政治革命、社会变革的直接推动力。这种美育思想同注重美育的启蒙和人生意义的审美功利主义思想的根本差异在于:它是一种世俗化的美学上的政治功利主义,要求艺术直接地服务于政治斗争,而不是在形而上的高度俯视世俗人生,以美育来解救人生,解放情感和生命力。在这种美学观念中,文学艺术和审美的价值或功能是由外在的政治或道德目的所赋予的,而不是从文学艺术或审美自身的特点或规律内在地申发出来的;这种观念下的美育理论不可能指向人自身的发展和完善,所以它不可能是人生论的,而主要是政治学或伦理学的。

概括地说,审美功利主义区别于美学史上的政治(道德)功利主义的根本点在于:前者以形而上的观点关注审美与人生的内在关联,而后者在经验层面

---

① 梁启超:《外交欤? 内政欤?》,《梁启超全集》第 6 册,北京出版社 1999 年版,第 3410 页。

② 夏晓虹:《觉世与传世——梁启超的文学道路》,上海人民出版社 1991 年版,第 9—10 页。

③ 梁启超:《中国韵文里头所表现的情感》,《梁启超全集》第 7 册,北京出版社 1999 年版,第 3922 页。

上强调审美作为直接参与政治斗争或道德说教的工具。在西方哲学和美学的影响下，这种审美和艺术的独立观实质上使得审美和艺术被上升到超验的高度，而获得了人学的意义。中国美学的这种由经验层面向形而上层面的提升，或许正是西方美学引入之后中国现代美学所发生的最深刻变革之一，也是"审美功利主义"对于中国美学发展具有开创性意义之处。

正是由于"人"的相对独立，使得前文提到的教育家、美学家的美育理论具有了崭新的意义。他们的教育和美育理论中都有这样的观念：教育不是把人培养成为某种道德、政治或经济的工具，而是要以人自身的全面发展作为宗旨，而美育就应该在人的感性、情感乃至生命力的充分发展上着力。因此，美育要发挥审美和艺术内在的、符合其自身特点的教育价值，那就是审美和艺术发展人的感性能力、建设人的心理本体的功能，而不是以审美和艺术为手段，来包裹枯燥乏味的说教，以此达到"寓教于乐"的道德教化功效。这正是审美功利主义在审美和艺术功能上的基本主张之一。在他们心目中，美育通过育人而作用于社会改造的作用，是自然而然、水到渠成的事情。也就是说，在他们看来，个体具有了充沛的生命力、纯粹的情感和高尚的精神境界，其智力和道德发展也就有了良好的基础和条件，他们"做入世的事业"时，自然就能够自觉地，甚至自发地创造理想的人生和社会。这意味着，在中国现代美学中，美育成了最能体现审美功利主义精神实质的一种话语。这也正是那么多的中国现代美学家都重视美育，都有过关于美育的专论的主要原因之一。

与西方现代审美主义排斥审美与道德的联系不同，中国现代的审美功利主义为审美、艺术与道德之间的密切联系留下了很大的空间，甚至还直截了当地把美育归属于德育。这充分表明了审美功利主义在审美与道德关系问题上相对折中的立场，从而区别于单纯的审美主义和极端的政治或道德功利主义。事实上，在任何实用主义的观念里，事物本身的性质并不是关键所在，要害是这个事物能产生什么样的功效。审美功利主义实际上所持的是一种实效主义立场，它的主要根源仍是中国传统的注重事物功用的观念，只不过这个"事物"不是"物"，而是"心"，是"情"。王国维、蔡元培、朱光潜在论述无功利性的美和艺术时，实际上一直致力于阐发它们的功用，甚至经常不适当地夸大这种功用,并要求把这些功用服务于人的启蒙和思想文化的改造。因此,严格的学理界限在中国现代美育理论中并不是完全没有,但肯定不是最重要的,最重要的是要阐发审美对于启蒙和思想文化改造的作用。这样,在这些教育家、美学家心目中,更为重要和紧迫的道德重建显然与美育不仅不矛盾,而且完全可以而且应该融合。

不过,吸收了西方现代美学思想的审美功利主义仍然坚持审美与概念、道德原则之间的区分,它肯定的是审美与作为德性的道德的内在联系。比较典型的是朱光潜,他提出了两种道德观——"问理的道德"和"问心的道德",并且以后者作为道德的最高境界和前者的基础。这个与作为规则的道德相对的"问心的道德"实际上就是作为德性的道德。作为德性的道德有一个基本特征,那就是偏重于道德的内在价值,这种内在价值体现为一种基本的人生信念:人应该具有良好的道德修养,这种道德修养是人生幸福的根本保证。因此,道德就成了人生的目的,而不是手段;而且,就像夏夫兹博里所理解的那样,这种德性的道德本身也具有"无利害性"。石元康引述麦金太尔的名著《德性之后》(*After Vertue*)中的观点说:

> 有两种不同的道德观:"规则的道德"(morality of rules)和"德性的道德"(morality of virtues),"前者是现代式的道德观,后者则是古典式的道德观"。[①]

他接着指出,根据后一种道德观:

> 道德的主要功能是告诉我们怎么样的人生才是一个美满的人生。道德实践是追求美满的人生的一种不能间断的活动。而道德实践所依赖以及所成就的,就是各种德性。……儒家式的道德观,也是这种强调德性的道德观。[②]

朱光潜讲的"问理的道德"和"问心的道德"与麦金太尔讲的"规则的道

---

① 石元康:《从中国文化到现代性:典范转移?》,生活·读书·新知三联书店 2000 年版,第104—105 页。

② 石元康:《从中国文化到现代性:典范转移?》,生活·读书·新知三联书店 2000 年版,第111 页。

德"和"德性的道德"实际上非常相似，或许他接受了西方情感主义伦理学的观念，但更主要的是承继了儒家的传统。既然德性是包含着性情的"心的修养"，而且儒家也以此为人生的内在目的，那么"无利害性"完全可以把德性的道德修养与同样具有内在性的审美修养统一起来，美育和德育也完全可以是一致的，这种一致性体现于"修身"这个大目标。这种思路在王国维、蔡元培那里也是如此，而且在其他诸多中国现代美学家那里也是常见的。

王、蔡、朱等教育家和美学家也正是从美育可以去除个人"私欲""物欲"并使人的情感"脱俗""纯洁""高尚"的角度切入审美的德育功能的，也就是说，他们认为审美的这种内在心理机制本身就具有某种培养德性的功能。因此，他们一方面强调美育主要是一种利用审美的"无利害性"而使人的情感脱俗、纯洁、高尚的教育，另一方面又都肯定美育是德育的基础，即美育还有更高的目的，那就是道德修养的完满。同时，他们都强调道德修养的内在性，而美育由于从人最内在的感性生命和性情入手对人进行启发和熏陶，因此是德育养成人的德性的重要途径。这样，美和善、美育和德育就可以而且应该融合起来。王国维提出要用艺术来改造人的生活嗜好，认为改造国人和社会非此道不行；他肯定了悲剧是审美的最高境界，而这个境界是美学的价值和伦理学价值的同一；他也承认，在教育中，德育是中心。蔡元培直截了当地讲过美育是德育的辅助，还指出美育实质上应该包含在德育中；他所标举的美育可以去除人内心的专己性，正是着眼于从人的性情入手的人道主义道德观的培养。朱光潜强调情是理的基础和内在性，主张把道德安放在生情的"心"上，从而肯定了美育是德育的基础；虽然他提出了新颖的"美育解放说"，强调美育的生命哲学意义，但还是从审美与道德的联系上讲的。因为民族生命力复兴的意义和价值最终要从伦理学上来理解，作为德性的道德，归根到底是把人生的幸福作为目的的，而朱光潜所主张的人生的艺术化也正是审美的内在修养和道德的内在修养（德性）的统一。审美功利主义在两种道德观中更倾向于选择德性的道德观，这就为审美和道德、美育和德育在学理和功能上的协同铺平了道路：德性的道德观肯定以人为根本目的的道德内在性和非直接现实功利性与审美的无利害性也刚好是一致的，这就使美与善合乎逻辑地达成了高度统一。这就使得这种美育观念超越了现代西方审美主义所执着的审美与道德的对立,而在中西思想文化交融的基础上标示出审美的独特现代意义。

基于同样的道理,在中国现代美育理论中,审美(包括美育)还可以同宗教联系起来。值得注意的是,王国维、蔡元培和朱光潜在论述审美和美育时都提到了宗教。如前所述,在中国现代化的初始阶段,西方的宗教受到不少知识分子的关注。这种关注的焦点是中国思想文化的改造和重建问题,也就是说,一些知识分子意识到中西文化的差异之一是中国没有纯粹的宗教,而宗教在西方的思想文化发展中曾经发挥了重要作用。然而,他们对于西方宗教的作用的认识却是中国式的,虽然也认识到其彼岸性等,但所侧重的仍是对于一个民族普遍德性(即所谓良好的"品行风俗")的养成作用。在西方,德性的道德观属于古代,近代以后现代道德观(规则的道德观)产生,此后宗教承担了部分德性修养的功能,也就是对良好品行和风俗的形成的积极作用。这正是当时有些中国知识分子特别关注的。

王国维把艺术视为"上流社会之宗教"①,是针对改造"上流社会"的生活嗜好而言的。他认为,由于接受过近代科学教育和倾向于思想自由,有知识的人不容易信宗教,所以不能像对"下流社会"那样用宗教来改造生活嗜好。也就是说,宗教不可能给有知识的人以人生的慰藉,而宗教的这种慰藉功能是可以用艺术来替代的。进一步的问题是,这种宗教与艺术共享的人生慰藉功能是什么? 是超越性,是摆脱了世俗困扰而反归具有"形而上"意义的人的内在价值观,属于德性的道德观范畴。持"进化论"观点的蔡元培虽然相对更倾向于从社会、政治和科学的意义上理解宗教,列举了宗教的诸多弊端,但是,他仍承认宗教有一定的价值,他把这种宗教的价值称做"信仰心"。他指出,真正的宗教只不过是信仰心,而一切有仪式、有信条、有界限和有迷信色彩的宗教将来必然会被淘汰。他讲"以美育代宗教"②只是一个方面,还"始终认为宗教

---

① 王国维:《去毒篇》,《王国维全集》第十四卷,浙江教育出版社、广东教育出版社 2009 年版,第 66 页。

② 蔡元培讲以美育代宗教或以美术、艺术代宗教的言论有很多,比较集中的是 1917 年的《以美育代宗教说》(《蔡元培全集》第 3 卷,浙江教育出版社 1997 年版,第 57—62 页)和 1930 年标题为《以美育代宗教》的两次讲演(详见《蔡元培全集》第 6 卷,浙江教育出版社 1997 年版,第 585—589 页)。

上的信仰,必为哲学主义所替代"。① 因为,在他看来,现代社会的信仰是科学的、自由的和普遍性的哲学信仰。进一步分析他自己推崇的哲学信仰,可以用"人道主义"这四个字加以概括,而他所主张的人道主义同时也是一种道德观和人生价值观,属于德性的道德观范畴。所以,他提出以美育代宗教,还特别指出宗教对人的情感作用将由美育来替代,就是要用无利害性的美育来洗涤人心中的物欲和私欲,在个体更为内在的性情基础上开始养成人道主义观念。在这里,美育和德育又是相互一致的。朱光潜讲,理想的青年除了要有运动选手的体格、科学家的头脑和艺术家的胸襟之外,还要有"宗教家的热忱",这种热忱就是悲天悯人的慈善心肠和舍己为人的奋斗毅力。② 这里讲的博爱情怀和牺牲精神仍是着重于宗教内含着的德性道德观的意义。

说到审美、道德和宗教的联系,很容易使人联想到新儒学的一位重要代表人物梁漱溟。他在《中国文化要义》中指出了中国传统文化受儒家影响,是"以道德代宗教":

> 道德为理性之事,存于个人之自觉自律。宗教为信仰之事,寄于教徒之恪守教诫。中国自有孔子以来,便受其影响,走上以道德代宗教之路。③

有一位学者曾深刻地指出,梁漱溟提出的"'道德代宗教'论的实质仍是审美主义"④。应该补充的是,梁漱溟的"道德代宗教"是将道德审美化了,因为他虽然肯定"礼"在社会组织方面的重要功用,但更加偏爱以礼乐"涵养理性"的内在修养工夫。而蔡元培的"美育代宗教"是将宗教道德化了,因为宗教的情感作用被美育替代而只剩下"信仰心"了。所以,二者在精神实质上是相通的,它们都表达了这样的思想文化建设策略:以更为内在化的情感陶冶作为培养国人信仰心的基础,而这种信仰心的实质是带有西方人道主义意义或

① 蔡元培:《关于宗教问题的谈话》,《蔡元培全集》第 3 卷,浙江教育出版社 1997 年版,第 381 页。
② 详见朱光潜:《谈理想的青年》,《朱光潜全集》第 9 卷,安徽教育出版社 1993 年版,第 157—160 页。
③ 梁漱溟:《中国文化要义》,学林出版社 1987 年版,第 106 页。
④ 刘小枫:《现代性社会理论绪论》,上海三联书店 1998 年版,第 313 页。

中国儒家道统的德性。这种吸收了中西德性涵养观念的审美功利主义,其内涵的深广是单纯的审美主义或道德主义所不可比拟的。

审美功利主义作为"现代传统"

中国现代的审美功利主义是针对中国现代化的问题,源自中国传统文化和西方现代思潮的双重影响而产生的中国现代美学思想,集中体现在美育范畴之中。从目的上看,审美功利主义把思想文化的改造和人的启蒙教育联系在一起,并由此使中国现代美育理论具有了启蒙和人的心理本体建设的人文精神;从思想来源上看,它把西方现代思想和中国传统文化融合在一起,并创生了新的意义;从范围来看,它虽然主张审美和艺术的相对独立性,并反对传统的"文以载道"说,但是在"修身"的意义上,把审美与道德联系在一起,从而拓展了审美范畴的社会现实意义;从功能上看,它虽然主张审美的超越性,但是把作为学术研究的美学和作为社会实践的美育结合在一起,从而具有了突出的现实性。它充分体现了中国现代美学的时代特征、民族精神和现实指向,因而成为中国美学的一种现代传统。

关于中国现代美学,我国学界比较流行的一种看法是把审美与功利的冲突作为其发展的一条主线或者主线之一。有一位学者曾经概括说:自 20 世纪 30 年代开始,中国美学形成两大派别,其根本的分歧和对立在于"美或艺术是否具有超功利目的性"。他把王国维、朱光潜等人接受康德等西方美学家思想而形成的美学称为"超功利主义美学",认为其特征是"主张美是超越一切利害关系之上、文艺不含功利目的性";把在马克思主义影响下形成的、主张提出文艺具有阶级性的美学称为"功利主义美学",其特征是"主张美具有功利性、文艺要为道德政治服务"。① 这个概括是有一定合理性的,但是,这种理论把握经常无法把"超功利主义美学"重视审美和艺术的功利目的的方面与其非功利的美学论述有机统一起来,而留下理论上的缺陷。深入探究起来,其实我们很难在 20 世纪前五十年中找出一度占据主流地位的(个别诗人和理

---

① 聂振斌:《中国近代美学思想史》,中国社会科学出版社 1991 年版,第 18 页。

论家是有的)、西方式的"审美主义",如前所述,甚至康德等西方现代美学家主张的"审美无利害性"观点到了中国也变了样了。王国维、蔡元培、朱光潜等人的美学主张并不一概排斥审美和艺术的功利目的性,他们所排斥的是对审美和艺术所提出的直接政治或道德工具性要求,他们要求审美和艺术超越的不是笼统的功利目的性,而是世俗的功利目的,如功名利禄、个人的物欲和私欲以及政治斗争和道德说教。超越并不单纯意味着摆脱,而且意味着批判,在此意义上,我们也发现这种美学思想所包含着的批判精神,即对于庸俗的人生价值观的批判。也正是在这种超越性意义上,他们把审美和艺术引向了另外一种更为深刻、具有形而上意义的人文目的——人生。所以,审美功利主义也可以被称作"人文功利主义"。

审美功利主义之所以应该被确立为中国美学和美育学的现代传统,主要有以下四条理由。

第一,这种从强调审美和艺术的非功利性出发,转而引发审美和艺术对于人生的独特功利价值的肯定的思想,不仅仅表现在上述三位美学家的著述中,而且在中国现代美学史上有相当普遍性的一种"共识"。例如,"五四"之前的鲁迅①就曾提出过与王国维的"无用之用"说相近的"不用之用"说。在著名的《摩罗诗力说》中,他明确认定:

> 由纯文学上言之,则一切美术之本质,皆在使观听之人,为之兴感恰悦。文章为美术之一,质当亦然,与个人暨邦国之存,无所系属,实利离尽,究理弗存。故其为效,益智不如史乘,诚人不如格言,致富不如工商,弋功名不如卒业之券。特世有文章,而人乃以几于具足。

但是,在同一篇文章中,他还是肯定了文学("文章")具有"不用之用"的功能,即增益"元气体力","涵养吾人之神思",还能揭示"人生之诚理",这种功能非科学所能为。所以他指出,文章对于人生来说,这种"不用之用"决不

---

① 聂振斌认为,鲁迅的审美观经历了三个发展阶段:第一阶段是 20 世纪初期,他比较倾向于超功利主义美学,但也不排斥对文艺的认识作用和社会教育作用的认同。第二阶段是"五四"前夕至 20 年代后期,他对超功利主义美学不再重复,但也不取批判态度。第三阶段是 20 年代末至去世,他在美学上转向了强调文艺政治功利性自觉的功利主义者。详见聂振斌:《中国近代美学思想史》,中国社会科学出版社 1991 年版,第 247—255 页。

次于衣食、宫室,也不亚于宗教、道德。① 在《拟播布美术意见书》当中,鲁迅干脆直接论述了艺术的三个功用:表见文化、辅翼道德和救援经济。前面两点比较易于理解,而救援经济实际上就是指通过艺术教育来激发国人的创新力。② 所以,鲁迅同王国维、蔡元培等美学家一样,也是既反对对审美和艺术"沾沾于用"的实用主义态度,又通过否定这种美学上的世俗的实用主义来发掘审美和艺术对于人生、对于人自身潜能的开发的独特价值。正如他后来解释自己的文学创作动机时所说,文学创作的目的是启蒙,是为人生的:

> 说到"为什么"做小说罢,我仍抱着十多年前的"启蒙主义",以为必须是"为人生",而且要改良这人生。③

由此可见,青年鲁迅的这种以启蒙和人生为宗旨的审美超功利观,与王国维、蔡元培、朱光潜的美育理论是何等相似,他的"不用之用"说与上述审美功利主义思想是完全一致的。

此外,吕澂、宗白华等人的美学也属于这一思想类型。吕澂提出要以"美的态度"来建设"美的人生"和"艺术的社会",而实现这种理想的途径就是美育。④ 宗白华提出要建立科学的和艺术的人生观,所谓艺术的人生观就是要以"唯美的眼光"来"静观"宇宙人生。他说:

> 艺术创造的作用,是使他的对象协调,整饬,优美,一致。我们一生的生活,也要能有艺术品那样的协调,整饬,优美,一致。总之,艺术创造的目的是一个优美高尚的艺术品,我们人生的目的是一个优美高尚的艺术品似的人生。这就是我个人所理想的艺术的人生观。⑤

但是,他又指出,自然界和艺术的美都是人格美的映现或表现,而人格美又是以"真"和"诚"为根基的:所谓"真",就是道家讲的"道",即就生命本身

---

① 鲁迅:《摩罗诗力说》,《鲁迅全集》(编年版)第 1 卷,人民文学出版社 2014 年版,第 87 页。
② 鲁迅:《拟播布美术意见书》,《鲁迅全集》(编年版)第 1 卷,人民文学出版社 2014 年版,第253—254 页。
③ 鲁迅:《我怎么做起小说来》,《鲁迅全集》(编年版)第 7 卷,人民文学出版社 2014 年版,第83 页。
④ 吕澂:《美学浅说》,商务印书馆 1931 年版,第 44 页。
⑤ 宗白华:《新人生观问题的我见》,《宗白华全集》第 1 卷,安徽教育出版社 1994 年版,第 207—208 页 。

体悟道的节奏;所谓"诚",就是孔子讲的道德的根本精神,也就是"仁"。①　这就是说,宗白华还是在真善美三者高度统一的意义上来论说作为超功利的美和艺术的,其落脚点仍是人生境界的提升和人格的完善。也就是说,他的非功利美学实际上仍指向人生这个更为深刻和玄妙的功利目的。可以说,审美功利主义思想是中国 20 世纪前五十年多数美学家的一种共同的美学思想倾向,尽管他们在政治观点和其他美学观念上或许有这样或那样的分歧。限于篇幅,这里就不一一列举了。

审美功利主义思想也是新文学运动的一种重要思潮。创造社时期的郭沫若、成仿吾等人一方面主张"为艺术而艺术",甚至肯定"毒草的彩色也有美的价值存在",反对文学的政治道德功利目的;另一方面却又非常强调文学对于人心和人格的积极作用。例如,郭沫若说:

> 有人说:"一切艺术是完全无用的。"这话我也不十分承认。我承认一切艺术,她虽形似无用,然在她的无用之中,有大用存焉。她是唤醒人性的警钟,她是招返迷羊的圣录,她是澄清河浊的阿胶,她是鼓舞生命的醍醐,……她的大用,说不尽,说不尽。②

郭沫若的这段话简直就是王国维"无用之用"说的翻版,只不过对于文学启蒙功用的强调更加夸张而已。闻一多、徐志摩等新月派诗人崇尚"艺术人生"的旨趣,他们反对文学上的"实利主义",追求审美的"纯粹性"和诗人的灵性、形式的精美和谐与有秩序的完整性。许多研究者以为新月派是完全排斥文学功利目的的。实际上,新月派这种从文学的外在价值回归文学自身的努力正体现了审美和艺术的人生论倾向:把写作化作一种生命活动,在写作中实现自己的人生旨趣、拓展自己的内心世界、完成自己的人格建设。正如徐志摩所认为的,生活就是艺术,文学不能"牺牲了人生的阔大",文学应该使人能

---

①　详见宗白华的《中国艺术意境之诞生》《论〈世说新语〉和晋人的美》等文。此处参见聂振斌:《中国近代美学思想史》,中国社会科学出版社 1991 年版,第 310—312 页。

②　郭沫若:《论国内的评坛及我对创作上的态度》,《郭沫若全集·文学编》第 15 卷,人民文学出版社 1990 年版,第 228—229 页。

"倾听人道那幽静的悲凉的清商"。① 同中国现代美学史一样,中国现代文学史上审美功利主义思想的表现也比比皆是,限于篇幅,此外不再一一列举了。

第二,审美功利主义源自中国当时的本土问题,是试图以中西思想文化资源来创建新的思想文化,从而解决中国现代化问题的产物,因而它是一种扎根于中国本土而又有创见的美学传统。任何人文学科的理论,其意义和价值首先来源于具有历史具体性的真实而有意义的问题,尤其是在现代中国有大量西方思想文化涌入的背景下,对于中国现代美育思想的研究者来说,寻找立足于本土思想文化和现实社会问题的理论观点和命题显得尤为重要。如果仅仅用西方学术理论和思想文化作为唯一的尺度来衡量中国学术思想的价值,就很容易把简单引述西方话语而没有本土之根的观点当作"中国"的"现代"学术成果来加以认定,反而忽略甚至贬低那些针对本土问题而又确有创见的理论和思想。当前有些论著简单地用西方审美现代性(或审美主义)的理论来阐发或发掘中国现代美学和美育中的现代性思想,抓住有些论者引述西方现代美学话语而又没有内化成自己思想的片言只语,或者是忽略了中国现代化自身的语境而把一些言论往西方现代美学上靠;殊不知,这些言论其实并不是中国自己的现代美学和美育理论,只不过是一些没有中国问题且未融入中国现代思想文化的"舶来品"。实际上,这样的所谓中国现代美学和美育理论连真实性都值得怀疑,更谈不上真正的学术价值。

第三,审美功利主义是中西思想文化交融的结果。一些中国现代教育家和美学家一方面引进西方美学和美育理论,另一方面又用这些理论激活了中国古代的美学和美育思想;而且,他们在建构中国美育传统的同时又建构着中西交融的中国现代美学和美育理论。近些年来,中国的一些学者在论及王国维等教育家和美学家的美学和美育理论时,总是比较多地关注西方现代美学思想对他们的影响,而相对忽视了中国传统审美思想(包括道家和儒家)在他们思想和趣味上抹之不去的深刻烙印。由世俗意义上的"无为"转而达到心理和精神上的"有为",由感性的情感、性情入手来涵养人的德性和提高人的

---

① 徐志摩:《新月的态度》,《新月月刊》第一卷第一期。

精神境界,正是中国古代美学十分值得重视的思想传统。所以,把中国现代美学和美育理论的一些创造性思想成果统统记在西方美学家的头上,显然是不合适的。更重要的是,这些教育家和美学家之所以选择美学,是因为重视美育;之所以重视美育,是因为西方的一些美学和美育思想与中国固有的"修身"传统有不谋而合之处。同时,我们今天确认审美功利主义是中国美学和美育理论的一种现代传统,并不意味着它是原汁原味的"国粹"。有一些论者一讲中国的传统便从先秦数起,这不能说不对,但是不全面。传统是发展的,而且可能是在吸收了外来思想文化的基础上发展的,特别是考察中国的现代思想文化,整个儿地离不开西学的影响。但是,"审美功利主义"之所以可以成为中国美学的现代传统,显然要着眼于中国的问题,一方面要对中国固有的文化有所承继,另一方面要在与西学的融合中有所创新。审美功利主义作为一种美学和美育思想,正是从中国的实际问题出发,融合了中西思想文化又有所创新的结果。那种认定从 20 世纪以来中国美学和文学理论已经"失语"的观点,就是偏执于中国古代固有的传统(其实从汉代开始佛学就影响我国了)的思想方法所致。这种思想方法固然在强调中国传统的继承方面有一定的合理性,但是它否定中国思想文化的现代发展,因而也从客观上否定了整个 20 世纪中国美学和美育理论的创造性发展和建设,忽略了两代学贯中西的重要学者对中国美学和美育理论建设的历史性贡献。这种思想方法不仅不符合实际,而且使得我国当代的美学和美育理论建设丧失了最切近的现代思想基础,所以是有很大局限性的。①

　　第四,审美功利主义之所以可以成为中国美学的一种现代传统,还因为它具有强大的穿透力,对当今的美学和美育理论乃至国家教育政策产生了深远影响。审美功利主义作为中国美学和美育理论的现代传统,在今天仍具有当代意义。虽然 20 世纪 50 年代以后,美育逐渐退出了国家的教育方针,当代美学在相当一段时期里执着于美的本质问题的争论,而且把美是客观还是主观作为争论的焦点,中国现代美学和美育理论那种人文关怀和现实指归总体上

①　关于这个问题,笔者曾在一篇短文中作过阐述,详见《青年思想家》1999 年第 2 期。

被不适当地割断了。这种没有真实问题的"美学论争"是一种历史的"玩笑"，是对严肃的美学学术的嘲讽。美学中也不合适地遗忘了美育问题。可是，即使在五六十年代，我们仍可以看到这种现代美学传统的影子。首先是朱光潜，一句批判性的话语——"见物不见人"，让我们依稀看到了他前期美学的些许精神。关于形式美的讨论，肯定形式美的相对独立性，要求艺术创作和批评不仅要注重政治方向和内容，还要遵循形式美规律，等等，实际上是要求艺术在不与生活和政治割断的情况下，部分地保持它自身的内在价值。①

到了 20 世纪 70 年代末，随着"思想解放运动"的开展，美学热重新兴起，"审美功利主义"的延续性影响就相当明显了。首先还是朱光潜，他在《文艺研究》1979 年第 3 期上发表了题为《关于人性、人道主义、人情味和共同美问题》的著名论文。在这篇文章里，这位造诣颇高又有勇气的老学者指出，"当前文艺界的最大课题就是解放思想，冲破禁区"，"首先就是'人性论'这个禁区"，在他看来，对人性的否定是设置人道主义、人情味和共同美等一系列禁区的理论前提。朱光潜指出，与"人性论"这个禁区密切相关的还有"人道主义""人情味"和"共同美"等禁区，他明确指出："人道主义事实上是存在的。有人性，就有人的道德。"

人道主义的精神实质是"尊重人的尊严，把人放在高于一切的地位"。他还分析了人道主义的历史功绩，并提出"一切真正伟大的文艺作品无不体现出人的伟大和尊严的"。② 朱光潜的这些观点当然是针对着当时的思想文化和社会现实而发的，而且他的论述还力图以马克思主义作根据，但是，这种尊重人性、重视情感的思想资源主要还是来自包括他本人的贡献在内的中国现代美学和美育理论传统。综观整个 20 世纪 80 年代的中国美学热，它几乎是一种人道主义思想的诗意化表达。尽管当时的美学多以马克思的《1844 年经济学哲学手稿》为依据，但其精神实质却连接着中国自己的现代传统。同时，美育被学界重新重视，对中国古代美学和审美文化的研究、美学原理的研究等

---

① 对于 20 世纪 60 年代关于形式美的讨论的详细分析，参见杜卫：《走出审美城》，东方出版社 1999 年版，第 133—135 页。

② 详见杜卫：《走出审美城》，东方出版社 1999 年版，第 55—58 页。

都处处显示出"审美功利主义"观念的延续和发展。直至今日,这种观念作为一种美学转型和思想文化建设的思考方式,仍在影响着当代中国的美学家。关于实践美学的讨论已经深入地涉及美学与人生、美学与人的生存发展的内在关联性,而且这种内在关联性也被有的学者从中国古代传统思想文化的角度加以阐发。李泽厚在 2001 年的一篇对话中肯定了他要说的三句话:"心理成本体,历史建理性,经验变先验。"他讲的"心理本体"主要是"情感本体",并认为要从中国儒家传统中挖掘性情修养的思想资源,而所谓"心理成本体"就是通过逐渐的情感陶养,使人的动物性中不断被注入理性的东西,以形成和提升人性。① 这种思路与源自王国维的审美功利主义思想是一脉相承的。

特别值得注意的是,在 1980 年中华美学学会成立大会上,一众美学家大声疾呼恢复美育,要把美育重新列入国家教育方针。此后,两代美学家历时三十年,通过各种途径努力争取把美育重新列入国家教育方针,直至实现目标。从如今,国家教育方针中对美育的表述,以及国家最高领导人对美育的强调中,我们可以发现中国美育传统的深刻延续。例如,2019 年习近平总书记在给中央美术学院八位老教授回信中说,美育"对塑造美好心灵具有重要作用",并指出"做好美育工作,要坚持立德树人,扎根时代生活,遵循美育特点,弘扬中华美育精神,让祖国青年一代身心都健康成长"。无论是"立德树人""塑造美好心灵"还是"遵循美育特点",其实都是"中华美育精神"的集中体现,与上述中国美育传统是一脉相承的。把美育列入国家教育方针,国家最高领导人强调美育的重要性,中办、国办转发加强学校美育的文件,等等,这在全世界也是罕见的,足见中国美育思想传统的巨大生命力!

三、小结

中国古代的美育传统把美育纳入"修身"的主要途径,体现了浓重的家国情怀;把美育定位于以伦理为主要内涵的人文素养培养,形成了美育着眼于"诚

---

① 李泽厚、陈明:《浮生论学》,华夏出版社 2002 年版,第 279—281 页。

意""正心"的"心育"特色;以体验为途径,将修身的内容内化于心,形成了"情育"特色和"无用之用"的独特话语,并形成了以"潜移默化"为主的方法论话语。

中国现代的审美功利主义传统不仅已经对 20 世纪中国美学和美育学的发展和建设产生了积极影响,而且在中国的现代化进程和全球化语境中仍具有潜在的思想价值。第一,这种立足于本土,交融了中西思想文化的美学是中国自己的美学传统,因而是今天美学学科建设的重要思想资源。特别值得关注的是,西方审美主义出于对启蒙现代性的反叛,在审美独立性等一系列问题上往往走极端,把审美感性与启蒙理性对立起来,把艺术与道德、社会现实以及科学技术对立起来,在一定程度上具有反理性、反科学技术的倾向,这对于正在推进现代化的中国来说并不合适。事实上,重建理性精神、发展科学技术、加强法治建设和道德建设是当今中国十分紧迫的时代课题。"审美功利主义"吸收了西方现代美学中肯定感性和情感价值、以人的生存和发展为目的等人本主义思想,避免了西方现代学术思想中的"二元对立"思维模式,在强调审美相对独立的同时,注重审美与人生、道德、现实社会乃至理性的内在联系,这不仅对于中国当前的思想文化建设是有益的,而且从一个独特的角度可以与西方的后现代主义思想对话。第二,审美功利主义在处理审美、艺术与人生、与道德、与教育等关系上已经形成的一整套理论,对于当前中国的美育学建构仍具有重要的参考价值。如何根据时代的特点把这些理论部分地整合到当代中国美育学中来,以增强中国当代美育学与当代中国人生存发展要求之间的联系,进一步发挥美育在"立德树人"、培养全面发展的新人以及当代思想文化建设中的积极作用,是当前美育理论研究中具有重要意义的课题。第三,审美功利主义思想在如何把西方现代美学与中国古代美学传统相互融合方面也形成了一些值得借鉴的观念和方法,对于当前我们在全球化语境中实现古代美学和美育思想的创造性转换,继承和发展本民族优秀的美学、美育思想和审美文化传统,增强中国当代美学和美育学参与国际间对话的能力,建设具有时代特点和民族精神的开放的美育学,都具有重要借鉴价值。

纵观中国的美育传统(包括古代和现代),对照当前育人和思想文化建设的需求,还存在以下几点历史性缺陷,必须予以注意。

1. 对美育作为感性教育的性质和价值认识和肯定不够

席勒开创现代意义上的美育理论是从批判工业化进程中劳动异化出发的,分工所造成的人格分裂、理性对感性和肉体的压抑是席勒集中批判的现代化弊端。因此,人的感性以及与此相关的个性、情感和创造性具有了崭新的意义。在《美育书简》中,无论是对当时现实的分析和批判,还是对美、审美、美育的阐述,都时刻与他的人本主义观念和对人的生存状况的关切密切联系,即使是政治问题的解决方案也是以人、人性和人道观念为基础的。可以说,人性观念是《美育书简》中一切论述的理论基础。正是这种人本主义的立场,使得《美育书简》成为提出审美现代性的历史性文献。(详见本书第二章第三部分。)

卡林内斯库(M. Calinescu)在《现代性的五副面孔》(*Five Faces of Modernity*)中就曾指出,在 19 世纪前半期,"在作为西方文明史一个阶段的现代性同作为美学概念的现代性之间发生了无法弥合的分裂"①。前者是资产阶级的启蒙现代性,后者是文化现代性(或叫审美现代性)。后者是前者发展和延续的产物,又是对前者的反抗和批判。因此,现代性从总体上呈现出一种二元的矛盾、分裂结构。启蒙理性注重逻辑、规则和秩序,肯定工具理性,追求普遍性、确定性和稳定性,而审美现代性则反其道而行之。它反抗统一的逻辑、规则和秩序,批判工具理性,追求个性和差异,肯定感性和欲望,一句话,西方审美现代性是对资产阶级启蒙理性所拥有的世界观和价值观的"公开拒斥"②。现代性上述分裂结构中的审美现代性往往呈现出与理性主义和资产阶级庸俗生活观念的对立,它起于哲学家和诗人对现代文化中感性的缺席的危机感和对人的感性生存的本体论位置的忧虑,因而竭力追求感性生命和诗意的生存方式,同时排斥理性特别是工具理性对人的生存的内在意义。在这种西方现代性思想的阐释框架里,审美范畴的核心意义不再是感性与理性的统一,而是感性反抗理性、排斥理性、超越理性,而这个"感性"具有了更为肉身化、非理性化、个体化和生存论的意义。正如刘晓枫所指出的:

① 卡林内斯库:《现代性的五副面孔》,顾爱斌等译,商务印书馆 2002 年版,第 47—48 页。
② 卡林内斯库:《现代性的五副面孔》,顾爱斌等译,商务印书馆 2002 年版,第 48—49 页。

（现代性）审美精神是一种生存论和世界观类型，它体现为对某种无条件的绝对感性的追寻和对诗意化生活秩序的肯定。……（现代主义）哲人和诗人关注的是感性生存的可能性，审美（感性）形态涉及个体生存意义的救护。①

席勒是欧洲最早建构"审美现代性"的学者之一，他的美育理论事实上是"审美现代性"创生的划时代文献。② 马尔库塞在评价席勒的这部"革命性"论著时说：

要拯救文化，就必须消除文明对感性的压抑性控制。这事实上就是《审美教育书简》一书的潜在思想。③

这种弘扬人性中的感性要素，并以感性反抗理性专制的思想正是席勒美育理论现代性的特征之一。

由于受到传统儒学在人格养育上重理性、轻感性、重共性、轻个性的深刻影响，中国传统美育理论对个体的感性和个性的保护和发展不重视，对美育发展人的感性、个性的作用几乎不谈，这明显就是历史的局限，是应该予以扬弃的。如果说在古代，随着人的理性觉醒，强调人是理性的存在，高扬道德理性具有合理性，那么到了现代，随着人越来越远离自然，理性发展压抑了感性，对于人的感性所具有的价值就应该有充分的肯定和理解。席勒提出美育理论的初衷之一就是重新恢复人的感性生命，确认感性对于人性和谐的重要价值。然而，中国现代教育家和美学家在解读席勒美育理论时对此关注不够，没有给予足够的重视。这种失误是历史条件限制造成的，因为当时中国还没有真正进入全面工业化阶段，尽管当时学界也有过科学与人文孰优孰劣的争论，但对于审美现代性还缺乏深刻理解。这是一大遗憾。由于这种传统观念的深刻影响，我国当前对美育功能的认识还在相当程度上呈现出理性压倒感性的状况，具体地说，就是把美育的作用理解为促进人的感性不断理性化。美育的确具有这种

---

① 刘晓枫：《现代性中的审美精神》，学林出版社 1997 年版，第 1—2 页。

② 详见杜卫：《美育：审美现代性话语的创建——重读席勒〈美育书简〉》，《文艺研究》2001 年第 6 期。

③ 马尔库塞：《爱欲与文明》，黄勇、薛民译，上海译文出版社 1987 年版，第 139 页。

重要作用,但是,美育同时还具有保护个体活泼的感性生命,让儿童原生的天真和活泼不因为成长而消亡,使个体的感觉知觉更敏锐、情感更丰富、想象更发达。也就是说,美育同时具有感性的理性化和理性的感性化的双向功能,而在理智主义、科学主义占比甚高的当今学校教育里,后者是特别要加以强调的。

个性是具体的个体性存在,如果忽视甚至抹杀个性,那么就是否定个体存在的理由和价值。强调人的社会性存在和集体主义价值是有必要的,但是个性仍然是不可否定的,否则活生生的人就被视而不见了。这不符合事实,也违背了社会生活的常理。如果说在人类社会发展的早期阶段,随着人类社会意识的觉醒而要求个体服从社会,那么到了现代社会,个体的价值就越来越得到显现了。现代美学的一个重要特点是重视审美和艺术的心理自由和解放意义。这是必须予以肯定的。而且,感性和个性是人的创造性最关键的人格基础,没有感性和个性的充分发展,人就会情感枯竭、想象力和直觉力迟钝、随波逐流、人云亦云,就不可能有创造性。而现代美育观十分重视美育保护儿童自由创造的天性,致力于发展个体的创造意识和创造能力,这在发达国家的艺术教育领域几乎是公认的。在新时代,在创新引领发展的今天,我们国家需要培养一大批富有创造活力、能够不断创新的人才,这需要教育来奠定基础。通过美育来发展儿童青少年的创造意识和创造能力,应该成为我国美育的时代性命题之一。因此,辩证把握个性和共性的关系,处理好美育的人格教育与创造教育的关系,使之有机融合,是传承中国美育传统、建构面向未来的中国美育学的一个重要课题。

2. 中国传统美育理论对于审美自由解放的性质认识不足,从而对美育使人内心获得自由解放的功能没有足够的认识

中外美学都肯定了审美活动的自由解放功能。孔子曾说"志于道,据于德,依于仁,游于艺",这个"游"就包含了由熟练掌握技艺而达到自由自在的意思①,也就是从心所欲不逾矩的自由状态。庄子也有类似的思想。他描述

---

① 李泽厚在解释孔子这句语录时说:"游",朱熹注为"玩物适情之谓",不够充分。而应是因熟练掌握礼、乐、射、御、书、数六艺,有如鱼之在水,十分自由,即通过技艺之熟练掌握,获得自由,从而愉快也。见李泽厚:《论语今读》,天津社会科学院出版社 2007 年版,第 125 页。

了庖丁解牛由技进艺的过程,熟练掌握了解牛技艺之后,解牛的动作犹如乐舞:

> ……手之所触,肩之所倚,足之所履,膝之所踦,砉然响然,奏刀騞然,莫不中音,合于《桑林》之舞,乃中《经首》之会。①

南朝画家宗炳写道:

> 于是闲居理气,拂觞鸣琴,披图幽对,坐究四荒,不违天励之藂,独应无人之野。峰岫峣嶷,云林森眇。圣贤暎于绝代,万趣融其神思。余复何为哉,畅神而已。②

这里实际上生动地描述了艺术家的一种生存方式,那就是"畅神",也就是心灵的自由。宗白华概括中国艺术的"空灵与充实"时说:

> 艺术心灵的诞生,在人生忘我的一刹那,即美学上所谓"静照"。静照的起点在于空诸一切,心无挂碍,和世务暂时绝缘。这时一点觉心,静观万象,万象如在镜中,光明莹洁,而各得其所,呈现着它们各自的充实的、内在的、自由的生命。③

唯有扬弃物性,生命的意义才能充盈于艺术所创造的境界之中,人性的光辉才会照亮平淡无奇的生活,此所谓"充实"。这一切都源自诗人和艺术家自由创造的心灵。

康德分析了审美活动的一系列特点,认为审美活动就是理解力和想象力的自由和谐。④ 席勒发展了康德的这种思想,把审美活动解释为感性冲动和理性冲动由对立转化为和谐的自由,他说:

> 在美的直观中,心灵是处于规律与需要之间恰到好处的中点,正因为它介于这两者之间,它才避免了规律和需要的强制。⑤

---

① 《庄子·养生主》,叶朗主编:《中国历代美学文库》(先秦卷下),高等教育出版社 2003 年版,第 113 页。

② 宗炳:《画山水序》,叶朗主编:《中国历代美学文库》(魏晋南北朝卷上),高等教育出版社 2003 年版,第 392 页。

③ 宗白华:《论文艺的空灵与充实》,《宗白华全集》第 2 卷,安徽教育出版社 1994 年版,第 345 页。

④ 详见门罗·C.比厄斯利:《美学史》(高建平译),高等教育出版社 2018 年版,第 349—357 页。

⑤ 席勒:《美育书简》,徐恒醇译,中国文联出版公司 1984 年版,第 88 页。

席勒把感性与理性相协调的人性状态称为人性的理想,也就是"审美状态"。他指出:精神在审美状态下"是自由的","并且是摆脱了一切强制的最大程度的自由"。① 黑格尔明确指出,美是"自由的":

审美带有令人解放的性质,它让对象保持它的自由和无限,不把它作为有利于有限需要和意图的工具而起占有欲和加以利用。②

这三位德国古典美学家的思路基本上是一致的,那就是审美和艺术给人以内心的协调,从而使人获得精神自由和心理和谐。美育可以使人从有限的自然、物质世界中超越出来,摆脱单纯的物欲和私欲,在审美的世界里获得无限的心灵自由。

朱光潜曾在《谈美感教育》一文中对美育解放功能做过阐述,提出美育具有三种解放作用。但是,这样的理论在中国两千多年的美育传统中可谓凤毛麟角,而且后人关注也不多,这不能不说是一种缺憾。

3.中国的美育理论对现代学校教育中美育课程和教学方法的研究不够

古代美育的方法已经不能适应今天学校教育的需求了,现代美育理论本来应该关注现代学校的美育课程,但是只有零星的论述。即使是比较著名的蔡元培的《美育实施的方法》,专门论述了家庭美育、学校美育和社会美育,也谈到了学校应该开设一些美育课程,但还十分初步,谈不上对于美育课程本身的研究。这同当时学校美育课程刚开始开设而且还不普遍有直接关系。目前,中国美育课程开设情况已大大好转,然而对于美育课程设置、教学内容和方法等方面的研究仍是今后需要大力加强的。

---

① 席勒:《美育书简》,徐恒醇译,中国文联出版公司 1984 年版,第 107 页。
② 黑格尔:《美学》第 1 卷,朱光潜译 商务印书馆 1979 年版,第 143、147 页。

上　编

美育本体论

第 四 章

美育的性质和特征

一、美育作为"感性教育"

美育的现代性意义

美育的基本含义就是感性教育。

席勒首创的美育是 Asthetische Erziehung，这里的 Asthetische 来源于德国哲学家鲍姆嘉通创造的新词 Aesthetica（这个词后来被汉译为美学），其本义是感觉学、感性学，所以，席勒首创的美育一词，本义就是感性教育。20 世纪上半叶，席勒的美育理论被引入我国，当时的学者往往把席勒的美育理论和康德美学一起论述。由于席勒继承了康德提出的人类主体意识三分法，即知、情、意，情对应于人的审美、艺术活动，再加上我国儒学心性之学的深刻影响①，他们就直接把美育理解为"情感教育"②。把美育定位于情感教育是有其合理性的，极具中国特色。但是，情感教育相对"感性教育"，虽然意思相近，但是范围有所缩小。特别是情感教育的提法不能标示美育的现代性意义，即针对感性受压抑、人性脱离自然的状况，而要求恢复人的感性，实现人性的内在和谐。因此，讲"感性教育"更符合席勒《美育书简》的本意，也更能体现美育话

---

① 关于这个问题的论述，详见杜卫：《论中国现代美学与儒家心性之学的内在联系》，《文学评论》2015 年第 4 期。

② 例如，王国维说，"美育者，一面使人之感情发达以达完美之域"（王国维：《论教育之宗旨》，《王国维全集》第 14 卷，浙江教育出版社、广东教育出版社 2009 年版，第 11 页）；蔡元培说，"美育者教情感之应用是也"（蔡元培：《哲学总论》，《蔡元培全集》第 1 卷，浙江教育出版社 1997 年版，第 357 页）；朱光潜说，"美感教育是一种情感教育"（朱光潜：《谈美感教育》，《朱光潜全集》第 4 卷，安徽教育出版社 1988 年版，第 145 页）。

语的现代性。席勒提出美育正是要在理性占主导的文化和教育中保护和发展
人的感性,使人能重新获得感性和理性的协调平衡,重建和谐完整的人格。所
以,美育是作为现代性命题提出的,其宗旨是保持人的感性自发性,保护生命
的活泼和原创力,维护人与自然之间天然的、肉体化的联系;其本义是感性教
育,就是在理性教育的同时,促进人的感性方面(如感知、想象、情感、直觉乃
至无意识等)的发展。

席勒的美育概念基于他关于美的观念和人性的观念的一致性,他说:"从
人性的概念中一般地推导出美的普遍概念",同时,"与人性的理想一起我们
同时获得了美的理想"。① 人性的理想在现实中已被破坏,具体地说,就是理
性压抑感性,造成了人性分裂,因此需要美育来恢复人性的和谐。他以批判的
精神写道:"欲求占了统治地位……利益成了时代的伟大偶像……哲学家的
探索精神把想象力也撕成了碎片,艺术的领域在逐渐缩小,而科学的范围却在
扩大";现代人的人性被分解,"成了碎片","无法发展他生存的和谐……把自
己仅仅变成他的职业和科学知识的一种标志"。②

接着,席勒揭示了造成这种状况的原因,"正是教养本身给现代人性造成
了这种创伤",其要害是理性的过度扩张和等级、职业的严格区分,从而使得
人的本性的内在纽带断裂,"致命的冲突使人性的和谐力量分裂开来"。③ 同
时,席勒又从历史必然性的角度分析了造成上述人性分裂状况的深层原因。
他说,他所描述的现代人性分裂状况也适用于处于"文明进程中"的任何民
族;"因为所有民族在通过理性回归自然之前,都无一例外地会由于理智的过
度敏感性而远离自然"④。其结果是:"我们的本性成了文化的牺牲品。"⑤席
勒这种对于现代性的深刻批评展现了他提出"美育"的时代性意义,即现代化
进程对于人性的破坏源自感性的缺失或被压抑。他提出美育问题的着眼点

① 席勒:《美育书简》,徐恒醇译,中国文联出版公司 1984 年版,第 95 页。
② 席勒:《美育书简》,徐恒醇译,中国文联出版公司 1984 年版,第 37—38、57 页。
③ 详见席勒:《美育书简》,徐恒醇译,中国文联出版公司 1984 年版,第 50—51 页。
④ Friedrich Schiller, "On the Aesthetic Education of Man", In *a Series of Letters*, tran.Reginald Snell, New York: Frederick Ungar Publishing Co.1954, p.37.
⑤ 席勒:《美育书简》,徐恒醇译,中国文联出版公司 1984 年版,第 48 页。

是：在理性逐步占据主导的世界里，恢复和确认感性的地位和价值，重建与理性相协调的感性世界。他指出，理性为了精神性的追求而剥夺了人的自然本性，为了统一的人格而抽去了具体生存状态里个体生命的多样性和丰富性。这其实就是启蒙理性的片面性所在，而美育正是为了纠正启蒙理性的片面性而为时代所需要。他写道：

> 认为一切知性启蒙所以值得重视只是在于它对于性格的反作用，这是不够的。在一定程度上这种启蒙还要由性格出发，因为必须经过心灵才能打开通向头脑的道路。感受性的培养是时代最急迫的需要，这不仅因为它是一种改善人生洞察力的手段，而且因为它本身就会唤起洞察力的改善。①

在席勒看来，理想的人格就是既有统一的理性，又有丰富多彩的个性特征；既能从事哲学思考，又能创作艺术；既充满力量，又温柔；既有理性的成年性，又有想象的青春性。为此，他指出：

> 我们有责任通过更高的教养来恢复被教养破坏了的我们的自然（本性）的这种完整性。②

这就是说，席勒在承认启蒙理性的合理性的同时，着重揭示和批判了它的弊病和危害，并认为要用一种新的文化策略来修正文化发展的方向，使之朝着更合乎人性的方向平衡协调地发展。虽然席勒主张建立一种感性与理性平衡和谐的人性，但是，针对当时的现状，席勒提出美育的重点是恢复感性，消除启蒙理性的片面和专制，由此克服人生的分裂。

席勒的美育理论奠定了"美育"概念的基本含义是感性教育，美育的主要途径是艺术。席勒还把美育同德育、智育和体育相并列，确立了美育在教育大格局中的重要地位。这是席勒关于美育作为感性教育的"逻辑"的阐述。同时，任何理论都是"历史"具体的，也就是说，某种有价值的理论总包含着对当下具体问题解决的特定意向，而席勒关于感性教育阐述的历史具体性主要包

---

① Friedrich Schiller, On the Aesthetic Education of Man, In a Series of Letters, tran. Reginald Snell, New York：Frederick Ungar Publishing Co.1954, p.50.此处译文参考了徐恒本。

② 席勒：《美育书简》，徐恒醇译，中国文联出版公司1984年版，第56页。

含着以下三点意义：(1)美育肯定感性对于人的生存和发展的价值；(2)美育以恢复和发展人的感性为任务；(3)美育的理想或者说目标是人性的完满，也就是人的全面发展。这三点更加凸显了美育作为一个现代性概念的深刻含义。从我们今天来看，席勒关于美育作为感性教育的论述要义并没有过时。虽然20世纪前半期席勒美育理论被引进中国时，其现代性意义没有受到足够的重视，而在中国进入现代化中后期的今天，我们理应对此有深刻把握。

中国古代没有美育这个词，更没有美育这个概念。在20世纪初美育引入中国的初期，王国维就是按照美育的感性特征和艺术途径来挖掘我国传统美育思想资源的。他说孔子教人，始于美育，终于美育，他所讲的美育具体指传统儒家的"诗教"和"乐教"。这样的理解与席勒的美育概念很相近。此后中国学者对美育概念的使用，基本上延续了这样的理解。

美育的内在育人机制

美育促进人的审美发展是由审美活动的内在机制决定的，这个机制就是审美表现。审美表现由两个相互关联着的方面组成：情感释放与形式建构。情感释放就是情感由内而外的抒发；形式建构则既是对审美经验的组织，又是对审美对象的建构，这二者是同步的。审美表现不仅存在于创作之中，在欣赏活动中，审美对象离不开主体情感的对象化投射，离不开主体的能动的创造性建构。所以宗白华说：

> 晋人向外发现了自然，向内发现了自己的深情。山水虚灵化了，也情致化了。陶渊明、谢灵运这般人的山水诗那样的好，是由于他们对于自然有那一股新鲜发现时身入化境、浓酣忘我的趣味。[①]

在审美活动中，情感释放和形式建构是相互作用、紧密融合的。陶渊明、谢灵运等诗人当时创造的山水意象和情趣至今仍深深影响着中国文人的山水品鉴方式。

作为一个美学概念，审美形式是具有内在统一性的组织结构，它能够给零

---

① 宗白华：《论〈世说新语〉和晋人的美》，《美学散步》，上海人民出版社1981年版，第183页。

碎的感觉材料赋予一个有序的组织形态,在艺术品当中呈现出来的就是杂多的统一。所以,审美形式是一种具有理性要素的构型力量,使得审美表现不仅仅是情感抒发,而且是情感的有序表现和自我塑造,是个性情感的升华。梁启超曾指出,光有情感抒发还不成其为艺术,"象情感怎么热烈的杜工部,他的作品,自然是刺激性极强,近于哭叫人生目的的那一路;……但还要知道:他的哭声,是三板一眼的哭出来的,节节含有真美"①。梁启超所讲的"三板一眼",指的是诗歌语言的抑扬顿挫,也就是诗人情感的形式化表现。对此,中国古代美学是有深刻认识的。例如《礼记·乐记第十九》中讲:

> 凡音者,生人心者也。情动于中,故形于声;声成文,谓之音。②

这里说的"声"只是情感记号,而把这些情感记号按照某种规则加以组织,成了"文",这时候的情感表现才是艺术的。而这个"文"其实就是形式法则。所以卡西尔说:

> 一个伟大的抒情诗人有力量使得我们最为朦胧的情感具有确定的形态,这之所以可能,仅仅是由于他的作品虽然是在处理一个表面上看来不合理性的无法表达的题材,但是却具有着条理分明的安排和清楚有力的表达。③

只有在情感释放和形式建构的内在关联中,我们才能真正理解审美表现的真实机制,并由此认识美育引导人的感性提升的积极作用。

席勒在讨论审美活动的特性时曾提出了三种"冲动":感性冲动、形式冲动和游戏冲动。感性冲动"产生于人的自然存在或他的感性本性",它要求变化;形式冲动"产生于人的绝对存在或理性本性",它是不变的,要求统一。而游戏冲动就是前面"两种冲动的作用结合在一起"④,达到了和谐。问题的关键是:这两种冲动是如何结合在一起的? 席勒以思辨哲学的语言写道:

> 人的教养就在于:一方面使人的感受功能与世界有最多方面的接触,

---

① 梁启超:《情圣杜甫》,张品兴编:《梁启超全集》第 7 册,北京出版社 1999 年版,第 3984 页。
② 《礼记·乐记》,《十三经注疏》(下),浙江古籍出版社 1998 年版,第 1527 页。
③ 卡西尔:《人论》,甘霖译,上海译文出版社 1985 年版,第 213 页。
④ 分别见席勒:《美育书简》,徐恒醇译,中国文联出版公司 1984 年版,第 75、76、84 页。

从而在情感方面使受动性得到充分发挥；另一方面使确定功能保持对感受能力的最大独立性，并在理性方面使能动性得到充分发展。只要这两种特性结合起来，人就会兼有最丰满的存在和最高度的独立与自由，他自己就不会失去世界，而是以其现象的全部无限性将世界纳入到自身之中，并使之服从于他的理性的统一体。①

席勒要美育达到的目的就是使人的丰富多样、敏锐多变的感性生命与具有理性内涵、体现为秩序与统一性的形式相融合。这样，感性没有失去其鲜活的生命活力却又同理性规范相互协调，而理性没有失去其规范和秩序，而又不会对感性生命造成压抑。因此，席勒把游戏冲动的对象说成是"活的形象"，"活的"是指生命活动，而"形象"就是形式的"本义与引申意义"。② 由此可见，在席勒看来，美育之所以能够提升人的感性而又不压抑感性，关键在于感性生命与理性形式之间的和谐。

席勒所阐述的上述思想在具体的审美过程中表现为审美形式与个性情感表现之间的相互关系。审美形式作为一种内在构型的力量是人类审美活动长期积累起来的，成为一种审美的范式。这种范式在艺术作品中体现为某种特定的结构形态，有时被称为"风格"，实际上就是一定的形式惯例。在主体那里，就体现为一定的知觉样式。这两个方面是相互作用的，欣赏者受特定艺术传统影响形成一定的知觉样式，这种知觉样式往往决定了欣赏者主动建构对象的方式。创作者通过学习，熟知并掌握了一些经典艺术品所集中体现的审美范式，然后在制作作品时，自觉或不自觉地加以运用。英国艺术理论家冈布里奇（E. H.Gombrich 又译作"贡布里奇"）在他的《艺术与幻觉》一书中详细分析了"预存图式""艺术形式范型"对于视觉艺术的"看"起着十分重要的作用。他写道：

> 从十九世纪末以来，这一事实——原始艺术和儿童艺术使用的是一种象征的语言而不是"自然的符号"——变得日益清晰，要解释这一事实须假定，肯定存在着一种不是以看为基础而是以知为基础的专门的艺术，

---

① 席勒：《美育书简》，徐恒醇译，中国文联出版公司 1984 年版，第 80 页。
② 席勒：《美育书简》，徐恒醇译，中国文联出版公司 1984 年版，第 86 页。

一种运用"观念性形象"工作的艺术。它表明,儿童不去看树,他只满足于并不和任何现实的树相符的一种树的"观念性"预成图式,既然它不体现那种树——比方说白桦或山毛榉——的特征,就更不用说那些个别的树了。人们认为这种对建构而不是对摹仿的信赖是因生活在他们自己世界中的儿童和原始人的独特心理所致。

……

没有一些起点,没有一些初始的预成图式,我们就永远不能把握不断变动的经验,没有范型便不能整理我们的印象。

……我们称之为"看"的过程在很大程度上是受习惯和期待制约的。①

了解艺术欣赏和创作的这种事实对于理解美育的育人机制十分重要:预存图式或者艺术形式范式是在一定文化、一定历史阶段中形成的,体现为某种审美风格或者审美形式的惯例,它深刻制约了受其影响的人的审美知觉方式。学习艺术,首先就是要掌握这些知觉样式或者表达范式,而这种学习以及对这些知觉样式、表达范式的运用实际上也就是接受和传承一定时期一定民族的文化艺术传统,而且这种接受和传承是深入人心的。这是审美和艺术能够对人产生深刻影响的内在机制。对此,中国古典乐论有深刻阐述:"声乐之入人也深,其化人也速,故先王谨为之文。"②这里所讲的"入人也深""化人也速"等艺术对于人的深刻影响力,正是审美和艺术塑造人的审美知觉样式,并由此塑造心灵的内在机制所决定的。

美育在提升人的感性素养方面最深刻之处就在于此:它以一种潜移默化的方式塑造了一定人群的审美知觉,并由此塑造了他们的心灵。正因为这样,中国人听到二胡的那种贴近心灵的感受是欧洲人很难获得的;中国人有悲秋情结,秋天的月亮给人以悲凉之感,这也是欧洲人所没有的。中国人看山很多时候是从中国山水画的构图和意境出发的,那是因为中国山水画已经塑造了我们的知觉样式,这和讲究透视的欧洲古典绘画的知觉样式有着天壤之别。

---

① 冈布里奇:《艺术与幻觉》,周彦译,湖南人民出版社1987年版,第82—84页。
② 荀子:《乐论》,《荀子集解》,上海书店出版社1991年版,第253页。

人民英雄纪念碑下层须弥座束腰部四面镶嵌的八幅巨大的汉白玉浮雕,生动而概括地表现出近代以来中国人民反帝反封建的伟大革命斗争史实。这个大型公共艺术品以糅合了中国传统石雕艺术手法的浮雕形式叙述历史,把近代以来中国人民争取民族独立和解放的史实用人物造型、结构组合等方式加以定格,不仅成为关于这段革命历史的视觉叙事经典之作,也深化了国人对于革命历史的认识。正是因为审美的知觉样式内在蕴含着民族的、历史的、文化的诸多因素,所以,审美欣赏和创作过程也意味着个性与社会、个性和文化一历史的某种交融,也就是历史文化的要素向个体内心的积淀和渗透,这也使审美活动同认知、伦理、实践等其他方面密切联系在了一起。因此,审美表现不仅能够提升个体的审美能力和意识,而且丰富了个体的人文内涵,使之养成丰厚感性。美育正是审美表现这种特殊的审美和人文价值在教育实践中的应用。

审美内在具有提升人的审美和人文素养的价值和功能,这决定了美育是一种以审美活动积累审美经验为主要特征、以培养审美能力为主要任务、以促进人的审美发展为主要目标的教育教学过程。认识到审美内在具有的上述教育价值,对于当下的美育实践具有重要意义。一百多年前,王国维讲审美和艺术是"无用之用",即充分肯定了审美和艺术本身就具有的教育价值;蔡元培讲美育的重要性,也是着眼于审美本身具有的提升人的情感和精神境界的作用。当然,美育的作用是潜移默化的,是长期循序渐进熏陶的结果,但它能够深入人心,作用是持久的。养成一个人高雅的气质、情趣和格调是不能以急功近利的态度和生硬的方式去完成的,美育的这种特点应该得到足够的注意。

认识到审美内在具有提升人的审美和人文素养的价值和功能,美育实践就应该把个体审美经验的积累作为促进审美发展的基础。个体审美经验的积累基于个体自己参与其中的审美活动,只有在具体的审美表现心理过程中,个体的审美发展才可能实现。因此,美育过程必须是受教育者积极参与的心理活动过程,这个过程具有突出的情感体验性;而且,美育教学也不能仅仅是审美鉴赏,更要加强艺术实践,以期更好地体验艺术语言与审美经验之间的关系。美育教学中,知识和技能的教学都是有必要的,但这些不是根本目的,只有情感体验才能促发审美表现,才能积累审美经验,最后促进审美发展。

认识到审美内在具有提升人的审美和人文素养的价值和功能,美育就应该把审美能力的培养置于核心位置。基于审美表现的心理机制是情感释放和形式建构的统一,审美能力培养要从"审美形式感"的培养入手。审美对象的精妙之处实际上在形式之中,而非形式之外。只有懂得这种形式语言,才能说真正具备了审美能力。审美能力不限于艺术范围,但是,从个体学习角度看,艺术形式的学习对于培养自然景观的鉴赏力是很有帮助的。所以,美育教师应该充分重视艺术表现语言的教学。每一种艺术用特殊的媒介组成了一套独特的表现语言,文学用语言、音乐用音响、舞蹈用肢体等,艺术语言呈现出来就是艺术形式,艺术的意蕴也就内在地包含在这种形式之中。所以,只有懂得一种艺术的表现语言,才能算真正懂得这门艺术。当然,掌握一门艺术语言并不仅仅就是学会了艺术技巧,对于美育目标实现来说,更重要的是要学会领略艺术语言所呈现出来的丰富审美情趣,并体悟其中深刻的人文意蕴。

认识到审美内在具有提升人的审美和人文素养的价值和功能,美育应该注重为人的德、智、体等方面的发展提供助力。人的审美发展是道德发展的基础,人的丰厚感性的养成本身也是一种道德涵养的体现。审美发展也是智能发展的基础,不仅审美本身就是一种特殊的认知方式,而且审美发展本身就是人的创造力发展的一部分。加德纳的多元智能理论实际上揭示了人的智能与审美、艺术能力之间密切的关系。① 审美发展也为人的运动技能的发展提供了心理支持,有节律的运动和力的展示本身就结合着内心体验,使身体运动具有了丰富的情感蕴藉,使体育的育人价值更加丰富。

从审美表现来说明美育促进个体审美发展的内在机制,是就审美活动本

---

① 加德纳拓展了"智能"(又译"智力")概念的范围,提出了"最初的七种智能":"音乐智能""身体—动觉智能""逻辑—数学智能""语言智能""空间智能""人际智能""自我认知智能"。(详见霍华德·加德纳:《多元智能新视野》,沈致隆译,浙江人民出版社 2017 年版,第 9—20 页)这里所列举的"最初的七种智能"中,除了"逻辑—数学智能"不直接关涉艺术活动之外,其余的都与艺术活动有关联。"音乐智能"就是从事音乐活动的能力,"身体—动觉智能"不仅与体育有关,也和舞蹈等形体运动的艺术有关;"语言智能"与诗等文学有关;"空间智能"涉及雕塑、绘画等视觉艺术;"人际智能"和"自我认知智能"在艺术活动中也大量存在。

身而言的。事实上,作为美育主要形态的普通艺术教育(区别于专业艺术教育)内容更加丰富,因为艺术除了具有审美特性之外还具有其他特性,艺术活动在人文内涵方面要比审美活动更丰厚。因此,以艺术教育为主体的美育实际上带给受教育者的人文熏陶更丰富而深刻。也就是说,美育不仅要发挥审美表现的内在教育价值,同时还应该发挥艺术所蕴含的丰富人文教育价值,使美育促进人的审美发展的内涵更丰富深刻。值得注意的是,艺术当中所体现出来的对人性的讴歌、对弱者的同情、对家和家乡的眷念、对自然的赞美、对和平的渴望、对未知世界的探索、对恶的揭露、对战争的恐惧、对历史的反思,等等,常常与审美表现结合在一起,是饱含情感体验并以个性化的、艺术的方式表达出来的观念意识。因此,美育教学要善于引导人们自己去体悟这些与艺术语言交织在一起的人文内涵,由此内化为受教育者的人格内涵。

"丰厚感性"

美育作为感性教育,着眼于促进个体的审美(感性)发展,激发生命活力,提升情感境界、培养创造力,最终与其他教育一起服务于人的全面发展目标。这是美育区别于其他教育的根本特征。离开了感性,就谈不上美育。然而,当前我国学术界和教育界虽然也开始意识到知觉、想象、情感、直觉等感性素质具有重要价值,但是对人的感性素质的研究不够,在整体上重视更不够。所以,许多人还停留在"文以载道"的观念上来看待美育,有意无意地把美育作为以艺术的形式灌输抽象道德的途径。人们对于儿童青少年的教育,总希望在生动活泼、情意盎然的形式之中,注入某种微言大义,似乎这才是教育的唯一追求。殊不知,美育所追求的就是生动活泼、情意盎然的情感体验过程本身;人们对于美育的价值,总希望在"动之以情"之后,还有一个所谓的"晓之以理",殊不知美育追求的就是动之以情本身。正是在这样的观念指导下,我们大、中、小学的艺术课堂里,老师往往会引导学生在美妙的艺术作品中发现"深刻的""抽象的"道理,最终把丰富多彩的感知和想象世界无情地抹去了,似乎前者更有价值,后者只不过是一种"引子"。这种片面追求理性的观念还得到某些心理学的支持,例如皮亚杰的认知发展心理学,就是把个体心理的成长描述为从感知到逻辑思维的发展历程。然而,这种认知发展的描述不仅不全面①,而且仅仅是针对认知的发展,而非人的全面发展,因此,无法提供观察个体发展的全面观点。问题的根源还在于教育领域的"唯智主义"以及相应的应试教育。教育绝不仅仅以发展智力为唯一目标,更重要的是要开发受教育者生存发展所必需的潜能。一个人的内心体验关乎其对生存状况的体认,感觉迟钝麻木、想象贫乏缺失就不可能有对世界新鲜有趣的感知,他的生活必定是不幸福的,也不可能创造未来美好的生活。人的感性方面受到压抑也会影响理性方面的正常发展,因为人是一个有机整体。再者,我们身处一个以创新引领发展的时代,青年的创造力与他们的感知、想象、情感、直觉等感性素质有着深刻的内在联系,美育作为感性教育对于发展国民创造力、推动创意产业发展具有重要价值,感觉迟钝、想象贫乏、情感枯竭、索然无趣的一代,一定是缺乏创造力的一代。对此,我们应该有及时的清醒认识。

美育作为感性教育,并不是非理性的教育,更不是排斥理性的教育;美育所要发展的感性是和理性相互协调、相互包含、相互促进的感性。这是席勒美育观的深刻之处。人的感性固然与肉体、生理息息相关,但美育要发展的感性不等同于本能欲望,也不仅仅限于感官活动,它不脱离肉体却有超越生理层面的精神性维度。因此,美育是一个贯通了肉体和精神的个体性概念。我们可以把这种感性称为"丰厚感性",既有感性的丰富性,又有人文厚度。它是以深度体验为核心的感性素质,蕴含着文化积累和精神积淀,是与理性相互协调、相互包含的。美育发展感性就是既要保护和恢复天然感性的活泼生动,又要使之丰富和提升,具体地说,就是要使感性包含了认识深度、道德意识和生命境界。因此,作为感性教育的美育与"跟着感觉走""过把瘾就死""娱乐至死"的非理性文化、"滥情"文化有着质的区别。具体地说,美育所要发展的"丰厚感性"可以从以下几点来认识。

第一,生存的具体性,即个体性。人的生存,就其活生生的感性状态而言

---

① 艺术的认知功能越来越受到确认。例如,美国艺术教育专家 E.艾斯纳在《艺术与心灵创造力》(*The Art and the Creation of Mind*)的第一章就论述了艺术的诸多认知世界和认知自我的功能。详见 E.艾斯纳:《艺术与心灵创造力》,朱珺译 中国社会科学出版社 2016 年版,第 1—12 页。

都只能是具体的、个别的。美育尊重每一个个体的个性存在,致力于发展具有丰富社会文化内涵的个性,并使个体在美育活动中充分发挥主体性。这可以说是美育作为感性教育的最具现代性的意义,也是美育作为素质教育重要组成部分的要义所在。席勒曾反复强调,现代社会是人作为类和作为个体这两个概念严重分离,个体不能全面占有类的本质,只是类的某一部分的代表。他的理想是个体成为一般性和特殊性的统一体①,这其实是他写作《美育书简》的重要初衷之一。感性就是具体性、个别性,相对于其他教育,感性教育更关注个性成长,当然这种偏重于个性的教育是以培养与社会性相协调的个性为目标的。

第二,"肉体性"。这里讲的"肉体性"不是纯生理学范畴,而是指人性、人格中与生理有直接关联的方面,如感觉(感官)、知觉、想象、情感、直觉,等等。在审美、艺术活动中,精神性因素总是直接与生理因素相贯通,是一种内在的关联。尼采讲美学是应用生理学,仅就审美与人的生理方面的密切联系来说是很中肯的。我们这里讲感性,就是充分地肯定美育与个体生理、心理的直接联系,强调美育对个体从无意识、本能欲望到纯粹精神意识的贯通式的整体性影响。

第三,生命活力。感性以人的本能冲动和情感过程为特征,感性的发达意味着生命活力的充沛。文明人日渐远离自然,理性的发达和物质生活的富足使人的感性萎缩,生命活力渐渐丧失。席勒的《美育书简》就是以对这种人性异化的批判出发的,他所创造的美育理论成了对资本主义社会异化现象批判的先导。康德对"力的美"的注重、席勒对"激情"的偏爱、狄德罗对"粗糙的自然"的肯定、尼采对"酒神精神"的推崇、凡高对原始冲动的展示、鲁迅对"摩罗诗力"的向往,等等,都显示出在现代文明境遇中对感性的生命活力的重新确认。我们这里讲感性教育,就是强调美育对于保护和提升个体如童真般的生命活力的意义,并确认美育对于发展个体创造力的重要作用。

第四,以体验为核心的一种心理能力。人的感性方面的能力主要包括感

① 详见席勒:《美育书简》,徐恒醇译,中国文联出版公司1984年版,第39—56页。

觉、知觉、想象、情感、直觉,它们在审美、艺术活动中作为综合性的直觉体验能力和情感交流能力而起作用。直觉体验能力是个体的一种深度感受性,亦即生存体验,它是个体的自我和价值观念形成的基本条件;情感交流能力对于人与人之间的非语词化的沟通和理解是至关重要的。因此,这些能力的高低直接关系到个体的生活质量。直觉体验能力在认知领域也有特殊作用,特别是在创造性工作过程中,直觉体验能力往往发挥着关键性作用。美育作为感性教育,就是要促进人的感性能力的发展。

第五,体现于直观形式中的观念意识。观念意识并不仅仅体现于概念之中,它还体现于形象、话语等直观形式,从而有别于理论形态。这种感性的观念意识又被称作"审美意识形态"。直观形式中的观念意识往往比概念形式中的观念意识更丰富、更真实,而且经常先于理论概念而对人们的心灵和风尚产生深入细微的影响。审美意识形态直接表现为审美趣味和审美观念,它们又与一定的政治观、道德观、特别是人生观有或隐或显的联系,体现为一定的人生理想、生活态度和价值取向。我们讲美育是一种感性教育,就是强调美育以其特殊的方式对个体的审美趣味和审美观的影响。

作为一种感性教育,美育具有鲜明的特征和独特的功能,是其他任何教育形态所无法替代的。美育的感性教育价值随着时间的推移还会越来越得到显现。

二、美育作为"人格教育"

美育的人文性

美育,就其自身目标而言,就是提升人的感性能力和素养使之具有深厚的人文内涵。美育的这种人文性集中体现在其作为人格教育的维度。所以,如果说以"感性教育"界说美育是偏重于美育的根本特征,那么以"人格教育"界说美育则是偏重于美育的根本目标。

人格是人的各种能力和素质的综合,是人之所以成为人的各种特质的总和。美育的特殊性在于,它不仅能够促进人的感性发展,而且有助于人的其他发面的发展,特别是道德发展。正如席勒所说,美育的目的不是单独地促进某一种心理功能的发展,而是通过在内心中达到审美状态而使各种心理功能达到和谐。他把这种审美心境称为"零状态",认为它虽然不能对认识和道德带来直接和实际的成果,但是它为一切能力的充分发展提供了可能的基础。①这种观点的深刻性在于把人性的完整与人的各种能力的发展统一了起来。只有在个性生命完整和谐的状态下,各种精神能力才可能充分健康地发展起来,并互相达到协调。因此,整个教育过程都必须充分保证受教育者各种潜能的发挥,应该充分调动主体的各种能力,使个性生命保持旺盛的活力和创造性。因为从事认识、实践、道德等活动的能力都是各种心理功能综合的产物,只不过它们的结构方式有所不同。思维能力的发展和意志力的发展都离不开感受力、想象和情感等感性心理功能的发展,只有完整的个体生命才具有真正的能动性和无穷的创造力。各种专门能力脱离了人格完整性而片面发展,不仅会给个体生命的发展带来不幸,而且这些能力的发展也不会持久。这方面的一个典型例证来自达尔文在其《自传》中的自述:

> 到了 30 岁,或 30 多一点,各类诗歌,诸如弥尔顿、格雷、拜伦、华兹华斯、柯勒律治和雪莱等人的诗作给了我很大的乐趣,我甚至像一个中学生似地从莎士比亚的剧作中获得强烈的快感。……以前,绘画也给我相当大的乐趣。但是,经过许多年后的今天,我不能容忍一行诗……对绘画和音乐的兴趣也差不多丧失了。……我的思想几乎已成了机器,只会机械地从无数事实和材料中剔出一般规律。②

这也从反面为人的各种能力发展的整体协调性原理提供了支持。

中国的人格教育传统

以感性体验的方式培养人格,是中国传统儒家一直倡导和践行的,由此形成了悠久而丰富的美育思想。孔子有句名言:

---

① 详见席勒:《美育书简》,徐恒醇译,中国文联出版公司 1984 年版,第 111—112、116—119 页。
② M.Rader,B.Jessup,*Art and Human Values*,New New Jersey:Prentic-Hall,1976,p.286.

　　　　兴于诗,立于礼,成于乐。①

　　对此,王国维评价说,孔子教人"始于美育,终于美育"。所谓"始于美育",就是孔子讲"兴于诗",而且还带领学子"玩天然之美",其目的就是"平日所以涵养其审美之情"。所谓"终于美育"就是"成于乐",由此养成"无欲""纯粹"之"我",进入"无希望,无恐怖、无内界之争斗,无利无害,无人无我,不随绳墨而自合于道德之法则"的境界。② 这种礼乐教化的传统随着时间的推移有所变化,但传统儒家对人格养成却一直延续着重视从感性入手、注重情感体验、实现教养内化的原则。所谓"潜移默化""陶冶性情""怡情养性"等都是不脱离感性、不断深化感性、持续提升生命境界的教化方法。这个原则和方法植根于一种信念,那就是人格教育的"内在性"。孔子曾言:

　　　　知之者不如好之者,好之者不如乐之者。③

　　对此,宋代的尹焞注称:"知之者,知有此道也。好之者,好而未得也。乐之者,有所得而乐之也。"④这里从"知"到"好"再到"乐"的层层递进,恰恰是一个由外在性向内在性递进的过程。对于道,只有"有所得",也就是内化了,才会有"乐",这是发自内心的。也就是说,要教化人,仅仅使人知道一些道理还是不够的,而是要使人心悦诚服地接受这些道理,内化于心,并以听闻和践行这些道理为快乐,这才算是达到了目的。《礼记·大学》讲的"八段目",其中"诚意""正心"都追求教化的内在性。到了明代,心学大师王阳明在讲述"孝"时认为,对父母问寒问暖不能是礼节性的,而要出于诚心,出于孝心,你自然会关心父母的冷暖:"这都是那诚孝的心发出来的条件。却是须有这诚孝的心,然后有这条件发出来。"⑤这个"诚"强调的是带有深度情感体验的孝道,它是内化于个体内心深处的。反之,只是迫于礼节,虚情假意地"尽孝",那还是不孝。因此,教人孝道,也就必然要使孝道以感性的方式(具体地说就

---

①　《论语·泰伯》,杨伯峻:《论语译注》,中华书局 2009 年版,第 80 页。

②　详见王国维:《孔子之美育主义》,《王国维全集》第 14 卷,浙江教育出版社、广东教育出版社 2009 年版,第 16—17 页。

③　《论语·雍也》,杨伯峻:《论语译注》,中华书局 2009 年版,第 60 页。

④　见朱熹:《四书集注》,岳麓书社 1985 年版,第 115 页。

⑤　王阳明:《传习录》上,《王阳明全集》(上),上海古籍出版社 2011 年版,第 3 页。

是情感体验)深入人心,使人诚心诚意地践行孝道。这种以感性的方式使教化深入人心,使之内在化,形成了中国传统教育十分重要而独特的思想和实践,而这种思想和实践在一定程度上是美育的。因此可以说,中国是具有深厚美育传统的国家。

正是基于这样的传统,所以,在 20 世纪初,当西学东渐,不少知识分子不约而同地选择了美学,选择了美育。中国现代美学的第一代三位大美学家王国维、梁启超、蔡元培都同时是现代史上大名鼎鼎的大学问家、政治家、教育家;王国维、梁启超还是清华国学研究院四位导师中的两位,而蔡元培曾担任过国民政府教育总长、北京大学校长等重要职务,地位很是显赫,其著述的影响也很深远。他们的美学十分重视审美、艺术对于人、对于社会的功能价值,他们不仅都论述美育理论,强调美育的重要性,而且都倡导美育。系统构建中国现代美学的朱光潜,尽管专门论述美育的论著不多,但是他的美学被后人称为美育理论。① 相比之下,欧美美学家有比较系统的美育理论的就是席勒,其他美学家很少涉略美育问题,论述审美和艺术的功能价值的理论也不多。进入 20 世纪,欧美国家研究艺术教育的论著比较多见,美育论著很少。而在我国,目前不仅研究美育的论著越来越多,而且,中共中央和国务院多次强调要加强和改进美育,实施美育已经成为国家意志,这在全世界都非常罕见。究其原因,还是和我国注重以情感熏陶、艺术体验为特点的感性方式来修身养性的传统有密切关系。

王国维的《孔子之美育主义》确立了我国美育传统的基本思想格局,那就是以情感教育为核心,以去除物欲和私欲为手段,以养成道德人格为目标。此后,蔡元培的"以美育代宗教"、梁启超的"趣味教育"等理论,都基本上在这个格局之中。再后来朱光潜,除了在《谈美感教育》中提出美育解放说之外,也没有脱开这个思想格局。中办和国办 2020 年 10 月印发的《关于全面加强和改进新时代学校美育工作的意见》对美育有这样的表述:"美育是审美教育、

---

① 阎国忠:"朱光潜虽以绝大部分精力讨论文艺创造与欣赏问题,但其真正的落脚点却在审美教育,他的著述,从《给青年的十二封信》开始,几乎篇篇都离不开审美教育。"(阎国忠:《朱光潜美学思想及其理论体系》,安徽教育出版社 1994 年版,第 159 页)

情操教育、心灵教育，也是丰富想象力和培养创新意识的教育，能提升审美素养、陶冶情操、温润心灵、激发创新创造活力。"在这个表述中，美育的人格教育性质十分突出，且特别关注道德人格的养成。

美育与德育的内在联系既有学理上的，也有实践方面的。从学理上看，美育与德育的联系源自美与善的联系。"美与善在本质上具有内在一致性，都反映着对象对于人的意义和价值。"①美不仅具有感性的外观，也具有理性的内涵，这个内涵在相当程度上就是"善"，离开了"善"的内涵，美就无法被理解。所以，康德提出了"美是德性—善的象征"②的著名论断。这种对于美与善的内在一致性的认识在古今中外的美学史上比比皆是。具体到人的发展，道德状态是从审美状态发展而来的，道德修养建立在审美的基础上。柏拉图曾指出，对儿童进行音乐教育，可以使他在理智尚未发达的时期，就养成和谐的心灵和恰当的情感态度。"等到他们的理性发达了，他们会发现这些东西和理性是和谐的。"③这意味着道德教育始于美育，目的在于发展"儿童的最初德行本能"，达到心灵的和谐。在柏拉图看来，美育达到的心灵和谐与德育达到的理性秩序是一致的，而前者是后者的必要基础。因为，"整个心灵的和谐就是德行"④。席勒也指出："道德的人只能从审美的人发展而来，不能由自然状态中产生。"通过审美的心境，自然的人已经高尚化，所以，"我们只要给他以重大的推动，就能使审美的人获得理智和高尚的情操"⑤。曾经做过大量心理学研究的朱光潜也主张，审美是道德的基础，因为情是理的基础。这种以情为本的思想既有西方学术思想的影响，更来源于儒家原典。在《乐的精神与理的精神》一文中，朱光潜把礼和乐看作儒家思想系统的基础，认为儒家在这两个观念的基础上，构建了一套伦理学、教育学和政治学。乐的精神是"和"，礼的精神是"序"；二者不仅内外相应，而且相反相成。而关键在于"乐"是"礼"的内在性：

---

① 彭立勋：《西方近代启蒙美学家的"美善统一分殊"论》，《学术论坛》2010 年第 11 期。
② 康德：《判断力批判》，邓晓芒译，人民出版社 2002 年版，第 200 页。
③ 《柏拉图文艺对话集》，朱光潜编译，人民文学出版社 1963 年版，第 300 页。
④ 《柏拉图文艺对话集》，朱光潜编译，人民文学出版社 1963 年版，第 300 页。
⑤ 席勒：《美育书简》，徐恒醇译，中国文联出版公司 1984 年版，第 118 页。

乐的精神在和谐,礼的精神在秩序,这两者中间,乐更是根本的,因为内和谐外自然有秩序,没有和谐做基础的秩序就成了呆板形式,没有灵魂的躯壳。内心和谐而生活有秩序,一个人修养到这个境界,就不会有疵可指了。讲到究竟,德育须从美育做起。道德必由真性情的流露,美育怡情养性,使性情的和谐流露为行为的端正,是从根本上做起。惟有这种修养的结果,善与美才能一致。①

朱光潜还继承了美育涵养德性的儒学传统,提出了与情感相通融的道德概念"问心的道德":

人类如要完全信任理智,则不特人生趣味剥削无余,而道德亦必流为下品。严密说起,纯任理智的世界中只能有法律而不能有道德。纯任理智的人纵然也说道德,可是他们的道德是问理的道德(morality according to principle),而不是问心的道德(morality according to heart)。问理的道德迫于外力,问心的道德激于衷情,问理而不问心的道德,只能给人类以束缚而不能给人类以幸福。②

这里,我们可以看到朱光潜以现代西学对于传统心性之学的一种现代性转换,这里讲的还是教化的内在性,正是这种内在性的追求才要求以情为本。

我国传统的人格教育思想在今天仍具有鲜活的生命力,是值得我们深入研究并借鉴的。健康人格的培养,甚至道德人格的养成,决不能简单依仗由外而内的、生硬的"灌输",如此的人格教育只能培养出人格分裂或虚伪的人。我国的人格教育传统是要把做人的道理、道德的原则通过情感体验的方式内化于国人的内心深处,使人心悦诚服地领悟,然后诚心诚意地践行。当代美育在这方面是大有可为的。当然,传统的人格教育思想也有历史局限,需要在新的历史条件下不断丰富和更新。随着我国现代化进程不断深入,美育理论的现代性价值愈显重要,有必要对人格教育思想作进一步更新,使之适应新时代的要求。同时,作为人格教育的美育观具有深刻的人文精神,但是,对于美育促进人的创造力发展还缺乏认识,在可见的文献中,只有朱光潜在《谈美感教

① 朱光潜:《音乐与教育》,《朱光潜全集》第9卷,安徽教育出版社1987年版,第144页。
② 朱光潜:《给青年的十二封信》,《朱光潜全集》第1卷,安徽教育出版社1987年版,第44页。

育》中有所涉及。这方面需要特别予以重视。

三、美育作为"创造教育"

创新的时代与创造教育

我们身处一个创新的时代。2006 年 1 月 9 日,胡锦涛宣布中国未来 15 年科技发展的目标:2020 年建成创新型国家,使科技发展成为经济社会发展的有力支撑。2016 年 5 月 30 日,习近平宣布我国科技事业发展的目标是,到 2020 年时使我国进入创新型国家行列,到 2030 年时使我国进入创新型国家前列,到新中国成立 100 年时使我国成为世界科技强国。他指出:

> 科技创新是提高社会生产力和综合国力的战略支撑,必须摆在国家发展全局的核心位置。①

创新,已经成为我国最重要的发展战略之一,创新发展已经成为我国"五大发展理念"之首。

创新的关键在人才,人才的基础在教育。培养具有创新意识和能力的人才,美育具有非常重要的作用。表面上看,科技创新和以艺术为主要途径的美育似乎沾不上边,然而,不仅艺术与科技有着深刻而紧密的联系,而且审美和艺术活动本身对于儿童青少年创造力的培养具有积极的促进作用。创造力就是创新能力和创新意识的基础。一个著名的例子来自哈佛大学的"零点项目"。这个项目于 1967 年立项,起因是 1957 年苏联先于美国成功地把人类第一颗人造地球卫星送上太空。美国大批专家学者多次考察苏联后经过研究认为,与苏联相比,美国的科技教育是先进的,但艺术教育落后,造成科技人员创造力低下,需要专门进行研究,从而加强艺术教育。随着这个项目研究的深入,艺术和科技之间的联系越来越得到彰显。美国国会于 1994 年 3 月通过了克林顿政府提出的《2000 年目标:美国教育法》,在美国历史上第一次将艺术与数学、历史、语言、自然科学并列为基础教育核心学科,即相当于我们中学的

---

① 《习近平关于科技创新论述摘编》,中央文献出版社 2016 年版,第 23 页。

主科或大学的基础性必修课程,引起了很大的反响。① 英国也在 20 世纪后期就把基础教育中的艺术教育称为"创造性艺术教育"(creative art education),而从 2013 年颁布的各类艺术教育课程大纲可见,英国已经把培养学生的创造力作为艺术教育的核心任务。翻开英格兰教育部制定的各类艺术教育课程大纲,"创造性"是最突出的关键词,例如《美术和设计课程大纲》开头就这样设定课程的"学习目的":

> 美术、工艺和设计体现了某些人类最高品质的创造性形式。优质的美术和设计教育应该在让学生掌握一定知识和技能的同时,让学生投入到实验、构思和创作他们自己的美术、工艺和设计作品,并在此过程中给予他们启迪和质疑。随着学生的进步,他们应该能够对美术和设计作品进行批判性思维,并提高其更缜密的理解力。他们还应该了解美术和设计是如何反映并塑造了我们的历史以及对我国文化、创造力和繁荣的贡献。②

对创造力培养的重视为英国的科技创新和创意产业发展提供了基础性的动力。据《二十国集团(G20)国家创新竞争力发展报告(2015—2016)》黄皮书评价,英国的国家创新竞争力仅次于美国,位列第二。英美的创新竞争力全球领先和当年对艺术教育的高度重视,是值得我们重视并借鉴的。

长期以来,我国的美育理论比较重视人格培养,对于美育促进创造力发展的功能认识不足。1998 年,在我国教育部颁布的《面向 21 世纪教育振兴行动计划》中,培养创新能力得到了重视:"美育不仅能培养学生有高尚的情操,还能激发学生学习活力,促进智力的开发,培养创新能力。"这是我国政府首次把培养创新能力列为美育的主要任务之一。中办和国办在 2020 年 10 月印发的《关于全面加强和改进新时代学校美育工作的意见》中,提出美育"也是丰富想象力和培养创新意识的教育,能……激发创新创造活力"。这些意见既

---

① 详见徐丽麾:《艺术教育的迁移价值——从哈佛大学的"零点项目"谈起》,《艺术研究》2007 年第 1 期。

② 见英国政府网站:https://www.gov.uk/government/publications/ national-curriculum-in-england-art-and-design-programmes-of-study。

顺应了世界潮流,也符合美育规律。但是,这些要求还没能及时、具体、充分地体现于国家各级各类艺术课程标准。这就需要我们深入研究美育促进学生创造力发展的巨大作用以及规律和方法,并开展多学科参与的实验和探索,积极推动我国美育课程的进一步改革。

美育与个体创造力的发展

美育促进感性发展,培养与理性协调和谐的丰厚的感性,促进人格的协调平衡,使个体生命充满活力,具有持久的创造性。审美和艺术是人类创造性发挥得最为充分的领域之一,美育,特别是其中的艺术教育是开发和培养儿童青少年创造性的最佳教育形态。创造力可分为两个层面:一个层面是指专门的创造能力,如发现与解决新问题的思维能力,发明与制作新事物的实践能力等;另一个层面是指不断实现和更新着的生命活力,是健康的个体生命的基本特质与能力。后者是创造力的基本内涵,又是前者的基础与源泉。教育对人的创造力的开发和培养,特别是在基础教育阶段,应该更加重视创造力的基础和源泉的方面。人本主义心理学家马斯洛曾要求区分"特殊天才的创造性"和"自我实现的创造性",后者"首先强调的是人格,而不是其成就,认为这些成就是人格放射出来的副现象"。这里所强调的是"自我实现创造性的表现或存在的品质,而不是强调其解决问题或制造产品的性质"①。因此,自我实现的创造性实质上是指全面实现人的潜能的能力和状态,即生命的完美。美育发展创造力的功能主要在于激发和丰富个体生命,使之具有自发涌现的创造欲望和动力、高度灵敏与发达的创造能力和自觉的创新意识。具有审美创造力的人,不仅能够不断开创生命的新境界,而且具备思维和实践等方面的创造力(包括创造技能)发展的良好基础。

创造力发展的关键期在童年。儿童时代是生命力勃发的时期,也是创造性发展最自由、最迅速的阶段。对儿童来说,创造是一件自然、自发和充满乐趣的活动。马斯洛曾写道:

---

① 详见马斯洛:《存在心理学探索》,李文湉译,云南人民出版社 1987 年版,第 131—132 页。

几乎所有的儿童,在受到鼓舞的时候,在没有规划和预先意图的情况下,都能创作一支歌、一首诗、一个舞蹈、一幅画、一种游戏或比赛。①

在这方面,丰子恺的漫画给我们提供了丰富生动的实例:用两把蒲扇搭成一辆自行车,一个男孩跨在上面,快乐地"骑"着(《瞻瞻的车·脚踏车》);给凳子的四条腿分别"穿"上鞋子(《阿宝两只脚,凳子四只脚》);神情专注地用一堆积木造成一座建筑物(《建筑的起源》)。儿童可以在成人感到平淡无奇的地方发现无穷乐趣,创造新奇的意义。儿童就如同艺术家一样,有"第三只眼",能够化陈腐为神奇。那是因为"孩子们尚保有天赋的健全的身手与真朴活跃的元气"②。心理学家阿恩海姆则评论说:

> 我想不出有什么艺术与艺术创造中的基本因素是在儿童作品中看不到其萌芽的。③

另一位心理学家通过对"自我实现者"的观察得出结论:"他们的创造性在许多方面很像完全快乐的、无忧无虑的、儿童般的创造性。"他们至少在独创性和自发性这两个方面"或者保留了,或者恢复了孩子般的天真"④。虽然从总体上讲儿童的创造力并不能为社会带来实际的有用成果,但是,它是创造力发展的人格基础和内在动力。事实上,任何有独创性的作家、艺术家、科学家、发明家大都在童年时代就具有了不同于常人的创造力。

然而,儿童那种活泼的创造力并非自然而然地得到发展,除少数人才之外,多数人往往在成长过程中部分地或几乎完全地丧失了生命中的创造活力。正如歌德所言:

> 倘若儿童能按照早期的迹象成长起来,那么我们就都是天才了。但成长并不仅仅是发展而已。……过了一定的时期之后,这些能力与机能表现就根本不复存在了。⑤

---

① 马斯洛:《存在心理学探索》,李文湉译,云南人民出版社1987年版,第124页。

② 丰子恺:《儿女》,《缘缘堂随笔集》,浙江文艺出版社1983年版,第29页。

③ 马斯洛:《存在心理学探索》,李文湉译,云南人民出版社1987年版,第124页。

④ T. Munro, Art *Education*: *Its Philosophy and Psychology*, New York: Liberal Arts Press, 1956, pp. 79—80.

⑤ 转引自加登纳:《艺术与人的发展》,兰金仁译,光明日报出版社1988年版,第28—29页。

因此,教育应当对儿童珍贵的创造天性和活力加以保护,并促进其成长。发展心理学的研究表明,儿童在 4—7 岁时,"是极富创造性的。对于所有的孩子来说,这个阶段正是最自由的阶段"①。但是,这种状况不能持续多久。英国艺术评论家里德在综合了一些心理学研究成果的基础上提出,在 11 岁前后,由于单一性和分解性的逻辑思维能力的发展,儿童的表现性、综合性和造型性的创造能力开始衰退,甚至丧失。② 这表明,创造力的培养应特别重视早期的开发,并在关键的发展阶段和衰退期要特别予以保护。

培养儿童创造性的最佳途径是美育。因为以自由创造为本性的审美、艺术活动可以充分保障儿童创造性的表现,并促进其发展。儿童创造性的表现具有审美或泛审美表现的性质,它是个性化的、想象的、造型的、自由的、富于情感色彩的、专注和投入的、注重过程的和愉悦的,这些都具有审美创造的特征。儿童身心投入的艺术活动又集中体现了创造性的所有主要特征。美国教育心理学家 E.P.托兰斯(Torrance)曾列举了体现创造能力的特殊行为,它们包括:

能在不受刺激的情况下,占用自己的时间;超过指定任务;提出简单的为什么或怎么样之外的问题;提出不同的工作方法;不怕新的尝试;尽管教师正在讲课或提供指导,他仍乐于进行设计或描绘图画;即使他显得与众不同,但仍做一个观察者,不介意结果,而且乐于对熟悉的事物进行实验,而非熟视无睹。③

这些特征都可以在作为美育过程的儿童艺术活动中见出。有创造性天性的儿童就是儿童艺术家,作为艺术家的儿童便是有创造性的儿童。美育在发展儿童艺术心灵的同时,也发展着他们的创造力。而且,有连贯性的美育可以使个性在成年之后,仍保持着活泼健全的"童心",使创造性持续地发展。

"美育发展创造力"的作用机理可以概括为以下三点:

---

① 加登纳:《艺术与人的发展》,兰金仁译,光明日报出版社 1988 年版,第 332 页。

② H. Reed,*Education Through Art*,London:Faber and Faber,pp.165-166.关于创造性衰退的问题,还可参看加登纳:《艺术与人的发展》,兰金仁译,光明日报出版社 1988 年版,第 333—338 页;V. Lowenfeld,W.Briton,*Creativity and the Growth of Mind*,New York:Macmillan,1975,pp.242-244.

③ V. Lowenfeld,W.Briton,*Creativity and the Growth of Mind*,New York:Macmillan,p.66.

　　第一，解放无意识，保障自发性。创造性的发生与发展固然离不开对象世界，但在主体方面，创造性的源泉和动力来自深层心理。美国心理学家 S.阿瑞提深入研究了创造过程，认为它是由原发过程和继发过程结合而成的第三级过程。所谓原发过程，就是心灵的无意识活动方式，体现为原初冲动；所谓继发过程，则是意识处于清醒状态下，使用正常逻辑时的活动方式。上述两种过程的特殊结合是构成创造力的根本原因。他指出，创造的精神并不拒绝原初的心理活动，而是以一种似乎是"魔术"般的综合把它与意识的逻辑过程结合在一起，"从而展现出新的、预想不到的而又合人心意的情景"①。马斯洛也认为："对于理解创造力（以及游戏、爱、热情、幽默、想象和幻想）的源泉来说，比压抑冲动要紧得多的是原初过程"，深层心理是人的"一切欢乐、热爱和能力等的源泉；而且……也是创造的源泉"。② 因此，开发和培养创造力的教育应该通过激发创造性的深层源泉，为创造性的发展提供活力，在这一点上，美育具有独特的作用。

　　由于美育过程是情感自由解放的过程，具有解放无意识，并使之得到适当释放和文化提升的功能，因而能减轻对深层心理活动的压抑与束缚，使之不断受到激发，保持旺盛的活力。③ 创造活动的自发性正源自深层心理冲动的自由涌现，在自由的审美活动中，深层心理获得了自由表现的机会。这种表现的另一层意义在于使深层心理进入意识或前意识层面，并与之融合，从而形成完整的创造性机制，即原发过程与继发过程的有机融合。在某种意义上说，创造性程度的高低取决于这两种过程相互转化的灵活性，即意识层面与无意识层面的沟通程度。美育正是具有促进它们相互沟通和转化的功能，艺术创作和欣赏的灵感状态正是这种沟通和转化的产物。

　　第二，发展心灵的独创性。创造总是个性化的，独创性是它的一个基本要素。美育是鼓励独创性的教育，如果说智育和德育在一开始主要是要求儿童接受一些已知的知识和普遍的规范、法则和定理的话，那么美育则始终把个性

---

① 详见阿瑞提：《创造的秘密》，钱岗南译，辽宁人民出版社 1987 年版，第 14—15 页。
② 马斯洛：《存在心理学探索》，李文湉译，云南人民出版社 1987 年版，第 128 页。
③ 朱光潜曾论述过美育具有"本能冲动和情感的解放"的作用，详见第三章。

化的探索和发展心灵的独创性放在首位,鼓励在艺术课程中自由探索和个性化表现,保护儿童的好奇心和对新颖性的热情。在美育过程中,探索新事物和新方法、产生新感受和新经验、表现新观念和新题材不仅不受到压制,而且受到保护和激励,这对于形成追求独创性的兴趣、自觉意识和价值观念十分有利。独创性的表现起于独立的观察力和心灵敏感性,这种素质或能力的培养首先要求儿童与事物的原初形态保持直接的接触,从而在独自的观察中形成自己观察和感受世界的能力和方法。事实上,从事物的原初形态中发现新东西就是创造过程的开端。美育过程充分鼓励学生从自己的观察和感受出发,自己构思、创作艺术品,自己选择、评价他人的艺术品。美育保证了儿童与事物原初形态的直接接触,并鼓励他们大胆地、自由地尝试表现的内容和方式,这就能有效地促进他们创新意识的养成。

第三,促进直觉能力的发展。创造力的实质就是在不同事物或同一事物的各要素之间建立新联系的能力,这就是创造性直觉的特征。"认知心理学研究表明联系是认知和意识的核心,只有当众多神经节在一个网络状的结构中被同时激活才能形成认知。在学习和创造力之间有两个重要的因素,一是隐喻。隐喻的思维过程不是要寻求两个事物之间的一致性,而是发现两个事物的不同并重新构建原事物。"[1]直觉能力是个体形成创造性心理特征的重要因素,它是生命完整性的体现,作用于问题的建构和解决的整个创造过程。许多有关创造力的研究结果也表明,直觉能力是具有创造力的一个先决条件。[2]直觉能力就是整合外来信息和内心经验,给它们赋予新的秩序,使之形成一个新的整体性意象的能力。一些有创造性成果的科学家常常把这种综合能力叫作"直觉",由于这种直觉创造的意象不仅有均衡、对称、简洁等多样统一的结构,而且富于情感意味,所以科学家们又把它称为"美"(或"科学美")。事实上,创造性直觉的综合性与审美能力的构造性具有一定的同构关系。在审美过程中,知觉、想象和情感体验均具有将感觉材料和情感经验整合成为有机整

---

① 易晓明:《论当代社会以及艺术语境中的艺术创造力及其培养》,《美术研究》2020 年第 2 期。
② 参看马斯洛:《存在心理学探索》,李文湉译,云南人民出版社 1987 年版,第 126—127 页;阿瑞提:《创造的秘密》,钱岗南译,辽宁人民出版社 1987 年版,第 69 页。

体,创造出审美意象的能力。因此,以培养审美能力为主要任务的美育内在包含着发展创造性直觉能力的功能。从个体发展的角度来说,儿童几乎生而具有整体性的反应能力①,在以后的发展中却逐渐丧失或被压抑了。而美育却为保护和发展这种能力提供了有利的条件。即使是成人,经常投入美育活动也有助于直觉综合能力的发展,许多伟大的科学家都有浓厚的艺术兴趣和较高的艺术能力就是一个例证。创造性的综合能力是依靠自由联想瞬间发现事物间新奇联系的能力,凭着这种想象力,人们能在似乎毫无联系的事物之间发现它们的内在关联,这就是新发现产生的基础。自由联想能力的培养也可以在美育过程中进行,因为审美想象正具备自由联想的特征,它脱离了联想的惯常进程,从而创造出崭新的意象,这在神话、童话和魔幻作品中表现得最为显著。儿童在艺术创作和欣赏中,可以使自由联想的灵活性、广阔性和丰富性得到提高。

四、美育的体验性特征

探讨美育特征的方法

对美育特点的研究,需要明确"立德树人"这个育人的总要求,还需要在新时代对人才培养所面临的新形势、新要求和中华优秀美育传统的两个坐标的交汇中来审视我国当前美育的深刻内涵和重要任务,从而把握中国新时代美育的基本特点。关于美育特点的研究当然有其理论逻辑,那就是美育作为五育之一所具有的一般性质和特征。但是,任何教育概念都处在特定历史时期,既有与历史传承相关联的历史性,又有与当下特定形势和任务相关联的时代性。所以我们研究美育的特点就应该遵循"历史与逻辑的统一"原则,具体讲就是要把握以下几点:第一,美育的一般属性和特征;第二,美育的本土化内涵,主要是中国美育的传统内涵;第三,当前我国美育面临的新形势和新任务。

---

① 例如,加登纳认为"儿童到了三四岁时,其完形知觉已经相当成熟了";罗斯指出,儿童赋予音响材料以结构的能力在 3—7 岁这一阶段就形成了。分别见加登纳:《艺术与人的发展》,兰金仁译,光明日报出版社 1988 年版,第 201 页;M.Ross, *The Aesthetic Impulse*, Oxford:Pergamon, p.129。

只有把这三点有机糅合到一起,才能真正理解当前我国美育的性质和特点,才能使我们的研究贴近我国美育的实践,并对美育实践有所启发和帮助。同时,作为一种"共时性"研究,揭示美育特点常常采用比较方法,在德、智、体、美、劳五育当中寻找美育区别于其他四育的特征。这种研究的一个显著长处是相对简洁明了,但是也容易片面。学界存在着某些一味强调审美的区分性观念,这种观念把美育等同于"纯审美"的活动,由此把美育与德育、智育等相对立。这不仅忽视了美育是育人的形态之一,与其他教育形态处于密切联系之中,而且这种"审美主义"观念不符合审美活动的丰富内涵。黑格尔在《小逻辑》中指出,比较是一种知性的方法,它只能见出事物(概念)的某些"特质",而不能全面把握其"质","但特质与质却不可混淆"。①　这种见解是非常深刻的。因此,对美育特点的认识需要从美育的整体性质出发,既注重区分与其他教育形态的特殊性,又重视与其他教育形态内在联系的整体性。

美育最基本的含义是感性教育。美育也是一种人格教育,但是,这种人格教育是在感性体验基础上开展的;美育还是一种创造教育,就是通过发展人的感知敏锐性、情感丰富性和想象自由性等感性方面的能力,来发展人的创造力。美育的后两种含义以感性教育为基础和特征,可以说,感性教育是美育的本质特征;而在美育的过程中,感性教育具体体现为美育的体验性特征。这里说的情感体验是指个体基于知觉的感受过程,包括对于对象和自身内心的品位、体悟等情感经历;它是个体性的心理过程,这个心理过程的结果是情感经验的积累和提升。作为美育特征的情感体验具有审美性质,是个体在美育过程中以审美经验为主要特征的感受过程。

从美学上讲,美育的情感体验论可以在康德美学里找到依据。康德把人的活动分为三个领域:认知、实践和判断;认知的对象是真,实践的对象是善,判断的对象是美;认知主要涉及主体的智力,实践主要涉及主体的意志力,判断主要涉及主体的情感。也就是说,审美是一种情感判断。席勒就是根据这种理论提出了智育、德育、美育和体育造就全面发展的人的思想。而美育的任

---

① 　黑格尔:《小逻辑》,贺麟译,商务印书馆1980年版,第269页。

务是"培养我们的感性和精神力量的整体达到尽可能和谐"①。席勒在这里说得很明白,美育主要是偏重感性方面的一种教育。其实,他创造了"美育"这个概念,其本意就是感性教育。这种思想在 20 世纪初被引进中国。王国维在他的《论教育之宗旨》中,直截了当地说:"美育即情育","使人之感情发达以达完美之域"。② 蔡元培也指出:"美育毗于情感。"③朱光潜也说过:"美感教育是一种情感教育。"④作为情感教育,美育所针对的主要是情感,而且美育的一系列特点都由此而得以生发。因此,情感教育既是美育的基本性质,也是美育的根本特征;抓住了情感体验这个特征,才有可能认清美育的一系列具体特点。

"情感体验"与"审美体验"

从情感入手对人进行教育是中国古代美育思想的核心观念。《礼记·乐记》一开头就对"乐"的本源作了界说:

> 凡音之起,由人心生也。人心之动,物使之然也。感于物而动,故形于声。声相应,故生变,变成方,谓之音。比音而乐之,及干戚、羽旄,谓之乐。⑤

音乐是人心感物而动,抒发情感的产物,所以能感动人心,化育人心。荀子说:"声乐之入人也深,其化人也速,故先王谨为之文","乐者,圣人之所乐也,而可以善民心,其感人深,其移风易俗易(此处"易"字原文遗漏),故先王导之以礼乐而民和睦"。⑥

这里讲的"入人也深""化人也速""感人深""移风易俗易",就是对音乐情感育人特殊效果的深刻阐述。以乐育人并非靠说教,而是靠感人的"声乐"

---

① 席勒:《美育书简》,徐恒醇译,中国文联出版公司 1984 年版,第 108 页。
② 王国维:《论教育之宗旨》,《王国维全集》第 14 卷,浙江教育出版社、广东教育出版社 2009 年版,第 10、11 页。
③ 详见蔡元培:《对于新教育之意见》,《蔡元培全集》第 2 卷,浙江教育出版社 1997 年版,第13—14 页。
④ 朱光潜:《谈美感教育》,《朱光潜全集》第 4 卷,安徽教育出版社 1988 年版,第 145 页。
⑤ 《礼记·乐记》,《十三经注疏》下,浙江古籍出版社 1998 年版,第 1527 页。
⑥ 荀子:《乐论》,《荀子集解》,上海书店出版社 1991 年版,第 253—254 页。

能够直抵人的内心深处，实现教养内化的作用，而且化育作用迅速而深入。音乐使人受到感化，于是社会风尚、生活习俗也得到改善，这就实现了移风易俗的效果。正是因为传统儒家认为"道始于情"①，所以不少儒学经典认为源于情的乐可以规范、引导道德。由此可见，中国有着把情感教育作为美育特殊性质和功能的传统。

作为美育基本性质和特征的情感体验是一种审美体验，与日常的情感体验相比，具有超功利性和人文性。所谓超功利性，是指审美体验本身并不涉及感官和实践的功利目的，是一种纯粹的情感愉悦；所谓人文性，是指审美体验暗含着丰富深厚的人文内涵。如康德所言，"美是德性——善的象征"②；席勒则指出，审美状态为人的认知、道德等人文素养和能力的提升提供直接的基础。③ 在《判断力批判》里，康德从审美鉴赏的无利害性④开始（"美的分析"），通过逻辑的层层推演，进入到理性压倒感性的崇高（"崇高的分析"），最后导向人的目的，即道德（"目的论判断力批判"），这说明人只有超越了感官和实践的功利目的，才可能回归其自身的目的。由此可见，审美体验的超功利性和人文性是高度一致的。在席勒这里，康德的这种逻辑就被现实而简洁地表述为：

> 要使感性的人成为理性的人，除了首先使他成为审美的人，没有其他途径。⑤

王国维阐发康德和席勒的美学和美育理论时，审美体验的这种双重性就被本土化为一个著名的话语："无用之用。"这句出自《庄子》的古语在处于中

---

① 荆门市博物馆编：《郭店楚墓竹简·性自命出》，文物出版社2019年版，第3页。
② 康德：《判断力批判》，邓晓芒译，人民出版社2002年版，第200页。
③ 席勒把感性和理性和谐的审美心理过程称作"审美状态"或"审美心境"。他说："通过审美的心境，理性的自动性可以在感性的领域中显示出来，感觉的力量在自身的界限内已经丧失，自然的人已经高尚化，以致现在只要按照自由的规律就能使自然的人发展为精神的人。因此，由审美状态到逻辑和道德状态（即由美到真理和义务）与由自然状态到审美状态（即由单纯盲目的生命到形式）相比，其步骤要容易得多。……我们只要给他以重大的推动，就能使审美的人获得理智和高尚的情操。"（席勒：《美育书简》，徐恒醇译，中国文联出版公司1984年版，第118页）
④ 康德把审美鉴赏的"无利害性"作为判断审美鉴赏是否成立的第一个条件（契机）："鉴赏是通过不带任何利害的愉悦或不悦而对一个对象或一个表象方式作评判的能力。一个这样的愉悦的对象叫做美。"康德：《判断力批判》，邓晓芒译，人民出版社2002年版，第45页。
⑤ 席勒：《美育书简》，徐恒醇译，中国文联出版公司1984年版，第116页。

西文化碰撞中的王国维那里获得了新的含义："无用"就是超功利，而后面的"用"就是有助于人的情感纯洁和精神成长。审美体验的这种双重性是美育具有深刻育人作用的关键所在，也是美育特殊功能的集中体现。因此，审美体验不是简单的感官直觉或情绪过程，而是蕴含了人文要素的情感品味、鉴赏，可以被称为"深度体验"。这种深度体验不断积累，就可以为个体的精神成长提供厚实、真诚的基础。所以朱光潜说：

> 我坚信情感比理智重要，要洗刷人心，并非几句道德家言所可了事，一定要从"怡情养性"做起，一定要于饱食暖衣、高官厚禄等等之外，别有较高尚、较纯洁的企求。要求人心净化，先要求人生美化。①

正是因为美育是以情感体验来实现教育目标的，所以美育实践必须要唤起学生的情感体验，使学生投入审美活动之中，而不是让学生无动于衷地旁观。由于一些教师不了解美育的特殊性，简单套用数学、物理或历史、地理的知识教学模式，艺术课堂上让学生以认知为主，把落实知识点作为美育课程的主要教学任务，学生很少有机会接触具体的艺术活动，更谈不上获得审美情感体验。美学知识对于学生投入审美活动、获得审美体验是有帮助的，但是，这不是美育课的主要内容，美育课应该让学生更多地参与到审美活动（主要是艺术活动）当中，获得丰富深刻的情感体验，而上述"美育课"与美育的性质和特征还是有不小差距的。

过程即目的

美育是自觉运用审美活动的规律，实现审美活动内在的人文价值的教育活动。在中国美学中，审美一直被看作一个情感游历过程。孔子所赞许的"浴乎沂，风乎舞雩，咏而归"，庄子所追求的无所凭借、自由自在的"逍遥游"，刘勰提出的重要命题"神与物游"，园林美学讲的"面面观，步步移"，都重在过程。中国艺术特别重视线条，是线的艺术。实质上，线意味着流动逶迤、气脉相贯的节奏，意味着曲折婉转、情意绵绵的旋律；正是这种"线"的审美感悟与

---

① 朱光潜：《谈美》，《朱光潜全集》第 2 卷，安徽教育出版社 1987 年版，第 6 页。

表运方式,使空间转化为时间,变静物为心态,将情感体验贯穿其中。宗白华曾发挥钟繇"流美者人也"一语,云:

美是从"人"流出来的,又是万物形象里节奏旋律的体现。[①]

作为对中国艺术精神的把握,宗白华用"流""节奏旋律"道出了中国艺术鲜明的体验过程性特征。美育就是要让受教育者在审美活动过程当中获得情感体验,从而使内心得到感动,有所领悟。可以说,美育是以情感体验过程为目的的,过程即目的,离开了受教育者个体的情感体验过程,美育的目标就不可能实现,这种情感体验过程是美育"以美育人、以文化人"的主要实现途径。

就受教育者来说,美育过程就是个体感性生命的成长过程。中国有一个传统就是习惯于把教育比作"树木",其实人的成长与树木的成长有着重要差别,那就是价值实现的差别。树木的成长是一种准备,成材前的积累性准备,其价值的实现不在其准备过程,而在于长成之后为人所用之时。而情感生命的成长则不仅仅是准备,成长过程本身更有意义。与树木不同,情感生命价值的实现不在人格成熟的某一时刻,而在于个体成长的整个过程。在美育过程中,个体情感需要的每一次创造性表现都是一次价值实现,它对于个体现时态的生存来说,具有重要的意义;而需要的满足又意味着新需要的产生,意味着为新的审美表现提供内驱力。所以,美育的情感体验过程意味着个体情感生命的提升,是个体情感生命不断超越的成长过程,这个过程就是美育的目的。人们常常用"通过情感的体验和共鸣,得到了……教育"来描述美育的效果,这未必完全符合美育的特征;对于美育而言,具有一定人文内涵的情感体验和共鸣过程本身就是教育价值实现的过程,因为在这种情感体验和共鸣过程中,个体的情感需要得到了满足,精神由此得到了提升。因此,美育的目的本身就蕴含在美育的情感体验过程之中,而非之外。

美育的任务之一是促进个体审美能力的提高,而审美能力的培养不是靠外在于审美活动的任何训练,它主要依靠审美经验的积累,这个积累过程贯穿于审美情感体验过程本身。离开了审美创造与欣赏过程,离开了在这种过程

---

① 宗白华:《中国书法里的美学思想》,《宗白华全集》第3卷,安徽教育出版社2008年版,第409页。

之中产生的审美经验,个体的感知力、体验力、想象力和直觉能力都不可能得到提高,也就无审美能力的培养可言。而且,审美能力不是外在于情感体验的东西,它作为一种审美直觉体验能力,本身就是审美经验的组成部分之一。就如同学习游泳,我们只能在游泳中学会游泳,一个人的水性是不可能离开水而习得的。因此,审美能力的培养是同人的审美情感体验过程相一致的:寓目的于过程之中,手段与目的的直接统一,正是美育过程性的要义之一。

作为一个促进情感生命成长的过程,美育的情感体验过程又显示出自由愉悦性,这也是其情感体验过程性的深层意义。美育体验过程的动力来自个体自身的情感表现要求,它决定了美育是个性情感不断开放、伸展与升华的过程,这一过程在本质上是自由的。当然,审美自由不是内心随心所欲、胡思乱想,而是合目的合规律的心理活动,正如孔子所说,是"随心所欲不逾矩"①。另外,审美自由亦不同于认识自由:认识自由是对必然性的把握,而审美自由则是感性与理性相协调的心理自由,个性情感得到充分的表现与升华。没有情感的表现与升华便无任何情感自由可言,审美愉悦也失去了真正的根源;而情感表现一旦成为毫无控制的宣泄,一旦失去与必然规律的适当协调,"情感自由"便失去了积极的人生意义。美育过程的愉悦性特征只有在这个意义上才真正具有教育价值:受教育者体验到一种贯通了生理和精神的高品位的愉悦。席勒曾把"通过自由去给予自由"作为"审美王国"的法则②,如果我们把它限定在心理领域,那么它也是美育的法则之一。以创造性的审美情感体验活动为基本过程的美育正是通过个体内心自由境界的不断实现,在他享受自由愉悦之中培养其创造与领悟心灵自由的需要、能力与意识。

美育的情感体验过程也是美育功能实现的过程,它的育人、化人效果是潜移默化、"润物细无声"的。我们教育界在描述某个教育活动的效果时常用的一种句式是"通过"某种教育活动,使学生"懂得了"什么道理或者"学到了"什么知识。可惜,美育效果的实现却不是这样。王国维讲审美的效果是"无用之用",后面的"用"是作用于情感和精神的,很缓慢,不太容易发现。这和

---

① 《论语·为政》,杨伯峻:《论语译注》,中华书局 2009 年版,第 12 页。
② 席勒:《美育书简》,徐恒醇译,中国文联出版公司 1984 年版,第 145 页。

目前追求立竿见影的急功近利教育观有较大差异,但是,这种作用很深入,是最基础的"培根铸魂"的效果。就拿美育对人的道德成长的作用来说,蔡元培说:

> 纯粹之美育,所以陶养吾人之感情,使有高尚纯洁之习惯,而使人我之见、利己损人之思念,以渐消沮者也。①

他讲的还都是审美本身具有的育人作用,并不是说通过美育就能够灌输或者传授某种道德观念。但是,美育的确有助于道德的成长,因为审美经验是道德成长最切近、最有利的基础。他说:

> 我以为如其能够将这种爱美之心因势而利导之,小之可以怡性悦情,进德修身,大之可以治国平天下。……人我之别、利害之念既已泯灭,我们还不能讲德么? 人人如此,家家如此,还不能治国平天下么?②

朱光潜从心理学原理出发,分析了美育和德育的关系,他说:

> 美育为德育的必由之径。……道德并非陈腐条文的遵守,而是至性真情的流露。所以德育从根本做起,必须怡情养性。美感教育的功用就在怡情养性,所以是德育的基础功夫。……从伦理观点看,美是一种善;从美感观点看,善也是一种美。③

从小接受美育的人,自然具有比较高的生活趣味和人生品位,这正是道德健康成长最重要的基础。因此,美育的过程就是一个怡情养性的过程。随着情感体验的不断深入,人的品格在不知不觉中得到提升,这是美育特殊性的体现。那种以为美育的育人作用就是在审美或艺术活动中插入道德观念来对人进行道德灌输的认识和实践,其实就是德育的一种形式,但是并不符合美育的特点,也是违背美育规律的。

目前,我国正出现美育的"热朝",但是,对于美育的这种情感体验特征认识不深,甚至视而不见。例如,有一门大学通识课被称为"大学美育",其内容实际上就是美学基础理论。美学和艺术知识教学确实是美育的组成部分,但

---

① 蔡元培:《以美育代宗教说》,《蔡元培全集》第 3 卷,浙江教育出版社 1997 年版,第 60 页。
② 蔡元培:《〈美学原理〉序》,《蔡元培全集》第 7 卷,浙江教育出版社 1997 年版,第 623 页。
③ 朱光潜:《谈美感教育》,《朱光潜全集》第 4 卷,安徽教育出版社 1987 年版,第 145 页。

不是主体,把知识教学混同于美育,就是以偏概全,无视美育与知识教学的一个显著差异——前者诉诸智力,主要是认知活动;后者诉诸情感体验,主要是审美活动。社会上还有一些艺术考级,近来也常常被称为"美育",但这是不全面、有偏差的"美育"。关键的一点就在于,艺术考级过于重视艺术技巧,对于儿童青少年情感的发展和对艺术作品的深刻体验却往往不够重视。艺术是人类历史文化的记忆,具有深厚的人文内涵,学习艺术固然要学会艺术技巧,这是必要的,但是,光有艺术技巧是不够的,还需要领悟艺术的内涵,这才是美育教学的目的。作为美育的艺术教学也一样,艺术知识和技巧的教学不可或缺,但育人的关键在于获取深度的审美体验,满足情感发展需求,并体验和领悟艺术的深厚内涵。以某美术学院推出的《全国美术考级水粉等级考试与培训标准》为例,从初级1级到高级9级全都是对绘画技法的要求,几乎不涉及情绪表达、个性化和创造性因素,也就是说,与情感无关。音乐考级、舞蹈考级也差不多都重点关注技巧,有的也提出了表情的要求,但实际操作时,个性、情感、想象等审美素养的因素占比很低,甚至可有可无。这些对美育的误解或者对"美育"概念的滥用是基于对美育本质特征的不了解。美育当然包含知识和技能的教学内容,但是,这些知识和技能的教学是为了帮助学生更好地进入审美活动,获取审美情感体验,由此满足学生情感生活需求,提高学生的审美和人文素养,而不是为了培养研究美学或演奏乐器的专门人才。

美育的审美情感体验特征决定了美育教师必须想方设法引导学生在艺术活动中沉浸在情感体验之中。我们目前的教育教学过程集中关注在使学生知道(记住)和会做这两个环节。以一个数学公式的教学为例,教师不仅要求学生理解这个数学公式的意思是什么,并记住、会背,而且还要能运用这个公式来解题。这就是知道(记住)和会做。这是在认知领域完成的教与学。在实践领域,例如教学生掌握篮球三步上篮的技术,不仅要让学生了解三步上篮的主要技术环节,而且要通过学生的反复练习,掌握三步上篮的动作要领。这些都是解决了知道和会做的问题。美育的特殊性在于,不仅要让学生知道一些审美和艺术的知识,掌握一点艺术创作的基本技能,更重要的是,要让学生投入审美活动,产生审美的情感体验;也就是说,美育教学不仅要解决知道和会做的问题,更重要的是要让学生获得审美情感体验,解决"有感"的问题。有感才有美育的效果,如果普通艺术课程只是解决了指导和会做,那么还没有实现美育的主要目标。目前我国作为美育的艺术课程存在的突出问题就是"无感",学生可以对一些艺术经典作品的主题、思想内容、艺术特点等说得头头是道,却没有任何艺术感受。这种状况在各级各类学校的音乐、美术、戏剧、语文等课堂上比比皆是。因此,我国近几年赴英、美国家考察艺术教育课程的教师,感受最深的一点就是学生在艺术课堂上的自主性、积极性以及课程进行中的浓厚情感氛围。这与我国美育教学形成巨大反差——那些无视美育"体验性""过程及目的"的特点、违背美育规律的"美育"做法是当前需要着力解决的。

第 五 章

美育与普通教育

一、美育在普通教育中的基础性地位

美育是普通教育的一部分,任何以培养全面发展的个性为目标的教育都不可缺少美育。同时,美育最充分、最直接地体现了教育的人文目标和素质教育宗旨,它把促进个体平衡健康地成长和提高个体综合素质作为自己最根本的任务。美育以整个的人为对象,致力于使人的各种潜能协调平衡地得到发展。因此,它不仅伴随人的一生,而且渗透到其他各种教育领域之中;不仅为各种能力的发展提供动力,而且使它们的发展时时不脱离个体生命的完整性。美育以这种突出的人文性和面向整体人格的全面性而成为普通教育的基础。

如果从教育应当培养全面发展的个性这个意义上来考虑,那么美育为受教育者各种能力的充分发展和平衡协调提供了基础。美育的这种性质和功能是在美育概念和系统美育理论创生时就已经确定了的。正如席勒所说,美育并不单独地促进某一种心理功能的发展,而是通过在人的内心中达到审美状态而使各种心理功能达到和谐。他把这种审美心境称为"零状态",认为它虽然不能对认识和道德带来直接和实际的成果,但是,它为人的一切能力的充分发展提供了可能的基础。① 这种观点的深刻性在于把人性的完整与人的各种能力的发展统一了起来。只有在个性生命完整和谐的状态下,各种精神能力才可能充分健康地发展起来,并互相达到协调。而且,只有在人性完整状态下

---

① 详见席勒:《美育书简》,徐恒醇译,中国文联出版公司 1984 年版,第 111—112、116—119 页。

发展人的各种能力,才不至于使人脱离其本性,陷入生存的困境。因此,整个教育过程都必须充分保证受教育者各种潜能的发挥,应该充分调动主体的各种能力,使个性生命保持旺盛的活力和创造性。因为从事认识、实践、道德等活动的能力都是各种心理功能综合的产物,只不过它们的结构方式有所不同。思维能力的发展和意志力的发展都离不开感受力、想象和情感等感性心理功能的发展,只有完整的个体生命才具有真正的能动性和无穷的创造力。各种专门能力脱离了人格完整性而片面发展,不仅会给个体生命的发展带来不幸,而且这些能力的发展也不会持久。从上述意义上说,美育作为教育的基础体现在两个方面:(1)通过美育使受教育者具有协调和谐的心理状态(即"审美心境"),从而为各种能力的高度发展和充分协调提供基础;(2)德、智、体、劳诸育都渗透美育的因素,使道德意志力、思维能力和体质技能等核心素养的培养都能围绕着整体人格的培养,增强具体教育教学活动的丰富性和全面性。

如果从感知是一切学习活动的基础这个意义上来考虑,美育为各项教育活动的开展提供了感受力的基础。美育的一个重要任务是发展审美能力,审美能力的提高能够极大提升个体的感受力,比如通过培养感知的辨别力和综合构造能力,使人的感受力达到高度敏锐。具有较高感受性的听觉不仅是能听见,而且能详细地聆听;具有感受性的视觉不仅是能看见,而且能辨别出差异和细节。同时,具有审美感受性的感觉还能够创造性地构造具有整体性的知觉形式(即格式塔),这种综合能力有着理论思维不可替代的独特认识功能和创造性。正如英国美学家 H 里德所指出的:

> 人的个性的意识,尤其是智力和判断力是以审美教育——各种感受力的教育——为基础的。只有在使这些感受力达到和谐并与外在世界建立了习惯性联系时,一个综合的人格才能建立起来。①

在教育思想史上,直观教学理论的提出具有划时代的意义,而这种理论的哲学基础是英国经验主义的感觉论。培根主张,感觉是一切知识的源泉,是认识的起点。从这种观念出发,教育活动也必须以感觉为基始。著名的教育家

---

① H.Reed,*Education through Art*,London:Faber and Faber,1943,p.7.

夸美纽斯曾明确主张：

> 在可能的范围以内，一切事物都应该尽量地放到感官的跟前。一切看得见的东西都应该放到视官的跟前，一切听得见的东西都应该放在听官的跟前。气味应当放到嗅官的跟前，尝得出和触得着的东西分别放到味官和触官的跟前。假如有一些东西能够同时在几个感官上面留下印象，它便应当和几种感觉去接触。①

当然，直观教学理论不仅强调了感觉是一切知识的源泉，而且考虑到了直观形象教育唤起受教育者的兴趣，有助于发展想象力，激发创造的热情，使整个教育活动具有综合全面的性质，这些方面恰恰同美育是一致的。

如果从教育是开发每一个人的各种潜能，使之自由、充分、全面发展的意义上来考虑，美育则以其开发潜能的直接性和全面性成为教育的基础。所以，美育就是开发儿童爱美、爱创造的本能，这种本能源自活泼泼的、元气充足的生命本真。王国维评价孔子的教育实践是"始于美育"，也就是说，孔子实施的启蒙教育是从美育（"诗教"）开始的。E.霍姆斯曾指出六种可通过教育来开发的天性：

①交流的天性，说与听的需要；

②戏剧的天性，行动的需要；

③美术的天性，绘画和造型的需要；

④音乐的天性，舞蹈和唱歌的需要；

⑤探究的天性，了解事物原因的需要；

⑥构造的天性，建造事物的需要。②

虽然上述六种天性中，只有第二、第三和第四种天性直接属于审美（或艺术）天性，但是，交流天性可以通过诗的艺术得到审美的表现，而构造的天性不仅与建筑艺术相关，而且与上述的美术的天性紧密联系。探究的天性是一种认识的天性，但它与艺术天性仍有联系，特别是在童年期，儿童对于事物的好奇和探究往往是通过艺术方式表现出来的。亚里士多德曾指出，艺术源于

---

① 夸美纽斯：《大教学论》，傅任敢译，人民教育出版社 1957 年版，第 152 页。

② H.Reed, *Education through Art*, London：Faber and Faber, 1943, p.10.

"摹仿本能",人的摹仿一方面是在感受,另一方面是在求知,人们最初的知识就是从摹仿得来的①,这种把艺术归结为认识的观点固然有缺陷,但不可否认的事实是,儿童的艺术活动往往伴随着某种辨别、判断的因素,与探究事物原因的动机有一定的联系。霍姆斯列出的六种有待教育开发的天性都同审美天性有直接或间接的关系,这也说明美育能够而且应该成为以全面发展为目标的普通教育的基础。

因此,全面开发儿童潜能的素质教育应该开始于综合性的美育,而且,各种潜能的发展总是同美育密不可分的。H.里德认为,教育就是促进人的成长,人的成长与身体的成熟不同,它只有通过表现——听觉或视觉的记号和符号——才能被体现出来。他进而论述说:

> 因此,教育也可以被定义为表现方式的培养——它教儿童与成人如何发声、想象、运动、使用工具和器皿。一个能恰如其分地使用这些东西的人就是受到良好教育的人。……所有思维、逻辑、记忆、感受和理智能力都包含在这些过程之中,因为艺术不是别的,正是恰到好处地运用声音、想象等等。因此,教育的目的是创造艺术家——熟练掌握各种表现方法的人。②

当然,里德在这里所说的"艺术家"是广义的,并非专指职业艺术家;美育不应该也不可能代替所有其他教育形态。但是,综合协调的审美活动、审美能力的发展,的确为人的各种潜能的开发和成熟奠定了基础,开辟了道路。教育的实践也表明,审美感受力充分、健康发展的学生,在德育、智育、体育等方面的发展也往往容易达到较高的水平,这是因为美育通过广泛地开发潜能为其他各种教育创造了"可教育性"。正是在这种意义上,苏联教育家苏霍姆林斯基把美育放在教育的首位,在他看来,"没有审美教育就不会有任何教育"③。因此,充分地强调美育在普通教育中的基础地位,把美育渗透到各类教育中去是有效地推进素质教育的重要环节之一。

---

① 亚里士多德:《诗学》,罗念生译,人民文学出版社 1982 年版,第 11 页。
② H.Reed, *Education through Art*, London: Faber and Faber, 1943, p.11.
③ 苏霍姆林斯基:《教育的艺术》,肖勇译,湖南教育出版社 1983 年版,第 150 页。

　　如果把教育看作是受教育者在一定的引导下,积极主动地创造和更新自我、自觉和自由地发展其个性的活动的话,那么美育以其个性教育和创新教育的特征而成为整个教育的基础。如前所述,教育过程是一个把人的各种潜能从沉睡的或受压抑的状态下解放出来,使之充分自由发展的过程。在此过程中,受教育者本身的能动性和创造性是第一位的,没有受教育者本身的能动性和创造性,就没有任何全面发展的个性人格可言。事实上,重视教育的解放功能,正是尊重人、尊重个性自由的体现。这种教育观念和实践时刻把受教育者当作一个活生生的人来看待,充分考虑到个性的差异和心理发展的水平,以及由此带来的兴趣、能力、需要等差异。美育作为一种个性教育和创新教育充分体现了教育的解放性质,审美的自由解放特征决定了美育只能是受教育者在一定的引导下,积极地创造、更新自我,在愉悦的心境中发展潜在能力,陶冶个性心灵的过程。因此,美育的方法必然是引导的,以能动的受教育者为主体的、创造性的和自由的。整个教育过程应当置于这种美育的基础之上。无论是德育、智育还是体育,也都应该贯彻美育的这种个性化的自由创造精神,充分尊重个性发展的内在需要,充分调动和发挥受教育者的能动性,使学习知识、发展能力和提高素质的教育过程成为一个积极、主动探索和创造的过程,成为一个与受教育者的个人兴趣相适应的过程。对我国目前的教育改革来说,使整个教育过程渗透着美育的自由创造精神,克服普遍存在的僵化的、教条式的、灌输式、"统一制式"的教育方式,使教育过程充满活力,从而提高教育教学的效率,具有特别重要的意义。这与培养全面发展的、具有创造才能的个性的现代教育要求是一致的。

　　肯定美育在普通教育中的基础地位,是就美育广泛、集中地体现了教育的基本性质的意义而言的,是就美育直接体现了培养全面发展的个性人格的教育目的而言的,不是说以美育来取代其他各类教育。美育作为普通教育中的一个组成部分,有它自己独特的性质和功能,作为偏重于感性的教育,美育同发展道德意志力、智力和体质的德、智、体、劳四育有着不同的规律和任务。同时,由于美育贯通了从生理到精神的广阔领域,因此,又与德、智、体、劳四者有着内在的联系。这种联系主要体现为两个方面:(1)美育向德育、智育、体育、劳育渗透，以其综合协调性促进道德、智力和体质的发展；（2）德育、智育、体育、劳育本身亦包含着某种美育的因素，而且道德、智力和体质的发展对于审美发展也是有益的。

总之，无论是从促进人的全面发展，还是从开发与提高人的某一种需要和能力来说，现代教育都不可能脱离美育。特别是在有着悠久美育传统的中国，更应该大力弘扬中华美育精神，加强美育的研究和实践。

二、美育与德育

美育与德育的关系是最紧密、最复杂的，这个问题也是美育学中基础性的核心问题。从逻辑上讲，美育与德育既有所区别，又有着内在联系，所以，美育基础理论的研究者都会或多或少、自觉或不自觉地思考二者的关系。例如，席勒在《美育书简》中就明确论述过美育和德育的关系，而在 20 世纪上半叶，中国研究美育的王国维、蔡元培、梁启超、朱光潜等也都阐述过美育和德育的关系问题。对这一关系的理解，既关联着哲学上对美与善、审美与道德关系的理解，又直接受制于特定时期对教育目标的设定。因此，不同历史时期、不同民族对美育和德育关系的理解都有所不同。

美育与德育的区别

审美具有不同于道德实践的独特规律和价值，审美与道德的差别在一定程度上决定了美育与德育的差别。德育是培养学生思想品德的教育。① 德育过程是将一定社会约定俗成的行为准则和一定阶级的观念意识内化于受教育者，目的是使受教育者掌握基本道德原则，具备一定道德认知和判断能力，并能够自觉服从社会的普遍道德规范和一定阶级的政治利益，使其成为一个有

---

① 檀传宝：《德育原理》，北京师范大学出版社 2017 年版，第 2 页。关于德育的性质和范畴，教育学界一般认为有大小之分：小德育就是指道德教育，大德育包括思想政治教育、道德教育、法治教育、心理教育等。见冯建军：《构建德智体美劳全面培养的教育体系：理据与策略》，《西北师大学报（社会科学版）》2020 年第 3 期。

道德的人。所以,德育是普通教育的一个极其重要的组成部分。

德育与美育的差别主要体现在以下几个方面:第一,道德是一种规范教育,它偏重于对善的行为的逻辑判断,注重发展受教育者的意志约束力,自觉地用社会的普遍行为准则来规范自己的言行举止,带有一定的强制性。德育偏重于培养个性对社会的服从,努力使受教育者以社会普遍的规范和法则作为自己的需要和准则。在这个过程中,个性的发展要求常常要被克制或牺牲,而这种由外向内的约束必须依靠受教育者的理智和意志才能实现。美育则是一种偏重于发展个性的教育,具有心理解放的特点。它偏于在有引导的审美活动中,使受教育者的感性生命得到表现和升华,注重发展其审美感受力和创造力,从而自发地、自由地发展自己的个性。与德育偏重于规范与强制的特点不同,美育具有自由和愉悦的特点。美育偏重于发展个性,在最个性化的审美体验中,受教育者往往超越了现实社会的某些限制而使个性得到充分的伸展。由于美育直接从个性的情感冲动中获得了主体心理冲动的支持,因此受教育者往往自发地投入教育过程中去并乐此不疲。第二,德育教学过程经常采用的方式是讲道理,它告诉学生什么是好的,什么是坏的,什么应该做,什么不应该做,以及为什么。所以,德育的一个重要特点是说服。尽管道德说服也可以采用一些生动活泼的形式,但与生动活泼的审美和艺术活动相比,终究是相对枯燥的,受教育者也常常是被动的。美育过程是一种体验,是一种情感诱发,它通过培养受教育者的审美能力,使其个性情感得到自由表现和升华。在这个过程中,一切都得靠受教育者自己去体验,这种体验是主动和创造性的,也是生动活泼的。有人认为,美育也同德育一样,主要是告诉人们什么是美、什么是不美,这是一大误解。目前,一些学校的美育没有抓住其特殊规律,过于注重知识教学,美育课变成了美学理论知识课,所以美育的效果不理想。美育虽也包含知识传授,但其主要的方式不是说理,更不是灌输,个体的感性自我和审美趣味不是通过说理来培养的,也无法直接从外部输入。美育应该有引导,应该让受教育者接触适合他们心灵的健康的审美对象。但受教育者对美的辨别力,以及其审美趣味和理想的建立,均基于个性化的审美经验积累,审美人格根本上是个性在情感的创造性表现和升华过程中自我建构的。第三,德育偏重培养社会人格,通过磨炼意志力养成人的自觉性和遵从意识。美育偏于培养个性人格,它通过培养敏锐的感受力,发展个性情感,养成人的自发性和创造性。因此,德育和美育的价值取向有不同的侧重:前者偏于社会尺度,后者偏于个性尺度。德育偏重于现实的原则,它帮助受教育者适应现实环境;而美育则偏重于超越的原则,它不可能帮助受教育者从现实环境中获得实利。但是,在带有理想性的美育中,受教育者会从个性发展需要的基础上产生出变革现实、使社会秩序更合乎人道的理想和动力。因此,美育包含着改造社会的超前的理想性。

正因为美育同德育有着上述诸多差异,所以美育和德育"同一说"或美育"手段说"都是缺乏根据的。所谓"同一说",就是认为美育等同于德育。所谓"手段说",就是认为美育是德育的一种手段。这两种观点实质上是一致的,那就是只看到美育同德育的某些联系,强调了德育对某些审美或艺术手段的借用,从而片面地把美育放在从属于德育的地位,却忽略了美育相对独立的性质和功能。从历史的角度看,这两种观点还是伦理化的教育观念影响的结果。这种教育观念把一切教育形态(包括美育)统统归为伦理道德教化,否定人的各种潜能都得到开发的全面发展要求和个体感性发展的必要性,抹杀美育在培养完整人格、提高国民素质方面不可替代的作用。应当说,德育是十分重要的,但是强调德育的重要性并不意味着把德育置于唯一的地位而排斥其他教育。这种教育观念上的"泛德育观"以及由此而形成的美育从属于德育的观念,事实上正是当前我国美育理论研究和实践的一大认识误区,是影响美育研究深入发展和美育实践取得成效的一个观念上的障碍。

美育与德育融合是中国美育思想的根本特征

美育与德育有着密切的联系,这种联系可以从两个方面来分析:一个是外在的,另一个是内在的。美育与德育的外在联系就是采用美育的感性方式来达到德育的目标。例如,采用艺术的形式,在形象生动、生动有趣的过程中,传授一些德育内容。这样做是为了避免抽象枯燥的说教,易于让学生接受,但目的还是德育。因此,这种所谓的美育实质上是德育,只不过是借助了美育的一些方法的德育。美育与德育的内在联系则来自审美和艺术自身具有的道德养育作用,其目的既是美育的,又是德育的,也就是美育的内在德育功能,指的是美育自身所具有的道德养育作用。以白居易的《卖炭翁》为例,从德育的角度讲,这首诗的作用是通过诗歌生动形象的方式和情感体验的渠道,使儿童了解普通百姓劳作的艰辛、生活的不易,培养尊重劳动,同情普通劳动者的观念。从德育的观点看,引导学生对这首诗的感知和体验是手段,而帮助学生透过形象和感动来学习道德观念是目的。所以,在德育过程中,"动之以情"只是手段,"晓之以理"才是目的。但是,从美育的角度讲,对诗歌形式的了解,由对诗歌的体验而产生的想象和共鸣,就是美育的目的。学生学习了诗歌的知识、甚至对诗歌产生了兴趣,使学生的审美能力和审美意识有所提高,这些就是美育的任务。所以,"动之以情"就是美育的目的,同时,学生也能够从这首诗里领悟到底层百姓劳作的艰辛和生活的困苦,产生对他们的同情,这也就实现了德育的某些目标。人们在谈论艺术教育时总喜欢讲"寓教于乐",这是有道理的。但如果把"教"简单狭隘地理解为道德教化,似乎生动形象的艺术活动最后非要落实到某个抽象说教才算落实了教育的目的,好像不在艺术作品里面发掘出一点教化的微言大义就不算在从事教育,这种观念就未必都是正确的。目前一些学校的艺术课(包括文学类的语文课)实际上就是这样教的,这违背了美育的自身特点和规律,使得一些学校的美育课程不能使学生普遍接受,美育效果可想而知。美育的独特之处恰恰是"以乐施教"的,这个"乐"就是对艺术作品的体验过程,而美育的内在德育功能也就蕴含其中了。

中国有着美育和德育紧密融合的传统。这种传统强调,理想人格的养成要从感性入手、注重情感体验、实现教养的内化。所谓"潜移默化""陶冶性情""怡情养性"等,都是不脱离感性、不断深化感性、持续提升生命境界的教化方法。20世纪以来的中国美育思想基本上都继承了这个传统,并有所发扬光大。

1903年起,王国维在多篇署名或不署名文章中,论述哲学、美学和美育问题。在人们的印象中,王国维主张艺术独立,倡导美和审美不关乎利害考虑,好像只是主张审美与道德分离、美育与德育无关甚至对立的,其实不然。王国维十分明确地主张审美无功利性,反对只以有用与否来评价艺术和审美。然而,王国维强调美的不可利用,艺术的独立是有限度的。例如他说:

> 美之性质,一言以蔽之曰:可爱玩而不可利用者是已。虽物之美者,有时亦足供吾人之利用,但人之视为美时,决不计及其利用之点。其性质如是,故其价值亦存于美之自身,而不存乎其外。①

这段话比较全面地表达了他对"审美无利害性"的独特理解。首先,他顺应康德的观点,认为审美是一种不涉及利害考虑的观照("人之视为美时,决不计及其利用之点");其次,他肯定美、审美是可以被利用的,也就是有价值的,但这种价值只存在于美和审美自身,而不是外加的("故其价值亦存于美之本身,而不存乎其外。")。王国维认为这种内在价值是因为美具有无利害性,"遂使吾人忘利害之念"②,这是一种情感和精神上的作用。例如,他提出根治鸦片烟的方法应该是"就根本上下手",因为吸食鸦片是国民"精神上之疾病","其原因存于感情上而已",而文学艺术正可以"慰空虚之苦痛而防卑劣之嗜好"。③ 在《孔子之美育主义》一文中,王国维提出了关于美的"无用之用"命题。这个命题中有两个"用":前者是"一己之利害"的利用价值,也就是个人自私、实用的价值;后者是使情感纯洁、精神高尚的利用价值。王国维反对的是把美和艺术用作"载道"的工具,来谋取个人或利益团体的狭隘利益,这和他主张发挥美和艺术自身的内在情感和精神价值的立场并不矛盾。这种人本主义的美学立场是中国现代"审美功利主义"最具标志性的姿态,对后世中国美学和美育理论形成了经典性的深刻影响。

从上述美学立场出发,王国维一方面热情推崇美育,另一方面又把美育和德育统一起来。首先,他认为教育的目的是使受教育者成为"完全之人物",也就是全面发展的人。为使人全面发展,需要有智育、德育、美育和体育,前三

---

① 王国维:《古雅之在美学上之位置》,《王国维全集》第 14 卷,浙江教育出版社、广东教育出版社 2009 年版,第 106 页。
② 王国维:《古雅之在美学上之位置》,《王国维全集》第 14 卷,浙江教育出版社、广东教育出版社 2009 年版,第 107 页。
③ 王国维:《去毒篇(鸦片烟之根本治疗法及将来教育上之注意)》,《王国维全集》第 14 卷,浙江教育出版社、广东教育出版社 2009 年版,第 63—67 页。

者虽然单独列出,但由于知情意"相互交错","不可分离而论之"。他认为,美育是"一面使人之感情发达,以达完美之域;一面又为德育与智育之手段"。而且,他还认定,德育处于教育的中心地位:"古今东西之哲人,无不以道德为重于知识者,故古今东西之教育,无不以道德为中心点。"①然而,王国维虽然重视德育,却并不主张把美育当作德育的附庸。例如,他在《论小学校唱歌科之材料》一文中,列出小学唱歌科的目的有三:"一、调和其情感,二、陶冶其意志,三、练习其聪明官及发声器","虽有声无词之音乐,自有陶冶品性,使之高尚和平之力,固不必用修身科之材料为唱歌科之材料也。……若徒以干燥拙劣之辞述道德上之教训,恐第二目的未达,而已失其第一之目的矣。"所以,他明确提出唱歌科不能沦为"修身科之奴隶"。② 这种思想就是要发挥审美和艺术自身的内在教育价值,这种价值本身也必然包含着德育的意义,这才是美育要义所在。

从深层意义上讲,王国维论述美学和教育不同于前人的一个根本之处在于其形而上的高度。他接受了德国古典哲学的有机整体论观点,把人看作一个整体,知情意虽有区别但是不可分离,由此,以全面发展为目的的教育内部各育也必然是相互关联的。这种关联是内在的,也就是说美育自身饱含着某些德育的目标,情感的发展和精神的高尚本身也可以说是德育的目标。这种基于"无用之用"思想的美育观以及美育与德育内在联系的思想,是王国维审美功利主义美育观的根本体现,基本奠定了中国现代美育观念的价值论基础,其影响一直延续到今天。

蔡元培接受了康德"人即目的"的人本主义思想,主张教育要"以人为本",并倡导发展学生个性:

> 教育是帮助被教育的人,给他能发展自己的能力,完成他的人格,于人类文化上能尽一分子的责任;不是把被教育的人,造成一种特别器具,

---

① 王国维:《论教育之宗旨》,《王国维全集》第 14 卷,浙江教育出版社、广东教育出版社 2009 年版,第 11 页。

② 王国维:《论小学校唱歌科之材料》,《王国维全集》第 14 卷,浙江教育出版社、广东教育出版社 2009 年版,第 117—118 页。

给抱有他种目的的人去应月的。所以，教育事业当完全交与教育家，保有
独立的资格，毫不受各派政党或各派教会的影响。①

他在民国元年担任教育总长后不久，即发表《对于新教育之意见》，列举
五育，即"军国民主义""实利主义""公民道德""美育"和"世界观"。他说：
"以教育界分言三育者衡之，军国民主义为体育；实利主义为智育；公民道德
及美育皆毗于德育；而世界观则统三者而一之。"②五年之后，在《全国临时教
育会议开会词》中，他具体解释说："五者以公民道德为中坚，盖世界观及美育
皆所以完成道德，而军国民教育及实利主义，则必以道德为根本。……从前言
人才教育者，尚有十年树木、百年树人之说，可见教育家必有百世不迁之主义，
如公民道德是。"③他在《在爱国女学校之演说》中，也明确提出："德育实为完
全人格之本。"④而美育的重要功能就是辅助德育，他说："欲养成公民道德，不
可不使有一种哲学上之世界观与人生观，而涵养此等观念，不可不注重美
育。"⑤由此可见，蔡元培一方面认定德育是教育的中心任务，另一方面肯定了
美育内在的德育功能。

蔡元培受德国古典美学和席勒美育理论的影响，十分重视美育，但是，他
所倡导的美育有极鲜明的中国特色。他提出：

> 纯粹之美育，所以陶养吾人之感情，使有高尚纯洁之习惯，而使人我
> 之见、利己损人之思念，以渐消沮者也。盖以美为普遍性，决无人我差别
> 之见参入其中。……美以普遍性之故，不复有人我之关系，遂亦不能有利
> 害之关系。……盖美之超绝实际也。⑥

显然，蔡元培倡导美育，根本上是要利用审美的超越性作用，培养国民高

---

　　① 蔡元培：《教育独立议》，《蔡元培全集》第 4 卷，浙江教育出版社 1997 年版，第 585 页。
　　② 蔡元培：《对于新教育之意见》，《蔡元培全集》第 2 卷，浙江教育出版社 1997 年版，第 14 页。
　　③ 蔡元培：《全国临时教育会议开会词》，《蔡元培全集》第 2 卷，浙江教育出版社 1997 年版，第
178—179 页。
　　④ 蔡元培：《在爱国女学校之演说》，《蔡元培全集》第 3 卷，浙江教育出版社 1997 年版，第
13 页。
　　⑤ 蔡元培：《传略（上）》，《蔡元培全集》第 3 卷，浙江教育出版社 1997 年版，第 668 页。
　　⑥ 蔡元培：《以美育代宗教说》，《蔡元培全集》第 3 卷，浙江教育出版社 1997 年版，第 60—
61 页。

尚的情感,去除"人我之见""利己损人之思念"。而这些任务和德育是密不可分的,甚至可以说,就是培养道德人格的重要部分。1919年"五四"之后,蔡元培辞去北京大学校长职务,在天津车站接受记者采访时,他把倡导美育以改造国民性的意图说得更加明白:

> 我以为吾国之患,固在政府之腐败与政客军人之捣乱,而其根本,则在于大多数之人皆汲汲于近功近利,而毫无高尚之思想,惟提倡美育足以药之。我自民国元年以来,常举以告人。①

1928年,蔡元培在回顾当初提倡美育的用意时说:

> 提起全国人民对于艺术的兴趣,以养成高尚、纯洁、舍己为群之思想。②

这里说的"高尚、纯洁、舍己为群之思想"是和道德范畴重合的。此后,他还研究过生活意志的问题,认为生活意志一方面来自知识,另一方面来自情感。"舍己利人""舍身救人""这种伟大而高尚的行为,是完全发动于感情的"。他倡导美育就是因为审美能够使人的情感得到陶冶和升华,也就是与道德相融合。因此,他讲美育使情感发达、纯洁,经常涉及的是道德情感。例如,他说:

> 既有普遍性以打破人我之见,有超脱性以透出利害的关系;所以当着重要关头,有"富贵不能淫、贫贱不能移、威武不能屈"的气概;甚至有"杀身以成仁"而不"求生以害仁"的勇敢;这是完全不由于知识的计较,而由于情感的陶养,就是不源于智育,而源于美育。③

这里讲的"气概"和"勇敢"其实就是"义",更多地属于道德范畴。

蔡元培比王国维更加明确、持久地主张美育具有并应该发挥德育功能,从根本上就是把美育作为陶养道德情感,以实现人道主义社会理想的重要手段。他不赞成简单地以道德灌输和说教的方式来培养国人高尚道德,而主张道德

---

① 蔡元培:《在天津车站的谈话》,《蔡元培全集》第3卷,浙江教育出版社1997年版,第630页。
② 蔡元培:《全国教育会议开会词》,《蔡元培全集》第6卷,浙江教育出版社1997年版,第227页。
③ 蔡元培:《美育与人生》,《蔡元培全集》第7卷,浙江教育出版社1997年版,第290—291页。

人格的培养要从情感入手,以个体内心体验和自觉的方式,在潜移默化、润物无声的过程中培养国人的道德人格。可以说,这是他倡导美育的最根本原因。

朱光潜是比较重视审美和艺术的独特性质和功能的一位现代美学家,他受西方美学思想影响比较大,强调审美活动的"孤立绝缘"。但是,他研究美学的出发点是为了改造国民性,使人具有高尚纯洁的思想情感。他总是从"人生"来审视审美和艺术,提出著名的"人生的艺术化"理论,被他的好友朱自清说成"是'美育'的目标所在"。① 他虽然专论美育的论著不多,但是,他的美学,特别是在 20 世纪前半期的美学理论是根本上关于人的审美修养的理论,也就是与美育紧密相关。② 朱光潜非常看重审美和艺术对于国民性的改造作用,这在他年轻时所写的《谈美》中就有明确表述。他说,在国难当头的危急时刻谈美,不是在"谈风月",而是时机太紧迫,因为:

> 我坚信中国社会闹得如此之糟,不完全是制度的问题,是大半由于人心太坏。我坚信情感比理智重要,要洗刷人心,并非几句道德家言所可了事,一定要从"怡情养性"做起,一定要于饱食暖衣、高官厚禄等等之外,别有较高尚、较纯洁的企求。要求人心净化,先要求人生美化。③

这种观点和王国维、蔡元培重视美育的道德人格养成作用是一脉相承的。

所不同的是,朱光潜系统学习过美学和心理学,又是专门研究美学的学者,所以对美育的德育功能能够作出较为详细的论证。他明确主张"美育为德育的基础"④,并从多方面进行了论证。他显然继承了传统儒家注重"修身"的思想,多次引用古代儒家关于礼乐教化的思想。他认为,中国古代儒家非常重视礼乐教化,"诗、礼、乐三项可以说都属于美感教育",其目的就是内心和谐,行为有序:"内具和谐而外具秩序的生活,从伦理观点看,是最善的;从美感观点看,也是最美的。"这是儒家教育思想中最值得注意的,其最终目的是

---

① 朱自清:《〈文艺心理学〉序》,《朱光潜全集》第 1 卷,安徽教育出版社 1987 年版,第 523 页。

② 阎国忠曾评论说:"朱光潜虽以绝大部分精力讨论文艺创造与欣赏问题,但其真正的落脚点却在审美教育,他的著述,从《给青年的十二封信》开始,几乎篇篇都离不开审美教育。"见阎国忠:《朱光潜美学思想及其理论体系》,安徽教育出版社 1994 年版,第 159 页。

③ 朱光潜:《谈美》,《朱光潜全集》第 2 卷,安徽教育出版社 1987 年版,第 5—6 页。

④ 朱光潜:《谈美感教育》,《朱光潜全集》第 4 卷,安徽教育出版社 1987 年版,第 146 页。

在道德方面,而"美育为德育的必由之径"。他说:

> 道德并非陈腐条文的遵守,而是至性真情的流露。所以德育从根本做起,必须怡情养性。美感教育的功用就在怡情养性,所以是德育的基础功夫。……从伦理观点看,美是一种善;从美感观点看,善也是一种美。①

这种观念与朱光潜当年所接触到的西方现代美学和实验心理学理论遥相呼应。在《谈情与理》(《给青年的十二封信》之九)中,他不赞成张东荪和杜亚泉的理智主义主张,认为"理智支配生活的能力是极微末的,极薄弱的"。他引述了叔本华、尼采、柏格森等人的生命哲学理论来批驳唯理智主义的弊端,引用新兴的精神分析学理论论证理智主义的不科学。他说:"情感的生活胜于理智的生活","理智的生活是很狭隘的",离开了情感,艺术、爱情对于生活没有意义,人生也失去了趣味和意义;而且,"理智的生活是很冷酷的,很刻薄寡情的",缺乏人对人的同情和行动的推动力。他写道:

> 人类如要完全信任理智,则不特人生趣味剥削无余,而道德亦必流为下品。严密说起,纯任理智的世界中只能有法律而不能有道德。纯任理智的人纵然也说道德,可是他们的道德是问理的道德(morality according to principle),而不是问心的道德(morality according to heart)。问理的道德迫于外力,问心的道德激于衷情,问理而不问心的道德,只能给人类以束缚而不能给人类以幸福。②

这里,朱光潜并不是要否定理智,也不是要排斥理智的道德,而是强调与情感体验相通的道德("问心的道德")比理智的道德("问理的道德")更具有基础性和根本性。因为在他看来,真正的道德是"激于至诚"的,也就是基于一个人内心的良知,是真性情的流露,而绝不仅仅是一种义务,更不是一种出于算计的"报酬"。③

朱光潜这种在个体修养方面"以情为本"的观念,引出了他关于美育与德

---

① 朱光潜:《谈美感教育》,《朱光潜全集》第 4 卷,安徽教育出版社 1987 年版,第 145 页。
② 朱光潜:《给青年的十二封信》,《朱光潜全集》第 1 卷,安徽教育出版社 1987 年版,第 44 页。
③ 详见朱光潜:《给青年的十二封信》,《朱光潜全集》第 1 卷,安徽教育出版社 1987 年版,第 45—46 页。

育关系的重要观点,那就是美育是德育的基础。他从阐发儒家传统的礼乐教化讲起:

> 乐的精神在和谐,礼的精神在秩序,这两者中间,乐更是根本的,没有和谐做基础的秩序就成了呆板形式,没有灵魂的躯壳。内心和谐而生活有秩序,一个人修养到这个境界,就不会有疵可指了。讲到究竟,德育须从美育做起。道德必由真性情的流露,美育怡情养性,使性情的和谐流露为行为的端正,是从根本上做起。惟有这种修养的结果,善与美才能一致。[1]

美育通过"怡情养性"促使个体内心和谐,这是"修身"的根本。道德行为不是做给别人看的,而应该是个体内心的真诚、自然流露,这是中国传统道德人格养成理论和方法的关键,也是朱光潜所向往的道德人格修养境界。在此意义上说,美育和德育所追求的修养境界是高度一致的。

王国维、蔡元培和朱光潜对于美育与德育内在联系的独特理解,形成了中国现代美育思想的重要内涵,既有对席勒美育思想的吸收,更多的是对中国古代以儒家为代表的美育传统的继承和发展。更值得注意的是,他们倡导美育、主张美育发挥独特的道德养育功能,绝非仅仅关注纯粹的"学术"问题,而是聚焦于中国的社会现实。他们是要通过实施美育来拯救人心、改造国民性,达到建设理想社会的目的。这个以"审美功利主义"为核心的美育思想传统是值得我们继承的。

中国传统的美育与德育融合,是在人的道德内在性意义上讲的,具体说就是在"德性"培育上的高度一致。《礼记·中庸》中说:"故君子尊德性而道问学。"郑玄注:"德性,谓性至诚者也。"孔颖达疏:"'君子尊德性'者,谓君子贤人尊敬此圣人道德之性,自然至诚也。"[2]这里的德性是指人的自然至诚之性,既是个体最深层的道德本性,也是个体最高的道德涵养,包含了道德认知、道德意志和道德情感,表现为一个人对世界的人文态度和为人境界。用儒家的话说,就是"心正""意诚";用道家的话说,就是"赤子之心"。德性的养育需

---

① 朱光潜:《音乐与教育》,《朱光潜全集》第 9 卷,安徽教育出版社 1993 年版,第 144 页。
② 《礼记·中庸》,《十三经注疏》(下),浙江古籍出版社 1998 年版,第 1633 页。

要回归本心,用朱光潜的话说,真正的道德是"激于至诚"的,应该是"至性真情的流露",而情感的陶养离不开美育。这个深受心学影响的观点无疑是深刻的,而且面对世人种种伪善的表现也是有批判的力量的。在德性养育意义上,美育和德育融合实质上就是二者的一体化:从德育的角度看,德性养育的情感陶养是与美育重合的;从美育的角度看,至性真情的陶养本身就具有德育功能。这个理论与美育是德育的基础还是有一定区别的。

美育是德育的基础

从个体发展的角度来说,道德状态是从审美状态发展而来的,道德修养建立在审美的基础之上。

审美情感具有使感性与理性协调和交融的中介功能,因此,美育对个体的成长有综合协调作用。事实表明,情感生活的满足,人格的和谐平衡发展对于道德的发展具有重要意义。由情感压抑造成的人格分裂和精神变态往往是道德败坏的重要原因之一。感性、肉体与情感是完整人格不可缺少的重要成分,应该让它们顺其本性健康发展。但是,如果让它们与理智、意志分裂、对立,或长期受到压抑,那么它们就会变态发展,走向道德的反面。卢梭较早地指出了对道德的绝对理性原则的怀疑,认为"道德不是推理思维的事,而是自然的感情问题",因为人的本性中就有良好的道德倾向,只要任其自然发展,就能成为有道德的。所以他主张自然教育,主张自由发展儿童的自然而未变坏的冲动。[①] 卢梭这种不无偏激的思想事实上是对理性过分压抑感性的文明的抗议。当然,从道德的立场来说,对感性和情感的适当约束是必要的,但过分的压抑必然导致感性与理性、情感与道德的两败俱伤。长期克制、压抑个人情感冲动的人,一旦让情感欲望冲出堤坝,一定也只是病态的发泄。从历史上看,提倡禁欲主义的时代,往往也是道德败坏的时代。这种道德败坏的根源就在于那被压抑得太久,从而以病态的方式发泄出来的变态情感。在中国的某些传统意识中,感性、肉体的东西往往被视作卑劣、丑恶的东西。事实上,它们真

---

① 参看梯利:《西方哲学史》(下册),葛力译,商务印书馆 1979 年版,第 154—156 页。

正变得卑劣、丑恶的重要原因之一，就在于僵化、陈腐的道德理性的过分压抑和束缚。

对此，朱光潜曾做过深刻阐述：

> 讲到究竟，德育须从美育做起。道德必由真性情的流露，美育怡情养性，使性情的和谐流露为行为的端正，是从根本上做起。惟有这种修养的结果，善与美才能一致。

他还指出，一般的民众尤其是士大夫阶级，大半没有音乐的嗜好，"我个人认为人心的污浊和社会的腐败都种根于此"。① 为什么这么说呢？他分析说：

> 人是一种有机体，情感和理性既都是天性固有的，就不容易拆开。造物不浪费，给我们一份家当就有一份的用处。无论情感是否可以用理性压抑下去，纵是压抑下去，也是一种损耗，一种残废。……理想的教育不是摧残一部分天性而去培养另一部分天性，以致造成畸形的发展，理想的教育是让天性中所有的潜蓄力量都得尽量发挥，所有的本能都得平均调和发展，以造成一个全人。所谓"全人"除体格强壮以外，心理方面真善美的需要必都得到满足。只顾求知而不顾其它的人是书虫，只讲道德而不顾其它的人是枯燥迂腐的清教徒，只顾爱美而不顾其它的人是颓废的享乐主义者。这三种人都不是全人而是畸形人，精神方面的驼子跛子。②

这个理论的深刻性在于从人的有机整体的观点来看待美育和德育的关系，而且学习和研究过精神分析学、病态心理学的朱光潜，深知人的感性、情感对于人的心理健康的重要意义。惟有内心健康，才可能有良好的道德。

上述关于美育是德育基础的观点，从不同角度支撑了席勒在《美育书简》里提出来的一个基本判断，那就是美育是德育的基础。席勒在《美育书简》里明确把美育作为德育的基础，他用德国古典哲学的表达方式写道：

---

① 详见朱光潜：《音乐与教育》，《朱光潜全集》第 9 卷，安徽教育出版社 1993 年版，第 144—145 页。

② 朱光潜：《谈美感教育》，《朱光潜全集》第 4 卷，安徽教育出版社 1993 年版，第 144—145 页。

　　　道德的人只能从审美的人发展而来,不能由自然状态中产生。①

　　那是因为,道德只能在内心和谐的审美状态中成长。② 而且,情感体验也是道德内化的必要途径。正如一位美国学者所言:

　　　除非通过学生们的艺术实践使之内化,否则我们用户的道德价值不会"生效"。只有他们体验过所做的一切,才能掌握我们的道德观。③

　　美育通过培养审美能力,发展着受教育者的真诚和热情,塑造着充满活力的个性生命。英国的艺术教育专家 M.罗斯曾指出,

　　　美育的重要功能就是鼓舞、激发和安慰我们的精神生命;使我们的肉体、意志和精神转向生命本身,转向作为具体内在价值的经验生命。使我们恢复活力,振奋起来。审美经验对我们的生存是热诚的体验,而且不管拿什么其他特征来界定它,热诚(热情和衷心)也许是它最活跃的要素。……当我们运用无审美的(或无审美化的)术语时,我们意指一种感受力的麻木,一种知觉能力的呆滞,结果我们既感受不到痛苦也感受不到欢乐,变得没有意识,没有认识能力,造成某些方面的死亡。④

　　美育在这方面的作用首先在于使我们的生活具有活力,更有意义,"使我们感受到生活着的福祉"⑤,同时,唤起人们的真诚与热情,克服麻木与冷漠。这本身也具有巨大的德育价值。道德教育不应仅仅使人们服从一定的社会秩序,而且应使人们相互联合起来。这就要求每一个人具备坦率、真诚的生活态度,主动积极地与他人建立起交流、同情和理解的关系。麻木和冷漠的精神状态不仅无助于道德的完善,而且往往是道德修养和道德行为的障碍。正如苏霍姆林斯基所指出的:"冷漠是一种最可怕的心理状态。"⑥一个对他人不关心的人,尽管它或许并没有明显违反道德规范,却根本谈不上任何道德修养。当

---

　　① 　席勒:《美育书简》,徐恒醇译,中国文联出版公司 1984 年版,第 118 页。
　　② 　席勒的相关理论已经在本书第一章中作过引述,此略。
　　③ 　埃德蒙・伯克・费德曼:《艺术教育哲学》,马菁汝译,浙江人民美术出版社 2018 年版,第 113 页。
　　④ 　M.Ross, *The Aesthetic Impulse*, Oxford:Pergamon,1984,p.64.
　　⑤ 　同上。
　　⑥ 　苏霍姆林斯基:《教育的艺术》,肖勇译,湖南教育出版社 1983 年版,第 39 页。

然,审美态度在本质上不是道德态度,但是,审美可以激发人们的生活热情,艺术可以发展学生的爱心。即使是使人感受某种恐惧和悲痛的悲剧,它最终不是导向对生活的灰心和绝望,而是给人激励和振奋,引起对人类(自己和他人)命运的关切。美育是一种爱的教育,它在受教育者心中唤起普遍的人类之爱,爱心和爱的能力的培养也正是儿童青少年道德修养必不可少而如今又十分匮乏的一个方面。

美育与个体社会性的发展

把美育作为德育基础的观念,关注的重点是美育的情感体验性和内在性与德育的关联,是道德人格的养育。这种基于修身的美育和德育观念还需要拓展,那就是在现代社会培养人的社会生存能力和责任意识,也就是发展个体的社会性。社会性是与个体性相对的概念,是指个体在与他人和群体交往过程中形成的适应社会的意识和能力①,包括"掌握参加社会生活所必须具备的道德品质、价值观念、行为规范,以及形成积极的生活态度、善于自我调节、掌握交往技能等"②。发展学生的社会性本来属于"群育"的目标,现在完全可以纳入德育的范畴。③ 当前的德育乃至整个教育不能仅限于"修身"这个传统范畴,而应该在此基础上,适应当下社会转型的情况和新型公民培养的要求,加强学生社会意识、社会交流能力和社会责任感的培养。

审美和艺术是人类最富个性化和创造性的活动,因此美育能够有效地促进个性发展,这是美育最富特征的功能。但是,美育不仅能够促进人的个性发展,而且可以促进个体社会性的发展,这两种功能内在联系在一起。因为个体的发展都是在与社会的交互作用中进行的,个体人格中个性的方面与社会性方面也是在相互作用中形成和发展的。个性的审美体验总是处于社会性的相

---

① "所谓人的社会性,主要指作为社会成员的个体为了自我发展和适应社会生活所应具备和表现出来的包括个性、情感、思维、知识、技能 行为能力等方面的综合社会特征。"孙远杰:《论学生社会性发展》,《教育研究》2003 年第 7 期。

② 李幼穗:《儿童社会性发展与德育》,《天津师范大学学报(基础教育版)》2000 年第 1 期。

③ 详见徐俊:《作为"大德育"概念框架的"社会性教育"初探》,《湖南师范大学教育科学学报》2017 年第 3 期。

互作用之中,情感引发、体验、表达与理解均寓于社会情境之中。情境具有生物学和社会学两种意义,社会情境是个体与社会的融合,也就是人与社会的一种关系。个体情感活动是在社会情景中展开的,个体的情感体验与表达是他与自身和他人的相互作用过程。从社会学的观点看,审美是社会情境中审美主体的感性自我与自身和社会的相互作用过程:个体的任何审美体验、表达、交流和理解都是自我与社会交互作用的动态过程,它把他人和环境等社会性因素内在地包含于自身,离开了与社会的关联,审美情感无法形成和发展,更谈不上交流与理解。因此,美育过程中的审美体验、艺术创作、欣赏和批评都可以为学生的社会性发展提供良好机会。对于艺术的这种社会交流和融合功能,托尔斯泰曾作过肯定的评价:

> 艺术是人与人之间相互交际的手段之一。

> 如果一个人读了、听了或看了另一个的作品,不必自己作一番努力,也不必设身处地,就能体验到一种心情,这种心情把他和那另一个人联合在一起,同时也和其他与他同样领会这艺术作品的人们联合在一起⋯⋯

> ⋯⋯

> 艺术的主要吸引力和性能就在于消除个人的离群和孤卑之感,就在于使个人和其他的人融合在一起。①

艺术的这种社会性功能可以使美育在促进学生社会性发展方面发挥独特的作用。

在个体的发展历程中,社会意识的萌发是从自承开始的。自承是一个心理学术语,意思是自己对自我的确认。只有确认自我,才可能有对他人的确认,人的自我意识和社会意识就是在这种区分性的认知过程中形成的。儿童的艺术活动为他们提供了认识自我,并对自己产生良好自我感觉的途径。首先,幼儿画出的图形,就是他自己创造出来的属于他自己的标记。这种创造是儿童把自己投射到对象上,并把自我作为对象来观察、欣赏,这有助于儿童自我意识萌发,也有助于确立自信。这种自承心态是儿童积极的社会态度的心

---

① 引自伍蠡甫主编:《西方文论选》下册,上海译文出版社 1979 年版,第 432—444 页。

理根基。其次,在艺术课程中,大力鼓励学生自由探索和尝试,尽可能让学生有自由表现的机会,也可以让儿童在友好、安全的人际环境中获得良好的自我感觉,使他的自我意识得到发展,同时培养对他人和环境的建设性情感态度。

学校的艺术课程给儿童提供了一个与同辈分享思想感情的场所。通过观看同辈作品,获得同学与教师的赞同或不同看法,可以使儿童在相互作用过程中进一步了解和调整自我,同时也有了对他人的认知。特别是在合作性集体艺术活动中,儿童可以发现自我与集体的相互意义,逐渐形成自我与他人和谐相处的团队意识。在这种意义上说,以美育为主要任务的艺术课同时可以是一种人际关系课,在这种课程中,儿童开始学习如何与人交往与合作。人们在合唱队歌唱时,不仅能够表达自己的情感体验,而且能够时时感受到自己与集体之间和谐地呼应、配合;在和谐有序的集体舞中,每一个人都能够在错综复杂的排列组合中感受到自己与集体的协调一致。在这种自由的艺术活动中,个体不仅能够体验到充满友爱的人际关系,而且由此养成积极的社会意识。同时,参与集体艺术活动也可以培养学生与他人相处的团队意识和交际能力,这些正是我国当代教育所应该追求的目标。

审美和艺术具有超越性,可以突破某些群体、文化和历史的隔阂,达到人与人更普遍的交流、理解和联合的目的。这也是当年蔡元培倡导美育所追求的。优秀的艺术品都是在特定的民族、文化和历史语境中产生的,必然会带有这种特定的历史痕迹,但千百年后,这种痕迹渐渐淡化了,作品所包含的人生经验、生命意义和人性光辉更加凸显,继而被世界各地的人们所认同。在我们今天看来,米开朗琪罗的《大卫》已不仅仅是文艺复兴时期意大利的英雄,而且是全人类的英雄;达·芬奇的《蒙娜丽莎》也不仅仅是文艺复兴时期意大利人美的化身,而是全人类美的象征。自古至今,艺术品的主题与功能之一是对生命的关切,对生活的热忱,对自然的赞美和对他人的理解与爱。因此,当前国际上经常出现的人文交流中,艺术交流是主体,这种活动对于增进不同国家人民之间的相互理解、相互认同起着不可替代的重要作用。鲁迅在他的小说集《呐喊》的捷克译本出版时说过:

　　自然,人类最好是彼此不隔膜,相关心。然而最平正的道路,却只有用文艺来沟通,可惜走这条道路的人又少得很。①

鲁迅对文学艺术在人类相互沟通了解方面的独特作用给予了充分肯定。美国美学家门罗说过:

　　……艺术能够也应该被作为获得世界性理解与同情,从而获得和平与积极的文化合作的手段来加以利用。它们可以被运用来减缓种族、宗教、社会和政治集团之间的敌对,并发展相互的宽容与友谊。②

美育可以在艺术欣赏、批评和创作过程中,培养学生对人类命运的关切,对生活的热爱和对世界和平的期盼。这些美好的社会意识是未来公民终身需要拥有的。

美育促进人际交流的功能还来自审美、艺术的非语词化表现和理解方式,这是美育在促进学生社会性发展方面的独特作用。非语词交流的主要形式有动态无声的、静态无声的和有声的。人的声音、脸、手势、动作具有十分丰富的表现力,据国外心理学家研究,光人脸就可以做出大约 25 万种表情。③ 艺术品的语言不同于人们的日常用语,音乐、绘画、雕塑、舞蹈甚至文学都以各种感性形象的方式传达思想感情,却能够比日常用语等真切完整地把人类的生存感受与经验活生生地传递开去。所以,庄子说"得意而忘言",陶潜说"此中有真意,欲辨已忘言",司空图讲"意在言外",严羽说"不落言筌"等,都指出了日常用语在表达与交流人生经验方面的局限。艺术却超越了这种局限,它可以把人内心丰富、复杂、细微的思想情感真切地表达出来。正如英国艺术评论家里德所说:

　　艺术必须被看作是人类掌握的最精确的表达方式。④

而且,超越了语言界限的艺术也突破了各民族语言之间的隔绝。人们即使不懂法语,照样可以体会比才歌剧的深远意蕴;我们哪怕不会说俄语,却还是可以从《天鹅湖》的芭蕾舞中感受到美和爱。因此,非语词性的艺术对话是

---

① 鲁迅:《〈呐喊〉捷克译本序言》,《鲁迅全集》(编年版)第 10 卷,人民文学出版社 2014 年版,第 90 页。
② T. Munro, *Art Education: Its Philosophy and Psychology*, New York: Liberal Arts Press, 1956, p.155.
③ 巴克主编:《社会心理学》,南开大学社会学系译,南开大学出版社 1984 年版,第 316 页。
④ 里德:《艺术与社会》,陈方明、王怡红译,工人出版社 1989 年版,第 7 页。

人类彼此交流的普遍和有效的手段。美育培养非语词的交流能力,不仅能够使学生深入理解优秀艺术品,而且有助于他们在社会生活中提高沟通和理解的能力。在日常生活中,人与人的沟通和理解,不仅需要语词类话语,也需要非语词类话语。有时候,一大堆话还不如一个手势、一个眼神更能传达内心感受,这就需要人们有比较敏锐的非语词理解力,这对于消除误解、增进了解是十分有意义的。

美育能够培养分享式的情感理解力。审美能力的功能之一是可以在情感和想象的交互作用下,达到移情与分享共鸣。因此,具有审美能力的人能体会他人的内心活动,获得感同身受的理解。这种理解能力在社会交往中显得十分重要,因为情感的理解不能仅仅是"设身处地"地替他人设想,而必须把他人的体验当作自己的体验。社会学家丹森曾深刻地指出:

> 如果主体无法把他人的体验并入自己的体验框架之内,那么他此刻就是在从他人的观点出发,而不是从自己的观点出发来理解这种体验。他人的体验必定在主体中唤起与他过去经历过的那些体验相类似的体验。只有在从自己的观点出发来理解他人体验的基础上,即把另一个人的体验放入自己的体验领域内,按照自己的经验去解释它,人们才能达到充分的情感理解、情感解释和情感互动。这就是共享的和可以共同享有的情感性对于充分的情感理解为何如此重要的缘故。①

审美和艺术的理解恰恰就是这种分享式的理解,这种理解过程与其说是立普斯讲的"由我及物"的扩张性移情,不如说是谷鲁斯讲的把对象作为我自身的"内摹仿"。托尔斯泰在创作《安娜·卡列尼娜》时,写到(或想象中发生)安娜卧轨自杀的刹那,他感到自己也躺在铁轨上,一列火车正隆隆向自己开来。巴尔扎克阅读福楼拜《包法利夫人》时,读到包法利夫人服毒自杀,他似乎真切地尝到了砒霜的味道。这两种经验表明,在创作或欣赏过程中,审美理解是一种把他人的经验与感受作为自己的经验与感受来对待的分享理解。

---

① 丹森:《情感论》,魏中军、孙安迹译,辽宁人民出版社1989年版,第214—215页。其中,"情感互动"(Emotional Intersubjectivity)指情感上的互为主体,即通过相互作用,一人试探性地进入另一人情感经验的情感转让;"情感性"(Emotionality)指处于情感过程的状态。

作为一种共享的理解,审美理解力与理智的认知理解力是不同的。首先,清醒的理智不能把他人的感受作为一种自己内心深处的感受来加以体验,这种理解只能知道他人的快乐与痛苦,这种信息对于主体来说是抽象和隔膜的。审美理解却把这种信息转化为自己的感受,伴随着压抑或解放、消沉或激动,伴随着心跳加速、热泪盈眶、身体的战栗、四体的软弱无力等生理反应,这种理解是深入细致、体贴入微的。其次,理智的理解是我与对象保持清醒的距离,他人的情感被作为一个外在于主体的对象来分析或思考。审美的理解则致力于突破这种距离,在一种共享的交流与沟通中,获得"认同性的共振"。这种理解不仅具有"知"的意义,而且具有"行"的意义:它把不同个体的情感经验汇入一个新的、可以共享的领域,由此而使它们融合在一起。因此,以发展审美能力为主要任务的美育,对于培养个体共享的情感理解力,并由此促进他们的人际交流能力的发展,具有不可替代的独特功能。

爱的教育

爱,作为一种社会关系,是人与人之间有差异的协调;作为一种内心体验,是一种与他人的情感发生共鸣的和谐感和幸福感。希腊哲人柏拉图曾指出,音乐通过将相反因素导向和谐,体现了它的爱的本质。[①] 实际上,在一切艺术形式当中,艺术都具有唤起人类心灵共鸣的作用。审美化、艺术化的人际关系是一种爱的关系,人与人之间情感的沟通与理解是爱的真正途径,而由此达到的共鸣的融合正是爱的发生。美育,通过发展个体各种审美素质和能力,同时也发展着各种爱的需要、能力和意识,它自觉和有效地把艺术使人类心灵相互沟通与融合的功能引入教育过程。因此,美育也是一种爱的教育。

爱是道德的根源。人生而有爱心,有爱人和被爱的本能需求。孟子说:

"老吾老,以及人之老;幼吾幼,以及人之幼。天下可运于掌。"[②]

这里说的敬老爱幼是仁政的基础,这种由亲情推广开来的情感就是仁爱

---

① 《柏拉图文艺对话集》,朱光潜译,人民文学出版社 1983 年版,第 234—235 页。
② 杨伯峻:《孟子译注》(上),中华书局 1960 年版,第 16 页。

之心的具体体现。孟子还说"仁者爱人"①，这个"爱"也就是"不忍"，用今天的话说，就是同情。朱光潜曾说：

> 道德起于仁爱，仁爱就是同情，同情起于想象。……儒家在诸德中特重"仁"，"仁"近于耶稣教的"爱"、佛教的"慈悲"，是一种天性，也是一种修养。仁的修养就在诗。儒家有一句很简赅深刻的话："温柔敦厚诗教也。"诗教就是美育，温柔敦厚就是仁的表现。②

因此，美育在保护和培养爱心上与德育是高度一致的。

"爱是创造爱的能力。"③没有一种爱的追求，没有真实地表达和感受内心情感的能力，没有沟通与理解的能力，便没有爱。爱就是创造性地突破人际的隔绝，透过心灵的栅栏，实现人类彼此融合的过程。美育发展情感的表达与理解能力，也就是培养爱的能力。与个体心理水平和个性差异相适应的美育活动，使心灵更加灵敏，更加宽阔，能够细致入微地体察他人的心灵，与之进行无言的对话。雪莱曾说，诗的想象力是实现道德上善的伟大工具，因为它能深入他人的内心，把他人的苦乐当作自己的苦乐。这种道德的最大秘密就是爱。④

爱又是一种追求爱和创造爱的态度。这种态度类似于审美态度，它是无私的，但不是无个性的，而是追求个性与他人的协调。它是热忱的，具有爱的态度的心灵是敞开的，怀有一种渴望与他人交流对话的热情，与之相反的是冷漠与麻木。美育无时无刻不在唤起个体内心的生活热情，帮助个体敞开心扉，克服心灵的麻木，打开心灵的枷锁。正如艾迪生所说的，美是防止我们冷漠的措施。⑤人类创造美和艺术的能力实质上也是一种自救的能力，它使我们的心灵在与他人的沟通共鸣中获得真实的存在。而美育则使人们在同艺术和美的接触中，永葆生活的热忱。爱的态度又是一种注重过程的态度，这与无外在追求、不计较直接外在功利的审美态度是内在一致的。爱美的人是追求情感

---

① 杨伯峻：《孟子译注》（上），中华书局1960年版，第197页。
② 朱光潜：《谈美感教育》，《朱光潜全集》第4卷，安徽教育出版社1987年版，第146页。
③ 详见弗洛姆：《爱的艺术》，刘福堂译，上海译文出版社2019年版，第28页。
④ 详见伍蠡甫主编：《西方文论选》下册，上海译文出版社1979年版，第54页。
⑤ 详见吉尔伯特和库恩：《美学史》上卷，夏乾丰译，上海译文出版社1989年版，第312—313页。

超脱的人,而以这种超脱的心去看人待人,便可以克服由功名利禄设置的人际障碍,更加珍惜人类彼此交流情感的体验过程。在这方面,美育亦发展着我们的爱心。

爱是一种"共鸣的喜悦"①。它是一种幸福的人生体验。它之所以是幸福的,是因为主体意识到自我的需要与他人的需要相一致,自我的满足不仅不会造成他人的贫乏,而且同时是一种奉献。这种体验的特征同时也是审美愉悦的特征,个体内心最个性化的审美体验却与他人的个性化体验产生了共鸣,这在艺术创作和欣赏以及自然景观的欣赏时都普遍存在,一己私下的快乐并不带来真正的幸福,只有当个体意识到自己的快乐与他人的快乐沟通协调时,才能产生真正意义上的人生快乐!所以柏克认为,美是"社会性"的,"美的表象也会很有灵效地引起我们某种程度的爱"②。

美育过程为人们提供了体验爱的良好机会。爱是人的天性,正如爱美是人的天性一样。在儿童世界中,这种爱的天性的表现随处可见。但是,在人的成长过程中,由于各种压抑与限制,他们爱的天性部分地泯灭,心灵的冷漠和情感的麻木成为现代人的又一生存危机。而美育过程给爱的天性又一个继续发展的机会,在爱的体验中,爱的需要、爱的能力和爱的自觉意识可以得到保护和培养。为更好地发挥美育的这种功能,美育活动中的艺术品和教师的引导,应特别注意爱的价值。古今中外的艺术品并非都是进行爱的教育的合适材料,应当谨慎选择。同时,即使是一些充满爱的价值的作品,也可能体现为恨的形态,这就需要教师很好地发掘与引导。对于儿童与青年来说,爱的教育显然比恨的教育更有价值,这种价值不仅是对他们这一阶段而言,也是对未来而言。因为他们应该成为友爱社会和世界和平的维护者,这在竞争日趋激烈、正在日益强大的中国来说更是如此。

就学校教育的范围来说,美育与青春期教育有一个特殊的联系,那就是爱情的教育。青春期是一个情感充溢、敏感且变易极大的时期,这同学生的性心

---

① 详见今道友信:《关于爱和美的哲学思考》,王永丽、周浙平译,生活·读书·新知三联书店1997年版,第77页。
② 转引自吉尔伯特、库恩:《美学史》,夏乾丰译,上海译文出版社1989年版,第333页。

理和社会性的迅速发展有直接关系。在许多学校(包括中学与大学),爱情教育基本上是空缺的,而在教育理论方面,这也几乎是个空白。事实上,青春期的爱情教育应该是教育的一个重要内容,它直接影响到青少年能否健康成长。

爱情教育的一个核心问题是如何使萌发着的性感和性意识得到正当的发展和适当的引导。虽然不提倡在学校期间谈恋爱,但爱情教育决不仅仅是恋爱或择偶的指导,它是帮助青少年逐渐养成爱情的需要、能力和高尚的爱情观。这种培养应当从性觉醒之时就开始,并且应该同性情感和性意识的发展相协调,而不是在压抑中进行。苏联教育家苏霍姆林斯基从大量的教育实践中得出结论:

> 对学生的精神生活和他们的隐秘角落采取粗暴态度,最容易从男女青年的相互关系中驱逐出一切高尚的、有道德的、明快的审美情感,并把爱情的生物本能的一面推到首位,激起不健康的好奇心,使男女同学更加疏远,对交往产生一种难忍的恐惧感。[1]

这种观点体现了真正的辩证法:人作为一个有机体,某一方面的压抑或摧残会导致另一方面的损害,文明人感性方面的危机往往是由于理性过分强制造成人格分裂而产生的。对青少年来说,一味地压抑和管教,只会使他们的性情感成为一种更为强烈的欲望,以及好奇与痛苦的罪感相混合的不健康情感,不能真正形成健康与高尚的爱情意识。目前,我国学校教育中已经增加了性教育,但是只限于生理学范畴,应该有爱情教育。

爱情教育主要涉及德育和美育。就美育而言,审美活动可以帮助青少年在情感的释放与升华中,形成对内心世界的审美态度,而且可以在优秀艺术作品中,体验他人健康、美好的爱情经验和高尚的爱情意识,进而有助于他们建立健康、高尚的爱情观。美育在这方面可以起到一些积极作用,主要体现在下列几个方面。

1. 为日益丰富的内心情感提供健康的释放途径。

处于青春期的学生渴望正当的情感满足,如果找不到合理的满足途径,便

---

[1] 苏霍姆林斯基:《爱情的教育》,世歌、寒薇译,教育科学出版社 1985 年版,第 15 页。

会造成心理的病态,这不仅会对他们的学习与生活带来消极影响,而且会导致某些破坏性行为的产生。美育活动可以为他们内心的情感,包括最隐秘的朦胧性情感,提供健康的释放和升华途径,有助于他们的心理平衡。在一些男女同学共同参与的艺术活动中,青少年获得了与异性接触并增进相互了解的良好机会,有助于使他们学会与异性交往,并与之建立正常的关系。这意味着,美育可以把青少年的性情感和性意识引向积极的方面,使之健康地发展,这种发展不仅与智力和道德的发展不相矛盾,而且可以为学习和生活提供积极的动力。

2. 使生理层面的性情感发展为与心理和精神层面相互协调和渗透的爱情。

爱情是一种丰富的人的需要和体验,它不仅仅是肉体的欲望,而且有精神的共鸣。马克思曾指出:"男女之间的关系是人和人之间<u>最自然的关系</u>。"①这个"自然"不完全是生物学的意义,而是指"人的需要"和"人的行为"。爱情关系应该是一种丰富的社会关系,单纯的生理欲望,即"粗陋的实际需要"并不是真正的、全面的人的需要。人的需要和情感是历史的产物,应该有感性与理性、个性与社会协调融合的丰富性。对个体的发展来说,爱情的成长需要使萌发着的性情感发展成为融合了精神性和社会性因素的对异性的需要。在这方面,美育可以发挥一定的作用。在审美创造性表现活动中,深层的情感欲望可以在释放与构造的相互作用中得到提升,逐渐与理性因素和社会性因素相融合。这种提升与融合不是压抑性情感,不是"去欲",而是使理性和社会性因素渗入其中,使之变得更加丰富、深厚和高尚,成为一种相对稳定的情感态度。这就是所谓的"潜移默化"。

3. 在性意识中渗入审美意识,促进高尚爱情观的建立。

人的性爱,不仅有一种生理方面的价值,而且有一种精神上的价值。因此,有必要在青少年性意识萌发之时,把审美判断引进异性关系之中。美育可以通过培养健康的审美趣味使青少年自觉远离庸俗低级的趣味。首先,审美

---

① 《马克思恩格斯全集》第四十二卷,人民出版社 1979 年版,第 119 页。

的爱好使他们注重到异性的美,这和美不仅是外表的,而且是心灵的。对美的追求,对艺术的喜爱,使他们在与异性的交往中更注重内心的体验和心心相印,自觉意识到精神上的共鸣是爱情的重要因素。同时,注意在同异性的交往中保持优雅的举止和品位,遏制粗俗与其他不良行为。其次,审美的追求使青少年注重异性之间情感交流与沟通的内在价值,而把陈腐的门第观、商品观从爱情中排除出去,使与异性的交往真正成为人与人的关系,而不是人与物的关系。

从另一个角度来说,不仅美育促进爱情的发展,爱情的发展也促进审美的发展。爱使人充满活力、充满幻想、充满创造性,使审美体验洋溢着青春生命。

三、美育与智育

美育与智育的区别

美育与智育是普通教育中的两大门类,二者的差别是明显的。在最基本的意义上说,智育是偏于理性的教育,包括知识的传授和智力的开发。美育则是偏于感性的教育,旨在培养审美能力,促进情感的表现和升华。它们的区别主要有以下两个方面。

一方面,智育过程是知识的教学过程,这一过程的目的是帮助学生学习掌握科学文化知识和认知的技能,发展智力(智能)。在智育过程中,学生接触的是以概念—逻辑为特征的知识体系,例如公式、定理、概念、定义、法则,以及判断和推理过程,等等。美育则主要是一个培养审美能力,使学生的个性情感得到表现和升华的过程。在此过程中,学生接触的是以形式—情感为特征的审美对象,如自然景观、艺术作品等。当然,美育必然包含知识的教学,"在全面发展的教育中,知识是基础。知识的传授、技能的培养、智能的发展,不仅是智育的中心环节,而且是进行德育、体育、美育、劳动技术教育等所必不可少的基础"①。但在美育中,知识传授不是主要的,艺术史论的基础知识等相关的

---

① 黄济:《教育哲学通论》,山西教育出版社 2004 年版,第 476 页。

知识教学应该服务于审美能力和审美意识的培养,有助于个性审美发展。因此,美育直接与需要、愿望、冲动、快乐、悲痛、幸福等个体生命的状态相联系,美育过程具有突出的情感体验特征,并以个性情感的表现和升华为主要目的。有的学者在区别科学与艺术的特征时,指出:

> 在科学中,我们可以说,人是观察者——最终是一种工具,他专心致力于了解那些撇开了人的需要、愿望、希冀、恐惧的东西。在艺术中,人在某种程度上正是他展示、讲述或想象的主体。①

从科学与艺术的这种差异也可以看出智育与美育的本质差异之一。知识的学习犹如工具的掌握(有人称为知识的"武装",这是很恰切的),它与个性的生命要求并无直接的关联。所以,智育过程往往缺乏受教育者内在的自发性,尽管可以通过各种途径来激发学生的积极性,但是知识的传授从根本上讲是由外而内的输入。美育则总是适应着不同个性在不同年龄水平上的情感生活要求,把知识的传授和能力的培养与个性生命的发展直接联系起来。它不仅是一种"武装",同时也直接地满足了个性生命的发展要求。因此,美育过程是以受教育者的自发性为基础的。

另一方面,智育的任务是促进观察力、想象力、思维力等智力的发展,其中又以促进逻辑思维能力的进步为核心。皮亚杰的认知发展理论比较深入地研究了逻辑思维能力的发展特征,这种研究的结果表明,逻辑思维能力发展从一定意义上讲是一种抽象力的进步。皮亚杰把儿童从出生到 15 岁的智力发展分为四个阶段,即感觉运动时期、前运算时期、具体运算时期和形式运算时期,这个过程是智力从具体表象向抽象逻辑的发展。② 这个过程与个体的审美发展有着质的区别。审美过程永远不脱离激发美感的感性世界,审美能力的发展虽也需要知识的帮助,但它在本质上不是由具体表象向抽象逻辑的发展,而是越来越深入具体的感性形象中去。逻辑思维能力与审美能力的这种不同的发展方向决定了智育与美育的重要差异。以发展逻辑思维能力为主要任务的

---

① M.Rader, B.Jessup, *Art and Human Values*, New New Jersey: Prentic-Hall, 1976, p.255.
② 详见沃兹沃思:《皮亚杰的认知发展理论》,周镐等译,华中师范大学出版社 1986 年版,第 111—113 页。

智育注重培养学生的逻辑判断和推理能力,同时也要摆脱认识中的主观性,增加客观性,对情感和幻想力的发展往往有一定的抑制作用。达尔文曾以自己为例,说明长期的科学逻辑思维训练会导致审美兴趣和审美能力的退化,这不仅意味着失去了个人生活的幸福,而且进一步损害了理智力和道德心。由此,我们可以得到两点启示:第一,美育和智育有着不同的,甚至在某些方面相反的功能;第二,无论是从个性的全面发展还是从智力的发展来说,美育与智育的协调融合是必不可少的。

认知能力与审美能力的相互关联与促进

美育与智育虽然有着重要的差别,但是,由于个体任何一种能力都与他的其他能力联系在一起,所以,某一能力的发展总离不开其他能力的发展。就认知能力与审美能力来说,它们虽具有不同的特征和发展方向——任何一方片面地发展均会造成对另一方的损害,但是,二者的发展却不可避免地联系在一起。因此,教育的任务在于使它们相互协调,尽可能地避免双方的相互抑制或抵触,充分利用双方可以相互补充和促进的因素,推动它们既充分又协调地发展。

认知力的发展对审美感受和理解能力的发展产生着深刻而明显的影响。皮亚杰曾做过一个液体守恒(Conservation of Liquid)的实验。前运算期儿童相信,水从一个粗而矮的器皿滴入一个高而细的器皿时,水的量增加了,而将这些水重新倒回原先的器皿时,水的量又减少了。具体运算儿童则可以分辨出,同样数量的水,注入不同形状的器皿中时,它的量仍未改变。这表明前运算期儿童以某种固定的知觉方式来判断,是以自我为中心的,缺乏客观性。同样,前运算期儿童在画一个向不同角度倾斜的容器的水平面时,会不顾水平面与容器底部不平行的事实,而把水平面与容器底部画得平行,只有具体运算期儿童才会按客观事实来画。[1] 显然,科学的认知方式会影响儿童的艺术观察、构图与表达方式的发展;随着几何、力学等科学知识的获得,儿童对比例、对

---

[1]　V.Lowenfeld, W.Briton, *Creativity and the Growth of Mind*, New York: Macmillan, 1975, p.52.

称、均衡和运动等形式组织结构的观念进一步明确起来,于是,在他们的艺术创造中,形式美的某些规律开始得到重视和普遍的应用。这也表明了认知力与审美能力的协同发展。

在艺术发展史中,我们处处可以发现科学的深刻影响。美国学者曾描述说:

> 从达·芬奇到我们这个时代的先锋艺术家都承认科学影响了他们对自然和现实的艺术解释。……如考尔德的活动雕塑所反映的物质是动态平衡状态的现代物质概念,或如相对论物理学对立体主义的影响,后者如同爱因斯坦那样,抛弃单一视点的传统,把共时性的不同视点结合起来。更加明显和无可争辩的是深层心理学,尤其是弗洛伊德主义对绘画中超现实主义和文学中的意识流技巧的影响。①

这种影响不是说艺术成了科学概念或理论的图解,而是说,科学的认知方式直接改变了艺术家原先的知觉和表达方式,就如同禅宗的思维方式改变了诸多中国艺术家的审美感悟一样。在个体成长过程中,认知方式的发展也同样多方面地影响着审美能力的发展,对提高审美能力有促进作用。事实上,认知力和各种知识的发展是儿童逐渐进入成人创造的广泛艺术天地的必要条件。因此,作为美育的艺术课程在小学和大学的知识含量和人文深度也应该是不同的,高校的艺术教育课程可能在技法上并不很复杂,难度也不大,但是在人文内涵方面可以是高深的。

美育对智育的促进作用是巨大的,审美能力的发展一方面内在包含着认知能力的发展,另一方面也为认知能力的发展提供必需的基础和有利条件。

在某种意义上说,审美能力本身也是一种认知能力,不过它不同于逻辑思维的认知,而是一种直观的、特殊的悟解能力。达·芬奇(注意,他是艺术家,同时也是科学家)曾把绘画和雕塑的意义说成是"教导人们学会观看"②。当然这种"观看"不同于科学实证地观测,而是对于审美形式或形象的悟解。从实质上说,这种悟解就是对人类情感本质的悟解。任何审美形式都是感性生

---

① M.Rader,B.Jessup,*Art and Human Values*,New New Jersey:Prentic-Hall,1976,p.267.
② 详见卡西尔:《人论》,甘霖译,上海译文出版社 1985 年版,第 183 页。

命的创造性（形式地）表现.通过对审美形式的体验,我们可以直接领悟到其中的感性生命。当代美国美学家苏珊·朗格指出,艺术通过赋予内心情感以形式,而使之成为我们理解的对象。她把艺术与语言进行对比:

> 推理符号系统——语言——能使我们认识到我们周围事物之间的关系以及周围事物同我自身的关系。而艺术则是使我们认识到主观现实、情感和情绪。①

这就是说,艺术是一种不可替代的认识途径。它能使我们认识到科学语言无法表达和交流的内心情感活动。这种体认不同于心理学对情感过程的研究。在审美活动中,人们对情感的认识是一种体验中的领悟,这种认识的对象是具体生动的情感活动,认识的结果是一种不可言喻或不能用言辞充分准确表述的意味和价值。而心理学研究的情感是普遍、抽象的客观对象,认识的结果是一些科学的判断或分析结果。在这种意义上说,审美创造和欣赏能力的发展也意味着一种特殊认知能力的成长,美育的这种功能是一般智育所不具备的。

在美育过程中,学生要接触各种艺术品。因为艺术品不同程度地反映了某些生活真实,所以对艺术品的欣赏和理解活动也包含着增进认识的功能。孔子曾说,诗"可以观","多识于鸟兽草木之名"②,这就指出了学《诗经》可以增进认识的道理。莎士比亚在《雅典的泰门》中对黄金的描绘,对于人与人之间冷酷的金钱关系和"金钱拜物教"及其造成的罪恶,揭露得十分形象和深刻:

> ……金子! 黄黄的、发光的、宝贵的金子! ……这东西,只这一点点儿,就可以使黑的变成白的,丑的变成美的,错的变成对的,卑贱变成尊贵,老人变成少年,懦夫变成勇士。……这东西会把你们的祭司和仆人从你们的身旁拉走,把壮士头颅底下的枕垫抽去;这黄色的奴隶可以使异教联盟,同宗分裂;它可以使受诅咒的人得福,使害着灰白色的癞病的人为众人所敬爱;它可以使窃贼得到高爵显位,和元老们分庭抗礼;它可以使

---

① 苏珊·朗格:《艺术问题》,中国社会科学出版社 1983 年版,第 66 页。
② 《论语·阳货》,杨伯峻:《论语译注》,中华书局 2009 年版,第 183 页。

鸡皮黄脸的寡妇重做新娘，即使她的尊容会使身染恶疮的人见了呕吐，有了这东西也会恢复三春的娇艳。①

我们在阅读这一著名的段落时，不仅受到一种情感上的感染，也可获得对金钱关系的深刻认识。中国古代的一些诗歌也包含着深邃的哲理，例如"沉舟侧畔千帆过，病树前头万木春""野火烧不尽，春风吹又生""年年岁岁花相似，岁岁年年人不同""今人不见古时月，今月曾经照古人"等，这些千古流传的佳句于自然和人生的体悟中显示了独特的智慧。

审美的认识是一种形象化的认识。例如，老舍的名作《茶馆》塑造了众多的人物，我们通过对舞台上这些不同历史时期、不同阶层、不同性格的人物形象的观赏，可以对从戊戌变法到民国近 50 年的某些社会状况特别是人们的心态演变有一个侧面的、生动形象的认识。因为艺术作品所反映的社会生活，往往侧重在人物命运和精神风貌方面，所以审美认识往往可以对某一时代某一方面的人的生存境遇和精神状况有所了解。例如，鲁迅笔下的"狂人""阿 Q""孔己乙"等分别是某一类人物的典型写照。另一方面，艺术品还反映了艺术家的真实思想感情，它是一定时代精神的折射。西方古典主义的作品不同于浪漫主义的作品，中国封建时代的作品也同"五四"时期反封建的作品迥异。法国著名艺术家罗丹说得好：

艺术家和思想家好比十分精美、响亮的琴——每个时代的情境在琴上发出颤动的声音，扩展到所有其他的人。②

美育对认识的促进也不仅局限于艺术方面。在自然美的欣赏中，也可以增进对某些自然规律生动形象的感受和理解。例如，对季节特征和更替的认识不仅局限于抽象的认识，还可以从不同季节的不同植物的美来获得具体形象的认识。学生们可以从嫩绿认识到春，从火红认识到夏，从金黄认识到秋，从洁白认识到冬。这种建立在形象感受和情感体验基础上的认识，对于科学知识的扩展和深化是十分必要的。

审美认知能力对一般知识认知能力的帮助，不仅体现在社会文化领域，也

---

① 转引自《莎士比亚全集》(8)，人民文学出版社 1984 年版，第 176 页。
② 《罗丹艺术论》，人民美术出版社 1978 年版，第 128 页。

体现在自然科学的学习中。受美国教育部和国家艺术基金会的资助，美国的艺术教育同盟（Arts Education Partnership）委托的一项研究结果显示：艺术与社会效益和学业成就之间存在 65 种显著的关联。已有多项研究表明，高中生学习艺术课程越多，他们的数学和 SAT 语言成绩就越高。还有人对美国各地25000 名学习艺术的中学生研究发现，这些学生的标准化考试成绩超过了那些没有或很少学习艺术的学生。音乐教学可以促进数学技能所必需的时空思维的发展，同时也促进了对于比例模式和比率的学习。① 这些新近的研究结果与早前许多科学家的自述经验高度吻合。例如，玻恩曾说：

> 我个人的经验是，很多科学家和工程师都受过良好的教育，他们有文学、历史和其他人文学科等方面的知识，他们热爱艺术和音乐，他们甚至能够绘画或者演奏乐器……②

这是合乎事实的。他本人会演奏钢琴，可以与管弦乐队一起演奏协奏曲，爱因斯坦也是小提琴手，普朗克也是钢琴家……而且，这些科学家的艺术修养是从小就开始培养的，他们的审美能力几乎与科学才能一起成长。这就要求创造力的培养从小开始，并把美育作为一条重要的培养途径。

从"多元智能观"看美育与智育的融合

美国心理学家霍华德·加德纳于 20 世纪提出了一种新的智力理论——"多元智能"理论。他批评传统的智力"一元化观点"，以及由此形成的"统一制式观念"和"统一制式学校"，大大拓展了智力概念。③ 他提出智能是"处理特定信息的能力"，"是一种解决问题或创造产品的能力"。④ 在此基础上，提出了"最初的七种智能"："音乐智能""身体—动觉智能""逻辑—数学智能""语言智能""空间智能""人际智能""自我认知智能"。⑤ 加德纳的这种理论

---

① Pat Williams Boyd, "Eloquent Absence: Aesthetic Education in the United States", *Journal of Education and Human Development*, Vol.6(2), June 2017.

② 转引自周忠昌：《创造心理学》，中国青年出版社 1983 年版，第 194 页。

③ 加德纳讲的是"intelligence"，翻译成中文可以是"智力"，也可以是"智能"。

④ 霍华德·加德纳：《多元智能新视野》，沈致隆译，浙江人民出版社 2017 年版，第 7 页。

⑤ 霍华德·加德纳：《多元智能新视野》，沈致隆译，浙江人民出版社 2017 年版，第 9—20 页。

是从目标导向和问题导向出发的,专注于人所具有的解决问题和创造产品的能力,从而打破了传统智力理论仅仅关注理性认知和逻辑思维能力的局限,把诸多被人们认定为"非智力因素"的能力都收纳到智力概念之中。从多元智能理论来看智育,范围大大拓展了,而且更注重灵活运用知识的能力培养。这也是和当前国际智育发展的趋势相吻合的。正如有的学者所说:

> 智育的当代内涵是有目的、有计划地向学生传递系统的科学文化知识和探索问题的方法,打牢学生科学文化基础,发展学生智力,促进思维发展,激发创新意识,培养创新精神和创新能力。[①]

在这种观念和趋势下,美育和智育的融合比此前任何时候都显得重要。

值得注意的是,在加德纳所列举的"最初的七种智能"中,除了"逻辑—数学智能"不直接关涉艺术活动之外,其余的都与艺术活动有关联。"音乐智能"就是从事音乐活动的能力;"身体—动觉智能"不仅与体育有关,也和舞蹈等形体运动的艺术有关;"语言智能"与诗等文学有关;"空间智能"涉及雕塑、绘画等视觉艺术;"人际智能"和"自我认知智能"在艺术活动中也大量存在。此外,还有美国学者提出"情绪智能"(emotional intelligence)概念,指个体对自身及他人情绪的意识、感知、评估、理解和调节能力。[②] 这个概念与美育的关系更是直接。而这六种智能的发展对于"逻辑—数学"智能的发展也是有帮助的。在多元智能理论的框架里,我们可以看到美育与智育的关联度确实非常高。

如果仅就美育促进科学认知能力来说,审美直觉的培养可以说是美育和智育交叉重叠的重要领域。审美直觉是一种创造性直觉能力,它既是认知能力的一部分,又是审美能力的最高形态。它不同于一般的智力,而是在既有知识和经验的基础上,有所发现的认知能力,是人类智慧的集中体现。与任何能力的最高级形式一样,创造性直觉能力是复杂的心理过程。它虽然主要体现于科学研究和思考之中,属于专门人才的一种高级精神能力,但是具有心理综

[①] 冯建军:《构建德智体美劳全面培养的教育体系:理据与策略》,《西北师大学报(社会科学版)》2020 年第 3 期。

[②] 详见李成栋:《情绪智力与英语学业成绩的关系探究》,《外语界》2020 年第 1 期。

合与整体性的品质。具有创造性直觉能力的心灵是感知、想象、情感和理智诸心理功能要素的交融综合,是意识与无意识的统一。它往往在感性直观的形式中,深刻地发现事物内部的新型关系,揭示其崭新的意义。创造性直觉当然是以长期的经验归纳、逻辑分析和推论为基础的,但在它发生之时,却超越了分析性的和循序渐进的逻辑思维方式,以一种形象的、整体性和跳跃性的方式,直接而迅速地产生认识成果。许多科学家经常把最具创造性的灵感呈现状态称作"直觉",创造性直觉已成为科学发现与创造能力的代名词。爱因斯坦说:"我信任直觉。"①玻恩强调指出:"实验物理的全部伟大发现都是来源于一些人的直觉。"②有趣的是,这些伟大科学家往往把科学发现的直觉与审美直觉直接关联,甚至认为某些伟大的科学发现恰恰是来自美的指引。例如,热爱音乐的爱因斯坦说:

> 在科学的领域里,时代的创造性冲动有力地迸发出来,在这里,对美的感觉和热爱找到了比门外汉所能想象得更多的表现机会。③

正因为科学中的创造性直觉具有审美的性质,所以爱因斯坦称迈克尔逊是"科学中的艺术家"④。而迈克尔逊则说,他的实验选题"要求研究者有着学者的分析的智慧,艺术家的审美知觉和诗人的形象性语言"⑤。霍夫曼则认为,爱因斯坦"是个科学家,更是个科学的艺术家",他的方法"在本质上美学的、直觉的"⑥。这些事例都说明,加强美育对于培养创造性思维至关重要。

由于直觉对科学创造有重要意义,因此一些国家已开始意识到要把培养创造性直觉能力作为教育的一项重要任务,以推动本国科学的迅速发展。美国著名心理学家布鲁纳指出:

> 直觉思维,预感的训练,是正式的学术学科和日常生活中创造思维的很被忽视而又重要的特征。机灵的预测、丰富的假说和大胆迅速地作出

---

① 许良英、赵中立、张宜三编译:《爱因斯坦文集》第 3 卷,商务印书馆 1979 年版,第 70 页。
② 玻恩:《我这一代物理学》,侯德彭译,商务印书馆 1964 年版,第 183 页。
③ 许良英、赵中立、张宜三编译:《爱因斯坦文集》第 3 卷,商务印书馆 1979 年版,第 373 页。
④ 许良英、李宝恒、赵中立、范岱年编译:《爱因斯坦文集》第 1 卷,商务印书馆 1977 年版,第 100、561 页。
⑤ 参看周义澄:《科学创造与直觉》,人民出版社 1986 年版,第 275 页。
⑥ 赵中立、许良英编译:《纪念爱因斯坦译文集》,上海科学技术出版社 1979 年版,第 229 页。

的试验性结论,这些是从事任何一种工作的思想家极其珍贵的财富。①

因此,这位曾参与制定美国科学和教育发展计划的心理学家强调,学校的任务就是引导学生去掌握直觉"这种天赋"。这对于正在努力创建"创新型国家"的中国,应该是有启发的。这项新颖而迫切的教育任务是不可能光靠传统的智育来完成的,创造性思维的高度综合性与整体性,要求各类教育的协同合作,以促进其发展。在这方面,美育具有独特的作用。

因为科学的创造性直觉具有某种审美性质,所以,许多科学家认为,在科学研究领域存在着一种特殊的审美现象——"科学美"。这种审美对象呈现出完整和谐、简洁有序的品格,又由于它满足了创造激情和自由想象的要求,因此对科学家来说具有巨大的吸引力和强烈的愉悦。由于这种科学美往往隐含着新的发现及其表达的最佳方式,因此,科学家自愿地受美感的引导,去进行科学的探索。正如海森堡所说的,科学的探索者们最初往往是在美的光辉照耀下,去认识和发现真理的。② 从众多科学家的自述与分析中可以发现,科学美往往是科学家发现新问题,激发进一步探索的激情和选择新的理论范型的重要因素。③ 然而,科学中的新问题或科学美并不是自然界自动呈示给研究者的既有之物,而是科学家们创造的成果。尽管科学美——那种对称、均衡、和谐、有序的完整意象——何以与客观对象的真相和科学的解释相一致,在认识论上仍是一个有待揭开的谜,但是,这种一致性的事实本身向我们提示了认识中的创造性思维与审美创造力具有某种相通之处。这种相通并不排斥它们在所关心的问题、所使用的符号、有关的特殊技能和知识等方面的诸多差异,而是指心理活动方式上的异质同构关系。由此而决定了科学思维中,以美引真的可能性,也引出了美育对促进创造性思维发展的重要作用。科学美这一概念充分表明了人类精神的高度统一性,这正是美育与智育协同合作的基本根据。

科学美的一个基本特征是完整和谐。在科学发明的前期,思维的创造力

---

① 布鲁纳:《教育过程》,邵瑞珍译,文化教育出版社 1982 年版,第 33 页。
② 海森堡:《精密科学中美的含义》,曹南燕译,《自然科学哲学问题丛刊》1982 年第 1 期。
③ 库恩:《科学革命的结构》,李宝恒、纪树立译,上海科学技术出版社 1980 年版,第 129 页。

表现为从散乱无序的现象中发现新的联系,从而创造出和谐有序的整体图式。这是发现问题,从而解决问题的关键步骤。有创造性的科学家往往追求对称、均衡、有序、和谐的完整意象,这种追求同时也是美的追求。而且,在这里,美的追求成为科学创造的一个重要动机。彭加勒曾指出,科学家们不懈探索的是美和宇宙的和谐:

> 科学家研究自然,并非因为它有用处;他研究它,是因为他喜欢它,他之所以喜欢它,是因为它是美的。如果自然不美,它就不值得了解;如果自然不值得了解,生命也就不值得活着。当然,我在这里所说的美,不是打动感官的美,也不是质地美和外观美;并非我小看这样的美,完全不是,而是它与科学无关;我意指那种比较深奥的美,这种美来自各部分的和谐秩序,并且纯粹的理智能够把握它。正是这种美给与物体,也可以说是给与结构以让我们的感官满意的彩虹般的外观,而没有这种支持,这些倏忽即逝的梦幻之美只能是不完美的,因为它是模糊的,纵使短暂的。①

理论物理学家狄拉克不断创造出理论物理的新成果,但他却说:"我没有试图直接解决某一个物理问题,而只是试图寻求某种优美的数学。"②美育可以使人从小养成追求美和创造美的自发倾向,并发展着创造完整和谐意象的审美能力,从而与智育一道为创造性直觉的成长奠定基础。

科学美的另一个基本特征是简单性。从科学的角度来说,简单性意指最大限度地表达了普遍规律的最简洁形式。海森堡指出,这种简单性的原则恰恰是"真理的美学标准"。他说:

> 如果自然界把我们引向极其简单而美丽的数学形式——我所说的形式是指假设、公理等等的贯彻一致的体系——引向前人所未见过的形式,我们就不得不认为这些形式是"真"的。③

而在美学方面,不少学者认为审美意象的丰富性与简单性不相容,这是一

① 彭加勒:《科学与方法》,李醒民译,商务印书馆 2010 年版,第 17 页。
② 转引自曹南燕:《狄拉克的科学思想》,《自然辩证法通讯》1982 年第 3 期。
③ 详见许良英、李宝恒、赵中立、范岱年编译:《爱因斯坦文集》第 1 卷,商务印书馆 1977 年版,第 216—217 页。

种误解。其实,真正的丰富性正是由简化形式中产生的。简化不是意义的贫乏或单调,而是以尽可能少的材料创造出尽可能丰富的意义。阿恩海姆曾详细分析了审美知觉的简化特征,认为简化正是把丰富和意义同多样化的形式组织在一个统一结构中的能力。因此,简化也是"艺术品的一个极重要的特征"[1]。在中国美学中,简化也是一个重要的艺术原则。作画要求以最简练的笔墨来状物写神;写诗追求用最经济的词句来创造"意在言外"的意境;戏曲艺术几乎不用布景,只用很少的道具,从而获得最大限度的时空自由,创造丰富的审美效果;而书法则把宇宙万物的生命与心灵的跃动简化为流动的线条,创造出最富有中国艺术精神的审美境界。以小见大、以少胜多、以一当十、以简去繁已经成为千百年来中国艺术家进行艺术创造的座右铭。事实上,没有简化便没有完整和谐的意象,也没有丰富深邃的意味。因此,追求简洁性,不仅是科学创造的特征,亦是审美创造的特征。美育发展着审美创造力,同时也促进着科学创造力的发展。

另一方面,在一些科学课程的教学过程中,引进美育的方法也可以促进创造性思维能力的发展。例如,鼓励儿童独立地观察,大胆地尝试,自由地想象,充分地表达自己的不成熟想法,等等,均为创造性思维创造了萌发和表现的机会。

四、美育与体育

美育与体育的关系

体育,作为普通教育的一个组成部分,是培养全面发展的个性的重要方面。它的主要目的是:增进健康,增强体质,发展体能。在现代汉语中,"体育"一词的含义很广泛,至少包含两个主要概念:一个是身体教育或学校体育,另一个是竞技体育。在英语里面,前者是"physical education",后者是

---

[1] 详见阿恩海姆:《艺术与视知觉》,滕守尧、朱疆源译,中国社会科学出版社 1984 年版,第66—83 页。

"sport"，是两个概念。① 这里讲的"体育"主要是指普通教育中的学校体育，但是，对于竞技体育的欣赏具有审美意味，所以也有所涉及。

现代体育的一个重要特点是注重身心协调发展。但是，目前有些学校的体育，在身心二元论的影响下，往往只注意身体本身的教育，而忽视了身体教育中必然包含着心理教育方面。人是一个活生生的整体，对人的任何一个方面、任何一种能力的教育总是或多或少、或深或浅地涉及整体人格。以人的全面发展为宗旨的现代教育观决定了体育不应是单纯的身体教育，而应该是以身体教育为主要途径的人的教育。坚持学校体育的育人目标是讨论美育与体育内在联系的一个前提。

体育的一个重要目的是增进健康，而健康就不仅具有生理学意义。从某种意义上说，一个人的身体健康包含着身体机能的健康和心理功能的健康，而且两个方面又是相互影响、相互促进的。体育过程包括传授锻炼身体的相关知识和技能，也涉及心理学方面。任何一种运动技能的掌握都离不开一定的心理发展水平，体育活动本身内在包含着丰富的精神价值。

肯定体育的全面综合性并不意味着否认体育的特点。与德育、智育、美育相比，体育偏重于身体方面，它是促进身体发展的重要教育活动，在增进健康、增强体质和提高运动技能方面有着不可替代的功能。自古以来，中外体育活动主要发挥着强身养生的作用。所以，教育界一般都沿袭了席勒的提法：把德、智、美划为一类，称为心的教育，把体育单独列出来，称为身体的教育。近代学者王国维在《论教育之宗旨》一文中，便是如此分类的。但是，正如不能把身与心、手与脑决然割裂一样，体育与德育、智育、美育是不能完全割裂开来的。我们在确认体育自身的独特性质和功能的同时，还应当看到身体发展与精神发展的联系，看到二者相互制约和相互促进的关系。早在 20 世纪 30 年

---

① 　根据英国培生教育出版亚洲有限公司编、中国外语教学与研究出版社 2014 年出版的《朗文当代高级英语辞典》(第五版)，"physical education"的释义是"sport and physical exercise that are taught as a school subject"，翻译过来就是"学校教的身体运动课"，简称学校体育；"sport"的释义是"a physical activity in which people compete against each other"，翻译过来是"竞技性的身体运动"，可以简称为竞技体育。

代,就有体育界人士著述强调体育"乃以身体活动为方式之教育,而不仅仅限于身体方面的教育"①。自觉地把促进精神的发展作为体育的内在功能,有意识地把身体的发展与精神的发展有机结合起来,是作为全面发展教育一部分的体育的应有之义。

这里不可能对体育与德、智、美育的联系作全面的论述,限于题旨,只能对体育与美育的联系作初步的探讨。

从源头来看,体育与美育往往是密切联系在一起的。原始的体育活动经常是与娱乐或艺术活动一体的。例如,具有宗教礼仪性质的原始歌舞,既是艺术化的情感表达和交流,又是身体的运动,有一定的健身、提高运动技能的功能。原始歌舞中的许多动作就包含着身体训练和竞技的因素。我国西周时,武王用一种武舞来训练士兵,这种舞蹈运动粗犷,刚劲有力,是一种军事武艺,也可看作是现代军事体育的源头。② 在古希腊,体育的目的主要有两方面:一方面是培养强壮的身体,作为军事的准备;另一方面是对人体进行健美的塑造。当时的体育运动会都是"展览和炫耀裸体的场合",因为希腊人"把肉体完美看作是神明的特性"。正是在这种文化背景下,哲学家柏拉图提出了美育与体育结合的主张,认为"身体的运动和声音的运动有一共同的……节奏",所以,心灵的美化和肉体的健美是内在一致的。③ 事实上,古希腊时代体育与美育的内在结合也是希腊雕塑创造繁荣的基础,正因为"希腊人竭力以美丽的人体为模范",所以才促进大量健美的人体雕塑杰作的产生。④ 这种健与美、肉体与精神浑然一体、完美统一的文化传统一直是后来体育和美育健康发展的重要源泉,也是如今将美育融入体育的一种文化资源。现代体育被引进中国不久,谢似颜就倡议体育与审美的结合,他认为古希腊的体育具有重要的审美因素,"现代的审美主义的体育理想"就是既要有"喜悦感",让人有兴趣,又要科学的"有刻苦努力的功夫",这样的体育就既不会枯燥乏味,也不会

---

① 吴蕴瑞、袁敦礼:《体育原理》,上海勤奋书局 1933 年版,第 10 页。
② 王其慧、李宁:《中外体育史》,湖南人民出版社 1988 年版,第 14—15 页。
③ 详见丹纳:《艺术哲学》,傅雷译,人民文学出版社 1981 年版,第 43—48 页。
④ 《柏拉图论教育》,郑晓沧译,人民教育出版社 1958 年版,第 9 页。

贪图享乐,陷入颓废。① 这种把审美融入体育的思想对我们讨论体育与美育的关系是有启示的。

从文化性质与功能上说,体育与美育有许多共同之处。首先,体育与美育都以活动本身为目的。体育和美育的教育过程本身就是一种生命活力,它本身就是目的。如果说道德活动和认识活动总以活动的结果为目的的话,那么体育活动和审美活动的目的在于活动过程本身。虽然体育与美育过程都包含知识、技能、技术以及道德的学习,但是这些因素不是根本目的,只是手段,它们都服从身心协调发展的根本目的。如果说德育与智育主要是使人掌握生活的手段的话,那么体育与美育则既是人掌握生活的手段,又是生活本身,而且以后者更为突出。

其次,体育与美育都是人的身心全面投入的活动。体育以身体教育为主,以身体带动着全身心的协调发展;美育以情感(心理)教育为主,以心理带动着全身心的协调发展。在体育活动口,身体的运动促进着心理方面的发展和提高;在美育活动中,情感活动带动着生理方面的改善。身心全面协调发展的教育理想是体育与美育共同的基础,它们都直接体现了以满足人自身的生存发展需要、培养全面发展的个性的现代教育宗旨。可见,美育同体育有着众多共同之处,实际上在欧洲的一些国家里 体育常常被作为美育的一个方面来看待。

关于体育中的审美和美育问题,近来国内学界出现了不少研究论著,其普遍特点是寻找体育中的"美"来谈论体育审美或体育美育的课题。这样做固然有其道理,因为体育运动,特别是竞技体育的确有越来越艺术化、可观赏性越来越高的趋势。奥林匹克运动在"更快、更高、更强、更团结"的口号里面或许该加上一个"更美"。目前各类体育赛事都很重视给观众审美化感受,特别是电视转播收视率高的赛事,甚至会专门为观看赛事的电视观众增加艺术观感的设计。但是,从育人的角度讲,体育中审美和美育的核心问题在于运动过程中产生的美感或审美经验。正是这种身体运动和心理活动协调一致的美感,使体育具有了审美的意义,也使体育具有了美育的内涵。学校教育中的体

---

① 谢似颜:《体育之回顾与前瞻》,《体育季刊》(北平)1933 年第 1 卷第 2 期。

育与美育的内在关联,不需要上述大型赛事那种商业支持和高科技手段。符合规律和目的的、有节奏的身体运动,不仅可以实现体育的目标,同时内在地实现了在感性体验中提升情感和精神以及促进创造力发展的目标,这些目标则主要是美育的或者说是和美育共享的。庄子曾讲述这么一个故事:

> 庖丁为文惠君解牛,手之所触,肩之所倚,足之所履,膝之所踦,砉然向然,奏刀騞然,莫不中音。合于《桑林》之舞,乃中《经首》之会。①

这段话古人多数理解为养生之道,对其中"技"进于"道"的深刻思想注意不够。由于反复的练习和体悟,解牛人掌握了解牛的门道,从而使解牛的身体动作娴熟自如、简洁明快,其动作的流畅性和节奏感如同乐舞一般。事实上,人类诸多被今天称为艺术的身体运动起源于劳作。

理解体育内含着的审美性的关键是体育运动过程中动作合理、有序的节奏感。体育运动,可以被称为"美"的,都内含节奏感,能够唤起运动主体和观赏者心理和谐的快感。这种快感既是生理性的,也是精神性的,也可以被称为"美感"。个体运动中动作的协调就能产生节奏感,如田径运动中的跑、跳、投掷动作都有协调性产生的节奏感,游泳时身体各部位的协调性、篮球三步上篮动作的协调性就能产生舒展的节奏感,传统武术圆熟而有节律、形神兼备的动作更具有艺术的节奏感②;篮、排、足等集体运动的默契和协调性也能够产生节奏感。正是这种节奏感,使体育具有审美性,也使美育和体育具有了内在关联。需要说明的是,体育运动中产生的节奏感,对于运动者本人来说,是一种运动感觉和想象力结合的产物,合理的节律本身就是令人愉悦的。但是,这种愉悦产生于运动过程中的自我觉知,很难说有作为对象的"美"。理解这一点很重要,用主客体两分的美学理论常常是无法理解体育中存在的众多审美现象的,也不能准确把握美育与体育的内在联系。

体育中存在的审美现象很难全部用经典美学理论来解释。例如,一说到审美,就会想到康德的美学理论。国内外一些研究体育美学或体育美育的论著,往往喜欢引用康德的审美"无利害性"理论来解释体育中的审美性,但是

---

① 郭庆藩:《庄子集释》,中华书局 2013 年版,第 110 页。
② 详见杨静、马文友:《论中国武术审美追求》,《体育学研究》2019 年第 4 期。

要注意的是,经典美学理论基本排斥生理快感和审美经验的联系,这是常识。体育运动产生的快感必然关联着生理快感,那些合理、有序的动作,用俗话说就是"舒服"。这个"舒服"对于运动者本人来说,首先是运动自如产生的舒适感,这主要是生理快感,当然也能唤起心理的和谐快感,超越了生理层面。所以,体育的审美性是包含着生理快感又不局限于生理快感的,否则我们根本无法理解身体运动所产生的美感。另外,从总体上讲,现代学校体育已经不是纯粹的"游戏"了,也就是说,它往往是有功利性的,最突出的一点就是以健康为目的,而各种比赛总离不开争胜的目标。所以,完成了一个漂亮动作或实现了一次完美配合所产生的快感,不能说是毫无功利目的的。集体球类运动的一次成功、默契的配合是由多种因素促成的,如技术的反复训练达到成熟、对队友的信任、球队团结的氛围和集体荣誉感,等等。因此,实现了完美配合所产生的快感也是由多种成分构成的。事实上,体育不是纯艺术,体育美学或者体育美育本身就是复合的概念,没有必要追求美学的纯粹性,而更应关注美育与体育复合所产生的特殊育人价值。某一种教育类型或者某一类课程都不可能是完全单一目标的,而是完全可能在教学过程中实现教育的多元目标,美育与体育的结合就是一个例子。

体育中的美感或者审美经验可以分为两个方面:作为运动者的美感经验和作为观赏者的美感经验。[①] 二者有联系,也有区别,其中最根本的区别在于,由自身运动产生的快感对于培养体育兴趣和提高运动能力有着直接促进作用,同时还能有助于运动者审美能力的增强。对于普通教育中美育和体育的研究,自然比较关注作为运动者的审美体验,因为这是直接产生育人效果的方面。

体育过程中的美育

体育本身就包含着许多美育的因素。一方面,体育作为身体的教育,具有促进人体健美的功能;另一方面,体育作为身体协调自由的活动,使运动者和

---

① 详见高强:《知觉、判断力与范例——从两种体育审美体验谈起》,《体育科学》2013 年第 5 期。

观赏者产生强烈的审美体验。因此,体育是实施美育的一个必不可少的领域。

有学者指出:"体育运动的发展,同时意味着新的艺术现象出现,人类的运动美和人体形象特征在这种现象中被发现出来。"①而体育与艺术的结合依然成为全球体育的发展趋势:

> 体育与艺术、美学与日俱增的密切关系是当代体育的重要特征之一。今天的体育运动表现出了强烈的美学特征和艺术性、竞技运动的表演性、大众体育的休闲性以及体育教育中重视体验、情感和美育等,这些现象都充分说明了当代体育的艺术化趋势显著。②

体育在某种程度上正是一种艺术创造,不过这种艺术创造的对象不是别的事物而是人体。因此,对身体的教育实际上应遵循健与美一体的原则。

在体育中对人体进行的健美塑造主要包含两个方面:第一,使人合乎自然地充分发展,既健康强壮,又具有人体美。通过体育活动,可以使身体发展充分、健全,骨骼匀称,骨肉丰满,皮肤光润而有弹性,这本身就具备了审美的意义。因此,对身体的教育实际上应遵循健、美一体的原则。例如,健美操就是人对自己的身体进行健美塑造的一种创造活动。第二,人体的健美体现在身体运动的协调平衡。体育是充分发挥人体潜能的教育活动,它并不单纯地追求体力的发达,而是更注重发展人体运动的协调平衡性,使人的体能以最经济的方式发挥最大的功效,从而使人体在运动中获得最大限度的自由。无论是体操,还是游泳,无论是打球,还是跑步,只有协调平衡的动作才能最大限度地发挥体能;同时,也只有协调平衡的动作才具有审美的意味,才能在运动者内心产生流畅、合乎节奏的美感体验。所以,在体育活动中,健与美往往是内在统一的。

体育活动中常常伴随着审美的情感体验。在伴有音乐的体操和滑冰中,通过视、听获得的审美体验自不待说,就是身体运动本身也会产生审美体验。这种体验首先来自运动中的自我实现感受。当人体抛弃各种多余的动作,摆脱各种束缚而协调自如地运动的时候,主体往往会在内心里惊奇地感受到生

---

① 萨拉夫:《论体育运动美学》,《国外社会科学》1985 年第 12 期。
② 徐通:《当代体育艺术化趋势形成原因的美学阐释》,《沈阳体育学院学报》2013 年第 4 期。

命力充分发挥和表现的自由状态。此时,不仅他的身体在运动,而且他的情感也随着流畅、协调的运动形式充分地表现出来,他的精神在升华。这种感受产生于运动知觉和想象,产生于对自己身体运动的协调自由特征的领悟。此刻,运动着的人从自己和谐的运动形式中体验到自由的愉悦。心理学的研究证明了身体协调运动产生美感的可能性。肌肉活动可以产生全身心活泼运动的经验,肌肉和神经系统功能的协调起着十分重要的作用。运动的熟练正是通过肌肉和神经组织的协调活动而获得的,其最终结果是用尽可能少的精力消耗来完成某一动作。① 心理学家指出:"有节奏的活动能达到最适宜的协调,使动作的能量消耗更加经济。"②另一方面,运动的节奏感也蕴含着和谐自由的美感经验。这就使得那些高度协调的动作不仅具有外在的美的形式,而且能唤起运动者本人内心的审美体验。从体育心理上说,正是"神经—肌肉活动,这种运动能使人体本身及其活动具有获得美的可能性"③。

　　上述意义上说,体育运动本身具有表现因素。值得注意的是,现代体育活动具有某种超越现实的特征,无论是普通教育中的体育活动,还是竞技性的体育活动,它们都不同程度地突破了现实社会的常规法则,而具有游戏和表现的意义。在充分协调自由的运动过程中,个体不仅证明了自己的体能和体力,而且表现出内在的精神生命、他的情感和欲望。在现代文明社会中,体育不仅是强身养生的手段,而且是个性情感的表现途径。正是在对有节奏的自由运动形式的感受中,个性情感以文明的方式得到表现和升华。在这一点上,体育正内在蕴含着美育的功能。

　　随着人类文明的发展,体育越来越成为一种给人提供审美享受的运动,体育运动的观赏性越来越强,各种各样的体育运动项目为人们展示了精彩纷呈的审美对象。在音乐的伴奏下,女子自由体操和艺术体操展示了灵巧、活泼、舒展、婀娜的美,花样滑冰则创造出自由奔放、潇洒自如的艺术境界,高山滑雪令人惊叹,百米赛跑扣人心弦……在体现人类力量与智慧相协调的运动形式

---

① 详见松井三雄:《体育心理学》,人民体育出版社 1985 年版,第 27—28 页。
② 曹日昌:《普通心理学》,人民教育出版社 1980 年版,第 194 页。
③ 松井三雄:《体育心理学》,人民体育出版社 1985 年版,第 27—28 页。

中,我们感受到了人类为超越自然界限、争取更高自由度的创造的伟大与壮丽。这种感受虽然不如艺术欣赏那么精致高雅,但是,由于运动形式是健与美的结合,因此更激动人心,更令人振奋,更充满着生命力昂扬的情调。这就是"更高、更快、更强"的神奇魅力。在这一点上,体育观赏也包含着促进个性情感表现和升华的美育功能。

美育对体育的助益

因为身体协调的运动与心理和谐的活动有密切的关系,所以,美育对于体育有着重要的促进作用。

在体育中引进美育原则,在体育评价中结合审美评价可以使体育更符合培养全面发展个性的人文教育宗旨。把美育引入体育就要求注重发掘体育中的美育因素,克服单纯身体锻炼的片面倾向,把身体的协调发展与心理的协调发展结合起来。例如,在人体塑造方面,贯彻健与美相结合的原则,不仅可以达到塑造人体美的目的,而且有助于人体合乎自然地健康发展。目前一些健美活动片面追求大肌肉块的隆起突出,忽视了身体整体的协调完整,结果身体本身也不是向更灵巧发展,反而显得笨拙。女子健美不应单纯追求健壮、有力,男子化倾向不仅未能体现女性特有的美,而且不符合女性人体自然发展的要求。从审美的尺度来说,女子健美应该既健康丰满,又不失阴柔之美,这种要求也是合乎女性生理特点的。这里的问题是,学校面向多数学生的健美运动应该与竞技性的健美有所区别,因为前者是以促进学生全面协调发展为目的的。

从体育教学过程来说,必要的审美能力是掌握一些运动技能与技术的重要前提。例如,通过音乐教育发展学生的节奏感,对于学习体操和花样滑冰就十分有利,一个运动员乐感的好坏直接影响到他在这些项目中的成功与否。事实上,所有的艺术品都是有韵律节奏的,因此,审美欣赏往往内含着节奏感的培养。朱光潜曾指出,审美的节奏感不仅涉及心理层面,而且涉及生理层面,引起全身肌肉的活动:"人用它的感觉器官和运动器官去应付审美对象时,如果对象所表现的节奏符合生理的自然节奏,人就感到和谐愉快,否则就感到'拗'或'失调',就不愉快。"①在审美活动中培养起来的节奏感,对运动的外部形式与内部状态的节奏一分敏感,它对于掌握体育运动的节奏,促使动作的协调自如是很有帮助的。许多从事技术性很强的运动项目的优秀运动员,往往喜好音乐,这也绝不是偶然的。另外,作为美育之一的舞蹈教育,本身就有训练身体协调性的作用,审美之的动作与编排总是与身体的协调运动相一致的,所以学习舞蹈可以为学习体育打下良好的基础。

美育可以促进生理和心理和谐平衡,这本身就具有增进健康的意义。美学史上早就有人指出过审美促进心理健康的功能。如古希腊哲学家柏拉图和亚里士多德指出,悲剧和音乐具有情绪的"净化"(Katharsis)作用。朱光潜解释说:

> "净化"的要义在于通过音乐和其它艺术,使某种过分强烈的情绪因宣泄而达到平衡,因此恢复和保持住心理的健康。②

我国古代也不乏有关通过艺术理气、养神,达到内心平衡的说法。例如:山水画创作可以"畅神"③,诗可以"贫贱易安,幽居靡闷"④,等等。明代王阳明曾说:"故凡诱之歌诗者,非但发其意志而已,亦所以泄其跳号呼啸于咏歌,宣其幽抑结滞于音节也",最后是"调理其性情","入于中和"。⑤ 这实际上是一种艺术"宣泄说",宣泄的目的是达到"心气平和"。"气"是古人把审美与养生联合统一起来的重要纽带。古人作诗文书画和歌唱舞蹈讲究主体自身的运气、顺气,这种"气"的调理相当程度上是一种生理与心理贯通的运动,它不仅为艺术创造提供了条件,而且有助于身心健康。中国的武术一直讲究身心协调,可以说是健身与养心有机结合的典范。

秦汉两朝,武舞的常态化和多样化带动了审美意识的快速发展;宋明

① 朱光潜:《谈美书简》,上海文艺出版社 1980 年版,第 78 页。
② 朱光潜:《西方美学史》上卷,人民文学出版社 1963 年版,第 88 页。
③ 宗炳:《画山水序》,叶朗主编:《中国历代美学文库》(魏晋南北朝卷上),高等教育出版社 2003 年版,第 392 页。
④ 钟嵘:《诗品》,转引自北京大学哲学系美学教研室编:《中国美学史资料选编》上册,中华书局 1981 年版,第 213 页。
⑤ 详见王阳明:《传习录》中,吴光等编校:《王阳明全集》(上),上海古籍出版社 2011 年版,第 99—100 页。

以降,武术套路的虚拟化和程式化使得武术审美意识走向了成熟与独立;近现代,由民间武艺逐渐向体育过渡,增强了人们对其竞技性的审美需求;而在今天,以"读图"为主的视觉文化时代,武术的艺术化趋势又彰显其审美意识显著地发生了时代变迁。[①]

中国武术一直追求"形神兼备"之美,体现了中华美学的精髓。我国古代审美与健美相结合的传统是很值得我们今天研究和借鉴的,而如今国内外方兴未艾的艺术治疗更是进一步说明了艺术活动对人的心理和精神健康具有独特的效果。

心理的和谐平衡状态也是体育运动的基础。无论是运动技能和技术的掌握,还是体育竞赛,都要求有稳定的心理素质,审美心理状态不是消沉、呆滞、麻木的状态,而是活泼灵敏的自由和谐。具有较高审美素养的人往往能比较自如地调节内心的平衡,也能够迅速地使自己兴奋起来,这种心理能力正是体育运动非常需要的。

因此,提高审美修养,经常参加审美活动,可以为提高体育运动素质提供良好的心理条件。在这方面,美育对体育是有所助益的。一些中小学已经在体育活动中引入美育因素方面做了有意义的探索,例如,杭州市采荷中学开展的"全程音控健力操"实验。他们把课间广播操加以扩展,增加了一套由教师与学生共同创作的健力腕操,并用一组由几首乐曲编排而成的音乐引导、控制着从入场到做操再到退场的全过程。学生们在不同乐曲的激励下,做着各种活泼、有序的动作,身体的运动与心理的体验有机融合。这种活动不仅有利于健身,而且能激发学生的生命活力,培养他们良好的节奏感、协调感和流畅感,促进他们的身心健康。这是基础教育当中,美育与体育相结合的一个成功尝试。

五、美育与劳育

劳动教育是全面发展教育体系的重要组成部分,既有相对独立的教育内

---

① 马文友:《中国武术审美意识的发展历程与时代变迁》,《体育学研究》2019 年第 6 期。

容,又与德育、智育、体育和美育有着内在联系。

美育和劳育虽然貌似"差距很大",实际上却有着许多共同之处。例如,劳动教育能使人身心合一,重点是价值观教育①,这两点就和美育有着高度相似。艺术的制作,例如小到折纸、剪纸,大到展演,都需要身心参与,都有着劳作的辛苦和坚持的毅力。劳动教育最终要培养学生爱劳动、爱劳动人民、爱创造的观念,美育也是要在意识层面培养学生的高尚趣味和审美观,二者都指向人生观价值观的教育。

美育和劳育是可以很好地协同的。在观念层面,劳育以培养学生正确的劳动观念为目标,在用心动手的教学过程中,引导学生正确理解劳动是人类发展和社会进步的根本力量,认识劳动创造人、创造价值、创造财富、创造美好生活的道理,尊重劳动,尊重普通劳动者,牢固树立劳动最光荣、劳动最崇高、劳动最伟大、劳动最美丽的思想观念。而在美育过程中,可以培养学生热爱劳动、尊重劳动、尊重创造、热爱劳动人民的优良情操。古今中外有许多优秀艺术作品包含着讴歌劳动和劳动者,崇尚创造和创造力,同情底层劳动人民的内容,可以在情感和认知层面培养学生正确的劳动观和人生观。例如,歌曲《在希望的田野上》是一首从头到尾都在讴歌劳动的优秀歌曲,我们在希望的田野上生活、劳动、奋斗,创造美好的未来。歌曲情绪饱满,充满了对劳动创造未来的憧憬,是对学生进行劳育的好教材。李绅的《悯农》既描写了农民种粮的艰辛,道出了粮食来之不易的道理,表达了对劳动人民的敬意,同时又对辛勤劳作的劳动者表达了深深的同情。美育重情感体验,在美育教学过程中,要注意挖掘培养学生正确劳动观念的要素,培养学生热爱劳动、尊重劳动人民的良好情感。这种审美情感与道德情感是相互交融的。

中小学的手工课、美术课既是美育课程,又是学生学习按审美的要求来进行制作的一种特殊劳动教育。例如,小学生完成一艘纸船的折叠,既用手,又用心;既是手工完成一件艺术品,又是亲身制作一件作品。学生完成作业后,观赏着经过自己努力制作出来的作品,那就是对自己劳动的肯定和欣赏。这

---

① 潘建华、黄玉:《劳动教育的价值意蕴、现实困境及其路径探究》,《继续教育研究》2022 年第 2 期。

就是一种融艺术与劳动为一体的教学过程。通过美育教学,学生掌握了一定的艺术技能,具备了初步美化生活的能力。学校的劳动教育与美育相结合,组织学生美化校园、教室和寝室,用自己的双手和辛勤劳动换来整洁、美观的学习和生活环境,在切身体悟劳动价值的同时,也可以使学生发现自己动手实现艺术创造的快乐。这就要求教师要精心设计和组织,充分发挥学生的主动性和创造性。在艺术课程的教学过程中,教师也要多让学生自己参与,培养他们自己动手、不怕辛苦、独立完成的习惯。在职业高中和职教学院,美育可以同专业性的实践教学有机融合,引导学生把艺术要素整合到实践技能之中,提高实践教学的创造性和审美性。这些都为培养学生以审美的方式来劳作的观念和方法创造了条件。

随着劳动教育教学和研究的不断深化,关于劳育与美育的有机联系,还会有更多新发现。

第 六 章

各种审美形态的美育

在具体的教学过程中,美育总是同各种审美形态联系在一起,从而形成不同的美育形态。审美活动是多种多样的,由审美主体与审美客体的不同关系、审美对象的内容与形式的不同关系、审美感受的不同心理结构关系,我们可以确立一些审美范畴(如优美、崇高、悲剧和喜剧),来对审美形态进行分类概括。人们一般把能够使我们获得心情愉悦或情感共鸣的对象称为"美",也容易把艺术或者景观的审美特性称为"美"。事实上,从美学上说,审美对象的形态特征是各不相同的。同样是优秀的艺术品,有的给人赏心悦目、如沐春风之感,有的却给人撕心裂肺的感受,这就说明审美对象是形态各异的。美育是基于各种审美形态的教育活动,因此,也有着不同的形态类型。尽管不同的美育形态在美育的最一般性质、功能和规律上有其一致性,但是它们又各自具有特殊的性质、功能和规律,美育的效果也是不一样的。因此,美育学研究有必要从一般进入特殊,对美育形态进行分类研究,以获得对美育问题以及美育的具体实践更为深入、具体和全面的认识,从而使理论更贴近美育实践。

20 世纪初叶,蔡元培不仅论述美育的一般性价值,还具体分析了"都丽之美、崇闳之美"以及悲剧和滑稽等不同审美形态对人的情感和精神的不同作用。例如,他讲悲剧"能破除吾人贪恋幸福之思想",[①]为我们深入探索美育的形态提供了启示。不同美育形态对于拓宽学生的审美视野,丰富情感体验,提

---

① 蔡元培:《以美育代宗教说》,《蔡元培全集》第 3 卷,浙江教育出版社 1997 年版,第 61—62 页。

高审美能力和审美意识,都具有积极作用。一个人审美发展水平的高低常常取决于对不同审美形态的鉴赏力是否全面,以及鉴赏力水平的高低,而参与不同审美形态的美育活动对于学生审美趣味和审美观念的形成和发展也具有积极意义。而且,不同的个性和个体在不同的发展阶段,对于不同审美形态也会有不同的偏好,不同审美形态的美育对不同个体的作用效果常常是不同的,这就要求具体的美育活动要针对不同的对象选择不同的美育内容。所以,对美育进行形态分类研究很有必要。

可是,在当前我国美育理论和实践中,对于不同审美形态的美育却认识不足,甚至还没引起必要的重视。实际上,人们通常在两种意义上使用"美"和"审美"的概念。从广义上说,"美"意指一切审美对象的本质特征乃至艺术的特殊性和价值,"审美"包括了人对世界的各种审美关系;从狭义上说,"美"只是审美对象的一种类型,审美也只是人对世界的某一种审美关系。除此之外,崇高、悲剧、喜剧等审美范畴则与狭义的"美"有重要差异。这就意味着美育也有广义和狭义之分:广义的"美育"包括了一切审美形态的教育,而狭义的"美育"则只是优美的教育。在具体的实践中,人们往往把美局限于"赏心悦目"这种类型,容易忽视其他审美形态的美育作用,并有意无意地把它们排斥在美育之外。这表明美育形态的研究有利于拓宽人们对美育领域以及各种美育形态之特征和规律的认识,以提高美育实践的自觉意识,增强美育实践的具体性和针对性。在本章中,我们将对美育的主要形态进行探讨,它们分别是优美的教育、崇高的教育、悲剧的教育和喜剧的教育。

一、优美的教育

优美的意义

优美是一种和谐自由的审美形态。从对象上说,优美具有完整和谐的形式特征。中国传统美学常用"和""柔"等概念来加以概括和描述。《左传》中载,晏子认为,音乐将"清浊、大小、短长、疾徐……"对立因素组合在一起,如做羹一样,"济其不及,以泄其过",然后达到多样统一的"和"。① 这个"和"便是形式上完整协调的优美。清代学人姚鼐从传统的天地阴阳观念出发,指出文章之美得之于"阴阳刚柔"的"天地之道",是"为文者之性情性状"的体现,其中的"阴柔"便是优美的本原。他具体描述道:

> 其得于阴与柔之美者,则其文如升初日,如清风,如云,如霞,如烟,如幽林曲涧,如沦,如漾,如珠玉之辉,如鸿鹄之鸣而入寥廓;其于人也,漻乎其如叹,邈乎其如有思,□乎其如喜,愀乎其如悲。②

阴柔之美正是徐婉、柔和、清丽、雅静的美,也就是我们现在讲的"优美"。在西方美学中,优美就是"和谐""适度""小""光滑"。古希腊哲学家多把杂多的协调、多样的统一看作是艺术和美的形式特征。英国经验主义美学家荷迦兹把美的原则说成是:

> 适宜、变化、一致、单纯、错杂和量;——所有这一切彼此矫正,彼此偶然也约束、共同合作而产生了美。③

此后的英国美学家博克也描述了美的形式特征,它们是小、光滑、逐渐变化、不露棱角、娇弱、颜色鲜明而不强烈,等等。④ 这些理论都指出了优美的形式特征,那就是完整和谐。

从内容与形式的关系上说,优美是内容与形式的直接统一,这是另一种意义上的完整和谐。理性内容融化在有序的感性形式之中,使形式直接成为内容的体现,使内容直接化为形式的结构,从而达到二者水乳交融的结合。中国古典美学中的所谓"含蓄""羚羊挂角,无迹可求""不着一字,尽得风流"正是对这种优美形态的描绘。用黑格尔的话来说,优美就是感性和理性的协调统一、内容与形式的和谐一致,这是艺术美的理想。

---

① 《左传·昭公二十年》,转引自北京大学哲学系美学教研室编:《中国美学史资料选编》上册,中华书局 1980 年版,第 4 页。

② 姚鼐:《复鲁絜非书》,叶朗主编:《中国历代美学文库》(清代卷下),高等教育出版社 2003 年版,第 78—79 页。

③ 荷迦兹:《美的分析》,北京大学哲学系美学教研室编:《西方美学家论美和美感》,商务印书馆 1980 年版,第 101 页。

④ 博克:《论崇高与美》,北京大学哲学系美学教研室编:《西方美学家论美和美感》,商务印书馆 1980 年版,第 122 页。

优美的实质在于主体与环境(自然和社会)之间自由和谐的关系,它源于人类克服了外来的束缚、对抗,是生存的自由状态。因此,优美是对人类实践和个体生命的肯定形式,狭义的审美正是对这种肯定形式的确认和体验。这就决定了优美感是一种赏心悦目的自由愉悦,是宁静、舒适、和谐的心理体验。处于优美感的心灵,丝毫不受压抑,既没有剧烈的内心冲动,又没有理智力和意志力的束缚,从而在较高的水平上,恢复了其自然的状态。我们在陶潜、王维的诗,王羲之、米芾的书法,莫扎特的音乐,莫奈的睡莲画当中,可以真切地感受到这种优美的心境。

优美感的心理过程是单纯流畅的,没有曲折转化。主体似乎在一瞬间便被对象所吸引,产生直接的快感,丝毫不用作意志的努力。优美的体验也可能由浅入深,但不会因此而破坏感知的快感。而且,这种体验不会脱离了当下的感知觉对象,而是内心体验的深化与对对象外观的反复品味平衡发展的。这些都与崇高感有重要区别。

优美教育的价值与特点

在整个美育活动中,优美的教育是一种主要的、基础性的形态。首先,优美是最普遍存在于自然和社会生活当中的审美形式,所以,人在一生中接触得最多的是优美。其次,完整和谐的审美形式与人类的生命形式有着最原初的适应性,优美感那种自由和谐的心理状态与人类生命追求或趋向协调平衡和完整一致的本能内在一致。因此,优美的教育能广泛地适合于不同心理水平和个性特征的人。

优美的教育特别适合于儿童。与其他美育形态相比,优美的教育是儿童美育的最基本形态。儿童的心理不像成人那样分化发展,完整和谐的形式很适合以整体反应为特征的儿童知觉,自由和谐的体验也与儿童相对完整的心灵相协调。优美感的直观方式,对于理智理解力不足,而对于直觉创造力充沛的儿童来说,是最适合的。优美感的流畅、愉悦性质也符合儿童快乐无忧的天性。另外,优美是一种可适应于不同欣赏力水平的审美对象:一方面,其不可言传的含蓄意蕴需要较高的欣赏力才能真正体味得到;另一方面,其清晰可爱的外在形式直接诉诸感官,引起快乐和喜悦,极易于为人们所接受。而且,优美的直接愉悦性质又适应着人类最基本和最深层的享乐天性,具有较强的吸引力。因此,优美的教育最适用于美育的初始阶段,它可以把受教育者吸引到审美活动中,逐渐发展他们的审美兴趣,这是一切有效的美育的开端。唯有与人的基本天性相适应的美育,才能真正实现其满足个体的情感生存需求,并按照人的本性来发展他们的各种潜能的目的。所以,对每一个个体来说,美育应该从优美的教育开始,然后逐步开阔他们的审美视野,提高他们的审美素养,这对儿童和成人均如此。

如前所述,优美感是赏心悦目、宁静舒适的自由体验,那么,优美的基本教育作用就是使人获得全身心的松弛舒畅,使个体的内心趋于平和。对儿童来说,优美的教育使他们原来具有的活泼完整的生命得到充分自由的表现,由此而使之健康发展。对成人来说,优美的教育使他们紧张和动荡的心灵获得松弛和宁静。席勒指出,融合美(即优美)可以使紧张的人得到放松。所谓"紧张",是指受到感性欲望和理性法则的强制,而优美既可以使感性的欲望在审美升华中扬弃其杂乱无序的非理性成分——"使粗野的生活和缓下来",又可以使法则规范重新获得生命的内容——"使概念回到直观,使法则回到情感"。① 优美的松弛作用就是解除对心灵的压抑,使之达到有活力的宁静,或有序的活泼。

在现代社会,劳动过程的高度机械化、标准化和程序化,以及竞争的加剧,使人的生活处于高度紧张的状态。心灵长期受强制是造成精神分裂和心理疾病的重要原因。对于这种紧张的心灵来说,和谐宁静的古典音乐和古典诗词,具有一种灵魂抚慰的作用。这不仅是就审美形式和心理效应的意义而言,而且古典艺术那种田园般的情调为寻求精神家园的现代灵魂提供了一个诗意的寓所,远离自然的现代人却可以从这种最自然的审美形态中获得春风般的吹拂、细雨般的滋润。这不仅对成人是如此,而且对处于紧张学习生活中的儿童与青少年来说,亦如此。

---

① 详见席勒:《美育书简》,徐恒醇译.中国文联出版公司 1984 年版,第96—97页。

优美的教育还可以帮助人们树立基本的审美价值观。优美是对人的社会实践的肯定,是生存的自由感和情感生命的完整形态。对人生来说,平衡是暂时的,矛盾冲突却是永恒的,但人的生命追求平衡、渴望和谐,这体现在审美中,就是把瞬间的和谐自由赋予永恒的价值。因此,优美成为一切审美形态的基本价值尺度,离开了这一尺度,崇高、悲剧和喜剧将黯然失色。在一切充满矛盾斗争和挫折失败,甚至包括丑的自然、社会生活与艺术现象中,离开了优美的理想光照,便不会产生真正的审美价值。这就意味着审美观念的培养也应该以优美的教育为基础,让儿童在体验和谐自由的优美感中,发展其爱美和向往自由的情感倾向和观念意识。这不仅为他们今后的崇高感、悲剧和喜剧感的发展打下了基础,而且为道德感和理智感的发展创造了内在条件。

二、崇高的教育

崇高的意义

崇高(Sublime,也翻译为"崇闳""壮美"),作为一个审美范畴,是一种矛盾冲突的审美形态。与优美具有完整和谐的形式不同,崇高的对象往往是残缺、无序,甚至无形式的。奇绝险峻的山峰,狂奔怒吼的大江,无边无际的海面,荒芜沉寂的大漠……它们没有柔软的线条、适度的体积与比例,不能被感官轻易地把握,有时根本无法把握。所以,崇高的对象不仅没有形式的和谐美可言,有时甚至只有丑的形式。博克曾指出,崇高的形式特征是巨大、凹凸不平和奔放不羁、直线条、阴暗朦胧、坚实甚至笨重,等等。① 康德则指出,崇高"能在对象的无形式中发见",是在"大混乱或极狂野、极不规则的无秩序和荒芜里"显示出来的数量和力量的巨大。②

从主体与客体的关系上说,崇高是主客体之间的对立冲突,抗拒与反抗拒的关系。具有形式丑和巨大等特征的对象不能给主体带来直接的审美价值,

---

① 博克:《论崇高与美》,转引自北京大学哲学系美学教研室编:《西方美学家论美与美感》,商务印务馆1980年版,第123页。
② 详见康德:《判断力批判》上卷,宗白华译,商务印书馆1964年版,第83—85页。

它只具有手段的意义,即通过它对主体的抗拒,唤起主体的伟大力量,从而超越、压倒对象。崇高的审美性质和价值正产生于主客体的对立冲突和主体精神的高扬之中,因此,崇高在本质上是一个主体性范畴。如果说优美是主体实现了它的本质力量,是对它的生存自由的肯定,那么崇高则是主体实现其本质力量,追求其生存自由的过程。在人类历史当中,崇高是有待实现的和谐自由,是人的生存维度的扩张,而优美则是实现了的崇高,是人的生存新境界的创生。

崇高的社会历史本质也具体体现在崇高的审美过程之中。因为崇高的对象是无序和巨大的,所以它不能直接满足感性直观的要求,而是产生不自由、不舒适的感受。这就是崇高感的第一阶段,即感性生命受到抗拒和冲击,产生痛感。康德说"崇高感是一种不愉快的感觉"①,正是将它与优美感直接产生感性与理性协调的自由愉悦相比较之后作出的结论。但是,对于具有较高精神力量的审美主体来说,感性生命的暂时受阻,却为充分表现其理性力量提供了最好的条件,它是达到高度精神愉悦的媒介。感官能力的有限激发起无限的想象力,感性生命的受阻却唤起无限的精神生命,于是,主体从受到对象抗拒的被动地位升腾到抗拒与超越对象的主动状态。他在"瞬间的生命力的阻滞"之后,立刻产生出"生命力的因而更加强烈的喷射"②,从而获得激动人心的精神愉悦。这是崇高感的第二阶段。

由此可见,崇高感是一种过渡性的、动态的和充满矛盾冲突的审美体验,具有痛感与快感的双重品格。其中,痛感主要体现在感性水平,快感主要体现在理性水平。然而,审美的精神愉悦也必然带来感性水平的释放。所以,崇高感虽不同于直接的、和谐自由的优美感,但它仍是趋向和谐自由的审美体验,只不过它不像优美感那样,是感性和理性平衡协调的即时愉悦,而是理性的自由带来感性的解放,是先后相继的愉悦,并以感性的不愉快感为前提或媒介。

---

① 详见康德:《判断力批判》上卷,宗白华译,商务印书馆 1964 年版,第 97 页。
② 详见康德:《判断力批判》上卷,宗白华译,商务印书馆 1964 年版,第 84 页。

崇高教育的价值与特点

崇高的上述特征决定了崇高的基本教育功能是发展主体性,高扬主体精神。主体性是人的基本品质,在自然面前,它体现为人特有的本质力量和能动性;在社会面前,它体现为个体特有的独立自主的个性。崇高,作为一个主体性审美范畴,正体现了人作为类和个性的本质特征。面对巨大有力、超越了主体实际能力的对象,主体以伟大的精神力量与之抗争,这种伟大的气概充分体现了人的尊严与自觉。我们在崇高的体验过程中,为这种人性的伟大所折服,发出由衷的惊讶和赞叹,从中意识到人的伟大和尊严,体验到人性的伟大力量。此刻,我们的道德境界也得到提高。这种道德境界与按照伦理常规循规蹈矩不同,而是意识到人的最高道德使命。孟子曾由鱼和熊掌不可得兼引出"生"与"义"的选择问题:

> 生亦我所欲也,义亦我所欲也,二者不可得兼,舍生而取义者也。[1]

这段话,从美学的意义上说,正体现了崇高的道德感。人与动物不同,他不仅有避死趋生的本能,而且有"舍生取义"的道德使命感,那就是人道的使命。虽然我们今天的道德观念与孟子的"义"有不同之处,但是基本的人道内涵是有延续性的。在历史发展的重要关头,无数英雄志士抛头颅、洒热血,正是为了实现人道的社会理想,而表现这种艰苦卓绝的斗争的崇高型艺术,正可以唤起我们的道德天性,使主体精神得到发展。

崇高的教育发展着人们的精神力量,使他们的审美趣味和审美视野得到扩展。从历史的角度看,崇高是于优美之后产生的审美形态,属于近代的审美范畴,是人类的主体精神力量得到发展之后的产物。从个体的成长来说,也只有在精神力量达到一定发展水平时,冲突、对立、斗争的现象,丑的对象,才可能被纳入他的审美视野。因此,一方面,崇高的教育应在优美的教育之后,它对幼儿不太适宜,一般要从青少年时期开始,而且,崇高的教育也有赖于一定的道德教育,唯有具备自觉道德感的人,才可能面对巨大的对象而超越它。但是,另一方面,人的精神力量,他的道德感,只有在感性的不适或痛苦中才能得

---

[1] 《孟子·告子上》,杨伯峻:《孟子译注》下册,中华书局 1960 年版,第 265 页。

到激发和提高。席勒曾指出：

> 人身上的才智要作为一和对自然独立的力量显示出来，自然就必须首先在我们眼前表现出它约全部威力。感性本质必须深沉而强烈地感到痛苦，激情应该就在这里，这样理性本质才能证实和在行动时表现出它的独立性。①

这就意味着审美活动中主体的理性力量正是在与自身的感性力量的斗争中才得到成长和体现的，而崇高的审美形态正为人们提供了一个心理震荡和自我征服的场所，崇高的教育由此而促进人的精神力量的发展。

崇高的另一个教育作用是使心灵得到激励，精神得到振奋，超越麻木、消沉的生活态度和精神状态。文明的发展和物质的丰裕会带来负面的效应，造成人性柔弱，心灵呆滞和精神空虚。正如德国诗人史勒格尔所指出的：

> 人类当中的大多数仅仅由于生活环境，或由于不可能有过人的精力，只好局限在琐细行动的狭隘圈子里。他们的日子在懵懵懂懂的习惯的统治之下一天天过去，他们的生命不知不觉地推进，青春时期最初热情的迸发很快就变成一潭死水。②

因此，人的心灵需要用不和谐甚至痛苦来加以刺激，使之在惊讶中醒悟，在矛盾冲突中提升，这合乎人类生命发展的辩证法。一般来说，追求幸福和趋于享乐是人的本性，但是，耽于享乐，安于现状，会使生命萎缩、精神颓废，使既有的幸福和享乐失去意义。艰苦的境遇和奋斗的经历却可以使生命力得到更新和提升，使和谐宁静的生活在更高的水平上重新获得意义。在这个方面，崇高的教育价值就在于，使个体心灵在痛苦的体验中受到激发，超越生活的常态，去追求更高尚、更有意义的生活目标。对于现实的矛盾冲突和社会进步来说，它是一场意识中的预演，为实现伟大的人生理想提供精神动力。从发展个体的情感来说，优美是发展着人的柔情，而崇高则激发着人的激情。

崇高使我们脱俗，"因它们提高了我们的精神力量越过平常的尺度"③，而

---

① 席勒：《论激情》，《外国美学》（3）．商务印书馆 1986 年版，第 347 页。
② 转引自朱光潜：《悲剧心理学》，人民文学出版社 1983 年版，第 197 页。
③ 康德：《判断力批判》上卷，宗白华泽，商务印书馆 1964 年版，第 101 页。

与一切低级、庸俗的趣味告别。对崇高怀有兴趣的心灵,必然不满足感官的享乐和既得的安逸,必然对浮夸、空虚、造作、浅薄、卑下的东西持蔑视的态度,宁可在斗争的痛苦中追求永生。在崇高的感受中,一切既有的、经验界的,因而也是有限的东西都显得那么渺小与微不足道,唯有未来的、理想中的,因而也是无限的东西才真正具有价值。我们由此而胸襟开阔,对宇宙万物持有至高至善的生命关怀。在一味追求物质利益和耽于感官享乐的风气逐渐蔓延的时代,崇高的教育就更显得迫切和重要。它在某种程度上已超出单纯审美教育的范围,我们更应该从改善生存质量、振奋民族精神的意义上来认识它。

三、悲剧的教育

悲剧的意义

作为一种审美形态,悲剧不是一种戏剧样式,也不是可悲的或不幸的事件,而是崇高的高级形式。

悲剧源于人的生存发展的无限性与其特定条件的有限性之间不可调和的矛盾,这种矛盾可以从时间和空间两方面去理解。从时间的方面来看,个体的生命首先受到自然的限定,由此产生了生与死的矛盾;而人类的发展进程,又受到历史的限定,于是产生出理想与现实的矛盾。恩格斯在分析和评论拉萨尔的剧本《济金根》时曾指出,"……历史的必然要求和这个要求实际上不可能实现之间的悲剧性的冲突"[1],这是对人类历史的悲剧性矛盾的深刻揭示。从空间的方面来看,个体与社会的分离与矛盾,造成了人的生存发展的社会性界限,体现为个体与个体、个体与群体、群体与群体之间的分裂与对抗,这在阶级社会中表现得尤为突出。黑格尔曾把悲剧归因于片面的伦理观念之间的矛盾冲突,这是以"颠倒"的方式揭示了悲剧的某种社会根源。存在主义哲学强调现代资本主义社会中人与人之间无法沟通、理解与联合的悲剧性生存境遇,虽然这种理论并未提出解决这种危机的有效途径,却仍包含着真实而深刻的

---

[1] 《马克思恩格斯选集》第四卷,人民出版社 2012 年版,第 443 页。

洞见。社会的界限造成人格的分裂与矛盾,悲剧的冲突最终集中于人自身,体现为感性与理性、欲望与原则、情感与理性、个性与社会性等一系列不可调和的冲突,它们使人面对复杂多变的世界,无法作出统一的抉择和行动,陷于悲剧性的二难境遇之中。在这方面,俄狄浦斯、哈姆雷特是典型,屈原也很近似。事实上,艺术作品中的悲剧性总是集中体现在人物性格自身不可解决的矛盾冲突之中。

因此,悲剧总多少展示了人的某种不可避免的缺陷,这正是"悲剧人物过失说"的基本根据。但是,这种缺陷本质上不是个人的动机和道德问题,而是一个无法回避、不可逆转的"命运",即人的感性存在无法超越无情的时空界限。应当指出,这种普遍的悲剧根源并不直接产生悲剧;悲剧作为一个主体性审美范畴,是在主体对客体的悲剧性境遇进行反抗与超越的过程中产生的。没有对生存发展的时空界限的自觉意识,没有反抗和超越这种界限的勇气和激情,就根本不会有艺术作品中深刻的心灵痛苦和壮丽的生命牺牲,也不会有崇高的精神力量的迸发与高扬,也就是说,不会有真正的悲剧。因此,对阿 Q 来说,生活没有悲剧,唯有鲁迅才发现和创造了悲剧。于是,《阿 Q 正传》呈示出悲剧与喜剧混合的审美品格。

与崇高一样,悲剧是一种动态的、过渡性的审美形态,它有挫折和毁灭的一面,又有胜利和永生的一面。二者以主体精神的超越为中介,实现了辩证的转化。超越不是虚幻的逃避,而是主体自觉地确认生存发展的悲剧性境遇,在与各种时空界限的反抗中,在由于这种反抗的受挫中,在感性生命遭到毁灭中,表现出伟大的智慧、勇气、激情和精神自觉,达到高度的精神自由。悲剧的主体自由意味着人类的伟大力量和精神生命决不会因为感性的或现实的种种界限而死亡,相反,它们正是在与各种界限的斗争中,甚至在肉体的死亡中最充分地成长和表现。而且,从历史的进程来说,今天的精神自由终将成为明天的现实解放,悲剧人物虽献出了自己的自然生命,他的伟大精神生命却存活于人类的思想文化之中,转化为类的本质,从而达到永恒。

因此,我们说,悲剧给死赋予了生的意义,悲剧人物正由于毁灭而得到永生,悲剧精神正由于面临死亡的考验而获得永恒的价值,这就是悲剧超越的深刻现实性。它与宗教超越不同,不是跃向彼岸而抛弃了现实的真实存在,而是在对当下现实的否定中,走向未来的现实性;它也不是仅仅向往未来的幸福,放弃了对现时态生存价值的追求,而是在与各种界限的反抗和斗争中,创造出生存的巨大价值;面对挫折与死亡而更激发起胜利与永生的勇气和激情,这使现时的生命显得壮丽而辉煌。

悲剧的巨大精神价值使它与悲观、哀伤深刻地区分开来。悲观与哀伤也源自对人生界限的意识,但是这种意识既肤浅又怯懦。东汉末年产生的《古诗十九首》就是悲观、哀伤的诗。它们表达了对人生短暂的哀叹,显示出对生命界限的初步认识。但是,这些哀伤诗人是由于人生有限、留恋现世的生活享乐而意识到生命的界限,实际上仍迷恋着经验界的享受。因此,他们是把生命的意义托付给了偶然的世俗经验,他们对生命的哀伤由感观享乐的偶然丧失而生,也可以由感性享乐的偶然获得而灭,所以,他们转而采取了及时行乐、自我麻醉的生活态度。他们认识不到人生的崇高使命必然与现实的矛盾不可调和,认识不到个体生命的终极意义要在与全人类和历史的关联中才能确立,认识不到人类摆脱死亡恐惧的真正途径是使精神在与各种生存界限的斗争中得到永生。因此,他们在死亡面前退缩了,他们逃避痛苦,故而不能获得激情昂扬的快乐;他们没有正视死亡的勇气,故而不能获得超越世俗经验的精神自由。哀伤诗人把艺术创作当作抒发无奈心情、寄托生存希望的途径,而不是使心灵在情与理、欲望与原则等一系列冲突中得到超越和升华的生命更新活动,所以,他们的诗只有悲哀,没有悲剧性。

悲剧感的主要成分是自觉的生命意识、伟大的反抗意志和崇高的超越性激情。悲剧主体清醒地认识到生存发展的各种必然界限,把生活理解为矛盾斗争的过程,确信受挫和死亡之不可避免;同时,他自觉地意识到自己的崇高道德使命,他把实现自己的精神自由作为最高目标,把为人类幸福贡献自己的一切作为最大的幸福。由此,他获得了坚定的人生信念和不屈不挠的反抗意志,产生出强烈的创造激情。如再生鸟,投入熊熊烈火,以寻求永恒的再生;如普罗米修斯,敢于对抗宙斯的旨意,造福人类,并在无休无止的受罚时,表现出忍受痛苦的巨大毅力;如俄狄浦斯,敢于向"命运"挑战,坚持不懈地寻求着真理与正义。

从心理学的角度看,悲剧感是感性与理性、痛感与快感的既相互混杂又前后相继的心理过程。生存的悲剧性境遇造成自觉心灵的深深痛苦和焦虑,那是一种内心极度分裂、矛盾、错杂的心态。悲剧主体的心灵在自我挣扎斗争中牺牲了世俗的方面,从而使精神的方面得到升腾,这就产生了深刻而剧烈的情感激荡,产生愉悦。悲剧感的这种双重性和过渡性品格与崇高感基本一致,但是相比之下,悲剧感中的痛苦更强烈,往往是一种恐惧感。这是由于意识到生与死、个性与社会、理想与现实以及心灵内部的有些矛盾对立一时无法调和,从而陷于一种无法排遣和解除的痛苦之中。然而,由这种大悲恸而唤起的精神愉悦,又是无限的、无法比拟的大欢乐,超越了死亡的欢乐是其他任何欢乐所不可企及的。

总之,悲剧感以其对生存境遇与生命意义的自觉领悟而达到哲思的高度,以其对道德使命的充分确认和对人类不幸命运的深切同情而具有最高的道德感。因此,这种审美感受和能力是人的本质力量的充分体现。正是在这个意义上,我们发现了悲剧的教育价值。

悲剧教育的价值与特点

悲剧的教育是最高级最深刻的美育形态。这首先是因为它具有人生观教育的性质和功能。悲剧艺术从来都是对人生意义的探求,通过死亡来思索生的意义,通过痛苦而追求精神自由,悲剧艺术家由此把悲剧艺术上升到本体论的意义上,使之具有哲学的意味。德国悲剧哲学家雅斯贝尔斯指出:

> 悲剧观念将人类的需要和痛苦固着在形而上学,倘若没有这一形而上学的基础,我们除了痛苦、悲哀、霉运、灾难和失败之外,就什么也没有了。[①]

苏联美学家鲍列夫更明确地指出了悲剧的哲学性质:

> 悲剧是哲学的艺术,它提出和解决生命的最高的形而上学问题,它意

[①]　雅斯贝尔斯:《悲剧的超越》,亦春译,工人出版社 1988 年版,第 73 页。

识到存在的含义,分析全球性问题。①

所以,悲剧观或悲剧意识应该是人生观的一个组成部分。悲剧可以唤醒对人生的自觉意识,清醒地认识到人生与各种界限之间不可调和的矛盾,正确地对待人生的挫折乃至死亡。同时,悲剧可以提高人们的道德感和精神力量,使他们初步确立人生的信念,培养为实现人类的崇高理想而不懈斗争的勇气和激情。

一般来说,儿童与青年往往对生活抱着善良的愿望和美好的憧憬,但在成长过程中,随着其逻辑思维能力和批评精神的发展,他们会越来越多地发现社会现实的某些不合理性和矛盾的方面,发现理想与现实、个人与社会、人与自然之间的某些不可调和的对立冲突。又由于处于青春期的青少年对人生缺乏深刻的体察,逻辑认识带着浓重的自我和情感色彩,因此往往会对人生矛盾作出片面武断和迅速摇摆的判断和反应,有时情绪上容易走极端。一位日本心理学家曾这样描述青少年的心理特征:

> 欢喜和悲哀,得意和失意,满足和后悔,希望和绝望,这些完全相反的情绪的体验不断地涌现出来。各种各样的情感混杂在一起,犹如团团旋涡。在这个时期,无论谁都是苦恼的。②

这种苦恼,正反映了青少年的人生自觉意识的萌发,虽然这种自觉意识是朦胧而脆弱的,但它可以在适当的教育过程中,发展成为积极、坚定的人生观。悲剧的教育培养青少年的悲剧感,使他们确认人生矛盾的必然性,确认人生的伟大意义正在于艰苦卓绝的奋斗之中。同时,悲剧的欣赏不断激发着他们的精神力量,推动着他们情感中精神性的提升。这样,就使得他们的欢喜与悲哀、希望与绝望等正负相对的情绪体验,建立在正视生存矛盾和敢于超越生存界限的清醒理智和崇高勇气之上,使一己的苦恼深化为全人类的悲悯,使不可自拔的绝望升华为坚定的信念。原先的希望由于注入了对困难的充分估计,从而更加坚实;原先的欢乐由于被置于痛苦的体验之上,从而更加深厚和

---

① 鲍列夫:《美学》,冯申、高叔眉译,上海译文出版社 1988 年版,第 77 页。
② 依田新:《青年心理学》,杨宗义、张春译,知识出版社 1981 年版,第 68 页。

强烈。

青春期正是人生观逐步形成的时期,我们不能期望单凭春风和鲜花来培养出坚实的人生理想和坚强的人格,不能单凭真、善、美来培养高尚纯洁的灵魂。温室里的花朵为什么娇弱无力,那是因为缺少暴风雨的吹打;美好的理想为什么容易破灭,那是因为它建立在善良的愿望和绚丽的幻想之上,缺少对人生矛盾的清醒理智认识和敢于正视与超越生存界限的坚强意志。悲剧的教育是对心灵的磨炼,这是现实的人生考验的有计划和有引导的预演,它让人在痛苦中汲取欢乐的源泉,从欢乐中领悟到人生的局限;它能克服盲目的乐观和消极的悲观,使头脑更清醒、灵魂更坚强、心灵更有韧性。在我国物质越来越富足的今天,多数青少年过着衣食无忧的生活,享乐主义的意识自然会产生,娱乐文化又时常给孩子们提供各种感官刺激的产品。在这种语境中,悲剧教育的价值更加凸显。

悲剧的教育不仅必要,而且可行。青少年的心灵十分敏感和丰富,它已不满足赏心悦目的优美感受,孤独感、失落感、苦恼和迷惘使青少年更喜爱崇高和悲剧艺术。他们从这些艺术中,"追求自我振奋和陶醉","那些仅表现事件的外部联系的主题,远不如能引起人的体验、意志、斗争及情绪激动等效果的主题。正是这类主题能更有力地唤起最强的美的感受"。[1] 这意味着青少年的心理发展已向我们提出了悲剧教育的要求。另外,青少年的理智发展和道德感发展也为悲剧的教育提供了某些条件。

悲剧的另一个教育作用是心理净化。净化的途径有两种:一是通过激发情绪,使生命能量得到充分宣泄,寻致情绪的缓和,恢复心理平衡。这种净化是医学意义上的情绪宣泄,悲剧感受也带有这种性质,但这不是其本质的方式。另一种净化的方式是使情绪从消极状态向积极状态转化,悲剧性净化主要属于此类。卡西尔在评论亚里士多德的著名悲剧宣泄理论时说:

> 它的意义是指我们情感本身变为我们积极人生的一个组成部分,而不是消极人生的一个组成部分。它们被提升到一种新的状态。[2]

---

[1]　依田新:《青年心理学》,杨宗义、张春译,知识出版社 1981 年版,第 74—75 页。

[2]　卡西尔:《符号·神话·文化》,李小兵译,东方出版社 1988 年版,第 160 页。

悲剧确实使我们产生一定程度的恐惧,但由于悲剧使我们与生俱来的恐惧感超越了个体的和世俗的意义,扩展为对人类生存发展的各种界限、对人生的某些不可解决的二难的自觉意识,从而使恐惧向积极的方面转化或升华。这就是悲剧的心理净化作用,它使消极情绪解除受压抑和强制的紧张状态,向健康活泼的方面转化。这种转化也随之带来心理平衡,因为恐惧不再作为一种情绪的重负时刻压抑在心头。日本心理学家关忠文指出:

> 恐惧……从发育早期就开始出现了的,……在青年期,这个倾向进一步发展,变成了主观上的东西。也就是说,成为与自我有关的个人的恐惧。[1]

这种恐惧心理是青少年普遍具有的正常心态。但是,如果它得不到正常的表现和转化,就会成为他们的心理负担,既给青少年的生活和学习造成障碍,也会影响其心灵的健康成长。悲剧教育为青少年的恐惧心理提供了正当表现和向积极的方面转化的途径,这也是悲剧教育的独到之处。

最后,还要指出悲剧教育对提高国民素质的重要意义。谈到悲剧,我们便会自然地想到鲁迅对古典叙事文学中的"团圆之趣"的深刻剖析和批判。"团圆之趣"固然体现了乐观的性格和善良的愿望等世俗精神,但也表现出对人生、对社会缺乏"正视的勇气"。鲁迅说:

> ……有些人确也早已感到不满,可是一到快要显露缺陷的危机一髪之际,他们总即刻连说"并无其事",同时便闭上了眼睛。这闭着的眼睛便看见一切圆满……于是无问题,无缺陷,无不平,也就无解决,无改革,无反抗。因为凡事总要"团圆",正无须我们焦躁;放心喝茶,睡觉大吉。[2]

他尖锐地指出,这是"瞒和骗"的文学。但是,从更深层的意义上说,"团圆之趣"体现了民族心理中怯懦、逃避、贪恋世俗生活而不惜抛弃崇高理想追求的弱点。所以,鲁迅一针见血地指出:

---

① 关忠文:《青年心理学》,黑龙江人民出版社 1980 年版,第 78—79 页。
② 鲁迅:《论睁了眼看》,《鲁迅全集》(编年版)第 3 卷,人民文学出版社 2014 年版,第 344 页。

这实在是关于国民性底问题。[①]

当然,民族悲剧传统中并非没有对生与死的哲思,并非没有勇敢的反抗,在悲剧理论上,也有人倡导打破"大团圆""以悲终""以死终"的戏曲文学(如卓人月的《新西厢记·序》)。但是,"团圆之趣"的确是我们民族的普遍心态,文艺只是其表现罢了。有的学者认为,这种心态是追求光明、肯定美好幸福生活的心态,正体现了悲剧的精神实质。但是,"团圆"的达到不是以正视现实不可调和的矛盾为前提,不是以奋斗和反抗为过程,也不以挫折和牺牲为代价,而是通过对矛盾的调和或回避来解决。似乎人生的挫折和死亡是一种人为的和偶然的错误,而这种错误必然会自动得到纠正。因此,痛苦、死亡、矛盾只是幸福、生存和太平的无限循环中的一个小插曲,不必老是去想它,也无须积极地抗争,因为它迟早会自行消亡的。这种近似"鸵鸟式"的躲避方法,充分表明了主体精神的贫乏,没有清醒的自我意识,没有高尚的道德感,人失去了他的尊严、智慧、勇气和激情。生活被降低到"好死不如烂活"的价值水平,因此,不需要信念,不需要永恒地探索和追求,不需要反抗和斗争,只要维持那世俗经验水平上的生存就满足了。

这种精神状态是与现代化的伟大历史进程格格不入的。因为丧失了主体精神的人不敢正视不可调和的矛盾,不会真正理解历史发展的必然性,不会确立坚定而崇高的人生理想,所以也不会自觉地投身于伟大的社会实践中去。由此看来,悲剧的教育对于民族性格的重铸与更新亦有一份积极的推动力。悲剧情境的呈示使人惊醒,悲剧冲突的展开使人激动,悲剧的痛苦使人崇高,悲剧的教育是在引人看到不可解除的苦难之时,又使他看到光明,看到实现幸福的必由之路;它使人在体验痛苦、恐惧等心理的同时,又使人的精神得到提升。所以,悲剧的教育发展着我们深刻的审美能力,提高着我们的人生志趣,塑造着坚定顽强的民族性格——这些正是我们这个时代所需要的。

---

①　鲁迅:《中国小说的历史的变迁》,《鲁迅全集》(编年版)第2卷,人民文学出版社2014年版,第793页。

四、喜剧的教育

喜剧的意义

喜剧又称滑稽,它并不专指某一种戏剧形式,而是指表现于各种艺术形式中的一类审美形态。与悲剧一样,喜剧也是一个矛盾结构,但这种矛盾结构在本质上是非对抗性和非冲突性的。如果说悲剧源于人的本质力量与特定生存界限之间不可调和的对立冲突,那么喜剧则源于它们之间实质上虚假的矛盾冲突。似乎有矛盾、有困难或有问题,但实际上没有或不应有矛盾、困难或问题,这是最基本的喜剧性情境。

喜剧的矛盾结构有两种主要的构成方式。一种是生命力已到极限,已无价值,但它仍以生命力的形式表现自己,充当价值,也就是说,假、恶、丑以真、善、美的形式表现自己。亚里士多德从伦理学角度论述了喜剧中的丑恶已是无害的:

> 滑稽的事物是某种错误或丑陋,不致引起痛苦或伤害,现成的例子如滑稽面具,它又丑又怪,但不使人感到痛苦。[1]

马克思则从社会发展的角度,论述了喜剧的历史否定性内涵:

> 历史是认真的,经过许多阶段才把陈旧的形式送进坟墓。世界历史形态的最后一个阶段是它的喜剧。[2]
>
> ……
>
> 黑格尔在某个地方说过,一切伟大的世界历史事变和人物,可以说都出现两次。他忘记补充一点:第一次是作为悲剧出现,第二次是作为笑剧出现。[3]

人类的历史发展是不断克服与超越外部世界和内部世界的各种界限的过程。起初,这些界限是作为人类尚无法掌握和征服的巨大力量对人类构成真

---

[1] 亚里士多德:《诗学》,人民文学出版社 1962 年版,第 16 页。
[2] 《马克思恩格斯选集》第一卷,人民出版社 2012 年版,第 6 页。
[3] 《马克思恩格斯选集》第一卷,人民出版社 2012 年版,第 668 页。

正严重的威胁,人类必须发挥其全部主体力量与之抗争,从而构成强烈的对立冲突,这是悲剧的历史根源。随着人类主体力量的发展,原先的某些界限已被掌握和征服,它们不再对人类造成实质性的威胁,成为失去了历史存在根据的无生命力的东西。因而它是无害的,不会引起我们的痛苦。但不幸的是,这些本应被抛弃的东西竟残留于人类生活,还被一些人当作有价值之物,被赋予了真、善、美的外观,于是喜剧性的虚假矛盾结构便产生了:内容与形式倒错,正负价值混合。车尔尼雪夫斯基正是从这个意义上,把滑稽定义为"丑强把自己装成美"①。而当代苏联美学家斯托洛维奇则进一步发挥说:

> 喜是现象或它具有消极价值的潜能的方面同真正价值之间暴露出来的矛盾。反价值与价值之间的这种对比是由喜的现象本身不知不觉地引起的,因为喜的现象经常以价值自居,力图替自己哄抬价格,而这种价格无论如何也不符合它的价值。②

喜剧矛盾结构的另一种构成方式是,生命力受到某种本来可以克服的界限的束缚,失去了它的完整性,影响到它的活力,由此形成了生命力与其充分表现之间的不协调,真与善的不协调,手段与目的、行动与愿望的背离。"守株待兔""刻舟求剑""楚人隐形"等笑话,均可作如是观。柏格森曾指出:滑稽是"装在生命之中,模仿生命的机械动作","把生活导引到机械方面去,这就是……引人发笑的真正原因"。③

这种理论从文化的角度揭示了文明、特别是工业文明对人类生命有机活动的干扰以及由此引起的怪异。人往往会按某种教条、陈旧观念、死板规则或固定程序来行事,失去对特定的自然或社会境遇作出灵活反应的能力,于是陷入了可笑的喜剧性矛盾之中。

应当指出,喜剧并不总是揭露丑的、无价值的、反生命的东西,在有些喜剧情境当中,特别是在喜剧艺术中,往往通过机械性的、荒诞的、违背常理的形式

---

① 车尔尼雪夫斯基:《论崇高与滑稽》,《车尔尼雪夫斯基论文学》中卷,新文艺出版社 1958 年版,第 97 页。

② 斯托洛维奇:《审美价值的本质》,凌燃尧译,中国社会科学出版社 1984 年版,第 137 页。

③ 柏格森:《笑——论滑稽的意义》,李继曾译,中国戏剧出版社 1980 年版,第 20、21 页。

更充分地显示出真、善、美。例如,卓别林饰演的普通人物,行走姿势固然可笑,但正是在这种费力而又满不在乎的动作中,我们可以发现正常人的言行举止所不具备的自尊、自信和积极的生活态度。中国戏曲中的许多丑角(如昆丑)是饰演好人的,他们的言行举止往往有笨拙、怪异的形式,但似乎正是凭着这种形式才充分地表现出人物的智慧、善良和达观的性格。这是一种艺术的辩证法,以假、恶、丑的形式表达了真、善、美的内容。

喜剧与悲剧一样,是一个主体性审美范畴。喜剧的矛盾结构是在主体的发现与评价中才显露出审美价值来的,正如鲁迅所说的:

"……喜剧将那无价值的撕破给人看……"[1]

这个撕破就是主体发现了隐藏在美的形式下的丑,看到了喜剧矛盾的实质。这种发现又凭着某种普遍的价值尺度,并不像某些喜剧理论所说的,是凭着自私的、恶的、幸灾乐祸的本能。事实上,我们之所以会对丑恶的东西抱喜剧性的审美态度,那是因为意识到这些东西在整个人类的力量面前已不会有大伤害,对于个体来说,它们不一定已被个体一人所掌握和克服,但他只要意识到它们已被他的同类所掌握和克服,便会对它们持一种优越的姿态。正是依靠这种人类的普遍力量,人才可能有自嘲,才可能产生乐观自信的幽默感。

喜剧评价的这种社会性质是喜剧的深刻性所在,也是喜剧的笑区别于各种低级、浅薄和恶意的笑的重要特征。由此我们也可以发现,喜剧感包含着某种自信和乐观的品质。因为喜剧评价使个体上升到社会的高度,使他凭着类的力量来看待世界,使一些反价值的东西失去了对他的威胁力,从而发现了自身发展的可能,树立起生活的信心和希望。因此,喜剧感为我们更好地创造生活和享受生活提供了动力,培养喜剧感具有重要的教育价值。

喜剧教育的价值与特点

发现喜剧情境的自相矛盾,体现了一种较高水平的智慧,即在直觉中迅速揭示内容与形式之间的倒错关系、在统一的现象中见出对立的本质。在喜剧

---

① 鲁迅:《再论雷峰塔的倒掉》,《鲁迅全集》(编年版)第 3 卷,人民文学出版社 2014 年版,第168 页。

艺术中,人们可以逐渐培养起这种机智的直觉能力,使他们不为假象所惑,能够正确地辨别真、善、美与假、恶、丑。喜剧感也是一种创造力,体现为把两种原不相干的事物或事件豁然串通起来,别出心裁却又合乎情理地揭示生活的某些真相。所以,一些心理学家把喜剧感作为创造性因素来看待,认为对妙语、喜剧的研究是"一种能更好地理解创造过程的途径"①。反过来也可以发现,喜剧感的培养是发展个体创造性的一条途径。

喜剧的教育是人生观教育的一个部分。喜剧有多种类型,如滑稽、讽刺、幽默等,其中以幽默感的培养与人生观教育联系最为密切。陈瘦竹等曾指出:

> 幽默是一种人生态度,幽默的人在观察世界时虽从理性出发,但更带着丰富的感情,他遇事都要设身处地,在严肃中蕴藏着宽厚仁爱;心胸博大,处逆境而泰然自若;在嘲笑别人的荒谬愚蠢的言行时,同时嘲笑自己的缺点错误;常存悲天悯人的心情,又有积极乐观的精神。②

由此可见,幽默感的培养也意味着仁爱与乐观精神的培养,意味着使人摆脱琐细利益的计较,心胸更加宽阔,眼界更加广大。具有幽默感的人,能够对他人采取宽容的态度,因为他已站在人类整体的高度,把自己与他人联系起来看待。于是,他人的可笑行径与自己的缺陷有了相通之处,幽默的笑成了一种自嘲,一种要求与人交流、沟通的表示。幽默的乐观精神以人类社会的总体力量为依托,人们之所以会对某些尴尬的境遇、缺陷、失误产生幽默的笑,是因为他们已从人类文化的精神财富中汲取了掌握与克服它们的力量。这同盲目乐观有质的不同,因为它以清醒的理智为前提,以社会的价值尺度为依据来超越当下的矛盾或不足。而盲目的乐观是鸵鸟式的,以一己的幻想做武装来寻求精神安慰。阿 Q 的"精神胜利法"就是达到盲目乐观的一种法宝,这是自我麻醉式的寻求快乐的方式。

如前所述,青少年极易在悲观与乐观的两极摇摆,造成人生观形成时期的判断力失常和价值混乱。喜剧的教育可以使他们在与社会的融合、与人类整体力量的认同之中,培养乐观的精神,使他们对自己、对他人、对人类的未来怀

---

① 阿瑞提:《创造的秘密》,钱岗南译,辽宁人民出版社 1987 年版,第 129 页。
② 陈瘦竹等:《论悲剧与喜剧》,上海文艺出版社 1983 年版,第 87 页。

有信心。事实上,青少年在成长过程中所遇到的挫折与痛苦,虽然对他来说是第一次,而且是严重的,但是从人类的发展来看,许多挫折与痛苦是可以克服的。因此,应该培养他们的幽默感,让他们带着笑声去对付困难,乐观地、充满信心地走向成熟。这同悲剧的教育虽然"殊途",却又"同归"。

喜剧可以促进人们的社会性发展,使他们与社会相协调。喜剧只有人类社会才有,它具有社会调节功能。柏格森指出:

> 我们深信笑具有社会的意义和价值,深信滑稽首先表示人对社会的某种不适应。①

事实上,我们之所以对某人的言行举止发笑,首先是意识到他的所作所为并未达到他理应达到的水平,这个水平在我们的头脑中是作为已知的法则或常识而出现的,是人类发展的积极成果,也是一种社会的普遍尺度。因此,当我们发出喜剧的笑时,就是对这种社会普遍尺度的认同,它既可纠正他人的某些不足,也可促进自身的社会化。例如,对"守株待兔""刻舟求剑"的笑,使我们自觉避免死板的、把相似性误认作同一性的错误;对"崂山道士"的笑,可以使我们避免迷信书本和想入非非的错误;对契诃夫笔下的"套中人"的笑,可以使我们避免奴性和死板僵化的思想与言行;等等。莱辛曾指出:

> 对于慷慨的人来说,《悭吝人》也是有教益的;对于从来不赌钱的人来说,《赌徒》也有教育意义;他们没有愚行,跟他们共同生活的其他人却有;认识那些可能与自己发生冲突的人是有益的;防止发生那些列举的印象是有益的,预防也是一帖良药,而全部劝化也抵不上笑声更有力量,更有效果。②

应当清醒地认识到,喜剧的这种教育效果主要在于预防,就是使学生在情感上、意识上远离丑行,而不是对丑恶行为的实际纠正或制止。所以,喜剧的教育主要是针对成长中的儿童和青少年。喜剧往往表现的是与我们相差不大的普通人,所以,它对于我们的性格可以发生较切近的影响。

喜剧的另一个教育功能是促进心理平衡,但它采取的是一种与悲剧不同

---

① 柏格森:《笑——论滑稽的意义》,徐继曾译,中国戏剧出版社 1980 年版,第 81 页。
② 莱辛:《汉堡剧评》,张黎译,上海译文出版社 1981 年版,第 152 页。

的方式,即先惊后喜,先紧张后松弛。其间,没有意志的努力和理性的高扬,也没有心灵的激荡与痛苦。康德曾指出,喜剧的心理过程是紧张的期待突然化为乌有。① 里普斯更具体地指出了喜剧心理的两个阶段:"先是愕然大惊,后是恍然大悟"②。大惊是由于主体被对象所迷惑,一时无法把握这种不合常规的对象;大悟是在直觉中把握到了对象的实质,发现其矛盾结构;前者引起心理的紧张,后者引起心理的松弛。对于个体的心理来说,这种喜剧心理过程无异于一种"心理体操",使心中先聚集起一定的能量,然后突然将它释放。在真诚痛快的笑当中,精神得到休息,获得了成长和更新的源泉;心理达到缓和,使之健康平衡地发展。这对于紧张学习和工作的人来说,是十分重要的心理补偿。

目前学校当中,笑声太少,严肃有余,活泼不足。即使是在艺术课程(包括一些语文课)中,喜剧性的东西也很少。其实,儿童和青少年是非常喜爱喜剧性艺术的,而且对有幽默感的教师特别喜欢,只是学校和教师对喜剧性艺术重视不够。喜剧的笑使人精力充沛、热情洋溢、聪明伶俐、积极进取,因而,教育不能没有喜剧。另一方面,受大众娱乐文化的影响,某些低级趣味的滑稽、搞笑式喜剧因素也进入了学校和学生的生活,可能会对学生产生消极影响,这一问题将在本书的第十一章中作较详细的分析。

---

① 康德:《判断力批判》上卷,宗白华译,商务印书馆1964年版,第180页。
② 古典文艺理论译丛编辑委员会编:《古典文艺理论译丛》第7辑,人民文学出版社1964年版,第84—85页。

中　编

审美发展论

导　言

在全面发展教育体系中,美育是通过促进人的审美发展服务于人的全面发展总目标,促进人的审美发展体现了美育的特殊作用。在美育学体系中,审美发展是一个核心范畴,是连接美育哲学和美育方法论的桥梁,也是美育哲学思想走向具体的美育课程和美育活动的中介。

一

从哲学层面说,人的审美发展是人的全面发展的有机组成部分。席勒在《美育书简》中创造了美育这个概念,其基本的含义就是感性教育。从此出发,所谓人的审美发展也就可以说是"感性发展"。席勒还首次提出了包含美育的四种教育形态,并界定了各种教育形态不同的教育内容和任务:

> 有促进健康的教育,有促进认识的教育,有促进道德的教育,还有促进鉴赏力和美的教育。这最后一种教育的目的在于培养我们感性和精神力量的整体达到尽可能和谐。①

席勒提出美育的重要出发点是:在理性压抑感性、造成人格分裂的现代化进程背景下,恢复人的感性,使之与理性达到和谐。因此,他把美育的具体任务界说为使人恢复到"审美状态",认为人的这种状态为人的各种能力的发展提供了可能。同时他又认定,审美状态是人进入到道德状态的必由之路:

---

① 席勒:《美育书简》,徐恒醇译,中国文联出版公司 1984 年版,第 108 页。

要使感性的人成为理性的人，除了首先使他成为审美的人，没有其他途径。①

他还明确指出美育的根本任务就是恢复人性，从而使人有可能顺利进入道德状态：

教养（这里指的就是美育——引者注）的最重要任务之一就是使人在其纯粹自然状态的生活中也受形式的支配，使他在美的王国所及的领域中成为审美的人。因为道德的人只能从审美的人发展而来，不能由自然状态中产生。②

由此可见，席勒提出美育的主要目的是克服人自身感性和理性的分裂，使人的感性恢复到与理性相协调的状态，也就是审美状态，为人的进一步发展奠定基础。必须指出的是，席勒所讲的美育是对人的自然感性的提升，并不是像后来的一些现代主义者所解释的，是完全回到自然意义上的身体。另一方面，席勒所讲的审美状态也不是他所追求的理想人格状态，而是达到更高理想人格（"道德的人"）的中介。

中国传统的美育思想则认为，美育本身就是达到人的修养最高境界的途径。孔子讲："兴于诗，立于礼，成于乐。"③王国维阐释这句话说，孔子培养人"始于美育，终于美育"④。在这个意义上，孔子讲"成于乐"就是要用美育来达到人格修养的最高境界。孔子的人生理想是"仁"，⑤而仁主要属于道德范畴，所以孔子所谓的"成人"也就是养成道德人格。传统儒家关于美育的思想基本上延续了孔子的思想，就是以感性体验的方式，将道德内容内化于心，从而形成情理相融、知行合一的道德人格。例如，孟子特别强调"养气"，其实也是注重内心的涵养。一个人心正、意诚，便养成贯通全身的气质与涵养，并通过外表自然流露出来。他说：

---

① 席勒：《美育书简》，徐恒醇译，中国文联出版公司 1984 年版，第 116 页。
② 席勒：《美育书简》，徐恒醇译，中国文联出版公司 1984 年版，第 118 页。
③ 杨伯峻：《论语译注》，中华书局 1980 年版，第 80 页。
④ 王国维：《孔子之美育主义》，《王国维全集》第 14 卷，浙江教育出版社、广东教育出版社 2009 年版，第 16 页。
⑤ 张岱年：《中国哲学大纲》，江苏教育出版社 2005 年版，第 245 页。

"胸中正,则眸子瞭焉;胸中不正,则眸子眊焉。"①

孟子还说:

"君子所性,仁义礼智根于心,其生色也睟然,见于面,盎于背,施于四体,四体不言而喻。"②

这就是修身所达到的一种境界!这种境界既是道德的,也是审美的。

直到 20 世纪初,西方美育思想传入中国,王国维、蔡元培、梁启超以及此后的朱光潜、宗白华等,均将美育作为去除国民内心过分私欲、使国民养成高尚道德情操的一种修养功夫来加以阐述和倡导。王国维提出了审美和艺术的"无用之用"说。③ 这里的两个"用",前者是指"一己之利害"的利用价值,也就是个人自私、实用的价值;后者是指使情感纯洁、道德高尚的精神价值。王国维关于美育功能的"无用之用"的界说,把审美价值的超越性与现实性融为一体,这种辩证言说方式成为此后中国美学和美育理论的经典性话语。蔡元培说:

纯粹之美育,所以陶养吾人之感情,使有高尚纯洁之习惯,而使人我之见、利己损人之思念,以渐消沮者也。盖以美为普遍性,决无人我差别之见参入其中。……美以普遍性之故,不复有人我之关系,遂亦不能有利害之关系。……盖美之超绝实际也。④

他还说:

欲养成公民道德,不可不使有一种哲学上之世界观与人生观,而涵养此等观念,不可不注重美育。⑤

这就明确指出了审美的非功利性恰恰能够涵养国民高尚道德。朱光潜坚持认为:"美育为德育的基础","美育为德育的必由之径"。他说:

---

① 《孟子·离娄章句上》,杨伯峻:《孟子译注》(上),中华书局 1960 年版,第 177 页。
② 《孟子·尽心章句上》,杨伯峻:《孟子译注》(下),中华书局 1960 年版,第 309 页。
③ 王国维:《孔子之美育主义》,《王国维全集》第 14 卷,浙江教育出版社、广东教育出版社 2009 年版,第 18 页。
④ 蔡元培:《以美育代宗教说》,《蔡元培全集》第 3 卷,浙江教育出版社 1997 年版,第 60—61 页。
⑤ 蔡元培:《传略(上)》,《蔡元培全集》第 3 卷,浙江教育出版社 1997 年版,第 668 页。

道德并非陈腐条文的遵守，而是至性真情的流露。所以德育从根本做起，必须怡情养性。美感教育的功用就在怡情养性，所以是德育的基础功夫。……从伦理观点看，美是一种善；从美感观点看，善也是一种美。[①]

主张"以情为本"的朱光潜揭示了道德成长的一个重要规律，那就是道德生长的根在于内心真诚的情感。

由于所处的文化传统和发展阶段不同，因此中国的美育思想传统和席勒的美育思想在美育的主要任务方面存在一定差异，这是显而易见的。但是，除了差异，还有重要的共同点，那就是都肯定了美育对于人的感性的提升作用。席勒认为，美育使人的自然感性转变为审美感性，这种感性的核心意义是与人的精神相协调，从而达成内心和谐。而儒家更是注重美育对人的自然本性的提升，从而使人的感性与道德相互交融，达到中庸，所谓"乐而不淫，哀而不伤"，"文质彬彬，然后君子"，"发乎情，止乎礼义"，就是内心和谐的体现。

把促进人的审美发展界定为美育的主要目标，就是要提升人的感性，而不仅仅是自然状态的感性发展。认识到这一点，在当今文化环境中尤为重要。

从美学史上看，"美学"这个术语的提出，就是在理性主义占主导的欧洲学术背景下的，感性的出场。德国理性主义哲学家鲍姆加登在他的《对诗的哲学沉思》（1735 年）一书中，首次造出了"美学"术语，并依据笛卡尔哲学的原理和方法，建构了美学理论，把美学解释成"感性认识的科学"。[②] 鲍姆加登创造"美学"这个词，词根来自古希腊文 aisthesis，意思是感官认知或感知，是指凭借感官可以感知对象，由此与凭借思维认知对象相区分。[③] 鲍姆加登所提出的美学理论实际上还是与理性主义一脉相承的，他认定美学研究的感性认识是低层次的认识，并按照理性主义哲学的逻辑方法把诗界定为"一个完善的感性话语"，试图以理性主义的统一性秩序来给感性话语加以理性化规范。[④] 所以，英国学者伊格尔顿曾评论说：

---

① 朱光潜：《谈美感教育》，《朱光潜全集》第 4 卷，安徽教育出版社 1987 年版，第 145—146 页。
② 详见比厄斯利：《美学史：从古希腊到当代》，高建平译，高等教育出版社 2018 年版，第 257 页。
③ R. Williams, *Keywords*, London: Fontana Press, 1983, p.31.
④ 详见比厄斯利：《美学史：从古希腊到当代》，高建平译，高等教育出版社 2018 年版，第 257—258 页。

如果说他(指鲍姆加通——引者注)的《美学》以改革者的姿态开拓了整个感觉的领域,它所开拓的实际上是理性的殖民化。①

但是,伊格尔顿在同一部著作中却又评论说:

美学是作为有关肉体的话语而诞生的。……审美关注的是人类最粗俗的,最可触知的方面,而后笛卡儿哲学(post-Cartesian)却莫名其妙地在某种关注失误的过程中,不知怎的忽视了这一点。因此,审美是朴素唯物主义的首次激动——这种激动是肉体对理论专制的长期而无言的反叛的结果。②

在这里,"感性"这个美学的核心范畴似乎又变成了"肉体"。这又作何解释呢?

感性本来就连着肉体,即便是感性认识也离不开感官,而感官就是肉体的一部分。然而,更重要的是,理性现代性在美学中的"殖民"导致美学走向了理性主义的反面。现代性思维对知识自律的追求以及二元独立的思维方式,引导美学一步一步离开了理性主义的逻辑,在建立审美自律的过程中,使感性摆脱了理性的强制而独立:美学中出现的审美独立、艺术独立等审美主义观念就是这种审美现代性进程的产物。康德在《判断力批判》中提出了衡量审美快感的四个条件,而且在他的《美的分析》之后还有理性压倒感性并逻辑地引向目的论的《崇高的分析》。但是,在 20 世纪的美学发展中,唯独《美的分析》中所提出的"无利害性"成了西方现代美学的重要基石,这实际上也是现代艺术要求"独立"的需要所致。对此,美国的一位美学家曾指出:

除非我们能理解"无利害性"这个概念,否则我们就无法理解现代美学理论。假如有一种信念是现代思想的共同性质,它也就是:某种注意方式对美的事物的特殊知觉方式来说是不可缺少的。③

对席勒《美育书简》的解读也是如此。例如,20 世纪美国思想家马尔库塞

①　特里·伊格尔顿:《美学意识形态》,王杰等译,广西师范大学出版社 1997 年版,第 3 页。
②　特里·伊格尔顿:《美学意识形态》,王杰等译,广西师范大学出版社 1997 年版,第 1 页。
③　斯托尔尼兹:《"审美无利害性"的起源》(中译文本),《美学译文》(3),中国社会科学出版社1984 年版,第 17 页。

就阐释说：

> 要拯救文化，就必须消除文明对感性的压抑性控制。这事实上就是《审美教育书简》一书的潜在思想。①

在这里，作为审美范畴的"感性"与马尔库塞所讲的"爱欲"几乎同义。审美现代性的这种发展使"感性"范畴朝着越来越非理性化的方向演变，近年出现的"身体美学"也可以说是这一趋势的一个案例。

感性范畴的这种演变使美学具有了对抗科学主义、技术主义甚至对抗资本主义的意味，其人本主义的立场也日益凸显，这同"二战"之后西方资本主义社会的发展特点是相对应的。在中国当下的文化、教育语境下，科学主义、技术主义对于人生存发展的影响仍然是巨大的，学校教育中的美育、艺术教育还处在极为边缘的地位，中国学校的美育需要加强儿童青少年感性方面的发展和提升。20世纪90年代以来，随着我国不断改革开放，文化产业蓬勃兴起，以"后现代性"为主要特质的西方大众文化大量涌入，与中国固有的产生于农耕时代的市井文化相互交融，形成了以满足感官刺激和身体愉悦为主要目的的娱乐文化格局。从"跟着感觉走""过把瘾就死"到"感性至上""娱乐至死"，把这种娱乐文化的感性泛滥实质表露无遗！文化产业遵循的是市场法则，有怎样的需求就提供怎样的产品。目前娱乐文化的这种格局恰恰真实地映现出国民整体文化素养、艺术素养还比较低的现状，这是毋庸回避的现实问题。吴冠中的"美盲比文盲更可怕"或许有些偏激，但引起很大反响，这正是源于我们对所处文化境遇的反思。我国的教育水平还不够高，社会各界对于审美和人文素养的养成还重视不够，资本和市场思维对文化生产乃至严肃艺术创作的渗透较深，实用主义、急功近利的观念和浮躁心态仍深刻地制约着教育和文化生活……面对这样的文化和教育境况，我们该如何言说"感性"？美育作为"感性教育"的内涵该如何界定？

首先，应该把提升人的自然感性作为美育的第一要义。美育促进人的审美发展就是使人的自然感性逐渐具有人文内涵，以养成"丰厚感性"：既有感

---

① H.马尔库塞：《爱欲与文明》，黄勇、薛民译，上海译文出版社1987年版，第139页。

性的丰富、生动、敏捷和活力,又有历史文化的蕴含和渗入;既有童心般的天真与幻想,又有哲理性的选择与判断;既有游戏般的快乐,又有对人生的深刻领悟。这种丰厚感性表现为人的一种审美能力,能够瞬间发现世界的情趣、意蕴,能够在艺术世界中发现人生的意义;也体现为个人的艺术气质、生活品位和格调,追求艺术化人生境界,与高尚的人生观、价值观直接贯通。

其次,应该把审美现代性观念口对人的感知、情感、想象等感性素质的肯定吸收到美育概念之中。中国传统美育思想丰富而深刻,但有一个历史局限,那就是对人的感性本身的价值认识不足。这在农耕文化时代是完全可以理解的,但是,我们已经进入现代化的中后期了,某些不适合当今时代的思想是需要扬弃的。感性总是具体的和个体的,美育促进人的审美发展,就是要致力于发展具有丰富内涵、与人的社会性相协调的个性。艺术是人类最具个性化的创造活动,每一部优秀艺术品都是独一无二的,美育过程就是不断养成学生个性并使之实现表达的过程,这个过程也是促进学生创造力发展的过程。只有个性发展才有创造力的发展,如今国际上越来越多的国家把普通艺术教育目标设定为创造性教育,①其深刻的基础就是艺术教育促进了个性的发展。

20 世纪的各种心理学理论中,发展心理学,特别是以皮亚杰为代表的认知发展心理学对教育、教学的理论和实践影响深广。20 世纪下半叶,随着发展心理学的兴盛和审美心理学的发展,国外美育和艺术教育理论中出现了"审美发展"(aesthetic development)这个概念,心理学层面的"审美发展"概念是发展心理学、审美心理学在美育理论中的应用,属于学科交叉的产物。

个体的审美发展是一个客观的心理事实,每一个健康的儿童都有审美发展的潜能和内在需要,它表现为爱美和创造的天性、情感表达和交流的需要。所以,审美发展应该被确认为人的全面发展的有机组成部分。认知或思维的发展研究固然十分重要,但仅仅以认知或思维的发展以偏概全地囊括个性整

---

① 联合国教科文组织发布的《艺术教育路线图》(2006),把培养学生的创造力作为艺术教育的主要目标:"人类全体都具有创造潜能。艺术提供一种环境和实践,使学习者积极投入到创造性的经验、过程和发展之中。"引自 http://www.unesco.org/new/fileadmin/MULTIMEDIA/HQ/CLT/CLT/pdf/Arts_Edu_RoadMap_en.pdf。

体的心理发展,那是不完整的。人不仅有理性方面的发展,而且有感性方面的发展,这两个方面的发展相互联系,总体上指向全面发展这个大目标。但是,具体地看,感性发展同理性发展在性质、特点和规律上都有较大差异。有时,以从感性直观向抽象逻辑思维转化为特征的认知发展同不脱离感性直观、不断激发感性生命的审美发展,在发展的方向上甚至是相反的。从教育实践的角度说,在单纯的认知发展心理学指导下的教育教学活动,实际上存在不可忽视的片面性——片面追求智育,把教育的任务简单地看作促进学生逻辑思维能力的发展;忽视美育,或者是按发展逻辑思维的要求来实施美育:这不是全面发展教育。由于缺乏正确、全面的心理学指导,不少学校的美育和艺术教育更多地受认知发展心理学的影响,把美育误当作知识教育来实施,结果与美育的目的和规律相去甚远。

加德纳在他的心理学处女作《艺术与人的发展》中评论说:

> 他(指皮亚杰——引者注)对那种导致科学思想的心灵过程感兴趣,对能用逻辑形式加以解释的一种顶级状态感兴趣。

加德纳指出,皮亚杰的研究"越过了审美发展研究",但是,皮亚杰还是指出了儿童审美发展与理性认知发展极为不同的事实:

> 有两个悖反的事实使得所有习惯于研究心灵作用与儿童能力之发展的人惊讶。第一个事实是,幼儿在绘画方面,在符号表达诸如造型描绘方面与即兴加入那种组织好的集体活动方面,有时也在音乐方面比大一些的孩子更有天赋。倘若我们研究一下儿童的理性功能和社交情感,那么发展便会或多或少地呈现为一种不断的进步,而在艺术表达方面所获得的印象相反却不断地显出一种倒退……第二个事实与第一个事实是部分相同的:在艺术倾向方面建立起发展的正常阶段比在心灵功能方面建立起发展的正常阶段要困难得多……没有那种培养这些表达手段和鼓励这类审美创造之表现的恰当的艺术教育,那么成人的行为以及学校生活与家庭生活便会在许多情况下压抑或破坏这种倾向,而不是去加强这种倾向。①

----

① H.加德纳:《艺术与人的发展》,兰金仁译,光明日报出版社 1988 年版,第 7、25—26 页。

　　这也说明,皮亚杰也承认儿童的审美发展与理性认知的发展是有很大差异的。在具体的美育实践中我们可以发现,在单纯的认知发展心理学指导下的美育教学活动,常常出现简单地把美育课程当做知识教育课程来教学,把诗歌教学与普通文章混同,把人物画教学与普通人体图示混同,对艺术品的解释不是挖掘道德教义就是发现知识,结果常常与美育的特点和规律相去甚远。

　　值得注意的是,20世纪,国外的美育或艺术教育研究充分吸收和改造了心理学的研究成果,把探索的目光集中在"审美发展"这个课题上,并把这种研究作为美育和艺术教育课程设置以及教学设计的重要基础。例如,英国美学家H.里德于1943年出版了他的艺术教育名著《寓教育于艺术》(*Education Through Art*,又译《通过艺术的教育》)。该书是较早地系统引入现代实验心理学进行艺术教育心理学问题研究的著作,书中详细研究了个体审美心理诸要素(如审美知觉、记忆、想象等)、审美表现、审美的个性差异以及审美与无意识的关系,等等,特别从发展的角度对儿童的艺术才能及其形成和发展作了较为细致的分析。1956年,美国著名美学家T.门罗出版了《艺术教育:哲学和心理学》(*Art Education:Its Philosophy and Psychology*),该书的标题就点明了门罗对艺术教育研究的基本方法论主张:哲学与心理学的结合。在该书的序言里,作者声明该书与他的另一部著作《走向科学的美学》是"姊妹篇",这不仅透露出他要求美育和艺术教育的研究应该采用科学的心理学方法,而且透露出西方美学研究与美育、艺术教育研究趋于结合的一种走向:这种结合的中介就是心理学。就是在这种方法论的指导下,门罗一方面阐述了艺术教育的独特价值和实施途径(如美术宫、博物馆的艺术教育功能问题),另一方面深入分析了个体审美能力的结构与发展,以及如何促进学生的审美发展等问题。

　　20世纪70年代以后,英国艺术教育专家M.罗斯陆续推出了由他著写或主编的近十部美育、艺术教育论著。这些著作不仅探讨了美育、艺术教育的特征、地位和作用,强调了在中小学中加强艺术教育的必要性和紧迫性,还以大量的篇幅深入具体地讨论了艺术教育课程和方法论问题,而这一系列课题的研究始终围绕着一个核心概念——审美发展。甚至有几部著作就是集中研讨审美发展问题的,如《艺术与青少年》(*The Art and the Adolescent*,1975)、《艺术与个体的成长》(*The Arts and Personal Growth*,1980)、《审美经验的发展》(*The Development of Aesthetic Experience*,1982)等。特别是《审美经验的发展》汇集了在一个以"审美发展"为主题的艺术教育研讨会上,十几位专家所作的专题讲演,其中包括《审美发展的概念》《美育中的"发展"概念》《音乐方面的审美发展》《舞蹈方面的审美发展》《青少年的情感发展》等。从中可以发现,以罗斯为首的这个课题组对审美发展的研究已经比较深入、细致,而且这种研究对美育和艺术教育实践具有很强的指导意义。实际上,英格兰中小学最新的艺术课程设置是吸收了这些研究成果的。另外,正是基于这些研究,英国国家教育和科学部在 1983 年发表了一个题为《审美发展》的报告,表现出对此问题的关注。

作为一个跨学科的研究课题,审美发展研究还得到一些发展心理学家的关注。美国的加德纳于 20 世纪 70 年代初出版了一本专门研究个体审美发展的书,名为《艺术与人的发展》。该书运用人类学和发展心理学的观点、方法,在实验基础上,描述了儿童审美发展的特点和规律。他提出的个体审美能力从态式到符号的发展趋势、艺术教育活动中儿童的"四种角色"(艺术家、欣赏者、表演者和批评者)、儿童艺术活动的心智三系统(制作、知觉和感受)等理论,对美国艺术教育研究有一定影响。70 年代,美国还出版了一部从现代心理学观点和方法出发,切入艺术教育和创造性发展关系研究的力作——《创造性与心智的成长》(*Creativity and Mental Growth*,1975)。该书把艺术教育看作一种促进个体创造性发展的教育,以实验材料为基础,具体研究了艺术教育过程中儿童创造性的发展,以及儿童审美发展与他们的人格中其他因素的相互关系。另外,美国当代艺术教育专家 E.艾斯纳出版的《儿童的直觉与视觉的发展》《艺术视觉的教育》《艺术与心灵的创造力》等研究视觉艺术教育的著作,都包含着一个审美发展的视角。

通过以上范围较小的介绍,我们可以看到当代英美国家美育和艺术教育研究中出现的哲学与心理学结合的趋向,其背景则是西方学术界在 20 世纪中期谋求建立人文学科与社会科学的联系。① 这种结合的一个重要成果便是"审美发展"概念的提出,并逐步成为研究的中心。与18、19世纪席勒、闵斯特堡、朗格等人的美育理论相比,20世纪英美国家的美育理论研究在美育性质和功能等哲学层面上的研究虽然范围有所拓展,但是核心内涵并无实质性的变化,在美育的心理学理论和实验研究方面却发展迅速,推动着美育研究向实际的教育教学过程的深入,具有很强的实践指向。

笔者在《论现代美育学的理论构架》中曾提出,美育的心理学研究是连接美育的哲学研究和方法论研究的中介。② 在本书中,"审美发展论"作为中编也正是连接"美育本体论"和"美育方法论"的中间环节。素质教育强调教育对个体潜能的全面开发,重视教育内容和方法要与学生的个体发展需求和心理发展水平相适应,因此,对个体心理特征和发展规律的研究和掌握十分必要。特别是在当前我国审美发展研究十分薄弱的情况下,有必要专门开展审美发展的理论和实验研究。这项课题的研究将有助于美育工作者在充分了解个体审美心理特征和发展规律的基础上,制订有针对性的、前后连贯的教育目标、课程计划、教学内容和方法,可以避免美育过程的盲目性。所以,审美发展研究具有突出的科学性和应用性。在《审美经验的发展》一书的前言里,罗斯指出关于审美发展问题的研讨,旨在"帮助教师们更好地理解他们的目的,特别是鼓励艺术教师为儿童们创造一些适应他们变化着的需要的学习经验"。③"更好地理解他们的目的"和"为儿童们创造一些适应他们变化着的需要的学习经验"这两句话很好地点明了对受教育者的审美发展研究的根本价值。这种通过审美发展概念来加强美育理论的科学性和应用性的研究思路对我们应该是有启示的。在目前国内心理学界关于审美发展研究还很薄弱的情况下,有选择地引进外国的审美发展研究成果,将有利于我国美育理论研究和实践的开展。

---

① Ralph A. Smith, "Psychology and Aesthetic Education", *Studies in Art Education*, Vol. 11, No. 3 (Spring, 1970), p.20.

② 杜卫:《论现代美育学的理论构架》,《文艺研究》1993年第5期。

③ M. Ross, *The Development of Aesthetic Experience*, Oxford: Pergamon, 1982, p.1.

从所见的资料看,"审美发展"是一个内涵丰富并且目前尚无定论的概念。例如,加德纳把审美发展看作"审美知觉敏锐性"的发展。英国教育哲学家瑞德认为,审美发展是情感与理智相结合的情感认知力的发展。① 英国伍斯特高等教育院的海弗龙主张从个性同社会的相互作用关系来考察人格发展。他提出,审美发展概念主要涉及"个体性的学生有特征的知觉与体现于艺术品中的一般规范"之间的关系。② 英国的维特金则认为:"审美发展是对世界的鉴赏力的发展,是我们对事件的关联感的发展。"③罗斯指出:审美发展本质上是一种"生命价值的提升",具体表现为"感受性"(sensibility)的发展。他讲的感受性近似于审美能力,不过他比较强调感受性在辨别、建构和理解具有内在统一性的审美形式方面的能力,并把它称作"解读形式并使之成为情感对象的心理活动方式"④。

虽然上述见解各有侧重,但是审美发展作为个体感性方面能力和意识的发展,实质上是个体旧的审美心理结构向新的审美心理结构的转变和提升。它意味着个体感性方面素质的成长和成熟,意味着个体生命活力的充实。当然,这种成长和成熟并不是单纯的理性发达,而是感性的丰富和深厚,是人的感性从肉体到精神的贯通与和谐,也就是个体感觉、知觉、想象、情感、直觉的活泼与深刻。审美是一种特殊的把握世界的方式,也就是在想象中创建虚拟时空,体验生命的意义;审美也是一种特殊的人生态度,那就是以非功利的超越性态度处事待人。审美发展的要义就在于个体逐渐掌握了这种特殊的把握世界的方式,培养起这种特殊的处事待人的态度。

近年来,我国基础教育界出现了关注学生"核心素养"的发展趋势,核心素养的观念已成为当前基础教育改革的主要理念之一。⑤ 学校美育就是要把审美素养作为各类艺术课程的目标和评价核心。但是,学生的审美素养是什么? 这是长期被忽略的问题。美育学研究要走向实践、走进课程,就必须重视

① M.Ross,*The Development of Aesthetic Experience*,Oxford:Pergamon,1982,p.1.

② M.Ross,*The Development of Aesthetic Experience*,Oxford:Pergamon,1982,p.11.

③ M.Ross,*The Development of Aesthetic Experience*,Oxford:Pergamon,1982,p.76.

④ M.Ross,*The Aesthetic Impulse*,Oxford:Pergamon,1984,p.25.

⑤ 张华:《论核心素养的内涵》,《全球教育展望》2016 年第 4 期。

对审美素养的研究,而审美发展这个范畴实际上就是对审美素养及其发展的高度概括。在个体的审美心理结构中,审美能力和审美意识是主要因素,而从个体发展的可教育性方面说,审美能力又是其审美发展的最重要、最基础性的要素。因此,个体的审美发展是以审美能力为核心的个体审美心理结构的转变和提升;以促进审美发展为特殊任务的美育,应该把促进个体审美能力的发展作为中心任务。

审美发展研究与美学中的审美心理学研究有不少重合之处,特别是在国内外审美发展研究还并不成熟的情况下,审美发展的研究必然要吸收审美心理学的研究成果。但是,审美发展研究有它自己的侧重,那就是从促进受教育者审美发展的美育要求出发,着眼于构成个体审美素质的主要心理因素和个体审美发展的特点和规律。因此,教育与个体的发展是构成审美发展研究框架的两个基本要点。从教育的角度来分析个体审美心理的发展,从个体审美发展的特点和规律入手来考虑美育具体目标的确立以及教学内容、教学方法的选择,这两个方面构成了审美发展研究的基本思路。例如,审美能力的研究显然要涉及审美能力的结构分析,这种研究从表面看起来同审美心理学没什么差异,但是,作为审美发展研究一部分的审美能力研究重在揭示哪些心理特征是培养审美能力时所必须开发和发展的,其发展有什么特点和规律,审美能力的发展对个体的审美发展以及整个人格的发展有什么意义等。这些问题虽然涉及审美心理学的,但更属于教育的范畴。要把审美心理学的成果更适当、更有效地应用于美育研究,特别是审美发展的研究,需要在美育实践中长期地实验、分析和概括。应该说,本书对审美发展问题的阐述还很初步和概略,缺少中国儿童青少年审美发展的大量实例做支持,我们期待着更深入具体的审美发展研究成果问世。

第 七 章

个体审美能力的发展

一、审美能力的意义

审美能力是成功地从事审美活动所必需的心理特征,它是由人的心理中各种感性因素配合理性因素综合而成的特殊精神能力。正如费尔巴哈所说的:"如果你对音乐没有欣赏力,没有感情,那么你听到最美的音乐,也只是像听到耳边吹过的风,或者脚下流过的水一样。"[①]音乐欣赏是如此,其他审美欣赏均如此。没有审美能力就不可能使潜在的审美对象在意识中呈现,不可能有审美感受和审美表现,因而也谈不上任何审美活动的发生。

审美活动是感性与理性统一的感受和表现活动,是人类的一种独特生存方式和把握世界的方式,也是确定审美能力性质和特征的基本依据。审美能力作为从事审美活动的基本心理特征,也具有感性与理性相统一的情感性质,从而区别于其他的各种心理能力。任何从事活动的主体,作为一个有机整体,均运用其各种心理功能,但相对于各种活动的不同性质,这些心理功能被以不同的方式组合起来,从而形成不同的能力结构。一般地说,审美能力是以情感,即感受与表现,为核心和中介的能力结构;无论从它的作用方式还是基本价值来说,情感的体验和表现都居于审美能力结构的中心地位。主体由审美需要产生情感冲动,从对象建构中实现情感的创造性表现,从对象的感受与理解中产生情感愉悦,这些都体现了审美能力的体验和表现性质。

---

① 费尔巴哈:《十八世纪末—十九世纪初德国哲学》,引自北京大学哲学系美学教研室编:《西方美学家论美和美感》,商务印书馆 1980 年版,第 211 页。

审美形式感

作为一种特殊的感受力,审美能力可以被界定为审美形式感,并由此与一般的情感相区分。审美形式感具有特殊的含义。首先,"审美形式"主要不是指审美对象的感性材料或外观特征,而是指审美对象的组织秩序与结构关系。从对象上说,形式之所以具有审美意义就在于它具有特殊的组织结构,这种组织结构体现为直观的、蕴含丰富的审美形式。一堆石头,艺术家可以把它堆成一件艺术品,这里的关键就是艺术家使石头按一种特殊的组织秩序堆起来,即赋予这堆石头以审美形式,作品的意义也由此而产生。从主体上说,心理活动或经验之所以具有审美特征,就在于主体心理以某种独特的结构与活动方式创造、体验和评价审美形式,主体的这种心理结构和能力就是审美形式感。其次,审美形式感是一种体验和领悟审美对象形式意味的特殊感受力,它与一般的认知能力有别,那就是它并不以概念、逻辑的方式来把握对象,而是以直觉体验的方式,在感性的层面上整体性地把握对象的内涵或意味;它并不以认知为主要目的,而是在情感的表现与升华中创造人生的意义和价值。

在艺术领域,审美形式感与艺术语言直接相关。各门艺术都用各自的特殊媒介构成了一套表情达意的艺术语言,它不断积累、定型而形成艺术语言范式,艺术创作和欣赏都要依据这些范型,艺术的创造性发展突破这种范型而产生的新的范型。在这个意义上讲,审美形式感就是体验、理解和创造性运用艺术语言范型的心理能力。具体地说,读唐诗,一定要懂格律,懂中国古诗的语言特点;听贝多芬交响曲,一定要懂奏鸣曲式,懂调性、和声等那个时代交响乐的基本语言特点。换言之,对艺术品的审美活动关键在于对艺术语言的体验和理解。

从个体生存发展的最基本意义上说,审美能力是人获得情感满足,实现其个体性的感性生存的能力,其具体的作用方式是创造性审美表现。当然,审美的情感满足虽包含生理快感,但又超越了它,其与丰富的精神性相贯通,所以是一种生理与心理、肉体与精神相互渗透的全身心愉悦。而且,个体的情感表现,作为审美表现,也不是纯粹的"自我表现",而是个体与社会交融关联的对象化和交流性的表现。审美能力作为一种表现能力,实质上是使个体的情感在感性和理性、个体与社会的有机联系中得以实现和提升的能力。

审美创造性

审美能力的又一特征是创造性。审美表现是对象化和形式化的创造性表现，主体不能在对象世界中创造与自己心理结构相契合的审美意象，就谈不上任何审美的表现。同时，对象要真正成为一个有血有肉、意味无穷的审美对象，也需要主体能动的创造性建构。关于这一点，接受美学的研究是很有启发性的。需要指出的是，审美能力的建构性并不与其反映的、认知的属性相悖。因为审美的反映与认知能力不是一种机械摹拟客观世界的能力，它本身就包含着对外来信息的加工处理，具有能动的选择、阐释、构造等性质，而且包含着强烈的情感投射性质。这就是说，审美的反映和认知能力本身就含有建构性。另外，审美建构能力不是完全脱离客体的主观随意构造，而是以一定的对象特征和基本框架为依据，并受到特定的对象制约的，所以，它本身就包含着某种反映和认知的成分。只是审美能力与认知能力相比，它的选择、补充、阐释、构造等主体意识创造的特点更为突出，更具有价值罢了。人们常说"一千个观众就有一千个哈姆雷特"，这虽强调了审美接受的主体创造性，但哈姆雷特仍作为一个基本的对象制约因素，规范着审美建构的范围和意义，倘若把哈姆雷特当成了贾宝玉，这种所谓的"创造性"就等同于主观随意性了。正是在这个意义上，我们把审美的创造性建构作为审美能力的一个显著特征加以强调。

审美能力的创造性和表现性是不可分割的整体。表现的冲动是创造的内在动力，并规定着创造的基本方向；创造过程亦即审美情感的释放和升华过程。由此，我们发现审美创造能力的本体论意义，即创造一个超越了物质世界的心理时空，使个体的情感生命得以伸展、抒发、成长和提升。在这个意义上讲，审美能力正是人积极地寻求情感解放和提升，并由此开创人生新境界的特殊精神能力。

审美能力亦是一种理解能力。但这种理解力不同于认知的理解力，它不是以概念为依据或中介，而是与情感、想象、创造等因素内在结合。康德称审美能力为"判断力"，认为它以知解力与想象力的协调为特征，以快与不快的情感评判为基准,是有合理性的。但是,审美理解力又不只涉及上述心理功能,感觉、知觉、记忆等因素均应考虑在内。这样,审美理解力既有整体性,又有层次性。然而,体验和创造仍是审美理解力的基本成分,这就决定了它是一种同情(情感分享)式的、感受性的理解力,是一种主体投射性的、阐释性的理解力,所以比知解力要复杂得多,也更具有鲜明的个性化倾向。这种理解力寻求深邃而模糊的意味,而非确定的概念;它具有直觉的性质和幻想的色彩,而不是科学分析和逻辑推论式的;它把主体引入对象之中,在共鸣当中体味其意蕴,而非冷静地作客观分析,与对象了无干涉地剖析其性状。不可否认,审美理解力有某种理性成分,但它常常呈感性的形式,有时甚至是无意识的,在感性的状态或过程中获得具有理性意味的深刻领悟。

审美能力与审美活动

审美能力作用于审美活动全过程。在审美活动的发生阶段,其作用主要体现在以下几个方面。第一,敏锐迅速地抓住外在世界中的各种审美信息,并以审美特有的方式加以加工处理。外来的审美信息主要是事物富有特征性的感觉刺激材料,但有时是某种独特的心理氛围或暗示。在这初始阶段,审美能力如一个高敏度接收器,把各种审美信息接收和传送到大脑。接着,由大脑在知觉水平上对信息进行加工,其直接成果便是具有内在统一性的完整审美形式。第二,对富有特征性的感觉刺激材料作出情绪反应,形成初始的审美冲动。它不仅推动着知觉的加工组织,而且给感觉材料和知觉形式赋予情绪色彩,形成初步的表现。第三,对刺激材料和知觉对象持一种独特的意识态度,即所谓"审美态度"。这种态度作为特殊的意识指向,决定了感知方式乃至整个审美表现、建构和理解的方式,在这个阶段,它是使信息接受与加工进入独特的审美轨道的重要契机。

在审美活动的发展阶段,审美能力的作用主要体现于下列几个方面。第一,在知觉形式基础上,调动记忆、想象、情感等心理功能,丰富和完善审美知觉形式,创造出意味深长的审美意象。第二,情感随记忆和想象的展开而发展,并投射(移置)于对象之上,使审美意象在某种意义上成为审美主体情感表现的产物。第三,在对象建构和主体表现过程中,产生情感畅达舒展的体验,意识到对象建构的方向和主体表现的程度,对这个发展阶段进行有意识的或自动的控制。

在审美活动的完成(或称高潮)阶段,审美能力的作用主要体现为下列几个方面。第一,对审美意象进行体验式的理解,领悟其深长的意味。第二,由于审美领悟是情感性和创造性的,因此,领悟到对象的意味便产生全身心的情感自由愉悦。第三,使对象的潜在价值得以实现,主体的审美需要得到满足和提升。

当然,审美活动并不完全照上述几阶段按部就班地进行,有时审美主体在感受对象的一刹那就体悟到其意味,有时要经过反复的品味,甚至回复到初始阶段重新开始,以获得恰当的领悟。

审美能力具有高级心理能力普遍的综合性和复杂性,它包含着感觉、知觉、注意、记忆、想象、情感、理解诸心理要素,是一个各部分相互关联、渗透与融合的整体。尽管审美能力是美学中的关键性问题,①更是美育学研究中的核心问题之一,但是国内外关于审美能力的研究比较少,还有待加强。

审美心理是复杂的,审美能力具有高度的综合性质。对此,康德已指出,审美鉴赏是诸心理功能协调自由的活动,这种观点启发我们用系统的观点和方法去把握审美能力的结构。事实上,感觉、知觉、想象、情感等心理要素不能被简单地归属于认识的、实践的或审美的,没有专门从事数学计算的想象力,也没有专门从事音乐欣赏的听觉。某一心理要素之所以在不同的活动中呈现出不同的特征,主要是因为它与其他心理要素之间的不同结构关系。因此,审美能力的研究要先从这种复杂而独特的结构出发,着重揭示它的系统功能的特征,并找到这些独特功能的互相关系;然后再进行审美能力各要素的分析,做到点面结合。

----

① 朱光潜指出:为明确起见,"美感"的第一意义应一律称为"审美的能力",第二意义应一律称为"审美的情感"(即快感或不快感)。这二者之中,有关审美能力的问题是更为基本的,也更为困难的,因为解决了它,有关审美情感的问题也就会迎刃而解。事实上,美学史可以证明:不同的美学派别对第二个问题的不同看法大半取决于对第一个问题的不同看法。见朱光潜:《美感问题》,《朱光潜全集》第10卷,安徽教育出版社1988年版,第355页。

二、审美能力各要素分析

审美能力不是一种单独的心理特征,而是人的心理要素以某种特殊方式组合的结果。审美能力内部的各要素也同样不是审美能力所特有的,而是在审美能力结构中,人的各种心理要素发挥的特殊作用。由于审美能力各要素是在审美能力结构中发挥作用的,因此,我们分析这些要素时总是涉及审美能力中其他心理要素。例如,审美注意力总是与审美知觉联系在一起发挥作用的。

审美感觉力

感觉力是主体与对象发生审美关系的第一个条件,没有感觉力,便不会接收外界的任何刺激,也没有审美活动的发生。正如帕克所说:"感觉是我们进入审美经验的门户,而且,它又是整个结构(指审美经验的结构——引者注)所依靠的基础。"[①]心理学家普遍认为,感觉力是"将环境刺激的信息传入大脑的手段"[②]。由此,我们可以分析出感觉的两个功能:一个是从外界获取信息,另一个是为知觉等心理功能提供加工处理的感觉材料。

然而,对审美来说,感觉力的功能似乎要丰富和重要得多。与从感觉世界中抽象概括意义的认识过程不同,审美活动始终不脱离生动活泼、丰富多彩的感觉世界。尽管感觉力所获得的信息需要进一步的创造性加工才能上升为审美对象,感觉所唤起的情绪反应需要进一步的发展才能形成审美体验,感觉印象的生动丰富性却一直作为审美感受的一部分,贯穿于审美活动的始终。事实上,感觉力是使我们与自然保持密切的和亲和的审美关系的重要途径,虽然它主要属于生理水平,但对于文明人来说,感觉到自然当中纯真新鲜的光、色、声、质地等,未尝不具有珍贵的价值;对于习惯用符号、机械等手段来对待自然,而逐渐丧失天然敏锐的感觉力的现代人来说,恢复纯真感觉力未尝不是一

---

① 帕克:《美学原理》,张今译,商务印书馆1965年版,第50页。
② 贝纳特:《感觉世界》,旦明译,科学出版社1985年版,第2页。

种具有文化意义和富于人性的事。

审美的感觉力以对事物的感性特征本身感兴趣为基本特点,并由此而成为审美能力的基础。在众多的优秀艺术作品中,我们随处都可以发觉这种感觉力的作用。例如,印象派画家雷诺阿的作品常常把妇女鲜润、丰腴的皮肤质感表现得十分真切自然。音乐演奏家则追求音色和音质的高度完善。著名雕塑家罗丹要求色彩能"给予观众那生命、幸福和强烈的感官印象"①。他对维纳斯像的欣赏也注重感官的印象:"这是真的肌肉","抚摸这座像的时候,几乎会觉得是温暖的"。② 纯真敏锐的感觉力把人引向事物外观,把握其色相,享受自然的赐福。审美感觉力是高度敏感化的,它不是粗略地感受外来刺激,而是十分精细、准确地去感觉,因此,它感受到的世界要丰富生动得多。实验表明,小提琴家对音高的感受性特别发达,可以分辨出常人不易觉察的极细微的音高差别;画家对颜色的感觉达到很高的精确度,因而能创造出色彩丰富、层次清晰的视觉世界。敏感的感觉力可以获取比一般感觉力所能接收的更多的信息,因而也为知觉和想象的创造提供更丰富的材料。

一般来说,审美感觉的敏感性虽也受惠于先天因素,但更主要的是从审美活动中渐渐培养起来的。美育对审美感觉力的培养首先要引导学生关注事物的感觉外观,以事物的外观本身为关注的焦点。由于日常的感觉是自动化的,对事物的外观本身并不关注,而是关注着事物实用的方面,因此,要帮助学生从日常的感觉方式转变到审美的感觉方式上来。美育对审美感觉力的培养还要求细致入微地分辨光、色、音高、音量以及各种质感的细小差异,磨砺敏锐的感觉力,这是培养审美能力的初始阶段,但又是极为重要的基础环节。

审美感觉力的另一个功能是引发情绪反应。它抓住某些富有特征性的审美信息(刺激),唤起审美创造和表现的冲动,为审美活动的展开提供条件,这也使它成为审美能力的基础。远处飘来的几个音符、几片树叶上的色彩,或者某种心理氛围,均会被它捕获,引起情绪反应。虽然感觉缺乏知觉的组织能力,但它有知觉所缺乏的情绪色彩。有的美学家曾这样强调感觉在艺术欣赏

---

① 罗丹口述:《罗丹艺术论》,沈琪译,人民美术出版社 1987 年版,第 47 页。

② 罗丹口述:《罗丹艺术论》,沈琪译,人民美术出版社 1987 年版,第 28 页。

中的作用:"假如雅典娜的神殿巴特农不是大理石筑成,王冠不是黄金制造,星星没有火光,它们将是平淡无奇的东西。"①那是因为,感觉的情绪效果赋予知觉形式以感人的力量,没有它,知觉形式将是一堆枯燥无味的东西,不能成为审美对象。正是审美感觉的情绪反应,一方面赋予知觉形式以生命活动,另一方面为审美活动提供初始的动力。

因此,在美育过程中,感觉力的培养应受到充分的重视。这不仅由于它是审美能力的基础,而且由于在当前的教育过程和文化体系中,感觉力不仅得不到保护和发展,反而受到压抑和抛弃。一种情况是感觉迟钝麻木,面对感觉世界而无动于衷。丧失了视、听、说能力的海伦·凯勒悲哀地发现,原来许多人拥有视力,却视而不见。有人在森林中散步而归,问他看见了什么,回答却是没什么。过于追逐事物的性质与功用,对事物的外观毫无兴趣,感觉力便衰退了。另一种情况虽有感觉力,但只把它作为认知过程的起点,随即把感觉印象抛弃了。这对逻辑思维来说本是合理的,但这种认知方式已作为一种习惯无限制地扩展成为人们对待世界的心理定式,于是也被运用于审美过程。这是阻碍审美能力发展的障碍。因此,培养和提高人们的审美能力首先要解放和恢复其感觉力,发展感官敏锐性,使之与无限丰富生动的感觉世界保持密切接触,这是一切审美价值的基本资源。沉溺于感官享受固然不是具有健全审美能力的标志,但对感觉世界漠然,对艺术名作津津乐道,恐怕也是缺乏审美能力的表现。后者体现了一种虚伪的趣味(鉴赏力),"我们颇有理由怀疑他们是学舌的鹦鹉;他们的语言知识和历史知识掩饰着天然的缺乏美感"②。所以,审美能力的培养首先不是告诉人们某件艺术品表达了什么意义,或者说它如何重要、如何著名,而是要让他们学会真诚地去感觉它,去获得直接的感觉印象。唯有在纯真敏锐的感觉力基础上,才可能逐渐发展出具有高度精神性的、健全的审美能力。由于感觉力是审美主体与外界的初步接触,因此感觉力的培养要特别注意引导学生直接接触事物的原初形态,特别是要多接触自然,而且是要让他们在没有任何概念和功利目的的情况下去发现和辨别自然对象

---

① 桑塔耶纳:《美感》,缪灵珠译,中国社会科学出版社 1982 年版,第 52 页。
② 桑塔耶纳:《美感》,缪灵珠译,中国社会科学出版社 1982 年版,第 54 页。

的色彩、质地,等等。只有这样,学生的感觉力才可能敏锐、发达。

在审美活动中,各种感官起着不同的作用。自古以来,不少美学家均认为视觉和听觉器官是最主要的审美感官。这种看法的主要根据是这两种感官相对于其他感官来说,与理性认识联系较为密切,对象领域也较为宽广。这种理性主义的观点有一定的合理性。但是,不能由于强调了审美感官的理性因素而排斥感性因素,不能因为重视对事物的客观认知而忽略了对自身的感觉。黑格尔曾认定:"艺术的感性事物只涉及视听两个认识性的感觉,至于嗅觉、味觉和触觉则完全与艺术欣赏无关。"①这就是一种极端理性主义的美学观点,它由强调理性认识而走向排斥感性的片面结论。事实上,虽然嗅觉、味觉、触觉等感官相对次要,但仍可获得独特的审美感觉印象。古典诗词中的"玉骨冰肌自清凉无汗""清辉玉臂寒""暗香浮动月黄昏""客去茶香余古本"等名句,都生动地记录了这种感觉印象。它们虽不能独立地成为审美感受,却为综合性的美感增添了生动性和浓重的情绪色彩。

值得注重的是,动觉感受器在审美活动中具有不可低估的作用。古典心理学比较重视视、听、嗅、触、味等对外在事物的感受器,而近代心理学则在此基础上进一步确立了人对自身的感受器。运动觉就是一种位于肌肉和韧带内的感受器,它提供身体运动和位置的信息。② 在审美活动中,对外在信息的接收,同时伴随着身体的内部运动,这种运动有时不易被他人察觉,却可以被自身的运动感受器官所感觉。而且,这种感觉还会随着知觉、想象等心理过程的展开而不断得到加强。谷鲁斯提出的"内摹仿"理论就已揭示了审美过程中的这种现象。内摹仿的审美意义不在于身体内部产生了运动,而在于身体内部的运动感觉产生了强烈的情绪反应。德国美学家 M.德索把这种情绪反应称"感觉情感",认为这种"身体的回声"是"经常而又重要的"。他继而分析说:"其主要的原因——一个极少为人注意的原因——是其表现能力。一个握紧的拳头适合于替代那些表现某些凝聚与紧张内容的无数的身体与精神活

---

① 黑格尔:《美学》第 1 卷,朱光潜译,商务印书馆 1979 年版,第 48 页。
② 参见彼得罗夫斯基:《普通心理学》,龚浩然、孙晔、王明辉译,人民教育出版社 1981 年版,第257 页。

动。因之,当欣赏似乎与外观或者与这样一种精神状态的想象相联系时,许多人将会在那种简单的身体姿势且发现一种有效的激发这一欣赏的方式。"①审美是一个时间过程,不仅音乐、舞蹈等艺术的欣赏是时间性的,而且书法、雕塑、绘画等艺术的欣赏也是时间性的。在审美过程中,相应于对象的感受、创造和理解,在主体内部也发生着筋肉运动,二者的契合协同产生了审美体验的综合整体效应,这是所谓"物我同一"、感性与理性和谐的最基本条件。精神的愉悦若脱离了身体内部运动觉的快感,便不是完整的审美经验。美感包含着生理与心理、肉体与精神协调一致的快感,在生理的、肉体的方面,固然有耳、目、鼻等感官的快适,但更广泛、更强烈、更持久的则是运动感的舒畅。

因此,审美感受力的培养不仅要充分注意视、听等外感觉力的发展,而且要注意运动感觉力的发展,这对综合性的审美能力发展十分有益。现代美育过程极为强调儿童与青少年主动投入艺术活动,引导他们在动作中理解艺术(如奥尔夫音乐教学法、达尔克罗斯音乐教学法),其目的之一就是要用外部的合规律动作来促进内在运动觉的发展,培养他们以全身心来感觉艺术作品的能力。

审美知觉力

感觉是将环境刺激的信息传入大脑的手段,知觉则是信息处理,"是从刺激汇集的世界中抽绎出有关信息的过程"②。知觉力按照能使环境成为有意义的方式,对感觉材料进行加工,使之成为一种统一的、有组织的经验。所以,知觉力可以说是一种把感觉材料加工组合为整体性表象或经验的能力。关于知觉力,格式塔心理学的研究是卓有成效的。格式塔理论认为,每一种心理现象都是一个格式塔,即被从背景中分离出来的整体或组织结构;整体不等于各部分的简单拼凑或相加,也是由若干元素组合而成的,恰恰是整体先于部分而存在并制约着部分(要素)的特定性质与意义。我们的知觉并不是对元素的逐一机械复制,而是对有意义的整体结构式样的把握。因此,美国艺术心理学

① 德索:《美学与艺术理论》,兰金仁译,中国社会科学出版社 1987 年版,第 105—108 页。
② 贝纳特:《感觉世界》,旦明译,科学出版社 1985 年版,第 2 页。

家阿恩海姆断言："无论在什么情况下，假如不能把握事物的整体或统一结构，就永远也不能创造和欣赏艺术品。"①格式塔心理学理论通过对知觉活动的整体组织性原则(格式塔原则)的分析和强调，为我们认识审美知觉力的特征和功能提供了崭新的方法论。

之前已经谈到，在审美过程中，我们是带着某种"图式"来加工组织感觉信息的。认知心理学家安德森则从认知心理学的立场指出："知觉系统利用各种式样识别器和某些基本的格式塔组织原则去组织这种感觉输入。"②个体内在的审美图式就是审美知觉力的某种组织原则，它预先制约着审美知觉的作用方式和所建构的审美形式结构。审美图式像一个过滤器，选择某些与自己相适应的感觉信息，而忽略其他的信息；而且，它以整体反应的形式去把握对象，将感觉材料整合为完整的形式结构。冈希里奇曾比较了华人艺术家蒋彝的风景画与西方浪漫主义时期一幅典型的"风景如画"的作品。这两幅画同样描绘英国的德文特湖，但画面的形式结构极为不同。这里，除去艺术家的个性因素之外，不同文化与艺术传统所造成的不同内在审美图式也有重要的作用。正如冈希里奇所分析的："……(画家)扫视风景时，那些能够成功地与他所学会运用的预成图式相匹配的景象会跳入他的注意中心……艺术家倾向于去看他所画的东西而不是画他所看见的东西。"③这就是说，艺术家看到的是他依据某种内在的心理图式所建构起来的东西。当然，作为审美的知觉力未必一定运用特定的艺术语言和媒介去感受，但预成的审美图式同样影响着人们怎样去看，以及看到什么。

内在的审美图式具有丰富复杂的内容，既有无意识的成分，又有意识的成分；既有个性的成分，又有社会的成分；既受当代审美风尚的影响，又受历史、传统的制约；既从遗传中获得某些先天的因素，又从教育和文化熏陶中获得某些后天的成分。它作为一种潜在的审美心理范型，在具体的审美过程中，成为显在的知觉样式。其作用方式常常是本能式的，在知觉中迅速地实现其规范

---

① 阿恩海姆：《艺术与视知觉》，滕守尧、朱疆源译，中国社会科学出版社1984年版，第5页。

② 安德森：《认知心理学》，杨清、张述祖译，吉林教育出版社1989年版，第74页。

③ 冈希里奇：《艺术与幻觉》，周彦译，湖南人民出版社1987年版，第80页。

功能。一个对传统书法艺术有较高欣赏能力的人，能自如地将一幅书法佳作知觉成适当的审美形式结构，但他对一幅立体主义绘画作品的知觉建构则恐怕要困难得多。由于内在审美图式具有丰富的内容，因而受其制约的审美知觉也就具有了丰富深广的意义。而对于美育来说，审美知觉力的培养不仅意味着发展知觉的整体性组织能力，而且需要在与大量艺术作品的接触中获得丰富的审美经验积累。英国艺术教育家 M.罗斯在研究了个体审美发展的大量事实材料后指出，3 岁以前的儿童只能对感觉材料作感觉的关注和反应，3—7 岁的儿童逐渐培养起对感觉材料作整体结构性的把握的能力，而这种能力的完善则要到 14 岁左右。① 这显然与审美经验的积累、审美图式的形成与发展有重要关系。欲使学生的审美知觉力有较广泛的建构领域，就要扩大他们审美经验的范围，传统的和现代的、本国的与外国的，以及各类审美形态，均有必要涉及，从而使内在审美图式具有开放的广泛适应性，这对提高审美知觉力将十分有益。

　　审美知觉力的基本功能，是在信息加工中建构与内心审美图式契合一致的知觉形式，它具有两个显著特征，即创造性和表现性。审美知觉的创造性首先体现在所建构的整体形式超越了个别事物原初的形态，具有某种概括的意义。阿恩海姆指出："视觉实际上就是一种通过创造一种与刺激材料的性质相对应的一般形式结构来感知眼前的原始材料的活动，这个一般的形式结构不仅能代表眼前的个别事物，而且能代表与这一个别事物相类似的无限多个其他的个别事物。"②正因为知觉过程所创造的一般的形式结构具有某种概括的、普遍的性质，所以阿恩海姆称之为"知觉概念"。③ 在这个意义上说，审美知觉力具有某种认知的理性品格，它不是主观随意的"创造"，而是在知觉式样识别过程中，达到对某些事物的结构共相的把握。审美知觉力的创造性还体现为，在主体内心的审美图式支配下，将客体知觉为具有内在统一性的形式结构，使之成为与主体内在审美图式契合一致的审美形式。一件艺术品潜在

---

① 　M.Ross, *The Aesthetic Impulse*, Oxford: Pergamon, 1984, chapter 13.
② 　阿恩海姆:《艺术与视知觉》，滕守尧、朱疆源译，中国社会科学出版社 1984 年版，第 55 页。
③ 　阿恩海姆:《艺术与视知觉》，滕守尧、朱疆源译，中国社会科学出版社 1984 年版，第 56 页。

地具有审美形式结构,但对于非审美知觉力来说,这个形式结构不可能被建构和呈现出来,就像贝多芬的交响曲对于不懂交响曲的耳朵来说,等于一片杂乱无章的声音。审美知觉力却能够通过对感觉信息的选择、简化、调整、补充等加工过程,重新创造出审美形式结构来。这就是一种个性化的创造性工作。《米洛的维纳斯》雕像,是一个断臂的女神。它之所以能够成为审美对象,从主体接受能力的角度说,首先在于审美知觉力能够依一定的审美形式范型,把它知觉为一个完整的、具有内在统一性的形式结构,从而初步把握其知觉水平上的审美意义。它的断臂对审美知觉力来说并不意味着残缺,因为这个断臂的身体造型仍有被知觉为完整审美形式的可能。由此可见,审美知觉力又超越了日常的形状识别和普遍的认知水平,其形式结构的创造由于摆脱事物原初的实在样式而更具有主体特征。这种知觉的创造性建构能力是美育过程要特别予以培养的。

审美知觉力的对象建构过程伴随着相应的内部心理调整过程。由于知觉力的整体性把握包含着对事物某种知觉特征的辨别,具有认知的性质,因此,对象的建构亦需要遵循一定的客观性原则,否则审美知觉便会失去一定的对象,成为某种主观臆测的活动。事实上,寻求或创造与内在审美图式契合一致的知觉过程包含着主观原则与客观原则两个方面,二者有时是大致相同的,但大多数情况下是有差异的。只要我们承认审美主体总是对既熟悉又陌生的审美对象感兴趣这个普遍规律,我们就不难理解审美知觉是一个同化与顺应相结合的过程:一方面,主体依据内在审美图式去规范感觉材料;另一方面,对象的某种独特的性质要求主体修正或调整惯常的知觉方式。认知心理学家安德森指出,知觉力构造知觉式样有两种方式:一种是"顶向下"(top-down,也可译做"自上而下")方式,即在一般性和高水平的知识指导下,对信息进行加工组织;一种是"底朝上"(down-top,也可译做"自下而上")方式,即辨别和组织对象的特征,从而融合成为式样。[①] 他指出:"只有底朝上的或顶向下的加工是不够的。如果我们只按底朝上的方式加工信息,那么资料的重担就会是

---

① 详见安德森:《认知心理学》,杨清、张述祖译,吉林教育出版社 1989 年版,第 56—63 页。

难以承受的。可是如果我们只应用顶向下的加工，那么我们就会永远陷于幻觉。"①

因此，知觉应是这两种信息加工方式的结合与相互作用。这里，安德森论的是知觉的认知方式，但对于我们了解认知的审美方式也是有启发的。"顶向下"的方式类似于主体利用内在审美图式去同化对象，"底朝上"的方式类似于主体顺应对象的知觉特征。前者是审美知觉力的主观原则，后者是其客观原则。因此，审美知觉力在建构对象时，为使自己适应对象必须修正内在审美图式，这种修正过程也是形成新的审美图式的过程。在同化与顺应的过程中，主体不仅建构着审美对象，同时也重新建构着自身的心理结构。

与审美知觉力的创造性内在一致的表现性，是审美知觉力的另一重要特征。这种表现性体现在表层与深层、一般与特殊两个层面。在表层的、一般的层面，表现性存在于知觉式样的"力的结构"之中。依格式塔心理学的理论，知觉的大脑皮质机制是一个动力系统，这个系统中的各个元素在知觉过程中积极地相互作用，是一种定形的整合过程，即"经验到的空间秩序在结构上总是和作为基础的大脑过程分布的机能秩序是同一的"②。这就是所谓的"同形论"。根据这个原理，不是知觉直接与刺激逐一对应，成为刺激的复写，而是知觉经验的形式与刺激的形式相对应，如同地图与现实世界的关系那样。当知觉力以这种"同形"的对应关系来把握对象时，便会产生皮质的力的运动，主体把这种力的运动式样当作对象的性质来知觉，对象就呈现出扩张或收缩、冲突或协调、上升或降落、前进或后退等知觉样式的表现性。它们虽似抽象，却极富象征功能，是丰富的审美经验的基本框架。而且，由于"同形"原理，知觉的表现性直接存在于知觉所建构的整体形式结构之中，因而形式结构与它所表现的意义是直接同一的。例如，垂柳之所以看上去是悲哀的，不是由于它象征或抒发了悲哀之情，而是因为柳枝的知觉式样本身是一种被动下垂的力的结构。知觉的表现性是普遍的，并不为审美知觉所独有，但是，在审美知觉

---

① 安德森：《认知心理学》，杨清、张述祖译，吉林教育出版社 1989 年版，第 64 页。
② 引自舒尔茨：《现代心理学史》，杨立能、沈德灿译，人民教育出版社 1981 年版，第 308 页。

中又显得最为突出和富有价值。培养体味知觉式样本身的表现性意义的能力,是发展审美知觉力的关键环节,有助于养成以事物的"外观"为兴趣对象的审美态度。

审美知觉力的表现性还体现在深层的和特殊的层面,即在内在审美图式规范知觉式样的过程中形成了知觉式样的表现性。建立在"同形"原理基础上的知觉式样的表现性,基本上属于生理的层面,格式塔心理学家也把知觉看作大脑组织的天生定律所引起的自然操作作用,这种天生定律从康德的"先验形式"演化而来,并被以物理学的方法赋予生理学的意义。而在审美活动中,由内在审美图式的规范所造成的知觉式样的表现性,则意义远为深广,并具有主观表现的品格。当知觉对象被按内在审美图式的要求建构起来,成为后者的直接对应物(或类似物)时,它就被赋予了超越生理水平和日常知觉性质的更丰富和更独特的意义。前述蒋彝的风景画与英国浪漫主义时代的风景画,其知觉形式的表现性差异是由不同的内在审美图式所造成的,其中社会、历史、文化等方面的因素,是仅限于生理学水平的"同形论"所无法解释的。

审美知觉力的创造性成果是整体性的、内在有序的、概括的、有表现性意味的审美形式,它是审美对象的初步形态和基本框架,但并非完善的审美对象。现代西方某些审美知觉理论具有用审美知觉力来代替或概括审美能力的倾向,这是同某种形式主义美学思潮相一致的。事实上,审美知觉力固然十分重要,但它只是审美能力结构中的一个主要因素,其创造力、表现力和理解力仍是有某些局限的。另一方面,对于中国学生来说,养成建构直觉形式的能力显得很重要。许多人对自然景观持比拟象形的态度,面对一块怪石、一座奇峰,不是将心理活动指向它们的外观特征,而是去寻找它们的比拟或象征意义,于是便出现"猴子观海""仙人下棋"等景点。这种观赏方式固然也有可取之处,但是它有一个致命的缺陷,那就是引导观赏者从自然景观转向传说或故事,而放弃了对自然美景自身的观赏。当人们把注意力集中在"某物象某物"时,景观本身的色彩、线条、形状、势态等外观知觉特征被忽视了。再则,在自然景观中搜寻那些具有比拟象形意义的景点,还会使人们丢失许多极富审美价值但无法比拟象形的景观。我们在一些山水名胜中常常可以发现,那些远近闻名的被比拟象形命名了的景观有时并不是那里最富审美价值、最有迷人魅力之处的景观。而从自然景观上体味意义，就需要一种建构审美形式的知觉力。美育应该加强对学生这方面能力的培养，克服目前学生普遍存在的审美形式感较弱的倾向。

审美注意力

注意力是使心理活动以某种方式指向一定对象的能力，它的作用在于把对象与其他事物分离开来，将意识集中于所注意的对象。因此，不同的注意力就是不同的意识指向，由于它们不同的意指功能，同一客观事物可以被呈现为不同的对象。注意不是一种独立的心理过程，而是作用于感觉、知觉、想象、体验与理解过程的一种能力，它在一定程度上支配着心理活动的方向与方式。心理学家指出："在一切水平上，注意似乎都在扮演经理的角色，它决定注意什么信息和试图去识别什么式样。某些高度熟悉的式样（也许还有格式塔的原则）是自动化地发生作用的，尽管有这些例外，注意也决定我们将要看什么和听什么。"①实际上，这里所讲的例外，并不是说没有注意力的作用，而是指经过反复实践，使主体对某些式样十分熟悉，意识无须有意注意的引导便会自动地集中于它们，并将其识辨出来；也就是说，有意注意在反复实践中转化为无意注意了。

审美注意力是审美能力的重要构成因素，显示出审美能力的一种意指功能。审美意指是主体决定对象呈现方式，确立主客体的审美意识关系的心理功能。审美注意力是确立主客体审美意识关系的能动心理功能。人与世界的审美关系是在实践基础上历史地形成的，具有一定程度的客观性和社会性。而就个体的审美活动来说，主客体之间的审美意识关系却不是既成的，而是以客体的特征和主体的特殊意识指向为前提的，其中后者是能动的一方。朱光潜先生曾以"我们对一棵古松的三种态度——实用的、科学的、美感的"②为例，说明了不同的意识指向会使主体与同一事物结成不同的意识关系，使该物

---

① 安德森：《认知心理学》，杨清、张述祖译，吉林教育出版社1989年版，第74页。
② 详见朱光潜：《谈美》，《朱光潜全集》第2卷，安徽教育出版社1988年版，第8—9页。

呈现为不同的对象。古松之所以成为一个审美对象,是与主体以审美态度指向它直接有关。由此可见,审美活动的发生依赖着主体方面能动的审美意指功能。审美活动不是无来由地发生,它依靠主体有意或无意的意识选择,其结果是主体从非审美状态迁移到审美状态,使潜在的、客观的审美关系转化为实际发生着的、意识性的审美关系,使客观存在的美转化为对主体意识而存在的审美对象。当然,个体审美活动的发生也受到事物某些客观属性的影响,但积极能动的方面在于主体,在于主体的审美意指功能。面对一件艺术佳作,不仅没有艺术修养的人无法对它进行欣赏,就是有艺术修养的人,若不以审美注意力引导意识指向作品的审美结构,只注意了它的市场价值,那么同样没有对它进行欣赏。人们常常在以往熟视无睹的事物上偶然地发现美,正是因为注意方式发生了变化。

心理学家桑福德曾做过一个有趣的实验,以探索动机对知觉的影响。他让十位被试儿童在饭前和饭后知觉模棱两可的图形,当问他们图形像什么时,作出图形与食物有关的东西相像的回答者,饥饿的儿童为饱食的儿童的两倍。[1] 这表明,动机往往导致某种期待,而特定的期待会形成特定的心理定式,从而影响后继心理活动的趋向。实际上,审美意指也是一种期待状态,是审美主体准备以审美方式接受对象的心理特征。在审美意向发生时,我们期待着事物作为一种审美对象呈现给我们,准备接受一种特定的审美信号情境。一旦我们知觉到的东西与期待相符,我们感到初步的满足;一旦知觉到的东西与期待相悖,我们就会产生上当受骗的感觉。这种期待不是全然被动的,而是积极、能动的,它使意识采取与期待对象相适应的接受方式。正如接受美学理论所强调的,没有审美期待,没有积极的审美接受方式,艺术作品就很难被作为审美对象来接受。马克思曾说:"忧心忡忡的、贫穷的人甚至对最美丽的景色都没有什么感觉;经营矿物的商人只看到矿物的商业价值,而看不到矿物的美和特性。"[2]他们对美的视而不见首先源于他们没有审美的动机和期待,他们的需要处于低于审美需要的水平。他们为实用功利的欲望所迫,压抑了超

---

① 贝纳特:《感觉世界》,且明译,科学出版社 1983 年版,第 240 页。
② 《马克思恩格斯文集》第一卷,人民出版社 2009 年版,第 192 页。

越性的精神自由要求,也谈不上以审美态度指向事物。由此可见,审美意指功能受审美需要的支配。然而,审美意指的发生并不是纯粹主观意识引起的,而是同时受到对象某些特征的激发和暗示。在这方面,知觉的认识和辨别力显得较为重要,因为由潜在的审美需要转化为审美冲动或审美动机是以知觉反应为中介的。波兰美学家英伽登曾详细描述了审美主体在对象某些客观特征作用下,激发起审美冲动并能动构造对象的主客体辩证关系。① 这一观点对我们颇有启发。显然,审美能力中包含着知觉辨别力,当它获得某种特殊的知觉印象时,就会传递审美信息,唤起审美冲动,使主体积极主动地进行心理调整,形成审美的意向。一些美学家曾试图寻找事物的某种美的客体特征,来作为引起审美知觉的条件,但结果不理想。有的学者提出,知觉的格式塔性质是形成审美知觉的契机,可问题是知觉完型是普通知觉的一般性质,它仍不能说明审美知觉的特殊性质,而且把审美知觉仅置于知觉水平来理解,显然忽略了审美能力的复杂、综合性质。

审美注意力有两个相互关联着的特征,即无利害性和以事物的外观为直接兴趣对象。夏夫兹博里曾把"无利害性"作为类似旁观态度的"审美态度"的实质,并由此把审美鉴赏力与有功利目的的实践性知觉区分开来。康德则把"无利害性"作为审美鉴赏的第一个契机,以此把审美活动与生理、道德活动分开。他似乎意识到,以一种"无利害性"的意识态度指向对象是审美鉴赏活动发生的首要主体条件,所以将它列为审美的第一契机。当然,审美"无利害性"不能被理解为审美与理智、道德、生理无关,或与社会生活无关;实际上,无利害性的审美活动恰恰包含着理智、道德、生理的因素,而且把社会生活提升到某种新的高度。但是,在审美过程中,主体超越了生理和道德动机的直接驱使,解除了逻辑概念的束缚,从而进入无直接个体的和实用的功利目的的状态。在对象方面,只有主体以"无利害性"的审美注意力指向对象时,主体才会把兴趣集中于事物的外观,才会以自由的心理活动去创构审美对象,对象也才会以有情感意味的审美意象呈现给主体。由此可见,"无利害性"是注意

---

① 英伽登:《对文学的艺术作品的认识》,陈燕谷译,中国文联出版公司 1988 年版,第 198 页。

力以审美的方式起作用的重要特征,而实用功利的注意力指向却往往是影响审美活动发生和发展的障碍,因为它把心理活动集中于事物的感性形式之外,更关心事物的实在性质或功用,而审美属性恰恰直接存在于感性形式之中。

发展审美注意力对于审美能力的培养有重要意义。缺乏审美能力的一个标志就是用实用知觉去对待自然景观和艺术作品,忽视了它们的外观特征,故而不能发现审美对象。

一般地说,审美注意力是以"自动化"的形式作用于心理过程的,但是,在有些情况下,特别是在接受较陌生的审美对象时,伴有意志努力的注意在初始阶段往往有重要作用。对于习惯于欧洲传统风格的音乐爱好者来说,欣赏乔治·格什温那种具有现代美国音乐特色的交响作品,显然需要更多的意志努力。在这种情况下,音乐史和现代音乐美学的某些知识将帮助欣赏者把注意力集中于那个新颖独特的对象,使他采取与之相适应的感受方式。通过反复的欣赏实践,意志的努力会逐渐减弱乃至消失,对这类作品的注意力转化为自动化的形式。这就意味着,在美育过程中,审美注意力的培养需要适当的指导和反复的训练,说明对象的主要特征,引发与之相适应的知觉注意方式是十分必要的。但是,这种指导应把注意力引向作品本身,促成审美经验过程的发生,而不是一味地引向作品之外的历史背景或主题思想。虽然背景知识也能帮助人们更好地感受和理解作品,但它们应该服务于审美感受,否则这种分析不仅会落空,而且会阻碍审美注意力的发展,因为它把注意力引向认知的方向。作为美育的艺术课程,其主要任务不是教会学生研究作品,而是体验和创造作品。

审美记忆力

记忆力是人脑贮存和重现以往经验的能力,它对于学习和传承人类文化十分重要。任何心理活动,即使是最简单的心理活动都必须以保留它的每一个当前的要素为前提,从而把它与随后的要素联结起来。没有记忆能力,便没有经验积累,也就没有心理的发展和一切智慧活动。人依靠记忆力,一方面有效地把握环境,另一方面使自己的个性具有自我的同一性。所以,记忆力在相当程度上决定了人的心理发展水平的高低和人格的丰富与否。

虽然目前中国美学界对审美心理中的记忆力不太重视,研究得很少,但是对美育研究,特别是审美能力研究来说,记忆力是应该被引起重视的。记忆力是审美能力结构中的一个重要组成部分,没有这种能力,审美经验便无法得以保持和重现,审美的感知、想象与理解也无法进行。前面曾论述道,审美知觉过程受内在审美图式的制约或规范,而内在审美图式的积累和重现则部分依赖于记忆力。这种图式作为内在的审美心理结构作用于知觉,是以记忆力为中介的。在知觉当前某个对象时,过去知觉的记忆痕迹也活动起来,正是依赖于过去的审美经验,知觉才可能有审美的认知、创造和理解。而审美想象力的活动也有赖于记忆力,没有丰富的审美表象积累和重现,审美想象也就失去了必要的加工材料和活动定向,因而不可能发生。丰富的审美经验积累也是深入理解审美对象的基本条件,没有记忆力,就不能对对象进行特征辨别、意义填充和综合评价,也不可能产生审美共鸣。因此,审美记忆力往往决定着审美能力水平的高低和审美活动的成功与否,对于美育的学习至关重要。

记忆可分为运动记忆、情绪记忆、形象记忆和词—逻辑记忆几种。①　审美记忆也包含这些方面,但以情绪和形象相结合的审美形式记忆为主要内容。它往往把事物外观的某些形式特征,包括整体的和极细微的方面,加工贮存并在审美活动中重现出来;与此同时,还把相应的情感体验,特别是那种独特新鲜的感受保持在大脑中,并能够迅速地被激活。审美记忆还包含情境(或称"场合")记忆。情境记忆的外观特征或许不太鲜明,但其情绪内容十分丰富。它常常是对较大审美对象或审美心理氛围的记忆,虽朦胧却极富暗示性。例如,对整个建筑群、整部小说、一片风景或置身于群体性审美活动场的感受,就会留下整合性的审美情境记忆。

记忆过程主要有识记、保持(贮留)、重现(回忆)和遗忘四个基本单元。在审美过程中,审美经验的保持和重现最能见出记忆力的作用。就某一次审美过程来说,不仅过去的审美经验有助于组织、辨别、补充当前的审美对象,而

---

①　关于记忆内容的分类,心理学界说法不一,此处按照德彼罗夫斯基《普通心理学》的分类,见该书第315—317页。

且在这一过程中的先前感受的贮存与重现,也有助于审美经验的扩大、完整和深化。美国音乐家科普兰曾提出:"对具有高度潜在的理解力的聆听者有一个最起码的要求:当他听到一支旋律时必须能够把这辨认出来。……不是唱这支旋律,而是当有人弹奏它的时候能辨认出来,即使在间隔几分钟之后并在弹奏几支不同的旋律之后也能辨认——你就掌握了理解音乐的钥匙。"[1]这种记住旋律并当它重现时能够加以辨认的能力就是记忆的一种表现方式:再认,它是先前经验的保持、重现与当前认知的结合。在音乐欣赏和其他审美欣赏活动中,记住某些有特征性的形象和效果,并在它们再次出现时辨认出来,或者将其变形的形式辨认出来,有助于在前后联系中把握对象的整体结构和丰富的内部关系。

以往经验在大脑中的重现就是回忆。从某种意义上说,回忆就是从经验贮存库中提取有关信息的能力,回忆并非一定要凭借有意识的努力,有时它是在无意中发生的,即无意回忆,这在审美过程中尤为常见。但是,不论有意还是无意,回忆总有选择性,心理定向、情绪状态、兴趣、正在进行的活动以及感知对象的特征等,都会制约回忆的内容、方向和丰富性。这表明回忆不是简单的经验复现,而是受整个心理系统制约与影响的复杂过程。回忆的内容虽从根本上说是以往的某种经验,但由于其重现过程的复杂性,因此"回忆往往是重建工作"[2],它是以往经验的再现与改造相结合的过程。柏拉图曾把对美的真正发现归之于神秘的灵魂回忆,这种回忆是把经验"统摄成为整一"的"反省"能力;借助这种能力,人一方面能看到"上界里真正的美",另一方面使自己"真正改成完善"[3]。柏拉图对回忆的神秘主义理解当然是不科学的,但他也触及回忆在审美过程中的某些意义。丰富而深层的回忆,把贮存于内心深处的审美经验(有些甚至处于无意识水平)重现激活,使审美过程具有内省的或冥思的特征;由于深入过去的内心经验之中,审美成为一种将过去的经验与当前的经验加以熔铸的过程,从而丰富和深化了审美感受,也丰富和深化了内

---

① 科普兰:《怎样欣赏音乐》,丁少良译,人民音乐出版社1984年版,第2—3页。
② 安德森:《认知心理学》,杨清、张述祖译,吉林教育出版社1989年版,第245页。
③ 详见《柏拉图文艺对话集》,朱光潜译,人民文学出版社1983年版,第125页。

在审美图式,从而促进个体人格的完善。事实上,对古典艺术作品的欣赏就具有深刻的回忆性质,我们作为传统文化的继承者,大脑中贮存着传统的审美信息,读《诗经》、看顾恺之所作《洛神赋》图,不仅是现代人与古代人的对话或对古典作品的阐释,而且是通过深层的回忆,现代人在内心当中对传统审美经验进行追忆和重建。因此,通过回忆能力,我们的审美经验突破时空界限,有可能达到无限深广的境界。

由于记忆力对审美能力的培养具有重要意义,因此,培养记忆力是美育不可忽视的一项任务。提高记忆力的一个重要规律是对感知材料进行充分的加工。这种加工包含按感知材料的特征进行分类,对形式结构进行拆解和重组,对记忆对象作深入的理解,等等。加工过程中利用肌肉的运动也可增进记忆力,大声朗读一首诗比默读或聆听这首诗要便于记忆,在乐器上演奏一段旋律比听这段旋律更利于记忆……所以,伴随肌肉运动的活动是美育教学过程的基本形式之一。记忆的另一规律是受心理定向和活动目的的影响。因此,适当地提出记忆的要求,明确记忆的目的也可促进记忆力的提高。此外,对对象的兴趣也是促进记忆的重要因素。一个人审美经验积累的多寡与他的审美兴趣有直接关系,所以激发和保护审美兴趣也有助于提高审美记忆能力。

审美想象力

普通心理学认为,想象力是大脑对记忆中的表象进行加工,创造新形象的能力。想象过程源于对外在事物的感知,但它与感知不同,不是对外界刺激信息的加工,而是对内心贮存的表象的加工,是更内心化的过程。

作为审美能力构成要素之一的想象力,除具有上述一般心理学意义外,还有着更复杂和更重要的意义。在审美过程中,想象力是一种意识超越能力,是创造主体与世界自由的观照关系,展开生存的情感之维的能力,因而具有本体论意义:通过自由创造来实现人的某些内在要求。审美想象力的创造性,不应被简单地理解为产生现实没有的新形象,它的根本意义不在于把一些表象加以拼接组合,而在于实现由物质世界向精神世界、由现实世界向理想世界的创造性转化和飞跃。审美想象力把知觉形式提升为灌注着精神活力的审美意象,使它成为一种纯粹意识现象,一种自由而有序的心境。所以,审美想象力是一种"化景物为情思""化实为虚"的能力,这里的"景物""实"是物质世界,"情思""虚"是精神世界,审美想象力以前者为本源,又改造和超越了它,达到后者。

因此,在创作与欣赏过程中,审美想象力的创造性没有根本的差异。欣赏的想象决不仅仅是再造性的,而首先是创造性的:把一片景色转化为内心意象与把作品转化为内心意象的过程,都是一个把物质材料创造成精神产品的过程。所以,审美想象力所创造的新形象,首先不在于是否有所变形,而在于创造了一个超越物质世界的、个性化的审美意象,否则便会引出一种错误的结论,即认为鬼怪是最能体现想象的创造性的东西。事实上,许多创造性的审美意象并未对景物的外表作很大的变形。例如,柳宗元的《小石潭记》写一小潭中几尾小鱼,描绘极为逼真,然而,读来却使人产生一种奇妙的幻觉,这就是想象力的意识虚化作用的结果。又如,王维的《鸟鸣涧》并无夸张的描绘,而我们在吟诵之时,却可凭想象而体味到这景色的灵动与神韵。这种幽渺恍惚的感受非知觉所能产生,而是靠想象力使这个实境化为虚境,一跃而成自由恬适的心境。由此可见,审美想象力的根本意义在于,创造一种合乎审美需要的心理时空,使心灵达到自由畅达的状态。陆机讲"观古今于须臾,抚四海于一瞬"[1],正是生动地描述了创造性想象的特殊作用。正是创造性想象,"克服了现实思维的局限,超越了时空,使审美主体和审美对象都进入了自由的境界。人类在现实中受到时空限制,而审美想象可以超越时空,从而获得自由"[2]。

在具体的审美经验中,想象力的创造往往体现为对对象的补充,或调整,或变形。清人赵执信曾言:"神龙者,屈伸变化,固无定体,恍惚望见者第指其一鳞一爪,而龙之首尾完好固宛然在也。"[3]这里既涉及创作中的想象,又有关欣赏中的想象,这只露一鳞一爪的"神龙"是纸上之龙,但它作为想象之龙的对应物或类似物,也体现了想象之龙的非物质可传达性。想象之龙是流动的、

---

① 陆机:《文赋》,转引自北京大学哲学系美学教研室编:《中国美学史资料选编》上册,中华书局1980年版,第156页。

② 杨春时:《中华美学的审美意识论》,《广东社会科学》2018年第5期。

③ 赵执信:《谈艺录》,转引自宗白华:《美学散步》,上海人民出版社1981年版,第75—76页。

气韵生动的意象,而有限的笔墨只可绘出其可视的部分,故而成了某种不完整的龙。然而,这纸上之龙正因为是想象之龙的对应物或类似物,所以最能激发想象,那空白之处正是想象展于的起点。不过,欣赏者的想象不应是按一鳞一爪的线索,去补全一条首尾完整的龙。试想,倘若审美想象力成为一种按图索骥的手段,那么还有什么审美自由和创造可言?艺术品的空白正是让欣赏者在想象中去创造意义之处,去赋予意象一种生命活力,一种深邃意味。大足宝顶山的"卧佛"石刻,佛像只有半身,腿部以下隐入南岩,给人以无限开阔的想象空间。细细品味,确实会使我们产生一种博大、深远、永恒、神秘的感受。中国戏曲表演往往没有特定布景,道具也十分简单。如《秋江》一剧,船翁持桨,作划船的身段,陈妙常也乘势作摇曳的身段,这确实给观众留下了广阔的想象空间。但是,真正的创造性想象并不以在头脑中补全一个船行江上的实景为满足,而是给这虚虚实实的舞姿赋予一种神游之态、闲适之情、自由之意,并给它一个空廓浩渺的空间,从而在内心里创构出个性化的审美意境来。总之,审美想象力的"补充""填空"作用,主要不在于实景与具象的补足,而在于化实为虚,给表象赋予生命与情趣。

如前所述,感受、知觉、记忆等能力均有赋予对象以意味的功能,但唯有想象力能够更自由、更深刻、更富于情感色彩地来创造审美意象,那是由于自由的想象过程同时受情感和理智的双重作用之故。审美想象受审美情感的驱动和定向,而想象的展开也不断激发着情感活动,因而想象具有情感移置(或称投射)的性质和功能。这就使想象创造的审美意象具有主体的情感因素和生命活力。这不仅明显地体现于"感时花溅泪,恨别鸟惊心"(杜甫)这样的意象中,而且在"采菊东篱下,悠然见南山"(陶潜)、"寒波淡淡起,白鸟悠悠下"(元好问)等几乎只写景物的意象中仍含有深远的情感意味。刘勰说"登山则情满于山,观海则意溢于海"①,王国维说"一切景语,皆情语也"②,正道出了

---

① 刘勰:《文心雕龙·神思篇》,转引自北京大学哲学系美学教研室编:《中国美学史资料选编》上册,中华书局 1980 年版,第 195 页。

② 王国维:《人间词话删稿》,转引自北京大学哲学系美学教研室编:《中国美学史资料选编》下册,中华书局 1981 年版,第 453 页。

审美想象的移情功能。只有审美想象力才能真正实现审美过程中的"物我同一""物我两忘",因为想象比感知和记忆更内心化,它使主体全身心地投入审美经验之中,去拥抱、体味、构造、理解审美意象,获得自由的愉悦。同时,由于调动了以往的经验并加以重构与重解,因此想象力也使人的审美经验在新的结构过程中得到提升。

因为想象受到理智的影响,所以,想象过程不是主观任意的和偶然的活动,而是受到一定规范的。歌德曾指出,想象与感觉、理解和理性相互作用,从而达到"真理和真实的领域"。他说:"感觉给它以刻画清楚的、确定的形式;理解对它的创造力加以节制;理性使它获得完全的保障,在思想观念上立下基础而不致成为梦境幻象的游戏。……透入一切的、妆饰一切的想象不断地愈吸收感觉里的养料,就愈有吸引力;它愈和理性结合,就愈高贵。到了极境,就出现了真正的诗,也就是真正的哲学。"[①]这里,歌德揭示了想象力在与理智力的相关中具有了某种思维的品质。当然,审美想象不同于科学想象,前者不脱离感知表象,并有情感色彩,它的展开是按表象—情感的结构;后者却以概念—逻辑为结构方式,虽也有表象性,但排斥情感因素。不过,审美想象不同于知觉和记忆,它对记忆表象的加工改造是情理统一的,能在直观形象中达到某种哲思的水平,获得对宇宙与人生的深刻领悟。关于这一点,后文讨论审美思维力时再作详论。

审美过程中想象活动的发生依赖于一定的审美经验积累,有了丰富的审美记忆表象,才可能有丰富的审美想象力。但是,审美想象的激发又需要一定的知觉唤起和情感激励。知觉水平上的审美形式既满足了一定的审美需要,又唤起了进一步的更高的审美创造冲动,这是产生想象的重要契机。特定的心境也是引发审美想象的重要条件。在审美过程中,想象往往是在不知不觉之中浮现出来的,若用意志的努力,死命去想,恐怕不能展开自由的想象。所以,作家和艺术家很讲究创作机遇和心境。金圣叹曾说《西厢记》作者在创作时,"并无成心之与定规,无非佳日闲窗,妙腕良运,忽然无

---

① 转引自《形象思维资料汇编》,人民文学出版社 1980 年版,第 153 页。

端,如风荡云"①。这在某种程度上,正是创造性想象突发的状况。其实,艺术欣赏也有机遇和心境,所以金圣叹要求人们若读《西厢记》,就"必须扫地读之""必须焚香读之""必须对雪读之""必须对花读之"②,以期有一种闲适、虚静的心境和态度,有助于读者审美想象的自然发生。

在美育过程中,有意识地保障和引发审美想象是培养审美想象力的关键。一般来说,儿童的想象力是自发和旺盛的,这在他们的游戏活动中可以见出。但是,他们的审美经验积累还比较少,所以,美育发展儿童的想象力首先要为他们提供丰富的审美活动。在美育过程中,无论是创作活动还是欣赏活动,都应充分保障他们的想象自由,让他们的想象既不越出审美范围,又能像在游戏中那样随活动的展开而自发地、活泼地涌现。创造性的想象是充分个性化的,艺术教育要特别注意发现、鼓励和积极评价学生新奇的想象创造,切忌以常规的、成人的或名家名作的现成规范来限制甚至压抑儿童青少年活泼、新颖的创造性想象。

审美情感力

情感力有两个基本意义:其一是一种心理动力;其二是一种体验能力。在心理结构中,情感是一种心理能,它表现为一种情绪冲动,从内部驱使心理活动的展开;作为一种与需要、愿望等个体特征相关联的动机,控制着心理过程的方向。所谓"情人眼里出西施",便是情感动力作用知觉、想象过程的一个例子。当然,另一方面,知觉、想象和思维等亦对情感动力有控制性影响。作为一种特殊的心理能力,情感力又是人对自身与环境关系的体验能力;它不同于认识能力,体验的对象不是外在的事物,而是人与事物之间的关系。所以,体验是对处于这种关系之中的事物和自我的感受、评价。由于情感体验能力与个体内在的需要、愿望、期待有直接联系,因此,它以对象的性质与功能是否

---

① 金圣叹:《读第六才子书〈西厢记〉法》,傅晓航校注:《贯华堂第六才子书西厢记》,甘肃人民出版社 1985 年版,第 17 页。

② 金圣叹:《读第六才子书〈西厢记〉法》,傅晓航校注:《贯华堂第六才子书西厢记》,甘肃人民出版社 1985 年版,第 25 页。

符合需要、愿望和期待为评价根据,从而形成一定的情感态度,如好与恶、恐惧与亲近、痛苦与快乐等。同时,情感体验力又是对人的自我生存状态的感受与评价能力,属于自我意识的一部分。

情感力是审美能力结构中的核心因素,它作为审美心理动力和审美体验能力,对于审美创造、审美表现和审美理解均起着决定性作用。它与感觉力、知觉力、注意力、记忆力、想象力和思维力等相结合,支配着整个审美过程,各种心理功能是以它为中介而结构成为审美能力的。所以,情感力的高低与强弱直接决定了审美能力的水平。

情感力作为一种审美心理动力,是主体方面的创造源泉。它是个体审美需要、审美期待的能动形式,作为一种感性与理性交融的情绪冲动,是审美经验过程的内部动因。它不期望实际地改变环境的客观性质,而是在经验中赋予世界一种全新的意义,从而在意识中改变主体与环境的关系,使主体的审美需要得到满足,审美情绪冲动得到实现。可以说,审美心理动力是审美创造与审美表现的动机与内驱力,它推动着心理诸功能去创造人与环境的自由观照和体验关系。

中国传统美学一直把情感看作审美创造和表现的内部动力。《毛诗·序》曾云:"情动于中而形于言,言之不足故嗟叹之,嗟叹不足故永歌之,永歌之不足,不知手之舞之,足之蹈之也。"这分明是把艺术看作受情感推动并以情感抒发为最初动机的活动,甚至诗、歌(乐)、舞等不同艺术形态也是以不同的情感强度和艺术抒发要求来分类的。这种情感动力论在中国诗论、乐论、画论、书论、曲论当中随处可见,如《乐记》中的"情动于中,故形于声",陆机《文赋》中的"诗缘情",刘勰《文心雕龙·物色篇》中的"情以物迁,辞以情发",汤显祖《复甘义麓》中的"因情成梦,因梦成戏",等等。另外,传统美学强调创作者内心的"气""感兴",作为一种生气勃勃的创造活力,也是以情感为核心的心理动力。在西方,从英国经验主义美学到弗洛伊德的动力心理学,都对情感动力的创造与表现功能作过较系统研究。例如,霍布斯指出,"欲念或意图"控制着一种特殊的思想过程(即想象)时,就是一种"创造发明的能力",这实质上是涉及情感动力对想象力的驱动和定向。① 弗洛伊德把现代物理学中的动力学理论引进心理学,认为心理过程受一种心理能的驱动,这种能量是一切心理功能做的心理功,并通过心理过程得到能量释放,获得满足。他认为,审美活动就是在幻想中使心理能得到部分释放的途径。上述二人的理论从科学角度分析了审美心理动力,揭示了这种动力在审美心理结构中的重要作用,这是有价值的。可是,他们在生理本能的意义上解释审美心理动力,还具有一定的片面性。因为,审美心理动力是人的一种生理与心理、肉体与精神统一的情感力量,虽有本能的成分,但具有丰富和重要的精神内涵。而且,审美过程并不只受心理动力的控制,知觉、想象和思维等也控制着心理动力,否则,审美能力便是一种寻求迷幻与发泄的本能,审美过程也失去了其深刻的人生价值。

　　总的来说,传统的审美动力论只强调了其在艺术创作过程中的作用,却忽视了其在审美欣赏中的重要意义。在感受自然和艺术品时,情感力不是被动的,它一样具有内驱力的功能。它的发生有某种自发性特征,正如汤显祖所说的"情不知所起"②。但是,它也是有感而发的,即所谓"触景生情"。在回忆、想象当中引发的审美冲动,也是与对外界的感触相关的。在审美过程之始,我们对事物的某种特征有所感触,便产生了最初的情绪反应,波兰美学家英伽登把它称作"原初冲动",认为它是"审美经验这一特殊事件的实际起点"。③ 这种情绪反应与审美需要有直接关联,可以说是一种内在审美图式的初步激活,由此形成一种寻求和创造审美对象的渴望和冲动。它驱动着知觉、想象的发展,并控制着它们以审美的方式来工作;而知觉、想象的展开,进一步唤起和构造着审美冲动。在这种交互作用中,审美冲动的实现和审美对象的创造与理解逐渐成为可能。因此,审美心理动力在一切审美经验过程中,均起着能动的作用。

　　审美心理动力是美育应该加以利用和培养的主体力量。俗话说:"爱美

---

　　①　参看朱光潜:《西方美学史》上卷,人民文学出版社 1963 年版,第 206—207 页。
　　②　汤显祖:《牡丹亭记题词》,转引自蔡毅编著:《中国古典戏曲序跋汇编》(二),齐鲁书社 1989 年版,第 1222 页。
　　③　英伽登:《对文学的艺术作品的认识》,中国文联出版公司 1988 年版,第 198 页。

之心,人皆有之。"这首先就是说,趋向审美的情感冲动是人的天性。但这种力量需要得到保护、激励、提升和丰富。为达此目的,美育过程应始终使受教育者在丰富的审美活动中,保持内在活力,并通过感知力的敏锐化、审美经验贮存的丰富化和想象力的强化,来有效地发展和提高审美心理动力。

情感力作为一种体验能力,在审美过程中也有十分重要的作用。一般来说,审美体验能力具有使主体与对象融合,以及感受主体心理自由状态的功能。此外,它也具有理解功能。这一点,将在下一节论及。

情感体验具有弥散性,它可以在知觉和想象的帮助下,向四周扩展,使环境着上主体的情感色彩。在审美过程中,移情便是一个突出的现象。移情不仅创造着对象,而且由此改变了主体与对象的关系。一片自然景观,作为物质的存在,本是外在于主体的东西,但在审美体验能力的作用下,可以使物我两分的关系转化为物我交融的关系。在"人闲桂花落,夜静春山空。月出惊山鸟,时鸣春涧中"(王维《鸟鸣涧》)这首诗中,我们可以发现,诗人对自然的情感体验使一个物理境转化为一个心理场,对象具有了主体的生命,客体成了主体的对象,人与自然的关系顿时变得那么融洽、亲和。在人与人的审美关系中,体验力也改变着原先的人际结构。陀思妥耶夫斯基曾说:"我同我的想象、同亲手塑造的人物共同生活着,好像他们是我的亲人,是实际活着的人;我热爱他们,与他们同欢乐、共悲愁,有时甚至为我的心地单纯的主人公洒下最真诚的眼泪。"[①]创作是如此,欣赏也是如此。我们读小说、看戏也会与其中的人物同悲欢、共命运。这种使我们与作为审美对象的人物相融合的能力,正是情感体验力所特有的。

与审美对象融为一体,是主体对它产生深入理解的必要条件,也是主体获得审美愉悦的必要途径。审美愉悦具有直接性,那就是审美冲动得以实现、情感得以释放和提升而产生的快感。但是,审美愉悦还有间接性的一面,那就是对处于主客体融合关系之中的主体自由状态的体验。主体在知觉水平和想象水平上把主体的情感赋予对象,并把这种对象化了的情感作为对象属性(即

---

① 《外国作家理论家论形象思维》,中国社会科学出版社1979年版,第111页。

表现性)来体验时,便会感受到人与世界的某种自由的关系。此刻,美不再仅仅是一种对象,同时也成为主体的一种状态,这是在内心中敞开了的情感生存之维,主体体验到这种生存的自由状态,从而产生审美愉悦。从创造主客体的融合关系,到对在此关系中主体心意状态的自我体验,这充分体现了审美体验能力具有实现审美价值的功能。正是这种能力在意识中改变了人与世界的关系结构,使人的审美生存成为可能。由此,我们发现了审美体验能力的本体论意义。

作为一种以情感为核心的感性教育,美育能够有力地促进学生审美情感力的发展。一般的情况是,教师往往还能够注意学生情感动力的释放,而对于体验能力的培养,却相对忽视。实际上,情感动力的释放是直接的,而体验能力却具有某种间接性。也就是说,审美体验实质上是一种对自我情感状态的体验。认识到这一点,对于体验能力的培养十分关键。儿童、青少年感情充沛,往往有比较强的情感释放欲望。但是,直接的情感释放不同于审美体验,后者具有"反思性"。所以,教师应该引导学生对艺术作品作反复的琢磨,也要注意让学生对自己的作品进行认真、细致的评价,使他们养成深入体味审美对象的习惯,这些对于促进学生体验能力的发展是有帮助的。

审美思维力

思维力是探索和发现新事物的心理能力。思维力涉及多种心理功能,是从感性进入理性水平的、概括地发现事物某些内部属性的能力。思维活动有不同类型:从目的上分类,有直观动作思维、形象思维、理论思维;从成果的性质分类,有普通思维(或称再现性思维)与创造性思维。思维力也由此有不同的类型,不同类型的思维力具有各自特殊的心理结构、作用方式和功能。

思维力是审美能力不可缺少的结构成分,那种从审美的特殊性出发来排斥审美过程的思维性质的观点,是不符合实际的。但是,审美思维力具有特殊的性质与功能,它属于创造性思维,还具有直觉性、体验性等重要特征,是一种不脱离感性表象却又可以由表及里的深刻审美理解力。在审美过程中,审美思维不是一个独立的思考过程,而是感觉、知觉、记忆、想象、情感诸心理功能协调综合的活动过程,又体现于知觉、想象和情感体验等不同的水平和过程。

审美思维力是一种形象思维能力。它与理论思维力不同,不是从感知表象中抽象地概括事物的某些本质方面,而是在不脱离表象的情况下,对表象进行加工,深刻地把握对象的内涵。法国当代现象学美学家杜夫海纳从雷蒙·贝耶那里借取了"归纳性感性"一语,来揭示审美过程既不脱离感性,又"能够抽象"的特征。他指出:"审美感受已经有着思考的样子了。"这种思考就是在感性水平上把握到审美对象的"感性的本质"或"意义",那就是它的"感性的组织、感性的统一原则"。杜夫海纳把这种能"抓住一种具体的共相(Universel)"的"感性"称为"归纳性的"。① 这就涉及审美思维力的一种作用方式,即通过给表象赋予框架,来对表象进行重构,由此达到对它的理解。对此,教育学家乌申斯基也曾有过较通俗的论述:"当我们走马观花地瞧了一幅上面绘着形形色色姿势的许多人物的大图画后,在我们心灵中对这幅图画只保存着极模糊的意识。但是,如果我们凝视这幅图画的细节,并把这些细节联成共同的关系,最后,如果继续这样进行,我们就能了解这幅画的基本观念,也就是了解图画中一切细节的共同关系,即把一切细节联成一个整体关系,只有这时我们对于这幅图画的意识才能达到较高的程度……"②所谓把"一切细节联成一个整体的关系",也就是对感性特征加以组织与整合,由此在不脱离感性形象的情况下,达到一种概括性的理解。由分散于各细节的"模糊的意识"到整体性把握的基本观念,正是形象思维在感性层面直达理性把握的表象加工过程。阿恩海姆指出,"知觉过程就是形成'知觉概念'的过程"③,"眼力也就是悟解力"④,此正是在上述意义基础上来立论的。

与知觉力相比,想象力的审美构造功能及其理解深度要更突出。想象力在对记忆表象进行加工改造时,能够以分解和综合的方式,对以往经验中形成的暂时联系进行重新组合,因而更具有思维的品格。阿恩海姆曾分析过对

---

① 详见杜夫海纳:《美学与哲学》,孙非译,中国社会科学出版社 1985 年版,第 62—65 页。
② 乌申斯基:《人是教育的对象》第一卷,郑文樾译,人民教育出版社 2007 年版,第 236 页。
③ 阿恩海姆:《艺术与视知觉》,滕守尧、朱疆源译,中国社会科学出版社 1984 年版,第 55 页。
④ 阿恩海姆:《艺术与视知觉》,滕守尧、朱疆源译,中国社会科学出版社 1984 年版,第 56 页。

《亚当出世》(米开朗琪罗作)的审美知觉,"它先使一种积极的力与一种被动的物体接触,然后又把这种被动物体接受能量之后由死变活后的过程呈现出来",由此理解了作品的"深刻含义"。① 然而,想象力可以调动以往的丰富经验,在知觉式样的基础上,给"上帝身体的倾斜呈现出一种向前的运动"赋予伟大的爱和创造的意义;给亚当的被动接受赋予对生命、力量与智慧的渴望。于是,作品的知觉式样被赋予了更深刻和更完整的生命结构,欣赏者由此达到对作品的人文意义的深刻理解。

审美思维力不同于逻辑思维力的另一个特征是直觉性。它不使用概念作逻辑推论,而是往往跳过思维的惯常步骤,在直观中直接达到对事物的某种深入的领悟,揭示真理。一位心理学家曾分析了创造想象的跳跃过程:表店门前一块"修理钟表"的招牌引起的惯常联想是"我的表早该擦洗了,慢了……要送到这儿来";"表店我们那个小地方有,可是鞋店到现在还没有开门营业";等等。而诗人却由此突发奇想:"请替我修理一下年代吧! 它已不能按时度过。"②由修理钟表这个表象直接引申出"修理时代"的意象,作为审美意象,又渗透了诗人的深刻情感体验,具有独特的表现性。

审美思维力虽不采用概念—逻辑体系,甚至不用理论语言,却能在直觉中把握到理论思维常常未能把握的哲理。宗白华评论春秋初期的"莲鹤方壶"上站着的那只张翅欲飞的鹤:"象征着一个新的精神,一个自由解放的时代","艺术抢先表现了一个新的境界,从传统的压迫中跳出来。对于这种新境界的理解,便产生出先秦诸子的解放思想"。③ 以审美直觉领悟和创造出来的感性形象,具有深刻的象征意义,常常达到极高的哲思水平。所以,古今中外不少优秀文艺作品成为时代的镜子,具有理论著作不能具有的认识价值。

审美思维力不仅是一种认识和理解的能力,而且是一种在个性化的体验中实现审美价值、获得审美自由状态的能力,因而具有某种特殊的实践功能。

---

① 详见阿恩海姆:《艺术与视知觉》滕守尧、朱疆源译,中国社会科学出版社 1984 年版,第 629—630 页。

② 详见彼德罗夫斯基:《普通心理学》,魏庆安等译,人民教育出版社 1981 年版,第 380—381 页。

③ 详见宗白华:《美学散步》,上海人民出版社 1981 年版,第 30 页。

情感体验是审美思维力的又一个特征,它使审美思维成为"物我交融"式的、分享的理解过程。李渔曾要求演员"梦往神游""设身处地"地去理解剧中人物的内心活动,即所谓"代此一人立心"。① 这正是审美理解的一种特殊方式,即深入对象之中,去分享其生命。凡·高有一幅著名油画,画有一双农鞋。海德格尔曾对它作如此的阐释:"从这双穿旧的农鞋里边那成年累月磨损出的黑魆魆的洞口,可以直窥到农人劳苦步履的艰辛。在这双破旧农鞋的粗陋不堪、窒息生命的沉重里,凝聚着那遗落在阴风猖獗、广漠无垠、单调永恒的旷野、田垄上的足印的坚韧和滞缓。残旧的鞋皮上,沾满了湿润而肥沃的泥土。夜幕垂临,荒野小径的孤独寂寞,在这鞋底下悄然流逝。这双鞋啊! 在战栗中激荡着大地恒寂的呼唤,显耀着成熟谷物的无言馈赠,也散发着笼罩在冬闲休耕、荒芜凄凉的田野上的默默惜别之情。这双鞋啊! 它浸透了农人渴求温饱、无怨无艾的惆怅,和战胜困境苦难的无言无语的内心喜悦;同时,也隐含了分娩阵痛时的颤抖与死亡威胁中的恐怖。"②海德格尔的这种理解是体验式的,由于情感移入对象,因而这种理解也是阐释性的。由此,审美理解的双重功能便显示了出来:一方面,这种理解抓住了人的生存的某种真理;另一方面,这理解改造了对象与主体的关系,使心灵得到自由伸展,实现了作品的审美价值。

审美思维力的本体论意义便由认识与实践功能的统一而得到昭示。直观领悟成了一种获得心灵自由的途径;自由的体验又是领悟真理的途径。没有对真理的把握,审美的自由体验不可能是合目的与合规律的;没有自由的体验,便不可能穿透生存的真相。因此,审美思维力是一种"诗意的思",它使我们得以在获得审美的心灵自由之时,与真理同在。

在美育过程中,促进个体审美思维力的发展一方面需要为学生提供大量思维品质高、意义深邃的艺术作品,特别是比较大的经典作品。当然,审美思维力的发展需要较长的时间,同时与个体理智的发展和生活经验的积累有关,

---

① 李渔:《闲情偶寄·语求肖似》,转引自郭绍虞主编:《中国历代文论选》第 3 册,上海古籍出版社 1980 年版,第 278 页。

② 海德格尔:《诗·语言·思》,张月、石向骞、曹元勇译,黄河文艺出版社 1989 年版,第 41—42 页。

所以,不能要求低龄的儿童理解高深的艺术作品。更重要的是,教师要引导学生在想象和体验中逐步体味作品的深刻意义。目前的主要问题是,教师往往只给学生提供知识性的抽象结论,而忽视学生自己个性化的体验。艺术教育(包括语文教育)常常存在着想象、体验与意义把握相分离的问题,前者还保持着美育的特征,后者却更像是艺术史的知识教学。因此,只有遵循美育的特殊规律,才可能促进学生的审美发展。

第 八 章

个体审美意识及其发展

一、审美意识及其教育

审美意识与意识形态

审美意识是对审美活动的观念反映与评价,是一种审美的价值观念形态,具有意义规范和价值标准的作用。它主要包括审美趣味和审美观念(又称审美理想)两种形式,在审美过程中起着重要作用。在国内外的美学理论中,审美意识有两种含义。从广义上说,审美意识理解为主体方面审美能力、观念等主观因素的总和,所以,审美意识这个概念基本等同于审美经验与审美心理两个概念;从狭义上说,审美意识是指审美经验与审美心理当中的观念意识成分,主要涉及审美的判断与评价。从个体审美核心素养分类和美育实践的角度来说,取后一种关于审美意识的意义较为合适。作为一种社会意识,个体的审美意识属于意识形态范畴,是个体的世界观、人生观、价值观的主要组成部分之一,是个体的人生志趣与社会理想在审美方面的体现。

审美意识不是一种独立的心理过程,不是游离于审美心理过程之外的思想观念,而是内含于个性化的审美过程之中的一种观念意识的能动要素。因此,审美过程具有了意识形态性质。作为一种判断力与评价力,审美意识是审美能力的一个有机组成部分,历史上就有不少理论家把审美趣味与审美观念作为审美能力或其中的一部分来谈论。不过,审美意识这个概念侧重于主体观念,而审美能力则侧重于主体感受、创造、理解等心理功能。在具体的审美过程中,二者是内在结合在一起的;审美趣味和审美观念直接包含、作用和体现于审美欣赏、审美创造、审美表现和审美理解的心理活动之中,而审美能力是审美意识发挥作用必不可少的条件。在此意义上我们又可以说,审美意识是审美能力的意识形态性质与功能。对一件艺术品,主体能否持审美态度、能否引起审美冲动、能否与它达到"物同我一"的地步、能否对它达到深切的领悟、能否产生审美愉悦,这些个性化的心理过程都或隐或显、或多或少地带有社会观念意识的性质。

审美意识具有意识形态的一般性质。首先,它是社会存在的一种反映,一定时代、一定民族的审美趣味与审美观念总是受特定的社会生活的制约。普列汉诺夫在考察和研究了原始部落民族审美意识的形成与发展之后,指出:

> 为什么一定社会的人正好有着这些而非其他的趣味,为什么他正好喜欢这些而非其他的对象,这就决定于周围的条件。①

在他看来,正是一定的社会、民族、阶级的历史条件,决定了特定的(而不是其他的)审美趣味的形成。李渔在《闲情偶寄》中曾记下这么一件事:宜兴有位"周相公","千金购一丽人",人称"抱小姐",原来她脚小得无法行走,"每行必由人抱"。这种对"三寸金莲"的嗜好,正是特定时代、特定民族文化、特定阶级的产物。腐朽没落的时代和阶级产生了病态庸俗的审美趣味和审美评价标准,而且这种审美意识又是以特定的生活情趣、人生理想为基础的。而中国大众文化中出现的"跟着感觉走""过把瘾就死"等"娱乐至死"的大众文化"宣言",实际上也是一部分人人生观、价值观的直接体现。

审美意识与意识形态中的其他方面也有联系。虽然审美意识并不完全等同于政治意识、道德意识、哲学观念,但一定的审美意识总是有意无意地维护、加强或反对、削弱一定社会的政治制度、道德体系与哲学观念。中国古代秩序井然、排列严格的建筑,从故宫到四合院,都隐含着一种政治的、道德的法则。古代戏曲要求整个情节结构围绕着一个中心道德寓意、众多人物烘托一个中心人物。正如李渔所总结的:

> 一本戏中,有无数人名,究竟俱属宾陪;原其初心,止为一人而设。即

---

① 《普列汉诺夫美学论文集》(Ⅰ),曹俣华译,人民出版社 1983 年版,第 332 页。

此一人之事，自始至终，离合悲欢，中具无限情由，无穷关目，究竟俱属衍文；原其初心，又止为一事而设。①

这种结构原则，与严格的等级制度、与封建社会的道德原则，难道没有血脉相承之处？即使是人们服饰打扮的趣味也透露着某种意识形态的信息。中国人的衣着从"文革"时千篇一律的蓝、白、黑、灰，到改革开放以来的丰富多彩和个性化，不也是政治、道德、人生哲学乃至整个意识形态的开放、解放的先声与回响吗？

由于审美活动往往暗含着意识形态意义，因此，艺术对人们的思想意识会发生潜在影响。一位美国学者曾指出：

> 在许多西方社会中，存在着这一持久不变的意识形态偏见：富人的道德水准优于穷人。这个观点不仅是荒谬的，而且带有对富人有利的隐含意义：根据推定，富人应该担当正义的裁决者。这类偏见的例证在大众虚构作品中比比皆是，不一而足，例如，埃德加·华莱士的《四义士》以及蝙蝠侠连环漫画。在这类作品中，非常富裕的人被描绘为自然应该实施正义惩罚的人，其原因或许正是在于，他们的财富让他们变得没有偏见的。绝非偶然的是，那些拥有超级天赋的大英雄拥有大量财富。恰恰因为他们拥有财力，他们才充当正义守护天使或者管家。财富拥有道德权威，擅长刻画非常富有的超级警察的大众虚构作品厚颜无耻地表现了这类明显的意识形态理念。②

这种利用艺术作品的某种叙事手法传播特定意识形态的现象也出现在大众艺术的跨文化传播中。西方国家向第三世界国家的文化输出不仅获得巨额经济利益，而且在塑造西方国家救世主形象方面获得了很大政治利益：如果说"财富拥有道德权威"适合美国国内的话，那么富国就是国际警察的"神话"就要推广到全世界。

艺术常常通过塑造人们的知觉样式深刻影响着人们的思想观念。中国人

---

① 李渔：《闲情偶寄·词曲部上·立主脑》，叶朗主编：《中国历代美学文库》（清代卷上），高等教育出版社 2003 年版，第 188 页。

② 诺埃尔·卡洛尔：《大众艺术哲学论纲》，严忠志译，商务印书馆 2010 年版，第 551 页。

看山水很多时候是从中国山水诗、山水画的构图和意境出发的,那是因为中国山水诗、画已经塑造了我们的知觉样式,这和讲究透视的欧洲古典绘画的知觉样式有着天壤之别。所以,中国的美育教学应该多采用中国经典的艺术作品,让中华民族优秀的人文基因深深刻在下一代的心底。

当然,审美意识的时代性、民族性、阶级性往往是表现得比较曲折隐晦的,它与政治、道德、哲学等意识形态方面的联系也不总是直接而明显的。由于审美意识的核心是对人的生存与发展的自觉意识,因此它与人生观的联系最为密切,是一种肯定与追求情感自由和精神享受,肯定与创造人与自然、个体与社会协调一致的人生境界的价值观念与生活态度。虽然审美意识与人生观并不是直接等同的,甚至有时会产生部分的错位、背反或差异,但是它们在实质上是相通的。

作为一种特殊的意识形态,审美意识具有感性、情感—评价性和理想性等特征。审美意识虽具有理性内容,但又不脱离感性形式,因此,它是一种形象化、个性化的观念意识。无论是作为人类整体的,还是作为个体的,审美意识总是非概念、非逻辑地反映与把握世界的一种方式,从而区别于包括美学观点在内的一切理论体系。它是一种范型或图式,有一定的概括性与深度,却又非概念可传达。因此,审美趣味与审美观念作用于审美过程,不是以概念、逻辑的认识、判断或评价的方式,而是采取形象、直觉的方式;它内含于审美能力之中,直接影响到审美的选择、判断、评价等方面。审美意识又具有情感性,因此它不仅具有反映功能,而且具有评价功能。在某种意义上说,它是一种情感态度,是一种较稳定的、社会化的情感价值取向,它以满足与不满足及其感受的量的差异对对象作出评价。由于其情感—评价特征,审美意识所反映的也并非只是客体的性质,而是客体对主体的意义,是人与世界的特定关系,是处于这种关系之中的主体的特定生存状态。这就是说,审美意识的反映与评价功能是内在统一的。也由于其情感—评价特征,审美意识与人类的审美需要有直接的关联,或者可以说,它是审美需要的自觉意识与观念形态。因此,审美意识总是与人类自身的生存与发展息息相关。人的生存状态和发展要求往往直接决定了审美意识的发展变化,并首先通过审美趣味和审美观念体现出来。

从历史发展的角度来看,每当社会发生变革,意识形态发生转变,某种新的政治观念、道德观念,某些有待在现实中实现的社会理想、人生理想,往往最先在审美趣味与观念理想中透露出些许消息。这一方面说明了审美意识对社会存在的依赖关系,另一方面也说明了审美意识的能动性。它具有某种超前性,往往得风气之先,这就是它的理想性之所在。

从发生学的意义上讲,审美意识是在人类长期的社会实践过程中历史地形成的。在原始社会中,审美意识是与其他观念意识浑然一体的,它从意识形态当中分化出来,并形成相对独立的形式,以艺术的相对独立为标志。一方面,作为旨在满足人们的审美需要而生产的艺术品,体现了人类审美意识的某种自觉。另一方面,艺术品也集中、鲜明地体现了一定的审美意识。就个体的发展来说,审美意识的萌发和发展首先并主要是在艺术活动中实现的。通过艺术活动,创造性地接受社会的审美意识,丰富审美经验的积累,提高审美能力,是个体审美意识发展的最基本条件。但是,审美意识的发展又受到整个人格发展的制约,特别是人生观和道德观的发展构成了审美意识发展的必要基础。

审美意识教育的意义

美育对审美意识的发展有促进作用,应该说,美育内在包含了审美意识的教育。培养良好的审美趣味和正确的审美观念,促进人们审美意识的发展,首先意味着一定社会的审美意识的普及,同时,也意味着为整个社会的审美意识的发展提供了条件。通过美育,培养人们爱美、爱艺术,并且积极地创造美好生活的积极态度和人生价值观,这正是整个社会的审美意识的提高。另外,由于审美意识具有意识形态性质,与政治、道德、哲学等有联系,因此,审美意识的培养既受到德育、智育的制约,又对个体的道德发展、知识积累以及人生观、价值观的健康发展有积极作用。审美意识的教育是美育的一个基本而重要的内容,忽视或取消了这一内容的美育是不完全的,甚至会使美育偏离正确的方面和理想的目标。

然而,美育中的审美意识教育有它的特殊规律,依靠灌输和说教只会收到事倍功半乃至相反的效果,故而更不能用强制的方法。在学校美育中,教师可以用分数或其他奖惩办法使学生按课本、大纲或教师的要求来对艺术作品作出评价。但是,如果这种评价不是发自个体人格的审美需要,不是根据个体的审美体验和情感态度,那么这并不意味着他的审美趣味与审美观念有真正的发展和提升,反而会使他形成在审美判断上的弄虚作假,即形成真实的审美趣味与虚假的审美评价的矛盾。有些儿童虽然并不喜爱也不理解某一篇文学作品或某一首乐曲,却可以用从课本或教师那里学来的一套言词,对它们的审美价值大加赞颂。可是,在另一场合,他们又体现出不健康的审美倾向,对低级庸俗的东西津津乐道。美国艺术教育家查尔德曾对小学一年级到六年级的儿童进行调查与实验,发现他们可以按专家们认为"好的",来对绘画作品作出评价;但是,他们自己原先的对"较差的"绘画的喜爱并不受任何影响。另一个由朗普与索斯盖特进行的实验表明,分别由 7 岁、11 岁和 15 岁儿童组成的三个被试组,其中 77% 的儿童在教师在场时,会作出与教师趣味一致的评价,而当教师离开后,竟有 71% 的儿童作出与教师的喜好相左的回答——他们前后所评价的却是相同的绘画作品![1]　这种状况在目前我国的学校中也存在。一些中小学生的审美趣味出现二重化发展倾向,他们在课堂上所"赞许"的,同他们在闲暇时间中所热衷的竟然大相径庭,这也是值得充分注意的问题。还有,当前各大学重视人文素质教育,并把艺术教育作为其重要的组成部分。但是,一些高校把艺术教育的任务规定为让学生知道多少名著名作,这对学生接触文学艺术的名著是有帮助的,但是还不够。知道只是理性的认知,从美育的意义上讲,这还是初步的,问题是还要使学生在接触这些作品后真正理解和喜爱它们,并能够从中得到发自内心的乐趣,养成比较高的、真诚的艺术品位。此所谓"知之者不如好之者,好之者不如乐之者"。

　　审美意识发展的特殊性要求对它的培养必须与审美能力的培养协调一致,应该在具体的审美活动中,在审美的创造力、表现力与理解力的发展中,让个体自然而然地、循序渐进地、自发与自觉地形成良好的审美趣味和审美观念。社会的审美意识应当通过对优秀艺术作品的欣赏和鉴别,通过训练有素

---

　　[1]　V.Lowenfeld, W.Briton, *Creativity and the Growth of Mind*, New York: Macmillan, 1975, p.392.

的教师的引导,在适合学生接受水平与个性倾向的条件下,让他们自觉和能动地吸收,并整合到他们的整体人格中去,这就是所谓的"潜移默化"。离开了审美体验,离开了审美接受的可能,离开了个性的主动选择,就不可能有真实稳固的审美意识的发展与提高。而且,一味地灌输、说教或强制还会从根本上背离美育的基本目的。事实上,审美意识的教育并不是要束缚儿童自由活泼的心灵,压抑他们的个性情感,而应该是更有利于儿童自觉地肯定与追求审美价值,更主动地创造审美世界,使情感生活更丰富、更自由,使情感自我沿着健康、高尚的方向发展。这正是审美意识教育的基本价值。

二、审美趣味及其培养

审美趣味的意义

审美趣味是人在审美活动中表现出来的心理定式,它以喜爱或不喜爱的情感评价形式,决定对审美对象的取舍。它虽可体现为一定群体的共同审美倾向,但总是具体地表现为个体的审美偏爱或选择。中国当代美学和美育学对于审美趣味的研究还很薄弱,所以有必要先对这个概念作一番辨析。

"趣味"这个词,在中国和西方,都是从味觉的意义上发展而来的。在中国美学史上,很早就出现了用味觉来类比审美感受的说法。例如,春秋时代的晏婴就用羹来讨论"同"与"和"的区别,并认为"声亦如味",各种音乐要素"相成""相济",如"水火醯醢盐梅以烹鱼肉"那样达到五声之"和"。[①] 魏晋之后,"味""滋味""韵味"等概念被用来形容艺术作品的某种审美特性和风格类型,同时,审美欣赏也具有了咀嚼品味的意义。审美既然是一种品味,就必然会有不同的偏好。例如,钟嵘首推五言诗:"五言居文词之要,是众作之有滋味者也。"[②]这体现了对某种文体的偏爱。司空图虽列出了"二十四诗品",

---

① 《左传·昭公二十年》,转引自北京大学哲学系美学教研室编:《中国美学史资料选编》上册,中华书局 1980 年版,第 4 页。
② 钟嵘:《诗品》,转引自北京大学哲学系美学教研室编:《中国美学史资料选编》上册,中华书局 1980 年版,第 213 页。

但他最推崇的是"冲淡"一类,体现了追求淡远、含蓄、于自然平和中见深邃意韵的审美趣味,这也就是他所追求的"韵外之致""味外之旨"。所以,他提出"辨于味,而后可以言诗"①,不仅要求对诗作审美的品位,而且意谓追求一种独特的审美类型或风格。至此,"味""滋味""品味"作为一种审美的概念,已不同于单纯的味觉意义了。

在西方,作为美学概念的"趣味"一直具有审美鉴赏力的含义,意指一种辨别、选择、判断与享受审美对象的能力。朱光潜曾指出,从罗马时代开始,西方一向把审美能力称作趣味,②特别是在 17、18 世纪,西方人谈"趣味"几乎成为风尚。概括起来,这个美学概念有两层基本含义。

一个意思是指审美的偏爱或风尚。例如,法国的伏尔泰曾指出欧洲一些民族"鉴赏趣味的差别"体现为不同的文学风格:"意大利语的柔和甜蜜在不知不觉中渗入到意大利作家的资质中去。……辞藻的华丽、隐喻的运用、风格的主严,通常标志着西班牙作家的特点。对于英国人来说,他们更加讲究作品的力量,活力和雄浑,他们爱讽喻和明喻甚于一切。法国人则具有明彻、严密和幽雅的风格。……"③这种鉴赏趣味的差异也就是审美的不同偏爱,从而造成了各个民族在审美选择与评价上的差异、错位,甚至排斥、轻视。英国的休谟明确说"趣味是一种选择",并指出青年人与老年人的趣味往往有差异,而且,人们对于各种文学体裁也会有各种趣味差异:"与较为年长者相比,充满激情的年轻人更易被温柔多情的形象打动,而较为年长者则乐于从哲学的角度慎重地思考生活的行为,克制自己的种种激情。""喜剧、悲剧、讽刺文学和诗赋,皆各有其欣赏者,他们喜欢那种特定体裁胜过其他一切体裁。"④很显然,休谟这里讲的趣味就是一种审美的偏爱。正因为它是一种偏爱,所以休谟认为批评家不应局限于某一种趣味,而应去寻求某种普遍的或共同的审美趣

---

① 司空图:《与李生论诗书》,转引自北京大学哲学系美学教研室编:《中国美学史资料选编》上册,中华书局 1980 年版,第 316 页。
② 详见《朱光潜美学文集》第 3 卷,上海文艺出版社 1983 年版,第 414 页。
③ 引自伍蠡甫主编:《西方文论选》上卷,上海译文出版社 1979 年版,第 323 页。
④ 休谟:《论趣味的标准》,《休谟散文集》,肖聿译,中国社会科学出版社 2006 年版,第 215、229—229 页。

味标准。

　　另一个意思是指审美能力。这里又有两层含义：一层含义是指主体对美的辨别力或敏感性，另一层含义是指审美活动中主体判定对象的态度或意向。伏尔泰说："精微的鉴赏趣味在于对瑕中之瑜和瑜中之瑕的一种敏锐的感受力。"①休谟说："对美和丑的迅速而确切的感知，也必定表明我们精神趣味的完善。"②康德则明确注明，"鉴赏（即 Geschmack，又译趣味——引者注）乃是判断美的一种能力"；同时，他把审美判断称作"趣味判断"，这种判断的第一个"契机"便是与对象的无利害观念的关系。在这里，"趣味"又意味着一种审美态度，即对对象的"纯粹的观照"，而对"事物的存在绝不感兴趣"。③

　　中西方关于审美趣味的传统观念虽有多种意义，但此两种意义是最基本的，即审美的偏爱、倾向性、选择性和审美鉴赏、判断的能力。而且，这两种基本意义是相互联系的，它们分别揭示了审美趣味的不同侧面的性质与功能。首先，审美偏爱与审美能力是相通的。审美判断是一种情感评价，对某一对象能够作出审美判断，这本身意味着对它产生了情感上的肯定性评价，体现了一种审美的倾向性与选择性。另外，由于主体对某一类审美对象有审美心理定式，因此主体才可能对它倾注高度的注意力，使之进入审美视域，在反复的体味中达到深入的理解。在审美活动中，审美趣味以一种直感的方式，迅速地对事物作出选择和评价，在此意义上讲，它本身也是审美能力的一部分。不过，细分起来，审美趣味侧重于审美价值取向。审美能力侧重于实现审美价值的功能，前者更具有观念意识的内容，后者则主要是心理活动的形式。其次，审美态度与审美偏爱也是相通的。审美趣味不仅具有对审美价值高低的评价功能，而且具有区分审美价值与非审美价值的功能。严羽讲"诗有别趣"，就体现了他对诗的审美价值取向。作为一种审美的趣味，它要求区分诗的审美意义与非审美意义，使读者关注于诗的"言有尽而意无穷"的审美特征，而对于

---

① 转引自韦勒克：《近代文学批评史》第 1 卷，杨自任译，上海译文出版社 1987 年版，第 51 页。
② 休谟：《论趣味的标准》，《休谟散文集》，肖聿译，中国社会科学出版社 2006 年版，第 222 页。
③ 详见康德：《判断力批判》上卷，宗白华译，商务印书馆 1964 年版，第 39—47 页。

不遵循诗歌艺术规律的以理作诗,则采取否定态度。① 此时,审美偏爱体现为追求事物的审美价值、关注对象的审美特征的审美态度。

然而,从狭义的审美意识角度来看审美趣味,则它主要是一种审美价值的取向,是决定审美选择和审美价值的一种观念意识标准。但是,与审美观念相比,它又是相对个性化和感性化的审美意识形式。在具体的审美过程中,审美趣味几乎以无意识的直觉方式作用于审美选择和判断。由于个性的差异和审美对象的丰富多彩,人与人之间的审美趣味存在着明显的差异,再加上审美趣味的易变性使得人们觉得它难以捉摸,无法确认,于是,"趣味无争辩"这句拉丁谚语便获得了相当的"合法性"。

应当肯定,审美趣味是有个性差异的,这种差异性不仅是不可否认的事实,而且对于个体的审美活动和社会审美意识的发展也是有意义、有必要的。人们有权选择适合于个体审美需要的审美对象,而且,正是审美趣味的丰富差异,才为绚丽多彩的审美世界的创造提供了主体方面的能动源泉。因此,审美趣味的差异性是创造与实现审美价值的基本条件之一。

但是,审美趣味的差异性是相对的,又有一定的范围,这种范围构成了它共同性的一面。首先,它限于审美价值的范围,这就构成了审美趣味的是非标准。如果把"趣味无争辩"限于这个范围,那么就有了相当的合理性。因为,当我们说审美趣味时,就意味着对审美价值的肯定和追求。倘若某人缺乏审美价值取向,那么就是缺乏审美趣味;倘若某人喜欢审美价值很低甚至肮脏的东西,那么就是审美趣味低级。面对维纳斯雕塑,只追求生理欲念满足,与只作考古学分析一样,都体现了一种非审美的价值取向;在这种情况下,趣味是应该争辩的。其次,在审美价值范围内,审美的选择与评价还有高低和广狭之分。审美对象是丰富多彩的,它们在许多方面是无所谓高低之分的。人们对黄山与九寨沟的自然景观的审美价值很难作出客观的、令人信服的高低评判,它们各有特色、均具有很高的审美价值。但是,如果对黄山与极为普通的、毫

---

① 严羽:《沧浪诗话·诗辨》,转引自北京大学哲学系美学教研室编:《中国美学史资料选编》下册,中华书局 1981 年版,第 78 页。

无审美特色的山丘也无法作出审美价值的优劣判断,那就表明了审美趣味水平的缺乏或低下;如果对于举世公认的优秀艺术品毫无兴趣,而只是对模仿性的、较肤浅的艺术品津津乐道,那么也是审美趣味不高的表现。审美世界无限广阔,个人的经验范围总是有限,所以,审美趣味总是有局限性的。但是,倘若只对某一部作品、某一位艺术家的风格或某一种艺术体裁感兴趣,并排斥其他方面,那就是审美趣味过于狭隘的表现。由于狭隘,因此审美趣味不可能达到较高、较完整的水平。从培养全面发展的人的角度来说,一种视野开阔的审美价值取向总比范围狭小的审美价值取向要好,因为前者可以较广泛地吸取各种审美价值,从而使个性的精神世界较为丰富。即使对同一审美对象都有肯定性评价,但是,由于审美对象的意义是多层次的,所以,不同的审美趣味仍有高低、广狭之分。艺术作品的意义一般可分为三个层面:感觉层面、形式层面和情感意味层面。能对其各个层面的审美价值作出全面选择与评价的审美趣味,显然要比只限于较浅层面的价值取向水平高、范围广。

审美趣味的形成又受到社会历史条件的深刻影响。一定社会、一定阶层的人由于生活方式不同,以及由此而产生的人生志趣不同,使审美趣味具有了时代性和民族性,这就形成了审美趣味的另一种规范或范围的共同性。作为启蒙思想家和文学家的伏尔泰,其审美趣味也不能脱出 17 世纪以来法国宫廷贵族的审美趣味——崇尚高贵、典雅和理性法则。他对莎士比亚的嘲讽与指责正基于这种趣味。他认为,莎士比亚"是一个具有一定想象力的野蛮人",他不懂规范,不懂合宜,不懂艺术,混淆了卑贱与高贵、打诨与恐怖。伏尔泰还指出:"……高乃依的天才比莎士比亚更伟大,正如贵族的天才比百姓的更伟大。"①显然,伏尔泰不仅是站在法国人的民族立场,而且是站在古典主义的美学立场来作这种评价的。与伏尔泰相比,歌德显然更具有近代艺术的审美趣味,虽然他是德国人,却仍对《哈姆雷特》极为赞赏。他说:"我认为从来没有人创造过这样杰出的剧本。"②鲁迅把传统戏曲中简单化解社会矛盾冲突,用一个美满的结局来"安慰观众"的大团圆成为"团圆之趣",并作了严肃的批

---

① 详见韦勒克:《近代文学批评史》第 1 卷,上海译文出版社 1987 年版,第 48—50 页。
② 引自王元化等:《莎士比亚研究》,上海译文出版社 1982 年版,第 13 页。

判。这也是对传统审美趣味的一种反叛,体现了一种新的审美趣味,这种趣味与五四时代精神是一脉相承、息息相通的。

审美趣味有民族的差异性,这种各民族之间的趣味差异又意味着本民族成员之中的相似,它是某一民族的成员在审美价值取向上的趋同性,与这个民族的整体性格相一致。同样是山水诗人,中国的谢朓、陶潜、王维等人,喜欢把内心的情感引向自然,顺从自然,而获得怡神平和的审美感受;英国的华兹华斯、柯勒律治等人,却倾向于把内心的情感注入自然,主宰自然,而获得激情洋溢的审美感受。中国的古典戏曲较注重言情,故而形成了歌舞化的表演特色;西方的古典戏曲较强调对行动的模仿,所以情节、人物与场面的再现性较为突出。这些都体现出不同民族各自具有的审美趣味的共同性。中华民族具有悠久深厚的艺术文化传统,其中凝聚着优秀的中华美学精神,学校美育应该在吸收全世界优秀审美文化成果的同时,更加注重弘扬中华美学精神,增强学生对中华民族的认同感和自豪感。

另外,不同阶层的人也会形成不同的审美趣味。例如,文人画较多书卷气,而农民画则生活气息较浓。文人造园讲究神趣,追求精巧;而商人造园,则要求“显富”。如扬州有一“何园”,系当年盐商策划建造,入园处迎面有巨大假山,虽不乏体积之大,却少了点灵气与神韵,这是较典型的商人趣味之表现。

应该指出,审美趣味的共同性是约定众成、自然趋同的,所以,审美趣味的标准既是相对的,又不是靠行政命令或权威裁定而确立的。再则,审美趣味因人、因时、因心境而异,我们虽可指出它有审美的高低广狭之分,有一定的时代性和民族性,但是,构成审美趣味的共同标准的因素极为复杂,有些还比较隐晦、不易察觉,有些比较模糊、不易确认。所以,这种共同标准往往只是一个比较宽泛的、不易用确定的概念加以确切界定的范围与倾向。另外,审美趣味具有感性特征,不十分稳固,又非常敏感,它往往会越出既有的趣味规范,追求一种新颖别致的审美价值。在这种情况下,新生的审美趣味往往是超前的,却又总是在一段时期里受到社会的攻击与指责。伏尔泰就是以权威的地位对莎士比亚的剧作妄加批评。由于既定的审美趣味规范总以某种权威或大人物为代表,所以,新生的审美趣味往往处于劣势。明清时期,封建统治者千百次地禁止戏曲、小说，《西厢记》《红楼梦》均被列为禁书，这当中也含有新旧审美趣味的冲突。即使在同一个社会形态中，仍存在新旧审美趣味的矛盾冲突。

因此，在学校教育中，教师对审美趣味的评价应本着"百花齐放"和充分尊重学生个性选择的原则，采取尽可能宽容、审慎与尊重差异的态度。同时，还要认识到，不仅受低级庸俗的生活趣味影响的审美趣味是不健康的，而且僵化死板、因循守旧的审美趣味也是不健康的，它由于封闭凝固而失去了生命活力。因此，审美趣味的标准应是稳定与变化、规范与开放、确定与宽泛的有机结合。

审美趣味的培养

一般地说，健康的儿童都有爱美的天然倾向，但是，这种倾向需要保护和加强，并有待提高与充实。梁启超曾指出："人生在幼年青年期，趣味最浓的，成天价乱碰乱进，若不引他到高等趣味的路上，他们便非流入下等趣味不可。"[1]"审美本能，是我们人人都有的。但感觉器官不常用或不会用，久而久之麻木了。……美术的功用，在把这种麻木状态恢复过来，令没趣变为有趣。"[2]这就是说，一个人的审美趣味是需要精心开发与培养的，而美育正是实现这一任务的基本途径。

培养审美趣味的基础是审美经验的积累。虽然审美趣味的形成受到个体思想情操、气质、性格、生活方式、阅历以及社会方面的多重因素制约，但是这些因素只有在个体的审美经验过程中，才会被部分地整合到个性的审美趣味之中。再则，审美趣味的形成与发展必须以个体内在的审美需要为根基，是一种自发与自觉相结合的过程。在此过程中，没有个体的兴趣和积极性，便不可能形成真正的审美趣味。因此，个体的能动的审美活动过程是审美趣味教育的基本途径。

---

① 梁启超：《趣味教育与教育趣味》，张品兴主编：《梁启超全集》第 7 册，北京出版社 1999 年版，第 3964 页。
② 梁启超：《美术与生活》，张品兴主编：《梁启超全集》第 7 册，北京出版社 1999 年版，第 4018 页。

审美趣味良好的基本标志体现为质与量两个有机联系的方面,即肯定与追求较高审美价值的心理定式和范围较广的审美兴趣。欲达此目标,美育过程应在为儿童提供大量合适的审美对象,组织他们进行艺术创作(包括演奏、表演等)时,要充分考虑审美趣味养成的质与量两个方面,注意把学生的审美经验引向较高水平和较宽广的范围。优秀的艺术作品和风景胜地是提高学生审美趣味的良好教材。俗话说:"近朱者赤,近墨者黑。"经常接触具有较高审美价值的对象,可以逐渐培养起良好的审美趣味。另外,审美趣味的发展又依赖较广泛的审美经验,这样才能使人脱出狭小的圈子,具有广阔的审美视野。当然,人们常常对某一种审美类型特别偏爱,这是完全正当的;而且,没有对某一种审美类型比较深入的体验和琢磨,也就没有比较和鉴别的基础,审美趣味的范围也无法扩展。但是,个体的审美偏爱不应成为一种封闭排外的偏见或陈规,更不能成为开阔审美视野的障碍。事实上,正如吃菜一样,趣味广泛有利于健康,审美趣味范围的广泛也有利于个体审美方面的健康发展。而且,审美趣味的提高也有赖于审美视野的扩大。休谟曾言:"一个人唯有习惯了观察、审视与衡量某些在不同时代、不同国家中都受到赞美的作品,才能鉴别展现在他眼前的作品的优点,判定它在天才之作当中的恰当等级。"[1]美育虽主要不是培养职业的鉴赏家和批评家,但经常对各种审美类型和特征作比较与鉴别,经常对各种艺术作品优劣之处进行区分与评价,确实有助于审美趣味的敏锐化。在这一点上,休谟的上述观点对审美趣味的教育应该是有启发的。

个体审美趣味的形成和发展是他的人格、人生观与社会审美意识相互作用的过程。在此过程中,既有个性的社会化,又有社会因素被整合到个体人格之中的个性化。在美育过程中,处理好个性方面与社会性方面的矛盾关系,是十分重要的,特别是审美趣味的教育,更应充分尊重和爱护个性的独特倾向,教师、教材与美育的教学设计应考虑到儿童的个性心理特征和心理发展水平。

从个体方面来讲,审美趣味是社会的审美意识的个体性表现,与个体的气质、性格有密切联系。刘勰曾说:"慷慨者逆声而击节,酝藉者见密而高蹈,浮

---

[1] 休谟:《论趣味的标准》,《休谟散文集》,肖聿译,中国社会科学出版社 2006 年版,第 224 页。

慧者观绮而跃心,爱奇者闻诡而惊听。"①这正是描述了个人的气质、性情与艺术创作风格的关系。审美的心理定式明显受到个性心理特征的制约。气质作为一种受个体生理组织特点制约的较稳定的心理特征,北宋张载就认为气质是人的禀赋,各有差异:"气质犹人言性气,气有刚柔、缓速、清浊之气也。"②虽可能在环境与教育的影响下发生改变,但这种改变是相对缓慢的。③ 所以,审美趣味的教育要适应个性的心理特征,切忌简单划一、强求一致,而应在欣赏与创作活动中允许儿童有相当的个性自由,有较大的选择范围。

另外,儿童的心理水平处在发展变化比较迅速的时期,不同的发展阶段有其不同的特征。由于在生活阅历、思想情操、审美经验、审美能力等方面有差异,因此,硬要儿童完全接受成人的审美趣味,既违背教育心理学规律,又违背美育促进学生健康成长的根本宗旨。同样是儿童,幼儿园的孩子与小学的孩子在审美趣味上也应存在一定的差异。例如,较幼小的儿童偏爱构成要素较少、意义比较单纯的绘画,而较年长的儿童则会偏爱结构复杂一些、意义丰富一些的绘画。④ 无视儿童的个性倾向和心理水平,不适当地强调审美趣味的简单划一,还要用成人的喜好来为儿童选择艺术活动,这对儿童的审美趣味的健康发展是不利的,应予纠正。

由于个体审美趣味的形成受时代与民族文化的影响,因此,一般说来,儿童比较容易喜爱当代的和本民族的艺术作品。事实上,这些作品较之于古代的和外国的作品也易于为当代中国儿童青少年理解。所以,审美趣味的培养宜从当代和本民族的优秀艺术品入手。这不仅可收到事半功倍的效果,而且与培养民族审美文化的继承者和创造者的美育目标相一致。

必须指出,强调审美趣味的培养应适合个体的个性特征与心理水平,应首先重视时代性和民族性,并不意味着单纯地迎合儿童既有的趣味水平,排斥古

① 刘勰:《文心雕龙·知音》,转引自北京大学哲学系美学教研室编:《中国美学史资料选编》上册,中华书局 1980 年版,第 206 页。

② 张载:《学大原上》,叶朗主编:《中国历代美学文库》(宋金辽卷上),高等教育出版社 2003 年版,第 242 页。

③ 参看杨清:《简明心理学辞典》,吉林人民出版社 1985 年版,第 37 页。

④ V.Lowenfeld,W.Briton,*Creativity and the Growth of Mind*,New York:Macmillan,1975,p.392.

代与外国的艺术作品。审美趣味的培养是一个循序渐进的过程,揠苗助长与停滞不前都是不可取的。就审美趣味的提高和丰富来说,唯有在适合个性心理特征与水平的前提下,从吸收当代和本民族的审美趣味入手,才可能更有效地培养对古代和外国的艺术作品的兴趣,并从中吸收营养。这种由低到高、由个性到共性、由今及古、由中及外的培养方法,是符合审美趣味的特征及其发展规律的。

三、审美观念及其培养

审美观念的意义

审美观念又称审美理想,它是对审美对象的本质的集中反映,是关于审美价值的自觉意识和规范性观念。广义的美(即作为各类审美对象的本质)就是“美的规律”,它的实质是人的自由自觉的创造本质的感性显现,它的根源是人的合目的与合规律的社会实践。在对象方面,它体现为真与善统一的形象;在主体方面,它体现为自由而又有序的情感状态;在主体与客体之间,它体现为自由和谐的关系。审美观念正是对体现于上述几个方面的“美的规律”的自觉意识。

审美观念是一种特殊的价值观念,是审美判断与评价的最高范本和最根本的主观依据。审美观念具有理想性。所谓“理想性”,就是对现实的超越。虽然就其根源来说,审美观念是现实的反映,但审美观念不是对个别审美对象的反映,也不仅仅是一种被动和机械的反映,而是对丰富的审美经验的概括的产物。审美观念不仅是一种认识的结果,而且是审美需要的自觉形态,它借助想象力的超越性创造功能而形成,具有超越现实、超越个别审美对象,甚至超越既有艺术作品的理想性质。马克思曾把“艺术”作为一种人们借以意识到现实冲突并力求把它克服的“意识形态的形式”。① 由此,我们再来考虑马克思关于艺术发展与社会发展的不平衡的论述,就会发现艺术对现实冲突的解

---

① 《马克思恩格斯选集》第2卷,人民出版社2012年版,第3页。

决方式是超越性和理想性的。马克思说:"任何神话都是用想象和借助想象以征服自然力,支配自然力,把自然力加以形象化;因而,随着这些自然力之实际上被支配,神话也就消失了。"①不仅是神话,一切艺术都是借助想象力来克服所有阻碍历史前进、阻碍人们不断获得自由解放的现实条件的。艺术之所以有这种超越性,那是因为艺术家和欣赏者具有自觉地追求人类生存发展的自由的价值追求,这也就是审美观念的实质。直接表现审美观念的浪漫型艺术是如此,直接批判现实的不合理状况的现实主义艺术也是如此。即使是看似肯定现实美的某些艺术品,如宋玉所描述的"增之一分则太长,减之一分则太短,著粉则太白,施朱则太赤"②的美貌,也表现了一种概括化的、超越了现实中个别审美对象的审美观念。

审美观念是最富于理性内容的审美意识形态,但是,它与理论观念不同,又具有感性形式。在《判断力批判》中,康德特别指出,作为一种观念的"最高的范本、鉴赏的原型","更适宜于被称为美的理想"。因为"观念本来意味着一个理性概念,而理想本来意味着一个符合观念的个体的表象"。在康德看来,"美的理想"是想象力与知解力相互作用而产生的,它一方面"筑基于理性能在最大限量所具有的不确定的观念",另一方面"不能经由概念,只能在个别的表现里被表象着"。③ 康德把审美观念确定为一种具有充分理性内容的个别和感性的形象,是合理的。审美观念不同于理论形态的美学观点或概念,也不同于具体审美过程中产生的审美意象。它有一定的理性内容,具有概括性和普遍性,但是,这种理性内容不具备概念的确定性与抽象性(指理论抽象),而是具有直观形态、情感因素和模糊性。因此,审美观念是一种具有理性内涵的规范性图式,是感性与理性、个别性与一般性、模糊性与规范性的有机统一体。

审美观念最集中地体现了审美意识的意识形态性质。它虽然直接形成于

---

① 《马克思恩格斯选集》第 2 卷,人民出版社 2012 年版,第 711 页。

② 宋玉:《登徒子好色赋》,叶朗主编:《中国历代美学文库》(先秦卷上),高等教育出版社 2003 年版,第 222 页。

③ 详见康德:《判断力批判》上卷,宗白华译,商务印书馆 1964 年版,第 70—71 页。

审美活动之中，但是明显受到各种社会关系和其他意识形态的制约。在一定意义上说，它是人们的政治观、道德观、人生观等在审美判断和评价上的体现。所以，审美观念有进步与保守、高尚与庸俗、先进与没落之分。一定的审美理想总与一定的社会理想有内在的关系。例如，陶渊明在《桃花源记》中所描写的"理想国"，杜甫在《茅屋为秋风所破歌》中所吟咏的"安得广厦千万间，大庇天下寒士俱欢颜"的诗句，汤显祖在《牡丹亭》中所梦想的"有情之天下"，都以审美意象的形式直接或间接地表现出一定的社会理想。一般地说，进步的审美理想往往是进步的社会理想的萌芽状态，可能超前地以形象的方式传达出新时代的精神和历史发展的要求。

审美观念与审美趣味有直接关联，在具体的审美活动中，二者时常不易区别。一般地说，审美观念是审美趣味的"原型"，是作出审美选择、辨别、判断与评价的主观根据和最高标准。在审美活动中，审美观念是通过审美趣味起作用的，一定的审美偏爱总在一定程度上体现了与之相通的审美观念。从形成的方面说，审美观念是审美趣味不断积累、沉淀、改造、综合的结果。审美观念与审美趣味也有区别，相比较而言，前者偏于稳定、理性、社会性，后者更具有变易、感性、个体性的特征；前者的形成较为缓慢，后者的形成较为迅速；前者处于审美意识的较深层次，后者处于审美意识的较浅层次；前者较为单一和概括，后者较为丰富和具体；前者往往是一种自觉意识，后者往往更具有自发性，甚至有无意识色彩。根据循序渐进的美育教学原则，审美意识的教育应该从审美趣味的培养入手。

审美观念的培养

通过上述对审美观念的讨论，我们应该已经理解了审美观念教育的意义。首先，它是一种审美价值观的教育，是使人们逐步提高审美需要水平，并自觉意识到人的这种需要的教育。它的主要任务是通过积累审美经验，提高审美能力和审美趣味，享受审美的自由愉悦，使人们确认审美价值，养成审美态度，追求更高的审美境界。审美理想的形成与提高，对于个体审美素质和能力的发展也具有积极的促进作用。因此，审美观念的培养是美育的一项重要任务。

其次,审美观念的教育是人生观、价值观、世界观教育的有机组成部分。显然,审美需要是一切健康儿童的自发要求,但并非自觉意识。在人生的历程中,现实的压抑和各种观念意识的偏致,会使这种自发的审美倾向趋于泯灭。具有物质主义、个人主义、享乐主义实质的人生观,以荣华富贵、功名利禄、吃喝玩乐为人生的最终价值,忽略、排斥和贬低人生的精神价值,根本不理解人的需要的丰富性和精神性。这种腐朽、庸俗的人生观在如今开放的市场经济条件下还有滋长的趋势,严重地腐蚀着儿童青少年的心灵。在这种状况下,审美观念的教育更具有重要意义。

培养正确的审美价值意识,可以帮助人们在关心物质利益的同时,也追求精神价值;在关心外在功利目的的同时,也重视内心世界的丰富与提高;在寻求个人需要满足的同时,也充分顾及他人的要求。再则,在片面追求升学率的学校中,审美理想的教育可使学生自觉意识到审美的情感生活的合法性与必要性。北京大学附中的一位学生曾写过一篇作文,题为"寂寞的六弦琴"(署名寒夏)。① 该文讲述了一位有强烈审美需要和一定艺术才能的高中生,在"应试教育"和"重理轻文"观念的重压下,被迫压抑自己的文学爱好与创造冲动,陷入内心矛盾的痛苦的,甚至患了神经衰弱症的故事。值得庆幸的是,她终于把这种矛盾苦痛的心情写了出来,创作出一篇优秀的作品。但是,在这篇佳作中,读者不难体会到在学校教育中存在着的压抑青少年情感生活和艺术兴趣的普遍现象。在学校里,有不少孩子把自己的审美冲动看作"非分的要求";他们情不自禁地投入艺术活动,却又往往带着"负罪感",因为他们上学的唯一目的被歪曲为"升学",因为他们美好的情感生活和艺术修养被粗暴地视为没有实际的用处。因此,发展学生的审美价值意识,对他们自觉地追求生存的丰富性和发展的全面性,将是必要而有益的。但是,学校应该真正转变教育观念,确立现代素质教育观,真正把美育放在应有的重要位置。

审美观念的培养需要较长的时间过程,需要经过长期的、范围较广的感受、认识、评价与创造审美价值的过程,才可能完成。在一定程度上,它是审美

---

① 见贾仁亨等编:《对世界笑一个》,中国卓越出版公司 1989 年版,第 1—5 页。

趣味发展和提高的必然结果。所以,审美观念的培养应从发展审美趣味入手,应与审美趣味相适应。当前学校美育有一个误区,就是把审美观念的教育等同于美学知识教学,甚至道德观念的教学。实际上,任何脱离具体生动的审美经验过程的审美观教育,任何脱离个体的审美趣味的审美观念灌输,都不可能取得应有的美育效果。但是,这并不意味着一味地迎合学生原有的趣味水平,而应该在基本适应的情况下,发展和丰富学生的审美趣味;这也并不意味着不需要适当的讲解和指导,而是应该使对某些优秀艺术作品中包含的审美观念的讲解,成为有助于学生主动和自愿地去感受、领会和确认的欣赏指南。另外,正如审美观念的提高有助于人生观的提高一样,世界观、人生观、价值观的提高,以及人生阅历和实践经验的丰富,也是审美观念发展的必要条件。由此可见,审美观念的教育,乃至整个美育,都是与学校教育、社会教育、家庭教育紧密相连的系统工程,都应该与"立德树人"这个总体目标相一致。

第 九 章

个体审美发展的差异性和阶段性

一、审美的个性差异

心理类型学方法

受教育者是共性与个性的统一。每一个人,就其个性来说,都是独一无二的。认识个性差异的一条重要途径是心理类型学研究。虽然个性差异不可穷尽,而分类总是有限的,但是,越来越深入细致的科学分析与概括是使我们的认识逐步接近个体心理特征的切实可行的方法。中国历史上,孔子十分重视观察学生的个性特征,并在丰富的经验基础上,从智力、能力、性格、志向和专长等方面,对学生的个性差异进行区分。[①] 在具体的教育过程中,他又据此而对不同个性的学生采用不同的教育内容和方法。这种"因材施教"的教育思想和实践,实际上开了教育心理学中个体类型学的先河。

在美学理论方面,《礼记·乐记》较早论述了个体审美类型的问题。在《乐记》的《师乙篇》当中,乐工师乙曾指出:

> 宽而静,柔而正者宜歌《颂》;广大而静,疏达而信者宜歌《大雅》;恭俭而好礼者宜歌《小雅》;正直而静,廉而谦者宜歌《风》;肆直而慈爱者宜歌《商》;温良而能断歌者宜歌《齐》。

此后,从个体的气质、性格、品质和能力等方面来探讨艺术的审美风格,在曹丕、刘勰等人的文论中又有了深入的发展。其中,刘勰从"才有庸俊,气有

---

① 参见高觉敷主编:《中国心理学史》,人民教育出版社 1985 年版,第 42—49 页。

刚柔,学有浅深,习有雅郑"来论述不同的气质、性情和学识对形成不同的艺术审美风格的影响。在刘勰看来,每个人的气质、性情有不同的特征,它们对创作风格的形成有着一定的决定性影响。虽然文学风格的形成与文学成就的取得主要靠后天的学习、锻炼,但是这种学习和锻炼要顺着气质与性情来进行。这种思想对审美个性差异和美育的研究是有启示的。

在西方,席勒就在《美育书简》中区分了两种冲动——感性冲动与形式(理性)冲动,分析了偏于松弛和偏于紧张的两种审美心态,并提出了对不同的人格要进行不同形态的美育的观点。尼采曾区分了两种基本的审美类型:酒神精神和日神精神。德国艺术史家沃林格在《抽象与移情》一书中,较深入地涉及两种审美的心态:偏于主观的抽象型和偏于客观的移情型。20世纪心理学的发展,为深入认识个体审美类型提供了科学方法和可借鉴的研究成果。精神分析学家荣格集二十年的观察与经验,著写了《心理类型》(中译本题为《心理类型学》)一书。该书以外倾与内倾两种基本心态类型为基础,配合思维、情感、感觉、直觉四种基本心理功能,从而确立了八种基本心理类型。荣格的心理类型理论为认识个体的心理差异提供了一个认知框架,一种科学方法,一套分析手段。在20世纪的美育(或艺术教育)研究中,英国著名美学家 H.里德就系统吸收了荣格的观点和方法,并加以改造,提出了八种审美心理类型,而且还把它们分别对应于不同的现代艺术运动。兹将里德的分类结果简介如下:

现实意义——思维 { 外倾型(自然主义)
内倾型(印象主义)

超现实主义——情感 { 外倾型(客观的超现实主义)
内倾型(主观的超现实主义)

表现主义——感觉 { 外倾型(客观的表现主义)
内倾型(主观的表现主义)

构造主义——直觉 { 外倾型(客观的构造主义)
内倾型(立体派)①

应当指出,里德作为一位对现代派艺术深有研究的美学家,他的审美类型

---

① H.Reed,*Education through Art*,London:Faber and Faber,1943,pp.97-100.

研究是十分独特而富于启示性的。不过,把一种心理类型对应于某一种艺术运动或流派未免有牵强之感。再则,里德研究个体审美类型的动机主要是通过儿童的审美表现来认识他们的气质差异。这种研究的出发点和取向固然无可厚非,但是,从美育研究的立场看,更重要的是研究不同的气质、性格和能力等在审美方面表现出来的心理类型,这种取向与研究途径与里德所提出的有所不同。不过这两方面是有联系的。

总之,个体审美类型的研究,一方面有助于加深对个体审美能力和审美意识的认识,更好地把握个体审美心理过程的特征与规律,并意识到个体人格与其审美素质方面的联系;另一方面,也是更重要的,有助于美育理论更好地应用于美育实践。荣格声称,他的《心理类型》一书是他"在实用心理学领域工作了近 20 年的结果",他坚信"本书所表现的心理学观点具有广泛的意义和用途"。[1] 霍尔则评论说:

> 荣格的《心理类型》一书中取得的成就具有双重的重要性。他识别并描述了一系列基本的心理过程,提示了这些过程怎样以不同的组合决定一个人的性格。他致力于把研究普遍规律和过程的一般心理学,转变为描述一个特殊个体的独特性格和行为的个性心理学。[2]

这种转变的结果便是"一种非常实用的心理学"。从荣格的自述和霍尔的评价可以看出,心理类型研究具有认识和实践的双重意义,个体审美心理的类型学研究亦如此。

个体审美类型的分析

个体审美类型是指不同个体在审美方面所具有的某种共同的心理特征。它基于个体占优势地位的气质、性格、能力等心理倾向,是一定的人格类型特征在审美创造、表现、理解以及选择与评价中的体现。个体审美类型不同于美学中讲的"美感类型"(如优美感、崇高感等),它侧重于个性气质、性格、能力的方面,是对不同个体在审美过程中所体现出来的心理态度、功能和作用方式

---

① C.G.荣格:《心理类型学》,吴康等译,华岳文艺出版社 1989 年版,第 1 页。

② 霍尔、诺德贝:《荣格心理学入门》,冯川译,生活·读书·新知三联书店 1987 年版,第 136 页。

的差异进行分类概括的结果。当然,个体审美类型与美感类型亦有一定的联系,如优美感与偏于客体的外倾型相似,崇高感与偏于主体的内倾型相近,等等。

现代心理学当中的心理类型理论对探讨个体的审美类型有重要借鉴意义。可是,个体审美类型与一般心理类型既有一致之处,也有错位、甚至对立之处。荣格在建立"外倾的"和"内倾的"心理类型理论时,根据"心理补偿"原理,特别指出"在每一种显著的类型中,都存在着一种特殊的为他的类型的单一性进行补偿的倾向"①,而这种补偿功能往往表现在无意识活动之中。因此,对外倾型来说,其无意识便有可能表现出内倾的倾向,而内倾型则可能在无意识当中表现出外倾的倾向。个体心理类型的这种相反相成的构成规律给我们的启示是:在把一般心理类型引进审美心理类型的分析时,必须考虑到审美心理的补偿性特征。审美心理当然不是完全无意识的,但是,不能排除或忽视其中的无意识因素。而且,由于审美活动本身具有超越性和补偿性,个体在审美活动中所表现出来的心理倾向有时可能与他平时的人格情绪不一致甚至相反。观察所得的经验告诉我们,一个平时性格外向的人,可能会在审美方面体现出强烈的内倾特征;一个平时性格内向的人,可能会在审美方面体现出明显的外倾特征。因此,个体审美类型的研究有必要对一般心理类型理论进行适当的调整和选择,然后再加以运用。

个体审美心理活动的一个重要特征是力求达到平衡,即感性与理性、情与理、无意识与意识的某种协调。这是探讨个体审美类型的基本出发点,也是个体审美类型与一般心理类型的基本差异之一。因此,个体的审美差异首先是达到这种平衡的方式与程度的差异,而不是对这种平衡的摆脱或背离。荣格在讨论审美的类型问题时,曾评述了沃林格关于移情与抽象的分类。移情理论来自里普斯,它包括两个基本的方面:其一,由我及物,即"把自己'感'到审美对象里去";其二,化物为我,即"审美的欣赏并非对于一个对象的欣赏,而

---

① C.G.荣格:《心理类型学》,吴康等译,华岳文艺出版社 1989 年版,第 2 页。

是对于一个自我的欣赏"。① 这两个方面统一于主观态度与客观态度平衡的审美过程当中。而荣格却只抓住移情的第一个方面,即由我即物的投射过程,然后便武断地判定:移情是一种外倾。事实上,从审美的意义来说,由我及物是手段,化物为我才是目的。而之所以要化物为我,就是为了摆脱物对我的限制,使物成为"为我而存在"的对象。里普斯的移情理论虽然不能科学地解释审美的历史成因,但是对具体的审美心理过程似有相当的适合性。一片自然景观或一件艺术作品,只有当接受者的意识对它发生作用,使之成为活生生的、为我的对象时,审美活动才会真正发生。而当把对象创造性地转化为主体的对象时,主体采取的是一种主观的态度,即一种内倾型的态度。荣格把具有鲜明主观倾向和浪漫主义色彩的美学理论和审美现象归为"客观的"和"外倾的"类型,未免简单化,其方法论的失误在于忽视了审美心理活动的平衡性特征和补偿性功能,只注意了移情的意识层面的外向投射,忽略了对审美更有意义的移情的无意识内向投射。

由此看来,审美心理类型的划分是困难和模糊的。但是,另一方面,个体在审美方式上明显存有偏差。一般地讲,不同的审美心理类型都是优劣并存的,它们的意义和价值只有在与各自所属的人格类型的联系之中才能现出。特定的审美个性倾向,作为个体人格的有机组成部分,起着补充和调节整体人格的重要作用,由此也可见出适合个体审美类型的美育对培养完整人格的积极意义。因此,对美育实施者来说,识别个体的审美类型及其与个体人格的关系,有意识地发展他的审美个性倾向,并使之丰富化,是十分重要的。这也是个体审美类型分析的实践意义所在。

根据荣格的心理类型学方法,个体审美类型的划分可由气质和性格类型的不同而确立外倾型与内倾型两种基本心态模式。审美的外倾型主要有以下一些特征:心理能量的流向是由主体至客体的外向型,审美注意、审美冲动、审美兴趣等总偏向客体。主体较信任、依靠客体,所以受客体的引导,主动性不

---

① 详见里普斯:《论移情作用》,李醒尘主编:《十九世纪西方美学名著选》(德国卷),复旦大学出版社 1990 年版,第 605 页。

强。审美感受的性质较多地受客体特质的规定,主体的主观性和个性不突出。多血质和胆汁质这两种气质类型属于外倾型,在审美方面体现为情绪反应迅速,兴奋性较高,顺应对象的可塑性较强。外倾型的个体在审美欣赏方面一般较易受对象的感染和引导,有较明显的生理反应;审美感受过程较少沉思的特征,较多具有身体内部的运动,即伴有"内摹仿"(谷鲁斯)行为,内心的体验不深刻。一般地说,审美外倾型对对象持一种客观性态度,较注意对象的外部特征、形式结构、节奏运动等方面,这些可以在个体的艺术创作、欣赏注意以及艺术活动当中见出。作为一种审美倾向,外倾的客观性态度并不是无主观情意的科学态度,而是指审美的心理动力、注意指向、兴趣中心倾向客体方面。所以,在审美的创造、表现与理解当中,体现出偏于对象的组织构造和客观评判;情感表现的原发性、个体性不突出,而是较多地受到对象的制约、定向和规范。显然,偏于模仿客体、再现现实的现实主义和自然主义,虽有差异,但基本属于受外倾型态度支配的艺术创作。

　　审美的内倾型主要具有以下一些特征:心理能量的流向是由客体返回到主体的内向型,审美注意、审美冲动、审美兴趣等更偏向内心。荣格曾指出:内倾型的主体与客体是一种否定性关系,其心理活动方式是"清楚地展示出主体是动机形成的主要因素,而客体则至多不过获得了次要的价值"。① 因此,主体审美感受较少受客体的规范和制约,而更多地受内心的引导和影响,有突出的主观性和个体性,心灵的主动性较强。黏液质和抑郁质基本属于内倾型,尤以后者更加典型。在审美方面,内倾型的个体一般反应性和情绪兴奋性较低,不会像外倾型那样对审美对象迅速产生情绪反应。但内倾的人在情绪反应产生之后,却体验较稳定,不易变化。因为情绪抑制力较强,所以内心体验相对丰富和深入,犹如平静的深水,不易察觉其深层的涌动。审美内倾型不易顺应对象,故可塑性不高,甚至排斥或抗拒外来影响;审美过程具有突出的沉思冥想特征。一般地说,审美内倾型对对象持一种主观的态度,不太注重对象的外部特征、形式结构、节奏运动等方面,而是把客体作为一种唤起或寄托内

---

① 　C.G.荣格:《心理类型学》,吴康等译,华岳文艺出版社 1989 年版,第 543—544 页。

心情思的东西,有时甚至不顾客体而沉溺于内心体验之中。所以,在艺术创作和欣赏时,往往联想联翩,生活于以往经验与当下经验的交响之中,内心时空比较广阔。体现在审美创造和表现上,情感的原发性、独创性和个体性突出,较少遵从对象客观的特质与结构,写出的字、画出的画可能有些不合常规,不像外倾型那样比较注重艺术常规。审美内倾型的主观性和个体性倾向,较明显地体现于浪漫主义、象征主义等艺术流派当中。

不同的审美心态通过审美能力体现出来,作用于审美过程。虽然个体的审美能力总涉及诸心理功能,但由于占优势地位的心理因素不同,因而形成了审美能力的差异。这些有差异的审美能力类型主要有感觉型、知觉型、想象型、情感型和思维型;它们与外倾及内倾的审美心态类型相互组合,便形成了下列十种个体审美类型。

(1)外倾感觉型和内倾感觉型。审美感觉型的特征是注意对象的感觉印象和情绪效果,倾向于外观鲜明、生动的审美对象,其审美感觉活泼,却缺乏深度与丰富性。外倾感觉型倾向于对象的感觉印象,能迅速而直接地唤起情绪反应,但情感反应却不稳定,也不深入,是一种浮光掠影式的感受方式。由于主要涉及感觉功能,所以审美评价无普遍的理性准则,仅以感官的快感与不快感以及感受程度来作出反应或评价。里德指出:

> 审美的外倾感觉反应,既不是对客体的客观可测量的现实的反应,亦非对其外部现象的反应,而是其感觉特质的反应。理性和精神的特质被抛弃了,对象被以痛或快的感觉经验着……①

内倾感觉型则较注重感觉的表现性。例如,把红色感觉为热情,把白色感觉为纯洁,把蓝色感觉为宁静,等等。这种类型的个体倾向于依自己的性格去选择某种具有相应表现意味的色彩。在对音乐的感觉上也如此。低沉、高昂、柔和、刚直等感觉均被赋予了性格色彩。很显然,内倾的心态使感觉超出了自己的范围,具有了某种象征含义。

(2)外倾知觉型和内倾知觉型。审美知觉型的特征是注意形式结构的组

---

① H.Reed, *Education through Art*, London: Faber and Faber, 1943, p.99.

织,倾向于特征显著、形式结构有序化、具有一定表现性的审美对象,其审美感受有序、稳定而缺乏对丰富、深刻意义的把握。外倾知觉型倾向于对象的形式结构,审美表现性不强,而构造对象的能力突出。在创作上,善于按事物的客观性结构和艺术常规来构造形式。在审美理解中,善于以直觉的方式把握客体的抽象比例和内部关系。因此,这种类型的个体较偏重于有一定几何图式的造型艺术和建筑、结构规整的诗歌(如格律诗)和音乐,以及属于工业设计(Design)范围的工艺品。外倾的态度往往引导这类审美个体更注意对象的功能结构,所以,他们在实用艺术方面可能有所作为。内倾知觉型偏于内心意象的构造,有较明显的审美表现能力。这类个体往往在审美过程中体现出强烈主观化和个性化的创造性,对对象作独特的建构,从而导致独特的审美理解。在艺术创作中,他们较偏于构造非功能性的"抽象"形式结构,这种形式结构主要不是来自对客体的感性概括,而是来自对内心感受的直觉把握。所以,它也有几何的因素,但又是变形和夸张的,是一种不规则的几何图式;它在实质上是内在知觉的和谐关系和比例的外化。例如,中国的草书和写意画,毕加索的立体主义作品,都不同程度地体现了内倾知觉型的特点。

(3)外倾想象型和内倾想象型。审美想象型的基本特点是超越当下知觉对象,使审美感受的时空得以扩展,使审美对象的意义和审美体悟的内涵深化和丰富化。外倾想象型在审美过程中体现出类比联想的特征,往往由对象的知觉特征唤起一系列类似的记忆表象,如"猴子观海""天狗望月"之类,均是外倾想象的产物。或者是情境、人物的类比联想,比如从小说中描写的某种家庭冲突联想到自己或他人的类似家庭冲突,从一幅田园风光画联想到类似的故乡风光,从一首乐曲的标题联想到实际的事物或情境,由剧中某一场景联想实际生活中的事物或情境,由作品中的某一人物联想到以往交往过的类似人物,等等。这种类型的人往往审美创造性和表现性不强,但类比联想帮助了理解,不过,这种联想的理解有时会离题太远。内倾想象型在审美过程中体现出观念联想的特征,往往从对客体的知觉表象出发,引发一系列观念性表象的运动、组合与再造,具有较突出的创造性想象性质。例如,由"修理钟表"的招牌,联想到"修理这个时代",就是内倾想象的结果。由于往往把当下的知觉表象作为想象发生的契机,更注重内心意象的创造,因此,它的创造性和表现性较突出,但也容易抛弃对客体的客观性理解,过于偏重内心的时空自由。这类个体一般长于内心意象的创造,而弱于艺术传达,因为不易找到适合的艺术语言。不过,有特殊才能的人则可能有惊人的艺术创造。在这方面,浪漫主义艺术和荒诞派戏剧就是两个例证。

(4)外倾情感型与内倾情感型。情感在审美过程中主要有两个功能:一个是作为心理动力的功能,另一个是作为体验能力的功能。外倾情感型的审美情感冲动直接由对象唤起、引导和决定,所以是一种受特定情境制约和规定的具体情感。具体情感具有明显的顺应性,随情境的发展和转化而有相应的改变。这类个体的审美反应较迅速,也较容易达到兴奋,而且往往是无意之中被唤起情绪反应的。由于情绪反应直接而迅速,而且主要是顺应客体的,因此,情感体验往往强烈而不深入,情感判断往往简洁明快但稳定性和自主性不足。在移情作用上,偏于由主体到客体的过程,欣赏较投入,但是容易沉溺于具体的客观情境、人物或氛围,往往不能自拔,有时会伴有生理反应,甚至外部行为。例如,看戏时完全参与到情节与场面之中,为好人担心或欢呼、哭泣与欢笑,甚至在剧场里高声提醒决斗中的哈姆雷特:"当心呀,那把剑是上过毒药的。"①这种欣赏过程中伴有外部行为的情形是外倾情感型的极端化表现。其所得的快感虽不能说完全与美感无缘,但由于缺乏反思性的体验,只是一味地寻求情感释放,所以较为肤浅。内倾情感型的审美冲动虽亦由客体唤起,但主要不是由客体规定的;它不仅偏于自主性和内心化,而且有较明显的原发性因素。这种审美个体类型虽无直接而明显的情绪反应,但内心体验十分丰富而深入。意识层面的抑制引来无意识层面的开放,使感受对象染上了深层的生命情调。由于情感顺应对象不足,不受客观情境的具体规范,所以它是一种"抽象情感",更具有观念性,是与内心审美图式相适应的情感体验。这类审美个体的欣赏方式往往是品味咀嚼式的,审美判断有反思性,较深入,有较突出的主观性。他们一般喜爱曲折含蓄、委婉感伤的艺术作品。在移情作用方

---

① 见朱光潜:《朱光潜美学文集》第一卷,上海文艺出版社 1982 年版,第 55 页。

面,较偏于无意识中的内向投射,其创作的艺术作品表面上无强烈和确定情感色彩,却能使之具有整体的情感氛围与独特情调,如李贺的诗、肖邦的夜曲和陀思妥耶夫斯基的小说。由于较少受客体的影响,所以这类审美个体的审美发展较为缓慢,过分的情感抑制可能会阻碍审美发展。

（5）外倾思维型和内倾思维型。审美思维型的基本特征是侧重于由表及里的内在概括和认识,使审美过程具有较浓重的理性色彩和社会意义。外倾思维型注重对客体本质特征的体认,善于直接抓住对象的内部关系,作出较客观的理解和评价。在创作上,喜好写实手法,现实主义是这一类型的典型代表。对艺术传达,常常反复推敲,借助理智的选择和意志的努力来完成创作。在欣赏上,较注重客体的内容与意义,追求合规范性,比较注重审美判断的社会准则。由于理智占优势,这类审美个体总以"旁观者"的身份对待审美对象,与之保持一定距离,与外倾情感型恰成对照。由于偏于内容,善于"旁观",往往忽视对象的感性形式,缺乏深入的情感体悟;由于突出了自主性,缺少必要的审美受动性,所以审美性感往往不强。内倾思维型注重于对内心感受的深入反思和判断,善于对审美经验作哲理的体悟,是一种"诗意的思"（海德格尔语）。也类似于禅宗倡导的体悟方式。《庄子》中的一些篇章以及王维和苏轼的一些禅意盎然的诗就具有内倾思维型的特征。在创作上,这类审美个体偏于象征式地把意象作为某种深邃哲思的载体传达出来,具有浓重的观念性。在欣赏中,则偏于把某种人生体悟赋予审美对象,使之成为内心哲思的象征。海德格尔对凡·高所绘的农鞋的体悟（《艺术作品的本源》）、卡缪对神话人物西西弗斯的理解（《西西弗斯的神话》）都体现了这种倾向。一般来说,内倾思维采取一种"六经注我"的理解方式,所以,主观的阐释性有余,而客观的概括性不足。

以上对十种审美个体类型进行了概略的描绘。应当指出,审美的个性差异是存在的,对这些差异进行分类也是可能和必要的;但是,上述类型的划分决非绝对的,而是相对的。这就是说,某一审美个体心理类型只是其某种审美心理特征（心态与能力）占优势,并形成一种习惯的方式,而并不意味着其他心态与功能的完全消失。而且,并不排斥某些兼有相反倾向的中间型和兼有相异倾向的综合型的存在。所以,个体审美类型的划分旨在帮助我们更好地认识个体的某种审美倾向,而不应把复杂和整体性的个体简单地看作一种单一的类型。再则,个体是发展着的,尽管审美倾向的形成受某些先天因素的制约,气质和性格的发展变化也相当缓慢,但是,审美倾向也受后天(教育与环境)的影响,是可能发生变化的。因此,应当以发展的观点来看待个体审美类型,在实践中,对个体要注意审美倾向的发展变化,并努力把它引向有利于整体人格健康成长的方面。

二、儿童的审美心理特征

审美天性

儿童具有纯真的天性,这种天性决定了儿童对于世界怀有一颗直观、创造、真诚和博爱的心,也就是爱美的心。

直观性是儿童的一个重要综合性心理特征。因为儿童不像成人,没有观察世界的一副固定"眼镜",不用概念作中介来把握对象,所以他们对世界的观察是直接的。他们对事物的外观有着浓厚的兴趣,艳丽的色彩、鲜明的节奏、物体的运动变化等感觉特征明显的外观都会引起他们迅速的注意。儿童的直观力非常敏锐,较少受常规俗套的制约,能够从对象上更多地发现外观的特征。儿童的直观心理特征不仅表现于感知,也表现于思维。他们的思维是形象性的,具有可感、跳跃等特点。儿童的直观具有综合性,他们不像逻辑思维发达的成人那样,比较善于且习惯于用一种分析性的观察方式来对待事物,而是用一种直观的方式综合性地把握对象,这种方式类似于审美直觉。正是因为儿童心理的直观综合性,所以,儿童创作的艺术品往往会打破成人艺术分类的界限,把多种艺术体裁、风格、流派等成分糅合在一起。

童心也是一颗创造之心。儿童的创造性往往是在游戏活动中得以发挥的,他们专注于自己的游戏,全身心地投入其中,而此刻,他们的想象力开始活跃:跨上一根竹竿,那是在骑马驰骋;给一张椅子穿上鞋子,那是像妈妈那样呵护自己的孩子。这种游戏的创造精神也在儿童绘画中得到充分展示:把自己的家画成坐电梯上楼,坐滑梯下来,既方便又好玩! 下雨了谁最开心? 蚯蚓。它们从地里钻出来,痛痛快快地洗个澡,还戴着草帽在雨中跳舞。当然,儿童的这种创造性与成人在科学和实践领域里的创造是不同的。但是,在凭着幻象超越现实、实现理想,并赋予平常事物以新意的意义上讲,这两种创造性没有质的差别。事实上,成人的创造性正是在儿童游戏性的创造性基础上发展而来的,而且这种幻想与成人的理性并不矛盾。挪威音乐学家布约可沃尔德指出:

> 幻想代表了大脑寻求意义、秩序的努力,它要达到的是理解。幻想并不是理性的对立物,而是它的先决条件。对于孩子来说,在那种创造性想象当中尽情幻想,是深入事物内部的自然之路。①

值得注意的是,儿童的创造性与艺术的创造性有着最为内在的联系。那种与对象融为一体的忘我投入、游戏的幻想、表现的个性化和主观化、意象创造的直观性和新奇性,以及创造过程的愉悦性,等等,都是同艺术创造的精神相通的。所以,健康活泼的儿童,个个都是"艺术家"。

童心是真诚的。他们以纯真的感官触知世界,以纯真的心灵感受世界,以纯真的态度表现自己,并同他人交流。这种真诚的天性使他们对事对人总怀有热情,富于同情和爱:不仅对亲人,而且对所有的人;不仅对人,而且对草木花虫、鸡鸭猫狗。这里有一个儿童改编儿歌的例子。这首儿歌原来是这样的:

> 猪小弟,
>
> 来找朋友做游戏。
>
> 朋友说,
>
> 你的身上都是泥。
>
> (脏死啦,走开!)
>
> 猪小弟,
>
> 哭哭啼啼回家去。
>
> 妈妈说,
>
> 洗个澡儿再出去。

---

① 布约克沃尔德:《本能的缪斯——激活潜在的艺术灵性》,王毅等译,上海人民出版社 1997 年版,第 37 页。

本来儿歌到此就结束了,可是,有一个上幼儿园的孩子加上了一段。他是这样编的:

> 猪小弟,
>
> 干干净净出去了。
>
> 大家说,
>
> 快来和我们做游戏。

原先的儿歌带有教训的性质:你看,不讲卫生就没有朋友和你玩!可是经过改编,我们得到了一个和美并充满爱意的结局:改正错误了的小猪,又能同小朋友们一起玩了。这里,经过改编了的儿歌显然对小猪有更多的关爱,小猪不再仅仅是被训斥的可怜虫了。儿童的真诚和爱心是他们道德发展和审美发展的本原,因为,"真"是"善"和"美"的基础。离开了真诚和爱心,就不可能有真正意义上的善行和艺术。我们可以在儿童的艺术创作中,时时处处发现他们真性情的忠诚表达和充满爱意的情调,这些特征在大艺术家的创作中也随处可见。所以,保护和发展儿童的真诚和爱心应该成为儿童美育的重要任务之一。

儿童审美活动的特征

1. 游戏精神

儿童时代是游戏的时代,游戏是儿童最基本的生活和学习方式,也是他们最基本的审美方式。游戏是儿童充沛的生命活力自然涌现的结果,它是无实际功利目的的,游戏过程就是目的。然而,恰恰是这种无实际功利目的的活动,促进了儿童各方面的健康成长。儿童游戏的上述特征与成人的审美活动有着深刻的内在联系,所以,在中外美学史上,都有"游戏说",用以说明审美或艺术活动的特殊性质和规律。实际上,正是儿童的游戏精神使他们特别喜爱艺术,他们不为生计而劳心,也不受各种条条框框的约束,只是畅怀迎接艺术,投入艺术,在自由的想象和直观的体验中获得过程性的快乐。值得注意的是,儿童在审美活动中的游戏精神常常表现为专注和投入,他们是以认真的态度从事游戏的。所以,说儿童喜欢游戏并不是说他们不认真,恰恰相反,正是游戏似的活动令他们认真地去投入。

儿童总是喜爱生动活泼、充满趣味性的艺术活动。他们不喜欢也不理解过于严肃、枯燥无趣的说教。而且,儿童的审美活动最好是全身心共同参与,既动脑,又动手,使整个身心都得到解放。特别是幼儿,他们无法作成人般的"静观",他们对艺术品的欣赏不能仅仅用眼或耳,而且还应该用他们的手和脚,用他们的整个身体去感受。由此可见,儿童的审美活动与青少年和成人的审美活动是有差异的。这主要因为儿童处在泛审美的阶段,一方面他们的心智具有审美的特征,另一方面他们所从事的审美活动并不是纯粹性的,而是综合性的。其根本原因是:儿童的审美活动具有游戏性,而游戏本来就是综合性的,尚未受到心智分化的影响。所以,儿童美育也具有综合性的功能。比方说,骆宾王的《鹅》,既可以发展儿童的文学感,又可帮助儿童认识鹅的外观特征。也就是说,对于儿童,这首诗的教学既有美育任务,又有知识教学的任务。目前,儿童美育存在着的"成人化"倾向表现之一就是忽视儿童美育的游戏性及其内容和功能的综合性。

另外,具有游戏精神的儿童的审美选择带有明显的"趣味主义"倾向,他们往往是从兴趣出发来决定对某些艺术作品的取舍。所以,从幼儿阶段就要十分注意培养孩子的艺术兴趣,对他们来说,兴趣确实是最好的老师。与此相关,儿童的审美活动往往是即兴化的。他们在意识中周密筹划的能力还不强,作文作画不可能像成人那样做到"胸有成竹""意在笔先",而是在特定情景中,凭着一时的冲动和"灵感",一气呵成。他们更多的是被内心的情感和表象所左右,而创作活动本身也不断地激发着小作者的情感和想象,二者相互作用,使儿童的创作活动既有随意性的一面,又充满了生机活力。基于这样的特点,儿童美育必须为儿童的即兴式创作创设相应的情景,并不断激发儿童创作的兴趣和热情。同时,也应该引导他们逐渐地掌握一些作品结构的方法,提高他们创作的自我意识和自控能力。

2. 好奇心

人一来到这个世界上,就怀着一颗好奇的心来观察周围的环境。新鲜、新奇、独特的东西最能引起儿童的注意和兴趣。蚂蚁搬家、母鸡生蛋、种子发芽这些在成人看来平淡无奇的事情,对儿童却具有极大的吸引力。他们对艺术的欣赏也是如此。《西游记》当中的孙悟空是儿童普遍喜爱的,他有一根可大可小的金箍棒,更有七十二变的绝招,上天入地,无往而不胜,实在是太神奇了。而唐僧,既无生气,又没什么神奇的本领,孩子们最不喜欢他。在儿童的创作中,夸张、变形是最为常见的特征,他们喜欢探索的天性以及神奇而不断出新的想象力,推动着他们创造出千姿百态、变换无穷的意象。这也正是儿童好奇心的直观表现。

儿童的好奇心是他们创造性的体现。对世界好奇的态度本身就是一种探索的态度,有强烈的好奇心就是对未知世界怀有浓厚的兴趣,这正是创造性的一种原动力。所以,一方面,儿童美育应该注意满足孩子在审美方面的好奇心,注意美育过程设计的新颖和多变,鼓励儿童的艺术创作大胆出新,甚至不要干涉儿童新奇、怪异的想象力表现。另一方面,要十分珍视儿童的好奇心,加以悉心的保护,使这种创造性的原动力一直得到发展。科波在《儿童想象生态学》中写道:

> 诗人的动力和能力(在儿童那里,这是远为简单的形式),他想变为他所希望理解或认识的东西的动力和能力,来自好奇和"对事物更深感受"的相互结合。这是一种对未知的接纳,带有一种与欢乐在一起的特别类型的人性。[①]

这就是说,从儿童时代就具有的好奇心同样是成人创造性的基础。在这里,我们不难发现,儿童美育实际上承担着发展儿童创造性的独特而重要的任务。

3. 主观化

从儿童的本性上讲,他们是"主观的艺术家"。他们基本上不采用写实手法,而更像浪漫派、象征派、表现派艺术家,喜欢以一种探索的态度来表现自己对世界的奇特感受和大胆憧憬。与青少年相比,他们的客观性认知能力和形式知觉能力较弱,往往倾向于以一种移情的态度来看世界,从而使他们的欣赏和创作具有强烈的主观化色彩。前面提到,儿童给椅子穿鞋,是把椅子拟人化

---

① 转引自布约克沃尔德:《本能的缪斯——激活潜在的艺术灵性》,王毅等译,上海人民出版社1997年版,第273页。

了。其实在儿童的绘画里,主观化特征十分突出。例如,儿童往往喜欢把他认为有特征的、他感兴趣的部分加以夸大,或者是打破一般的常识、常规,把本来没有生命的东西神话般地赋予生命。《小学生时代》创刊号上刊出了一首儿童诗,题为《顽皮的风》:"风儿风儿/真顽皮/摇断了草妹妹的珍珠项链/弄散了花姐姐的蝴蝶结/吹乱了柳树阿姨的长头发/嘿嘿一笑/转身就溜走。"小作者把常见的自然现象创造性地加以拟人化,赋予风、草、花、树以生命和情趣,这既是儿童特有的观赏方式,也是儿童特有的表现方式。

儿童的这种主观化欣赏和创作方式并不是他们有意所为,而是同他们直观的审美天性直接有关。事实上,儿童特别是幼儿的知觉方式与成人是不同的。在成人看来是主观化的、夸张变形的儿童知觉表现,在儿童自己看来是再真切不过的了。虽然他们的小手还不能完全具备控制画笔的能力,落笔常常会走样,但儿童创作的夸张和变形主要不是因为此,而是因为他们特有的观物和表现方式。也就是说,童心童趣才是造成儿童画主观化和夸张变形的根本原因。有的学者曾指出:儿童在绘画中最初试图再现的是"他所知觉到的东西,是大的、有色彩吸引力的东西,是快乐联想所凝聚的东西——有大量情感的人、牛、狗、马……"①。许多教师或父母不了解这一点,他们常常要求儿童按成人的所见所闻来表达,画画要求逼真象形,写作也要求客观写实。这其实并不符合儿童的审美心理特点,甚至会损害儿童心理的健康发展。这种状况在儿童美育活动中要注意避免。

4. 鲜明性

在审美活动中,儿童喜欢感知鲜明的对象。例如,色彩鲜明,喜欢对比强烈的色彩;节奏鲜明,喜欢简洁明快的旋律和韵律;层次鲜明,喜欢结构关系简明清晰;爱憎鲜明,好人就是好人,坏人就是坏人,判断简洁明了。过于复杂的情节、结构或和声,过于深奥的道理,对他们的接受趣味和能力来说并不合适。另外,儿童喜欢优美的、赏心悦目的艺术和景观,这与他们天真烂漫的童心是相协调的。

---

① 转引自加登纳:《艺术与人的发展》,兰金仁译,光明日报出版社1988年版,第228页。

三、青少年审美心理发展的特征

一般心理特征

青少年是一个生理和心理发展十分迅猛的年龄阶段。从生理上看,他们的身体外形变化很大,"第二性征"开始出现,性发育成熟是这一时期的重要特征,对青少年身心的影响极大,成人感、神秘感、羞涩感、恐惧感和性别感都随之而生。同时,随着自我意识的发展,青少年的社会性发展也很快。他们比儿童更关心社会,社会意识、道德意识、历史意识、甚至全球意识有较大的发展。

青少年心理过程的一个基本特征是情绪化,特别是 12—15 岁的初中生,心理活动情绪化色彩浓重。虽然他们的逻辑思维能力发展很快,但是,他们的理智、意志对情绪的控制程度远远比情绪对意志的推动程度低,认知活动也容易受情绪的影响,而且他们对生活和自我的认识和评价也还是较多地从体验出发。在社会交往方面,青少年心理的情绪化特征表现得很充分,他们把"拥有共同的情感"作为社会交往的一条准则,从而形成了情绪化、泛审美化的青少年文化。

处于青春期的青少年,道德发展和性心理发展常常处于矛盾状态。一方面,青少年的道德水平和意志力水平有较大提高,从而使他们自觉地约束自己内心的欲望和冲动;另一方面,这种压抑并不能消除迅速增强的性冲动和性意识。再加上学校普遍存在着偏重逻辑思维能力发展、偏重智育的倾向,对青少年的情感生活和情感发展需要关注不够,导致本来具有强烈情感表现和交流要求的青少年,缺乏正常、健康和丰富多彩的表现和交流的机会和途径,美育在相当程度上是被忽视的。所以,当前我国的青少年普遍存在心理发展不平衡,特别是个性情感发展受到压抑的问题。

情窦初开——性情感和性意识的发展是青少年心理的又一特征。与成人相比,青少年对性的体验更富于幻想性,他们对异性的兴趣和崇敬往往是浪漫性的。应该说,性心理的发展极大地丰富了青少年的内心生活,增强了他们的活力,但是,也给他们带来了无名的烦恼和惆怅。这就容易造成他们内心深处的渴望兴奋与压抑克制、快感与罪惑等矛盾体验。虽然中学都禁止学生的恋爱(称之为"早恋"),但是,有调查表明,许多中学生(特别是高中学生)对恋爱持有条件的肯定态度。①

青少年心理发展的另一个基本特征是自我意识的确立。他们开始形成独立的自我感受、自我评价、自我分析等能力和意识,自尊心和自信心明显增强,渴望人格的独立性,并开始有意识地设计自己的未来。但是,由于青少年处于心理过渡期,他们虽然追求独立,却在相当程度上保留了儿童时期的依赖性,因此,我们可以在如今的独生子女身上发现,他们一方面要求"我行我素",另一方面又往往依附于父母或老师;一方面试图自我设计,另一方面又对自己认为了不起的人物容易盲目崇拜;一方面要求独立,另一方面又容易产生孤独感,容易同集体、社会产生疏离。

随着自我意识和理性能力的发展,青少年逐步走出童话世界,面向现实。在这一历程中,死亡是他们遇到的一个严峻路标。从对死亡的意识,联系到自我的渺小和生命的短暂;从正在步入五彩世界,联系到自己将有一天会永远告别这一切。死亡意识会引起他们内心里全新的体验,恐惧、悲剧感、迷茫和无奈,这些都将在他们的心灵深处刻下难以抹去的痕迹。对死亡的自觉意识会引起青少年对人生意义的思索,对世界万物的意义的探寻,也可能会引发对生命的消极理解。此刻,青少年还可能在一定的条件下会对宗教产生兴趣。

审美能力发展的特征

青少年阶段审美能力的发展主要有以下几个特征。

1. 审美态度开始确立

概括地说,审美态度就是一种无直接实用和个人功利的观赏态度和知觉方式。一般来说,在儿童阶段,纯真、快乐的天性自发地产生了审美态度。到了青少年阶段,审美态度的发展就出现了复杂情况。一方面,青少年的实用功

---

①　调查结果详见杜卫等:《教育新概念——青少年美育》,华中理工大学出版社 1995 年版,第 30、44 页。

利感有较大发展,对分数、荣誉和物质利益等的兴趣有所增强。青少年逻辑思维发展迅速,大量的数、理、化等自然科学的训练,使他们在对待事物时更易于采取分析、抽象和逻辑推理等科学态度。另一方面,他们的好奇心、幻想力及心理活动的调节能力也有所发展,自我意识的发展更利于他们有意识地调节心理指向,自觉地用无利害的方式来观赏世界。而且,他们虽然有"心理闭锁"的倾向,但是内心深处更加渴望心灵的开放和情感的交流。所以,青少年开始自觉地用一种审美注意力来对待对象。对青少年的美育应注意在保持和发展儿童时代审美天性的同时,引导青少年意识到审美活动是一种特殊的心理活动,使他们能够有意识地调节意识指向,自觉地用审美的注意方式来进行审美活动。

应该指出,片面强调逻辑思维能力的发展,忽视青少年美育,忽视青少年审美态度的培养,对当前青少年的审美发展设置了障碍,造成了一些青少年审美态度的衰退或不自觉。有些艺术教育课(包括文学课)教学,违背美育的教学规律,用讲解一般说理文章的方式来讲解音乐、美术或文学作品,一味把学生的注意力引向作品之外抽象的"思想内容",忽视了学生对作品本身作直观的玩味和体验,严重影响了他们审美注意力的发展。初中二年级前后,由于逻辑思维能力的飞跃性发展,青少年审美能力有停滞甚至衰退的发展趋向。在这个阶段,更应该注意审美态度的培养,以促进审美能力与逻辑思维能力的协调平衡发展。

2. 形式构造能力比较发达

在小学阶段,儿童的审美构造能力是比较低的,他们一般要在成人的指导下,才能从整体上去理解艺术品。在他们的绘画作品中,普遍存在着感觉鲜明而整体结构不完整的毛病。这种状况在小学高年级开始有所改善。到了中学阶段,青少年的审美构造能力有明显提高。他们一般是通过模仿成人作品来掌握艺术作品的构成常规的。另外,逻辑思维能力的发展也为审美构造能力的发展提供了有力的帮助。调查结果表明,高中生的一些优秀作文体现出他们对于外部事物、事件的剪裁和对于内心情感经验的组织,已接近或达到大学生作文的水平。由于审美构造能力的发展,青少年已可以欣赏规模较大、结构较复杂的艺术作品,教师应加强指导,使他们能够把握大型艺术作品的细节与整体结构的关系。

在青少年审美构造能力发展方面,有一个值得重视的问题是模仿艺术常规和创造个人风格之间的矛盾。中学生,特别是初中学生,他们的独立性和依赖性处于相互纠缠的状态,他们很容易因模仿某些作品构成常规而阻碍了个性的真实表现。这一点在中学生的作文当中表现得较为突出。例如,写内心生活,往往是从低落到高涨,从灰暗到光明;写游记,往往是先写所见、所闻,结尾处加上一点感想。这种结构并非不可取,但是,个人的生活经历和个性不同,观察、感受、表现方式也不同;倘若不同的个性都以千篇一律的模式来创造和表现,那就会是不真实的,影响他们的审美发展。因此,如何在指导青少年掌握一般的艺术构成常规的同时,发挥他们个性化的创造性,逐渐培养他们各自独特的审美构造方式,是一个值得深入探讨的课题。

3. 情感投射能力增强

青少年的审美心理具有主观化的浪漫主义特征,这是与他们内心生活的日益丰富相一致的。这种心理特点在青少年审美活动中的表现之一,就是在观赏对象时具有较强烈的主观情感投射性。因此,善于情感投射的青少年,往往享有一个富于主观情思的对象世界。这种主观性的倾向,对于科学分析或许不利,却有力地推动着审美能力的发展。

情感投射能力的增强,使得青少年倾向于把对象感知为有情感意味和幻想色彩的事物。例如,对于颜色的感觉,儿童的情感倾向是比较单纯的,他们比较喜爱温暖、鲜明、活泼的色彩,如橙、黄、红、绿,且并不赋予这些色彩以强烈的情感内涵。而青少年对颜色的喜好,虽也受单纯的感觉情绪化影响,但增加了某种个人的情感经验,他们会由于对春天的情感体验而喜爱绿色,由于看到灰色就想到"雷雨前天空那种使人心烦的颜色",而不喜欢灰色。①

青少年在审美活动中的情感投射倾向显著地体现于他们对表现性较强的音乐艺术的突出喜爱和主观性欣赏方式。音乐是一种偏于表现的艺术门类,

---

① 详见丁祖荫:《中国儿童青少年感知觉发展与教育》,朱智贤主编:《中国儿童青少年心理发展与教育》,清华大学出版社 2017 年版,第 14—15 页。

运动着的音响组织,构成了象征性表现各种情感活动形式的旋律、节奏等音响织体,最适合于青少年的情感投射和表现。我们的调查表明,音乐是青少年最喜爱的艺术门类,而且,在闲暇时间里他们首先想要做的就是听音乐。[①] 在他们的欣赏过程中,音乐被当作自己内心情感的表现,特别是一些当代的、通俗的、抒情的音乐,很受他们的喜爱。

情感投射能力的发展,也引导青少年把自然作为一种审美对象来拥抱和赏爱。儿童是纯朴的,他们并没有脱离自然,所以也不会把自然当作一个相对独立的对象来看待。青少年开始确立起人与自然、主体与客体的二分观念,能够把自然作为一个对象来对待。正是由于青少年内心生活的日益丰富和精神能力的迅速发展,自然作为一个充满灵性和情趣的审美对象开始出现在青少年眼前。于是,春、夏、秋、冬四季的变化,或日出日落的景色,都会在他们心里激起情感的波澜。在他们的作文中,我们可以发现自然作为渗透了主观情感的生动景象而被展示出来。例如,写秋夜:

> 四周树林静悄悄的,夜凉如水,空气变得有点潮湿,景物好像被一层缥缈的轻纱般的薄雾笼罩着。我觉得有点冷。

写山色:

> 阳光不再强烈,有的只是千万缕金丝,在浓厚的树荫隙里直垂下来,重重叠叠,成了烟、成了霞、成了云、成了雾。

写阳光:

> 对面山上的保俶塔后露出一张红灿灿的圆脸,把一脸的光芒洒在了美丽的湖内,粼粼的水面闪出片片银光,直向我的眼帘扑来,……

这几段文章出自学生[②]之手,是抒写对景物本身的直接感受,主观情思隐含其中,达到了情景融合。相对于儿童把自然看作一个童话世界的特点,青少年对自然景观的审美能力有了较大发展。这种发展与青少年对山水诗、画,以及其他艺术作品中自然描写的欣赏能力的发展互为因果,相互促进。

[①] 详见杜卫等:《教育新概念——青少年美育》,华中理工大学出版社 1995 年版,第 140—141 页。

[②] 这几个作文片段均引自浙江遂昌中学 1989 年高中一年级学生的习作。

发展了的移情能力使当代青少年借文艺来满足内心情感的要求成为可能。他们很容易"进入角色",或将自己的心境与歌曲的情调融为一体,或把自己化为小说中的某个人物。这样的欣赏方式,使青少年在文艺作品中找到了情感释放的空间,找到了心灵交谈的"知音"。正如英国艺术教育家 M.罗斯指出的,青少年"把音乐知觉为一种个人表现性交流和语言的形式"。[①] 因此,在对艺术作品的态度上,青少年与儿童有一个明显差异,那就是他们开始对某一类或某一个适合自己个性的艺术作品产生"迷恋",这种艺术"迷恋"的实质正是他们对自己内心生活的关注,与青少年时期心理上出现的"自恋"倾向是一致的。

4. 艺术理解能力深化

当代青少年审美能力发展还有一个特点是理解能力的迅速提高。一般来说,儿童对艺术作品的理解偏重于外观方面,青少年对艺术作品的理解开始进入作品的深层意蕴。由于知识的扩展和阅历的丰富,加上思维能力的发展,青少年能够较深入地领悟艺术作品当中所蕴含的社会意义、历史意义和人生意义,有时可以把它们提高到哲理水平。对一部艺术作品的评价,儿童往往是直感式的,简单地以"好看""好听"为标准,而青少年却在感知层次之外加上了伦理的、社会的、政治的、历史的尺度。因此,古今中外的文艺名作(特别是较大的文学作品)开始进入他们的欣赏视野,杜甫、鲁迅、莎士比亚、贝多芬等伟大艺术家成了他们喜爱甚至崇拜的人物。即使是在言情、武打小说影响较大的情况下,青少年仍然很喜爱鲁迅的作品,他们不仅没有因为时代的变迁而产生隔阂,反而为其中对社会现实和国民性格的深刻剖析而赞不绝口,这表明他们的艺术理解能力有了较大的发展。

另外,青少年艺术理解力的发展也存在着不平衡。这主要表现在逻辑思维能力和直觉能力之间的不协调。艺术理解力是一种以形象直观和情感体验为特征的思维能力,它的发展要求逻辑思维能力和直觉能力携手并进。但是,在目前的中学教育中,逻辑思维的训练占突出地位,儿童的那种生动活泼的直

---

① M.Ross, *The Aesthetic Impulse*, Oxford：Pergamon,1984,p.129.

觉能力容易受到抑制而衰退,从而影响审美能力的发展。一个普遍的现象是,当代青少年缺乏在形象的直观之中领悟艺术作品深刻理性内涵的能力,他们往往抛开感知形象和情感体验来抽象地理解作品内容;或者只是一味地沉溺于对作品的"自恋"式感受之中,缺乏对其深层意蕴的领悟。我们认为,这种艺术欣赏中情与理的分离,既与青少年身心发展的不平衡有关,也同中学教育忽视美育,中学美育忽视直觉能力培养有关。因此,青少年美育应该注意引导他们从形象直观和内心体验出发,逐渐地、独立地领悟作品的深层意蕴,既要把他们的理解力引向理解的深度,又要特别注意保护他们的形象直观能力和情感体验能力。

审美趣味发展的特征

当前青少年审美趣味的发展主要有以下特征。

1. 趣味范围扩展与聚合相结合

当代青少年审美趣味发展的一个基本趋向是:整体上审美范围的扩展和个体审美偏爱的相对稳定。一方面,当代青少年身心发展迅速,生活阅历丰富,知识范围扩大,接受水平提高,他们的审美视域也迅速拓宽。另一方面,改革开放以来,文艺生活空前丰富,各种类型、不同风格的艺术作品出现在青少年面前,为他们的审美选择提供了空前广阔的天地。正是在这种内外部条件下,当代青少年的审美趣味呈现出多元化发展的趋势。这主要表现为以下几个方面:

第一,从儿童情趣向成人趣味发展。青少年正处在走出童年、进入成年的过渡时期。他们既保留了某些儿童的审美趣味,又开始受成人审美趣味的影响。例如,有些初中生对儿童动画片十分迷恋,而许多高中生却对儿童动画片失去兴趣,认为它太幼稚。他们更喜欢读《九三年》《骆驼祥子》、琼瑶小说等成人作品。还有些中学生对飘逸、空灵的古典诗词颇感兴趣。这些都表明,青少年审美趣味的发展有年龄阶段上的过渡性特征。

第二,从纯艺术向生活艺术和自然景观的审美趣味发展。儿童的审美趣味集中于艺术方面,并往往与游戏的趣味融为一体。青少年的审美选择范围却开始从艺术拓展到包括艺术在内的一切审美对象。不仅日常生活中的艺术设计(如工业品、服装、汽车、建筑等)进入他们的审美视域,而且自然景观也引起他们极大的兴趣。

第三,从优美向各种审美形态的审美趣味发展。儿童的审美趣味集中于优美一类,因为他们的自主意识和精神能力水平不高,不可能对崇高、悲剧、喜剧等审美形态产生真正的审美兴趣(喜剧中的一部分滑稽型艺术属优美范畴)。青少年却大大扩展了审美选择范围,对现实矛盾有所意识,这导致他们内心矛盾加剧。因此,他们不仅仅满足于赏心悦目的审美对象,而且对反映现实矛盾,表现复杂情感,包含着痛苦、忧郁、伤感、愤怒、悲怆、死亡的艺术类型产生浓厚的兴趣。

这种从优美向各种审美形态的扩展是青少年审美趣味发展的重要特征。与青少年群体审美趣味的多元化发展相一致,个体的审美趣味呈现出鲜明的个性化倾向,这是他们个性人格逐渐形成的表现。如果说儿童在审美选择上还处于朦胧状态,而且他们的审美个性倾向还有较大可塑性的话,那么青少年日益自觉地意识到自己的审美偏爱,并由此形成了与个性气质、性格特征相一致的审美倾向。他们往往会对某一种艺术类型或风格如痴如醉,同时又具有明显的排他性。1991年春,笔者在厦门某中学与学生座谈时,就耳闻目睹了一场趣味争辩;一位男同学表示对悲怆、荒凉、伤感的歌曲有强烈的兴趣,对妩媚、甜美的歌曲表示厌恶;一位女同学则立即反驳,认为歌曲应该是优美的,悲伤的歌曲听了让人不快乐,没什么好。多数同学表示不喜欢戏曲音乐,认为那是老人或大人爱听的东西;可是有一位同学却悄悄地对老师说,她最喜爱戏曲,因为戏曲是民族艺术,最有意思。

2. 审美趣味二重化

如果说儿童审美趣味的形成较多受家长或学校影响的话,那么青少年审美趣味的形成则受到教师与社会的双重影响。一般地说,学校为青少年提供的文艺作品以传统为主,而社会上对青少年影响较大的文艺作品则以当代为主。前者侧重于思想性,格调严肃,后者侧重于娱乐性,情调活泼。学校的教师是青少年的长辈,而社会对青少年影响较大的则是比他们稍年长的青年。

再者,青少年正处于迅速成长时期,对当代的、新鲜的东西充满好奇心,他们要自己选择,却缺乏可靠的辨别力;他们要自我设计,却缺乏全面、深入的思索。于是,在学校的正规教育与社会上大众审美文化的双重影响下,一些青少年审美趣味的发展也呈现出二重化倾向。

一些中学生可以头头是道地说出传统名作的"思想内容"或"主题思想",认为这些作品很优秀;可是,他们并非真正理解和喜爱这些作品,而是从老师或书本那里了解到这些作品的历史地位和价值,从而产生了一种间接的、理智上的"喜欢"。另外,对于通俗文艺,他们可能在理智上并不以为然,但是,很容易产生情感上的认同。许多中学不提倡,甚至不允许学生阅读武侠小说、唱流行歌曲,但是,武侠小说和言情小说在学生中隐蔽地传播,而对流行歌曲的喜爱甚至痴迷更是普遍。[1] 造成这种情况的原因是多方面的,其中主要的原因可能有两个:一是社会上武侠小说和流行歌曲广为传播,构成对青少年审美选择的强大影响;二是这些艺术作品内容方面情感性强,形式新鲜、易懂,或可以满足青少年的好奇心,或能够满足他们的情感要求,也容易被青少年所接受。

当代青少年审美趣味的二重化发展是一个值得注意的现象。其中有正常的一面,目前我国的学校教育常常与社会脱节,与时代脱节,造成青少年的不适应。而且,学校教育总是正统的,它以引导、规范青少年审美趣味发展为主;社会上的通俗文艺却总带有非正统色彩,青少年之所以选择它们,是由于它们迎合了青少年的某些审美要求。在引导、规范和迎合之间,总会有一定的矛盾。但是,倘若学校教育与青少年的审美要求严重脱节,艺术教育活动就不可能真正唤起青少年的浓厚兴趣,那么,他们审美趣味的发展就多少会处于放任自流的状况,甚至主要受到大众文化的引导。因此,学校美育应当根据青少年审美发展的水平,适当调整教学内容。例如,增加一些当代文艺作品,注意美育的思想性与娱乐性相结合,从而在适合青少年审美要求的基础上,提高他们的审美品位,培养起既高尚又真诚的审美趣味。

---

① 详见杜卫等:《教育新概念——青少年美育》,华中理工大学出版社 1995 年版,第 79—80 页。

审美观念发展的特征

青少年审美观念发展的一个基本趋向是从自发需要到自觉意识,逐步开始自觉确认审美的价值。儿童对自己的审美需要缺乏自我意识,对审美价值更是缺乏认知,他们主要是凭着儿童的天性自发地投入审美活动的。青少年却开始意识到自己生活和发展的这种独特要求,转向自觉地参加审美活动,有着较为明确的目的:或者是提高修养,或者是发挥才能,或者是消遣娱乐,等等。而且,青少年对自己审美需要的自觉意识也有一个从初中到高中逐步加强的过程。①

值得注意的是,中学生在通过文艺活动接受教育这个问题上,呈现出逆向发展的趋势。一般情况下,他们把"受教育"看作接受抽象的说教、灌输,因此,大多数中学生都表示在参加文艺活动时没有这样的动机。对这一点应作具体分析。一方面,一些学校放松了对学生的思想教育,使部分青少年对提高自己思想品德的重要性认识不足。另一方面,中学生对文艺的独特性质和功能已有了一定的认识。事实上,文艺的教育作用主要在于"寓教于乐",而且这个"教"主要在于提高人格素质或内心修养。实际上,对于一些思想性和艺术性水平都比较高的作品,青少年是能够接受的,照样能对他们的思想感情产生积极的影响。只不过当代青少年对文艺作品思想内容的接受,主要侧重在作品所表现的道德感和人生观等方面。

当代青少年审美观念发展的另一个基本趋向是从个体到社会。随着年龄的增长,他们的个性意识趋于独立,审美需要也呈现出个性化的发展趋向。这是个体审美意识发展的基本规律。儿童的个性发展不充分,审美意识也缺乏个性化特征,这可以从他们选择审美对象范围较为宽泛的特征上见出。青少年却能较为自觉地意识到自己的审美需要,审美选择的范围相对集中。这种发展一方面带来了审美需要的稳定和深化,另一方面也会因为需要的过于个性化而造成与社会普遍的审美意识相脱离的趋向。

事实上,个体的审美观念可以分为个体和社会两方面。个体审美观念是

---

① 详见杜卫等:《教育新概念——青少年美育》,华中理工大学出版社 1995 年版,第66—67 页。

在个体成长过程中自发形成的,社会总体的审美观念则是一定社会在历史发展过程中形成的普遍和客观的社会要求。从一定意义上讲,青少年审美观念的发展就是他们个体审美需要与社会的审美需要由对立到融合的发展过程。这种转化过程越顺利,他们的审美观念发展也越快;融合的程度越高,他们的审美观念发展水平也越高。当代青少年广泛地接触各种成人艺术作品,正是他们自发地扩展和提高其审美观念的表现。而美育工作者应该为他们提供既适合他们的需要水平,又有利于促进审美观念形成和提高的各种审美对象和审美活动,引导他们的审美观念走向成熟。这也就是说,青少年美育不能仅仅迎合青少年的审美需要,更重要的是,在基本满足其审美需要的基础上,促进他们确立正确的审美观念。

下　编

美育方法论

导　言

　　美育方法论包括了美育实施的途径和方法。

　　美育的途径可以按照美育内容分为普通艺术教育和景观教育两大部分，其中普通艺术教育是实施美育的主渠道，景观美育中的人文景观美育包含了部分艺术教育的内容。按照美育实施的场所，可以把美育分为三方面：家庭美育、学校美育和社会美育。蔡元培曾在《美育实施的方法》一文中，按照教育的范围有家庭教育、学校教育、社会教育三个方面，认为美育的范围也是如此。①

　　家庭美育是以父母为主实施的美育。家庭美育从胎教开始，直到孩子成年。但是，上学之后的儿童，以接受学校美育为主，家庭美育为辅。胎教阶段的美育既是为孕妇服务的，也有为胎儿健康服务的。蔡元培认为，要为孕妇提供赏心悦目的环境，让她们在优美、宁静的氛围里生活，避免过分的刺激，有利于孩子的孕育：

　　　　要孕妇完全在平和活泼的空气里面，才没有不好的影响传到胎儿。这是胎儿的美育。②

　　这里讲的是为孕妇服务的胎教。为胎儿服务的美育主要是采用音乐，给胎儿一些良好的刺激，使胎儿大脑神经细胞得到增殖，神经系统和各器官的功能得到合理的开发和训练。

　　孩子出生后，父母是孩子最先遇到的老师，父母的教育及言行举止对孩子

---

① 蔡元培：《美育实施的方法》，《蔡元培全集》第 4 卷，浙江教育出版社 1997 年版，第 668 页。
② 蔡元培：《美育实施的方法》，《蔡元培全集》第 4 卷，浙江教育出版社 1997 年版，第 669 页。

成长十分关键,孩子成长的真正起跑线在初始几年的家教,美育也是一样。家庭环境的艺术化布置,儿童诗歌和音乐在幼儿日常生活各环节的陪伴,玩具色彩和造型的选择,对自然物的感知、根据各个幼儿特点有意识地进行节奏感、造型感、肢体律动感或者诗性语感等艺术能力的培养,等等,幼儿生活的各个方面都可以渗透美育要素。孩子上学以后,父母对孩子的审美发展还是有影响的。节假日去美术馆、音乐厅、剧场欣赏高雅艺术或者去观赏自然景观,不仅加深了亲子感情,对孩子艺术品位的提升也是非常有效的引导。随着父母受教育程度和美育意识的提高,家庭美育会越来越受到年轻父母们的重视。

学校是现代人成长所必需的教育机构,也是延续和发展人类文化的重要途径。它们既是文化的体现,又是文化传播和发展的手段。教育使人成为社会的人、文化的人,学校教育的根本职责是促进学生的全面发展。学校是开展美育的主体,本书专列一章论述学校美育。

社会美育是指在家庭和学校之外的美育活动,主要场所有艺术机构、其他文化设施、校外艺术教育机构等。

艺术机构,如音乐厅、影院、剧场、美术馆等,是实施社会美育的主要场所。随着我国对艺术机构公共教育视野越来越重视,一些艺术机构开始设立公共教育部门,专门对大众开展艺术普及教育,颇受群众欢迎。学校的一些艺术课程和艺术活动也可以走进公共艺术机构,与原作面对面,甚至可以与艺术家交流学习,能够很好地提升学生学习艺术的兴趣,补充学校艺术教育资源。一些博物馆或者纪念馆也有不少优秀艺术资源,可以发挥社会美育的积极作用。

校外艺术教育机构应该有利于提高学生审美素养,让有艺术兴趣、特长的孩子得到更多学习机会。但是,目前社会艺术教育机构存在良莠不齐的现象,多数还是为"艺考"服务的,背后还是以营利为目的,偏离了美育的方向。社会上的艺术考级本来可以提高儿童学习艺术的兴趣,提高艺术技能,但是,如果导向出错,只是片面强调艺术技能的学习,而忽视对艺术本身的情感体验和领悟,这就容易误导人们把学习某种艺术技能当作是在学习艺术,那就不能实现美育的目标。

另外,随着互联网的发展,网上艺术类数字平台不断涌现,出现了线上音乐、美术、建筑、影视等艺术平台,还有一些线上博物馆,极大地丰富了艺术资源。新媒体技术的运用也使得艺术生产更加丰富多样,吸引了不少受众。艺术类数字平台不受物理空间限制,打破家庭、学校和社会的界限,使艺术资源随手可得。美育工作者应该充分利用数字平台开展美育教学,为民众提供更加便利、优质的艺术资源:包括艺术课程、优秀艺术作品数据库以及艺术互动平台等。数字平台质量良莠不齐、品位高低不等,家长和教师要及时为未成年人提供指导。

第 十 章

普通艺术教育

普通艺术教育是指面向人人的、以提高"审美和人文素养"为目标的艺术教育,它是开展美育的主渠道。

一、美育和艺术教育的关系

美育与艺术教育的联系与区别

美育和艺术教育有着密切联系。但是,美育和艺术教育不是等同的关系,而是交叉关系,它们有相互重合的部分,又有不同的部分。在理论上对二者的关系进行探讨,对于美育和艺术教育的理论研究和实践改革有着重要意义。

从严格的学科意义上说,审美是一个包含了艺术,又不仅仅等同于艺术的概念。例如,自然景观属于审美范畴,但它不能被称作艺术。从这一点上讲,美育的范围比艺术教育宽,它不仅包括艺术教育,还包括景观美育等方面。另外,艺术教育的内涵和外延也不是美育可以完全覆盖的,因为艺术并不完全等同于审美。例如,艺术具有丰富的人文内涵,不仅含有美,还有道德、宗教、历史、民俗、语言、地理等众多的人文要素包含其中,有助于提高学生的人文素养。审美是艺术的一个重要的基本属性,但是,艺术的内涵和外延都比审美宽。一个显而易见的事实是,在审美中,认知、道德等社会文化因素是隐含的,而在许多优秀艺术作品中,这些社会文化因素可能是相当突出的,甚至可以盖过审美因素。艺术具有众多专门知识,就音乐而言,包括基本乐理、和声、曲式、音乐史等;艺术教育必然涉及艺术技能的教学,这都不是审美可以涵盖的。

当前，艺术教育也包含了一些传统美育观念所不能涵盖的方面，特别是近年来国内外艺术教育内涵外延不断拓展，艺术教育已延伸至心理健康、精神疗愈、社区文化融合、创意能力培养等万面。因此，艺术教育和美育可以说是交叉关系。

艺术，特别是经典艺术是美育的主渠道。第一，艺术是审美的集中、典型形态，艺术教育当然也成为美育的主要途径。第二，经典艺术是培养学生审美感知和审美观念的主要教材，学生从中学会欣赏艺术，养成敏锐的、有一定品位的艺术鉴赏能力。经典艺术包含着历史中形成的各种审美范式，体现为艺术语言和表现规范，对艺术语言和表现规范的认知和掌握是促进学生审美能力发展最关键的环节。而且，从艺术中学习审美范式也可以帮助学生学会观赏自然。事实上，我们主要是通过经典艺术品学会观赏自然的，例如中国众多的经典山水诗、山水画培养了我们对自然的观赏态度和鉴赏方式。第三，经典艺术中蕴含着深厚的人文意义，通过经典艺术的鉴赏可以培养学生的人文素养和文化理解能力。第四，相对于其他美育形式，艺术教育比较易于组织教学和激发学生审美兴趣。目前，国际上基本是以艺术教育作为美育主渠道的。

从内涵上讲，美育同德育、智育、体育相并列，更具有哲学意味，是艺术教育的基础层面，而艺术教育则相对是美育的最主要形态，更具有课程的意义。美育不是一门或者一组课程，也不是仅仅教人学会画画、唱歌或者跳舞等艺术技能，而是促进人的全面发展的教育的一部分，是国家教育方针的重要组成部分。中国是一个具有深厚美育传统的国家，从孔子开始的传统教育处处体现了礼乐教化的精神。20世纪初，西学东渐，席勒的美育思想被借以重新激活我国延续了两千多年的美育传统思想，固有的注重诗教乐教、强调教育的体验性和内在性传统被冠以"美育"的名号。从历史上看，这种传统随着时间的推移有所变化，但重视在感性体验中实现教养内化的人格化育方法和路径却一直被保留了下来。正是在这样的传统影响下，中国人对"美育"的理解要比西方人理解的"美育"内涵丰厚得多，绝不局限于"感性""审美"等相对稀薄的形而上意义，而是具有思想性、伦理性等广阔深刻的人文内涵，形成超越性和现实性融合的美育话语。

当今欧美国家的课程计划和教育研究论著,讲"美育"的并不多见,基本上都是讲艺术教育。但是,其内涵还是与美育直接关联的。在中国,美育的教学和研究方兴未艾。"美育"经常出现在党中央、国务院的重要文件中,实施美育已然成为我国的国家意志。在学校美育中,国家不仅重视美育的专门课程——艺术教育,而且很强调美育在学校各科教育教学中的渗透,要求美育与德育、智育、体育融合,尤其重视美育对于学生养成良好道德情操的作用,这是中国美育观念和西方国家艺术教育观念的重要差异。在这个意义上,中国美育学所讲的美育是与艺术教育有着根本性的区别的。

所以,在普通教育中,美育决定了艺术教育的性质、功能、规律和方法,成为普通艺术教育的基本导向,也就是说,普通艺术教育首先以及主要是美育。另外,普通艺术教育又是美育的主渠道。需要说明的,并非所有被叫做艺术的都可以作为美育的主渠道,尤其是现在艺术产业生产了大量以"娱乐"为主要目的的艺术作品,审美和人文内涵不足,根本无法与经典艺术相比。

艺术品被创作出来以后并不是孤立、静态的存在,而是在历史发展过程中被不断赋予人文价值。因此,经典艺术作品不仅历经时间的检验,而且在历史的变迁中,作品的审美和人文内涵会不断积淀,而变得越来越厚重。例如,中国的第一部诗歌总集《诗经》,诞生于公元前6世纪前后。然后,不断有注解、阐释和评论,这些都影响到后人对《诗经》审美和人文意义的理解和价值评判。因此,一部作品的意义不仅在其文本本身,而且产生于后人对作品的阐释,二者合起来决定了这部经典的审美和人文价值。经典艺术作品是经过长时间检验而成为"经典"的,其文本一定经历了历史的阐释,其意义不是静止的,而是流动的。例如,20世纪中叶余冠英曾编过一本《诗经选》,他在为该书写的《前言》里说:

> 《诗经》的解说向来是分歧百出的。注释工作不能完全撇开旧说,一空依傍。我们相信正确的态度是不迷信古人也不抹杀古人。正确的方法是尽可能多参考从汉至今的已有的解说,加以审慎的抉择。辨别哪些是家法门户的成见,哪些是由于断章取义的传统方法而产生的误解,哪些是穿凿附会,武断曲解,哪些是由于诗有异文或字有歧义产生的分歧。最后

一类尽管彼此不同，而各有依据，就必须更仔细地去比较长短。无论是选用一条旧说，或建立一条新解，首先应求其可通。所谓可通，首先是在训诂上、文法上和历史观点上过得过去。同样可通的不同解说可以并存，如稍有优劣，就仍当加以区别，决定取舍，主要应从原诗的思想性和艺术性着眼。①

单从这一段话中我们就可以认识到，《诗经》的意义不仅是其文本本身，而且包含着历史上的众多阐释。这种解释是多角度的：训诂的、文法的、诗学的、历史的、政治的，等等。前人的阐释会影响后人对作品的理解，对经典艺术品"一空依傍"的理解是不可靠的，对经典作品意义的阐释总是"接着讲"，就是接着"从汉至今"的意义阐释来讲，这一部《诗经》的意义就不是固定的，而是一条意义的长河，一条有着两千年历史的意义长河。音乐经典也是如此。贝多芬的《第五交响曲》起初是一份乐谱，然而经过历代指挥大师和优秀乐团的演绎，经过音乐版本学、音乐史、音乐美学、音乐评论等多角度的不断考证、修订、注解、阐释和评论，其内涵越来越丰富，其审美和人文价值早已超出原初乐谱本身。而当下的艺术品，数字时代以来产生的各种丰富的新艺术形式，多数属于娱乐产品，人文价值不高。在此无意否定当下的艺术作品中也有一些精品，但由于缺乏时间的检验，是否优秀难以判断，更由于这些作品缺乏有意义的历史积淀，因此与厚重的经典艺术品相比，其审美和人文价值要逊色很多。

普通艺术教育的美育定位

我国的"艺术教育"概念至少包含两个意思：一个是专业艺术教育，一个是普通艺术教育（也可以称作"通识艺术教育"）。前者是以培养艺术专门人才为目标的，按艺术门类分为音乐教育、舞蹈教育、美术教育、设计教育、戏剧教育、影视教育等专业，分门别类地培养从事艺术创作、表演、制作、管理等的专业艺术人才。在这类艺术教育中，也需要培养学生的审美和人文素养，也有

---

① 余冠英：《诗经选》，人民文学出版社1956年版，第25页。

促进学生全面发展的根本任务,但同时,大量艺术专门知识和技能的教学是为培养专门人才服务的。普通艺术教育则是面向全体学生的通识教育,以美育为主要目标导向,以提升学生的审美和人文素养为主要目标。作为美育主要途径的艺术教育指的是这类艺术教育。① 这类艺术教育也需要有一些艺术知识和技能的教学,但那是为培养学生的艺术兴趣和艺术理解力服务的。因此,这两种艺术教育虽然有重合之处,但是,目标不同,所以它们的特点、规律、内容和方法也相应不同。作为美育的艺术教育,就必须遵循美育的特点和规律,紧扣美育的目标。如果在教育教学实践中混淆这两种艺术教育,简单地把专业艺术教育的一些做法"移植"到作为美育的艺术教育课程中,那必然会影响普通艺术教育的美育效果。例如,在专业艺术教育中,艺术史知识经常是从史前艺术讲起的,这对专业教学是必要的。但是,作为通识教育的艺术课程,面对几乎是零起点的学生,这样的专业艺术课程是否合适呢? 这是值得研究的。让基本上没有接触过西洋音乐的学生首先面对巴赫的作品,很可能使他们宝贵的一点好奇心彻底泯灭,从此对西洋音乐望而却步。如果从浪漫主义的抒情性小作品开始,那么就可能使年轻学子从此喜爱西洋音乐了。对于艺术作品的学习,两类艺术教育的做法也有很大不同。由于美育的目标是通过审美体验来提高学生的审美和人文素养,因此,艺术课程的学习主要在引导学生自己真切地领悟艺术作品的审美意蕴和文化内涵。专业艺术教育的作品分析课程必须有对其创作手法、风格等的专业分析,要引导学生具体深入地掌握艺术创作的特定技术。对于艺术专业的学生来说,日复一日的专业训练是必不可少的,这是他们成为艺术家必须要经历的过程,而对于普通学生来说,艺术课程中的技巧训练只是初步的,是帮助学生进入某一种艺术之门的钥匙,更重要的是引导学生领悟艺术内涵的人文意蕴。正由于存在这么多的差异,因此,普通艺术教育在课程设置、教学内容和方法等多个环节都有着不同于专业艺术教育的特点和规律,简单地用专业艺术教育的那一套来实施普通艺术教育,效

---

① 在美育概念引进我国之后的一段时期,也有把专业艺术教育纳入美育的提法,但是,当时学科划分不明确;而在学科分类日益清晰的今天,各门类的专业艺术教育学科相对独立了,把专业艺术教育与美育作相对区分是必要的。

果不会很理想。

由于普通艺术教育在艺术专业技能的水平方面大大低于专业艺术教育，因此，人们存在一种认识的误区，以为只要学好了艺术的专业知识和技术，自然就可以胜任普通艺术教育的教学。事实上，即使是美院的专业画家也未必可以不做准备直接胜任中小学的美术课教学。普通艺术教育课的任务和大学专业艺术课的目标指向是不同的。例如，当前不少学校的美术教学存在画法、风格"众人一面"的问题，原因是多方面的，其中一个原因是美育教师把大学里师徒传授法带入中小学，一众学生都模仿一个美术老师，结果就出现了"众人一面"的现象。如此，美育发展学生个性发展的目标不可能实现。目前，绝大多数培养普通艺术教育师资的专业，其课程结构与一般艺术专业并无大异，只不过增加了教育学、心理学和课程教学法等几门课程，而且这几门课程的教学也很不专业，也就是不能体现美育教师教育的特点和规律。我们应该承认，普通艺术教育的师资培养也是一个专业，具有其特殊性，必须让这个专业的学生掌握起码的美育知识和某一类艺术课程实施美育的具体方法。

既然美育不同于专业艺术教育，那么作为美育主渠道的普通艺术教育是否应该包含艺术知识和艺术技能的教学？

这是问题的另一个方面。如果没有辩证思维，就不可能真正全面认识普通艺术教育的美育特性。一些强调美育育人作用的学者，常常会忽视学校艺术课程中的知识性、技能性教学内容。的确，目前学校美育当中存在着把知识技能教学等同于美育的状况，社会美育教育也有如此状况。当今一些儿童学习某一门艺术时，有关机构还推出了一些艺术考级的办法，这虽然可以促进儿童学习艺术的技能，但是如果导向出错，只是强调艺术技能的学习，而忽视对艺术本身的情感体验和领悟，这就容易误导人们把学习某种艺术技能简单等同于是在接受美育，其实这是片面的理解。但是，艺术知识和技能恰恰也是人们学习艺术的必要入门路径。例如，对于美术史上古典主义、浪漫主义、现实主义等艺术流派的基本特征的基本知识的了解，是有助于对上述美术作品的欣赏的；如果不了解奏鸣曲式，那么就很难听懂交响曲；对于艺术欣赏态度的养成来说，认识到艺术作品与理论性著作甚至广告片等实用创意作品之间的区别也是很有必要的。艺术技能是真正掌握某一门艺术的钥匙,所以,学习书法必须有正确的握笔、运笔姿势,必须要有临帖的训练,否则,即使是欣赏书法作品也会隔了一层。当音乐响起,学习过乐器的欣赏者所听到的东西要比没学过的人丰富得多;面对一幅国画,会画国画的人所看到的要比不会国画的人丰富得多。既然普通艺术教育是美育的主渠道,那么美育课程就离不开艺术知识和技能的学习。

如前所述,普通艺术教育和专业艺术教育是有区别的,普通艺术教育中艺术知识和技能的教学根本上是为激发学生的艺术兴趣、深入体验艺术作品的深层内涵服务的。这种教学是必要的,但不是主要目的,因为普通艺术教育的目的不是培养专业艺术人才,而是提高学生的审美和人文素养。因此,美育教学中的艺术知识和技能教学要导向帮助学生培养艺术兴趣、提高审美能力、具备初步艺术创作能力这些目标,而不是单纯的知识和技能学习。

唯有以美育的目的来要求普通艺术教育,才能确定普通艺术教育的基本任务。在艺术教育的实践中,有许多不同的具体任务,如一定的技能训练、知识传授和思想教育等。但是,这些阶段性的或不同层次的任务都应该围绕着一个中心任务,那就是以发展审美能力为核心的美育任务。因为儿童青少年的审美发展是以审美能力的发展为基本杠杆的。这个任务也为艺术课程的教材编写、教学方法的运用和每一堂课的教学设计提供了总体的方向,不至于造成技能训练与情感表现脱节、知识传授与审美感受分离、思想教育与审美兴趣割裂等偏离美育目的、违背美育规律的教学方法失误。

唯有以美育的基本目的和任务来定位普通艺术教育,才能找到普通艺术教育的基本教学规律。学生的审美发展是以个体审美经验的不断积累和丰富为基础的,而审美经验的获得有赖于个体积极参与的具体审美活动。因此,普通艺术教育的组织应以欣赏、创作(制作)和批评等审美活动为主体,审美活动的组织和引导又应该以使学生获得新鲜而真切的审美经验为目标。这就要求在具体的普通艺术教育过程中,充分激发学生的审美冲动,吸引学生全身心投入艺术活动,鼓励个性化的审美创造性表现,探索出一套普通艺术教育的特殊教学方法。

总之,认清普通教育中艺术教育的美育目的和任务,是使其真正发挥不可替代的育人功能的基本前提。

要把普通艺术教育转到审美育人的方向上来,必须以关心和理解受教育者的审美需要和审美发展水平为前提。目前,学校普通艺术教育对儿童青少年的心理特征和审美发展状况了解和尊重不够,这也是违背普通艺术教育的美育要求的。普通艺术教育应该使儿童青少年的审美发展需要和情感生活要求得到满足,使他们的艺术生活成为可能,这是决定普通艺术教育成败的关键因素之一。这就要求艺术教师多一份关怀和尊重,用科学的方法来研究学生的审美心理。应该意识到,学生的情感生活要求总要通过一定的方式寻求满足,学校普通艺术教育若不能完成这个任务就是一种失职。再则,学生的审美发展是以满足现有需要为基础的,只有在基本适应儿童青少年审美需要和接受水平的艺术教育活动中,他们的艺术兴趣才能得到激发,他们的审美素质才可能真正得到提高。然而,在目前中小学的普通艺术教育中,漠视学生接受能力和艺术需求的"代沟"依然存在,严重阻碍着普通艺术教育功能的发挥。因此,应该改变居高临下的教学态度和由外而内的灌输方式,真正关心和理解儿童青少年的审美需要和接受水平,加强对儿童青少年审美发展状况与规律的研究,使普通艺术教育贴近学生的实际,这是中小学普通艺术教育改革的一项重要任务。

二、艺术的育人价值

从本质上讲,作为美育的艺术教育是把经典艺术的审美和人文价值在教育教学领域中发挥和应用出来。因此,有必要先对艺术的人文价值略作阐述。

艺术作为创造性把握世界的方式

艺术是人类掌握世界的一种独特方式,一种创造性的方式。由于这种方式与人们习惯了的科学认知和道德实践方式有较大差异(当然也有深刻联系),因此,常常被人们忽视或者误解。法国学者朗西埃曾指出:"我不认为美学是关于艺术的科学或学科的名称。在我看来,美学意指某种思考方式,它是伴随着对艺术这类东西的尊重而发展起来的,它关心的是把艺术这类东西呈现为思考之物。从根本上说,美学就是一种思考艺术的特定历史体制,它是一种由此把艺术当做思考之物的思想观念。"①而美学的这种思考方式的特殊性实际上来自艺术本身的特殊性,这种特殊性经常被忽略,需要用美学的思维方式来加以理解和阐释。

马克思在《〈政治经济学批判〉导言》等著作中提到了人把握世界的多种方式,有理论的、艺术的、宗教的、实践—精神的,等等;②并在论述艺术生产与物质生产之间发展的不平衡性时指出,艺术掌握世界的方式是借助想象的超越性。他写道:

> 任何神话都是用想象和借助想象以征服自然力,支配自然力,把自然力加以形象化;因而,随着这些自然力实际上被支配,神话也就消失了。③

而到了工业社会,这种神话地对待自然的态度和一切把自然神话化的态度失去了现实基础,受到排斥,"因而要求艺术家具备一种与神话无关的幻想"。马克思深刻地阐明了艺术把握世界采用的是"想象"的方式,这种特殊方式的实质是对现实的超越,也就是在想象中实现理想。正如马克思所讲的:

> 动物只是按照它所属的那个种的尺度和需要来构造,而人却懂得按照任何一个种的尺度来进行生产,并且懂得处处都把固有的尺度运用于对象;因此,人也按照美的规律来构造。④

这就是说,艺术掌握世界的方式是源于现实,又在想象、幻想中超越现实,是以人的内在尺度来生产,具有鲜明的非现实性和理想性。因而,艺术把握世界的方式根本上是创造性的。

艺术掌握世界的方式就是人的一种体现了其本质的能力,它与理论思维、实践等能力一起,构成了人的全部本质。马克思把"有音乐感的耳朵、能感受

---

① Jacques Rancière, *The Aesthetic Unconscious*, Cambridge:Polity Press,2009,pp.4-5.
② 《马克思恩格斯选集》第二卷,人民出版社 2012 年版,第 638—712 页。
③ 《马克思恩格斯选集》第二卷,人民出版社 2012 年版,第 711 页。
④ 《马克思恩格斯选集》第一卷,人民出版社 2012 年版,第 57 页。

形式美的眼睛"看做是"能成为人的享受的感觉,即确证自己是人的本质力量的感觉",实际上是指出了偏于感性的艺术能力是人的本质力量的一部分。①因此,拥有艺术能力是人的全面发展的重要组成部分。按传统的分类,人类掌握世界的方式主要有认知、道德和审美三种。认知思维追求真,发展着人的智力;道德实践追求善,发展着人的德性;审美体验追求美,发展着人的情感。艺术就是一种审美地掌握世界的方式,它和认知思维、道德实践一起构成了人的全面发展的核心内容,而且能为人的其他各种能力的发展提供积极的助力。因此,艺术能力和素养的发展是人成为一个完整的人的当然之义。

艺术掌握世界的方式是偏于感性的创造性把握方式,在艺术中,人的感知、想象、情感等感性素养得到了较为充分的发挥。认知是逻辑的,实践则是现实的,而艺术既有认知的内涵却非逻辑,既有实践的品格却非现实。

艺术把握世界的方式并非专注于对象的性质,而是对象对于主体的意义,有更多关于宇宙、人生的感悟。例如,中国古诗里面有许多富于哲理的佳句,如"沉舟侧畔千帆过,病树前头万木春","野火烧不尽,春风吹又生","年年岁岁花相似,岁岁年年人不同","今人不见古时月,今月曾经照古人"等,不仅传达出对于自然和人生的感悟,更表达了诗人的深沉感叹。白居易的《卖炭翁》有"可怜身上衣正单,心忧炭贱愿天寒"的诗句,不仅揭示出底层劳动者的悲剧性命运,同时饱含着诗人对他们深深的同情。正因为艺术更多地显示了"意义",因此,它与揭示事物性质和规律的科学认知不同,艺术对于人的人生观、价值观的形成和变化是可以产生深刻影响的。

艺术的实践并非建构现实的对象,而是创造非现实的心灵时空。艺术家创造的艺术作品也有物质性的一面,表面看起来似乎与工匠的劳动成果并无区别。实际上,艺术家所创造的那个"物"是一种意象的替代品,其艺术的价值不在于物本身,而在这个物所能体现的意象。一件雕塑品,在非艺术眼光里,等于普通一件物品:它有物的重量、体量,等等。但是,在艺术眼光里,这件雕塑品是一个活生生的意象。当人用艺术的眼光来看这件作品时,雕塑的那

---

① 《马克思恩格斯文集》第一卷,人民出版社 2009 年版,第 191 页。

些物的属性褪去了,观赏者的意识中产生了一个非现实的意象。法国雕塑家罗丹曾描述他对古希腊雕塑品《断臂的维纳斯》的感受,他说:"这是真的肌肉","抚摸这座像的时候,几乎会觉得是温暖的"。① 一块被雕琢过的石头,在这位雕塑家眼里完全是有血有肉、有生命意义的。萨特在分析扮演哈姆雷特的演员时说,"他是完全以一种非现实的方式生活着的"。在舞台表演过程中,扮演哈姆雷特的演员事实上并不存在,他是作为哈姆雷特的"近似物"而存在:"演员在人物那里成为了非现实的。"②当我们谈论一件艺术品时,"艺术品"是有多重存在样态的:作为物理存在的一个物品,作为可对其进行科学研究的一个对象,作为可以在市场上交易的一件商品,等等,而这些其实都不是作为具有艺术特性的存在。艺术品的独一无二性在于它为人们提供了一个可能的虚拟时空,创作者或欣赏者可以从中体验自然和生活的诗意,领悟生命的意义。此刻,艺术品是超越了"物性""现实性"的创造性意识的对象,此刻的艺术品是富于"灵性"的。正如宗白华所言:"意境是造化与心源的合一。""艺术意境的诞生,归根结底,在于人的性灵中。"③

艺术的心灵状态是对人的生存的现实状态的重要补充,通过想象创造的虚拟时空使人的生存时空大大拓展了,这种生存的丰富性就是人的全面发展的重要含义之一。

艺术作为超越性态度

艺术不仅是人类掌握世界的一种特殊的方式,同时也是一种特殊的人生态度。如前所述,艺术凭借想象创造虚拟时空来建立主体与对象的体验性关系,这是一种非现实性的关系,超越了"物性",使艺术获得了灵性。对此,朱光潜在《谈美》里曾有过精彩而通俗的论述:

假如你是一位木商,我是一位植物学家,另外一位朋友是画家,三人

---

① 《罗丹艺术论》,沈琪译,人民美术出版社 1987 年版,第 28 页。
② 让-保罗·萨特:《想象心理学》,褚朔维译,光明日报出版社 1988 年版,第 288 页。
③ 宗白华:《中国艺术意境之诞生》,林同华主编:《宗白华全集》第 2 卷,安徽教育出版社 2008 年版,第 327、329 页。

同时来看这棵古松。我们三人可以说同时都"知觉"到这一棵树,可是三人所"知觉"到的却是三种不同的东西。你脱离不了你的木商的心习,你所知觉到的只是一棵做某事值几多钱的木料。我也脱离不了我的植物学家的心习,我所知觉到的只是一棵叶为针状、果为球状、四季常青的显花植物。我们的朋友——画家——什么事都不管,只管审美,他所知觉到的只是一棵苍翠劲拔的古树。我们三人的反应态度也不一致。你心里盘算它是宜于架屋或是制器,思量怎样去买它,砍它,运它。我把它归到某类某科里去,注意它和其他松树的异点,思量它何以活得这样老。我们的朋友却不这样东想西想,他只在聚精会神地观赏它的苍翠的颜色,它的盘屈如龙蛇的线纹以及它的昂然高举、不受屈挠的气概。①

三个人从不同的职业心态观看同一棵古松,却产生了不同的结果。艺术家的观看态度不同于商人和科学家的,他只是观赏对象的外观("颜色"和"线纹")以及由外观透露出来的意味("气概"),不关心对象的实质,也就是古松的性质和用途。

应该指出,所谓"超越",就是扬弃,一种辩证否定,既有所保留,又有所抛弃。艺术摆脱了人们惯常的科学思维和功利性态度,对世界只是取静观的把握方式,但是,艺术的静观仍保留了认知的成分:不仅对对象外观的知觉具有一些认知的成分,而且对外观透露出来的"昂然高举、不受屈挠的气概"的感受也具有一些认知成分。艺术扬弃了实际的功利性态度,但是,艺术并没有全部否定人的欲望,只是把人的欲望减少,并引向更高的乞求;艺术并不否定道德,而是以一种体验的方式把道德内涵化于情感之中,使道德与人性达成和谐。把艺术超越与认知、道德以及功利性追求完全对立的"超越性"观点是片面的。艺术掌握世界的这种独特方式体现了人对世界的一种独特的态度,这种态度由于是非科学认知的,也非实践的,因此具有超越性。这种超越性态度具有一个特殊属性,那就是非功利性。学界都知道,审美非功利性是现代美学

① 朱光潜:《谈美》,《朱光潜全集》第 2 卷,安徽教育出版社 1993 年版,第 8—9 页。

的一个关键性概念,①源自英国哲学家夏夫兹博里而被康德作为确定审美快感第一条件的"无利害性",几乎成为现代美学的"公理"。然而,从王国维创建中国现代美学话语始,艺术几乎一直被定位于"无用之用"的人文价值论上,就是以无功利性的艺术来消除人的过分私欲,从而达到修身养性的目的。过分的私欲从来都被中国古代哲人认为是个人心灵养育的最根本障碍,而去除过分的私欲或者调控个人的欲望也就成了各种人格修养思想的核心目标。儒家如此,道家也如此;古代如此,现代也如此。审美无利害性概念与中国哲学关于减少人的欲望的一贯传统相结合,就产生了极具本土特色的现代性美学思想——"审美功利主义"②,即从审美活动内在审美和人文价值出发,培育国人的纯洁情感和高尚精神。这种现代美育思想也丰富和深化了我们对于艺术作为一种对待世界的独特态度的认识,不再局限于西方审美无利害性的观念。

艺术对待世界的超越性态度是在艺术欣赏和创作之中的,也就是说,并不是现实生活中的那种实实在在的态度。因此,艺术中的审美并不能替代道德,艺术修养也不能完全等同于道德修养。但是,一个人长期受到优秀艺术的浸润,气质、品位会慢慢发生变化,人的心胸会扩大,格调会提升,趣味会高雅,同情心会增强。这种对人性情的潜移默化,虽然很慢,但深入而持久。正如《荀子》里说的:

> 声乐之入人也深,其化人也速,故先王谨为之文。③
>
> ……
>
> 乐者,圣人之所乐也,而可以善民心,其感人深,其移风易俗易(此处"易"字原文遗漏),故先王导之以礼乐而民和睦。④

---

① 斯托尔尼兹指出:"除非我们能理解'无利害性'这个概念,否则我们就无法理解现代美学理论。假如有一种信念是现代思想的共同性质,它也就是:某种注意方式对美的事物的特殊知觉方式来说是不可缺少的。"(斯托尔尼兹:《"审美无利害性"的起源》(中译文本),《美学译文》(3),中国社会科学出版社1984年版,第17页)

② "审美功利主义"是由笔者尝试提出的一个概念,用以概括中国现代美学思想中的主要倾向,详见杜卫:《中国现代的"审美功利主义传统"》,《文艺研究》2003年第1期。

③ 荀子:《乐论》,《荀子集解》,上海书店出版社1991年版,第253页。

④ 荀子:《乐论》,《荀子集解》,上海书店出版社1991年版,第253—254页。

　　这里讲的"入人也深""化人也速""感人深""移风易俗易"都是对乐舞潜移默化地感化人心作用的描述,揭示了优秀艺术品"善民心"的价值和特点。经典艺术的这种作用是为人格成长奠定内在的坚实基础,因为它把优秀的人文基因深植于人的心底,所以是"诚"的,而非"伪"的,而人的道德态度必须筑基于一个"诚"字。席勒曾深刻地指出:

　　　　由审美状态到逻辑和道德状态(即由美到真理和义务)与由自然状态到审美状态(即由单纯盲目的生命到形式)相比,其步骤要容易得多。……处于审美心境的人只要他愿意的话,就可以普遍有效地进行判断,普遍有效地行动。……我们只要给他以重大的推动,就能使审美的人获得理智和高尚的情操。而要使感性的人获得同样的东西,我们就得改造他的本性。在前一种情况下(对审美的人说来),为了使人成为英雄和贤能只要有崇高局势的促进(它直接作用于意志力)。而在后一种情况下(对感性的人说来),则须把人放到另一个天地中去。

　　　　……

　　　　因此,教养的最重要任务之一就是使人在其纯粹自然状态的生活中也受形式的支配,使他在美的王国所及的领域中成为审美的人。因为道德的人只能从审美的人发展而来,不能由自然状态中产生。[1]

　　他把感性和理性协调自由的审美状态解释为"零状态",没有偏向于任何特殊的能力和素养,但是却为各种能力和素养提供了发展的良好基础。席勒对于审美状态的这个深刻阐述同样也是对艺术人文价值的深刻阐述,因为我们达到审美状态的主要途径还是经典艺术。蔡元培也指出:

　　　　我以为如其能够将这种爱美之心因势而利导之,小之可以怡性悦情,进德修身,大之可以治国平天下。……人我之别、利害之念既已泯灭,我们还不能讲德么? 人人如此,家家如此,还不能治国平天下么?[2]

　　蔡元培是把艺术当做了一个人全面修身养性的基础。

　　如今,我们正处在经济快速发展的时期,大多数中国人的财富积累开始

---

① 　席勒:《美育书简》,徐恒醇译,中国文联出版公司 1984 年版,第 118 页。
② 　蔡元培:《〈美学原理〉序》,《蔡元培全集》第 7 卷,浙江教育出版社 1997 年版,第 623 页。

多起来,国家的实力也正在增强。然而,市场经济给我们带来的未必全是正面的价值,最值得警惕的是市场思维和资本逻辑正在对人们的思想意识产生消极影响。市场思维专注于需求与供给、投入与产出,而资本逻辑就是价值增值、利润至上。它们的共同特点是一味追求经济效益和投资回报,而把社会效益,特别是人的生存与发展的人文追求置于脑后。需要说明的是:不能简单否定市场思维,也不能全然反对资本逻辑。中国自 20 世纪 90 年代开始的市场化改革带来了经济的迅猛发展,人民生活显著改善,国力大大提升,这是不可抹杀的巨大成就,而这种成就与市场思维和资本逻辑密切相关。问题在于,市场思维和资本逻辑扩张到了教育、医疗、文化等公益性的社会事业,曾一度导致部分社会事业的产业化倾向,造成的危害已经显现。市场思维应该应用于经济行为,资本逻辑也主要应该限于经济领域。市场思维专注于需求与供给、投入与产出,而资本逻辑就是价值增值、利润至上的逻辑,也就是无限追逐剩余价值,①反映在思想意识上,就是"商品拜物教""资本拜物教"等思想模式的形成。② 它们的共同特点是一味追求经济效益和投资回报。如果不加以适当管制,任其无限扩张,进入社会生活的方方面面,甚至侵蚀到教育和文化事业领域,损害社会事业的公益性质,那将是灾难性的。教育和文化事业领域更重视人文,更注重精神,强调的是"以人为本",这是市场思维和资本逻辑不关心甚至相悖的。任由这种思维和逻辑向教育、文化和人们的思想意识领域盲目扩张,就会不断强化人们急功近利的心态,导致人的私欲膨胀和物性强化,人文素养和灵性就容易受到压抑。

艺术的态度却与市场思维和资本逻辑格格不入,甚至是南辕北辙。本书前面曾引述朱光潜关于对于古松的三种态度:木材商人的思维与画家的思维很不一样,前者是实用功利性的,需要掌握市场信息和精明的计算;后者却对

---

① 郗戈:《资本逻辑的当代批判与反思——〈资本论〉哲学研究的关键课题》,《南京社会科学》2013 年第 6 期。

② 仰海峰:《〈政治经济学批判〉中的资本逻辑批判与历史唯物主义的建构》,《江海学刊》2009年第 2 期。

松树的实用性和市场价值毫不关心，只做无利害性的观赏，需要想象与体验。如果用市场思维来看一幅画、一座雕塑作品，看到的不是美，而是"钱"；如果用资本逻辑来评价对古松的静观，那么就是浪费时间，徒劳无益，资本的过度扩张还甚至会危及生态平衡。① 而用美学的观点来看，对古松纯粹的欣赏是心理的满足和精神的提升。由此可见，市场思维和资本逻辑注重的是物，而艺术则更关心人，关心人的灵性；前者与后者的价值取向很不相同。通过经典艺术的学习和熏陶，人们可以在经济行为之外，有另外一种对待世界的态度。艺术的态度是一种人文的态度，对自然和人生怀有深情，做事待人不会"唯利是图""无利不起早"，更不会凡事皆谋回报。有艺术态度的人当然也得过日子，但是他会在现实的养家糊口和日常生活的"实惠"之外，追求人生的艺术化，也就是艺术化地生活。

认识到艺术人文价值的一些特点，我们就可以进一步理解普通艺术教育的基本任务。从总体上说，普通艺术教育应该抓住艺术素养教育和艺术人文教育两个基本环节。

三、普通艺术教育的美育任务

艺术素养教育

艺术素养主要是指欣赏和创造艺术的知识、技能、能力和意识，它既是艺术文化影响的结果，又是个体受纳与整合新的艺术文化的条件，所以，培养儿童青少年的艺术素养应当是当前学校普通艺术教育的一项重要任务。这项任务可以具体分为掌握艺术语言、丰富艺术想象力、培养艺术表现和体验能力、提高艺术知识和实践技能水平等四方面。

掌握艺术语言是培养青少年艺术素养的重要内容。这里讲的艺术语言是

---

① 有学者从马克思《资本论》关于资本逻辑的论述出发，论述道："价值增殖支配下的劳动过程无止境地榨取自然资源，不断加剧人与自然的对抗关系，日趋危害到自然生态的自我维持与可持续发展。"郁戈：《资本逻辑的当代批判与反思——〈资本论〉哲学研究的关键课题》，《南京社会科学》2013年第 6 期。

艺术作品表情达意的形式规范,体现为作品的内在结构,是艺术作品之所以具有审美意涵的核心要素。艺术作品就是按照一定的艺术语言规范来"说话"的,不同的艺术,由于采用的媒介不同,其语言规范也不同。这种艺术的语言规范是在历史发展的过程中不断积累和演化的,本身就具有文化历史意义。因此,掌握艺术语言不仅能够有效地帮助学生理解艺术作品和进行艺术创作,而且能从中获得艺术人文内涵的熏陶。例如,西洋绘画讲究比例和透视,而中国山水画则注重笔墨和构图,这是两种很不相同的绘画形式规范。这些形式规范似乎并没有什么深奥的道理,实际上包含着不同的宇宙观和人生观,是艺术文化传统的核心部分。一个中国学生如果受过中国画鉴赏教育,那么他在观赏山水时所看到的往往是按照中国山水画的笔墨和构图"裁剪"过的景色。同一个月亮,在中国人和欧洲人的眼里是不同的,赏月之后的感受更不一样,这是由于中西方不同的文化传统所致。中国人有嫦娥的神话和悲秋的情结,这是由中国神话和古代诗词所铸就的感知方式作用的结果,这是西方人所没有的。梁启超说:

> 象情感怎么热烈的杜工部,……他的哭声,是三板一眼的哭出来的,节节含有真美。①

这里讲的是,杜甫用诗歌表现情感并非完全随心所欲,而是遵照格律诗的形式规范,也就是"三板一眼",而我们读诗也必须从这个形式规范入手。一个人如果长期受到特定艺术形式规范的熏陶,他的艺术感知方式、审美趣味和审美观念就会深受影响。著名艺术史家贡布里奇曾指出:

> ……我们称之为"看"的过程在很大程度上是受习惯和期待制约的。②

这句话深刻揭示了视觉艺术对于人的感知方式的塑造作用,而美育就是运用艺术的这种功能,通过优秀艺术品长期的熏陶来塑造人们的感知方式,进而影响人的心灵,这就是美育独特的育人机制。由此出发,我们才能真正领会"以美育人、以美化人、以美培元"的深刻含义,那是一种从内心深处植入优秀

---

① 梁启超:《情圣杜甫》,张品兴编:《梁启超全集》第 7 册,北京出版社 1999 年版,第 3984 页。
② 冈布里奇:《艺术与幻觉》,周彦译,湖南人民出版社 1987 年版,第 82—84 页。

人文基因的教育过程。

基于美育的这种独特育人机制,普通艺术教育应该十分重视对某一门艺术独特的表情达意语言的教学,把对这种艺术语言的理解和运用作为重要教学目标。每一门艺术都由于其所习媒介的不同而有不同的表情达意语言,例如音乐是音响语言,舞蹈是肢体语言,等等。音乐的音响语言不等于音响,而是音响织体,也就是对音响运动适当的组织;舞蹈的肢体语言也不等于肢体动作,而是对肢体动作适当的编排。各种艺术语言都是在长期艺术实践基础上,经过历史积淀而形成的,具有系统的形式规范,蕴含着丰富的审美和人文意义,而艺术家的创作正是以这一套表情达意的语言规范为基础的,对艺术作品的鉴赏、理解也必须首先要读懂这套语言。艺术语言是艺术形式规范和艺术所表达的思想感情的中介,通过艺术语言,艺术作品的内容和形式被有机结合在一起,不可分割。这套语言包括艺术形式规范以及通过这套形式规范表情达意的方式方法,学生掌握了这套语言,也就借此学会了通过艺术语言理解艺术品和创作艺术品的方法。这就是说,无论是创作还是鉴赏,都离不开对特定艺术语言的掌握,不懂某一门艺术的独特语言,也就不可能懂得这一门艺术。因此,作为美育的普通艺术教育必须把艺术语言的教学列为最基本的内容,把学生学会理解和运用某一门艺术语言作为基础性教学目标。要防止孤立地教授艺术技法,而应该把技法教学与艺术语言的教学结合在一起。

艺术想象力也是从事艺术活动的重要心理因素。没有想象就没有情趣盎然、丰富多彩的艺术世界,想象贫乏的人一定不会养成良好的艺术素质。一般来说,儿童的艺术想象是自发的,比较自由,受到的规范相对少一些。青少年的艺术想象力往往会受到逻辑判断和社会规范的制约。因此,在普通艺术教育中,一方面要鼓励青少年大胆想象,保护想象的自发性和自由度,另一方面应该引导他们进一步提高艺术想象的创造性质量。例如,扩大想象的范围,开拓想象的深度,特别要注意培养他们运用综合的生活经验和文化知识进行创造性想象的兴趣和能力,这样就可以提高他们理解和创作艺术作品的能力。

艺术表现能力是指运用艺术语言传达个体内心体验和观念意识的能力。在艺术教育中,通过艺术表现内心生活,使学生的情感在释放和交流中得到升华,是促进他们健康成长的重要途径,也是培养学生创造力的重要环节。儿童青少年的情感本来就比较丰富,在学习任务比较重的情况下,他们的情感表现欲望越来越强,他们渴望抒发、交流与表现自我,但又往往找不到他们认为最理想的表现方式。这就为艺术表现力的培养提供了良好的主体条件。但是,目前中小学的艺术教育偏重于让学生接受,而在鼓励青少年创造性地表现情感和自由表现个性方面做得很不够,需要加以改进。实际上,只有创造性表现过程,才能使学生更深入细致地理解艺术;作为美育的普通艺术教育,只有基于学生的情感表现,才能收到良好效果。

培养艺术表现力的途径有很多,几乎包含于艺术教育的每一个环节。例如,把艺术技巧的学习与表现个体内心情感结合起来,在艺术欣赏教学中,注意引导学生学会运用一定的素材和形式表现情感的方法。更要注意的是,艺术表现力的发展基于真诚的审美态度,只有诚于中,才能有真正的艺术表现。因此,中小学的艺术课教学要倡导民主风气,允许个性差异,鼓励真性情的表现,避免学生为迎合教师的口味或害怕同学的讥笑而抑制真诚的艺术表现冲动。艺术体验能力是一种情感的理解力,它与表现能力是相辅相成的。审美体验能力是一种反思性的理解力,它不同于理性的分析和逻辑推理,而是一种分享式的、共鸣的直觉把握。在艺术活动中,体验能力至关重要,它是艺术创作和欣赏的一种基本能力。所以,在艺术欣赏教学中,不能培养学生的艺术体验能力,就无法让学生真正理解艺术作品。应该在艺术教育过程中,创设必要的情景,引导学生主动地仔细琢磨创作或欣赏对象的情趣,反复体会对象蕴含着的意味,而不是直奔"主题",概括出几句抽象话语了事。艺术体验能力的培养基于艺术经验的积累,需要时间,更要依赖学生自己的悟性,千万不可操之过急,也无法灌输。艺术教师们应该明白,任何艺术的体验都带有个性色彩,因此,应该鼓励学生按自己的方式去感受,只有这样,学生的体验能力才可能得到比较充分的发展。

学校美育课程中的艺术知识教学内容应该包括艺术的基本知识、艺术分类知识和艺术史知识，等等。它可以帮助学生认识到艺术的性质、特点、规律和价值，以及艺术体裁、流派等等。这无论是对他们的艺术欣赏还是艺术创作都十分必要。把作为美育课程的艺术课当作单纯知识课来上是不合适的，但是，艺术知识的传授的确是促进学生艺术素质提高的一个必要环节。因此，关键在于要把艺术知识教学与学生艺术欣赏和艺术创作有机联系起来，并服从促进学生审美发展的目标。艺术实践技能的教学也很重要，这不仅是因为青少年艺术素养的发展有着身心协调性的特点，手与脑的发展是相互促进的，而且艺术实践技能的培养，对于加强青少年能动地美化世界和自我的意识，提高艺术化生活的能力，具有不可低估的作用。艺术实践技能的培养也是艺术教育的特殊任务之一，是其他美育形态所不具备的。就目前的中小学艺术教育来说，艺术实践技能的培养还存在不少困难。这不仅是指课时、材料等条件的限制，而且包括目前的艺术实践教学脱离实际（即中小学生能力的实际和当代生活的实际）。绝大多数儿童青少年不会成为专业的艺术家，但目前的音、美课太专业化，许多艺术技巧多数儿童青少年根本掌握不了，而且即使掌握了它很少有运用的机会。因此，应该对儿童青少年加强实用艺术技能的训练，例如，简单日用品的设计、室内装饰，等等。这种技能不仅易于掌握，便于运用，而且能够帮助儿童青少年树立起"处处以美的规律来塑造"（马克思语）的审美观念和实践意识，这同培养新型的现代化建设者的目标相一致。目前中小学艺术技能教学的确存在着为技能而技能的不良倾向，这是应该加以纠正的，但是，这并不意味着要取消艺术技巧的教学。没有一定的艺术技能，不仅不能进行艺术创作，也不可能深入地领悟艺术的奥秘。艺术教育家丰子恺，以自己切身的经验，多次强调艺术技能训练是培养艺术欣赏能力的必要基础。在《音乐入门》一书中，他说，虽然音乐欣赏不一定非要自己会唱会奏，但倘要真正懂得欣赏音乐就必须经过相当时期的实习。他所说的实习有两种，一种是自己唱奏，另一种是听别人唱奏。在他看来，音乐欣赏力的养成，最初必须自己练习唱奏，那样就有比较坚实的基础。这里虽然是讲音乐欣赏能力的培养，但是，关于技能与欣赏能力有机联系的观点，对于所有的普通艺术教育也都是适合的。①

艺术人文教育

艺术全景式地、直观地记录和展现了人类文化的精神实质。因此,艺术教育同时应该是一种人文教育,应该成为传播人类优秀艺术文化的桥梁。与审美相比,艺术的人文内涵更为丰富而深刻,因此,艺术人文教育应该引起我们的重视。

与单纯的艺术技能教育相比,艺术人文教育的范围广、层次高、功能更全面。首先,艺术人文教育强调艺术的文化属性,把艺术作为人类精神文化的一部分介绍给学生。因此,艺术人文教育不仅要传授一般的艺术知识,培养艺术素养,而且应注重使学生掌握艺术中的人文精神,突出艺术教育的人文性。例如,书法艺术的教学不仅要使学生掌握书法艺术的基本知识,掌握欣赏书法的方法和基本书法技法,而且要让学生了解书法艺术中包含着的中国艺术文化精神:那种借助线条自由地抒情写意、追求气韵生动、洒脱空灵的精神境界。这种教育可以使青少年从精神实质上去理解书法和中国艺术,同时也使他们受到优秀传统文化的熏陶。其次,艺术人文教育注重揭示艺术的一般文化内涵,把艺术作为人类文化集中而直观的体现来教育学生。纵观人类文化的宝库,其中哲学和艺术是人类精神文化的最典型代表。哲学比较艰深,艺术则比较形象,是向儿童青少年进行人类优秀文化传统教育的好教材。例如,文艺复兴时代文化的最杰出代表是当时的艺术作品,应该在欣赏达·芬奇、米开朗琪罗、拉斐尔等名家的作品时,适当地介绍当时的优秀文化精神,这不仅可以帮助学生更深入、具体地感受和理解这些作品,而且达到了传播人类优秀文化的目的。

艺术人文教育具有不可低估的育人功能。艺术文化的熏陶是提高青少年艺术修养,丰富其精神世界的重要途径。不了解艺术的文化内涵,不掌握艺术作品的独特文化精神,就不可能真正懂得艺术,充其量也只是一种肤浅的理

---

① 丰子恺:《音乐入门》,湖南文艺出版社 2001 年版,第 8 页。

解。目前,中小学艺术教育内涵不够的原因之一在于忽视了人文教育这个维度,教师的艺术人文修养不足,致使艺术课的教学内容单薄,对儿童青少年的精神成长的影响也不深。艺术人文教育把艺术教育与传统文化(特别是中华优秀传统文化)教育结合在一起,使学生在欣赏传统艺术作品的同时,具体生动、心领神会地接受优秀传统文化的滋养,这对于他们人格的塑造、对于民族文化的继承和创新、对于吸收全人类的优秀文化成果均有重要意义。艺术教育还涉及诸多外国艺术作品,在欣赏这些作品时,让学生多了解其他民族的优秀文化,吸收域外文化的营养,有利于养成开阔的胸襟和文化视野,有助于建立全人类的文化意识和"人类命运共同体"观念。在跨文化交流与融合日益频繁的现时代和未来,这种教育将越来越显示其独特价值。因此可以说,发掘艺术教育中的人文教育因素,使学生在艺术欣赏中受到优秀文化传统的熏陶和在创作中注重文化品位,也是加强和改革普通教育中艺术教育的一个重要课题。

作为普通艺术教育的文学教育

文学属于艺术的一部分,文学教育属于普通艺术教育的一部分,这在人文学界本来属于常识。但是,由于各种非学术原因,在当前艺术界和教育界,文学教育与艺术教育常常有相脱离的状况,因此有必要做一番澄清。

把文学看作是一种语言艺术,文学属于艺术的一部分,是中外美学的共识。按西方传统的艺术分类原则,"艺术"范畴包含文学。例如,在黑格尔的《美学》(实际上是艺术哲学)中,艺术被分为建筑、雕刻、绘画、音乐和诗,诗也就是我们所说的"文学"。在黑格尔的艺术哲学逻辑体系中,文学属于艺术发展的最高等级。[①] 西方美学传入中国之后,在各种艺术分类的著作中,文学都是属于艺术的。以王朝闻主编的统编教材《美学概论》为例,其第五章第二节"各艺术种类的基本特点"中列举了不同物质媒介形成的艺术种类,它们是:建筑艺术、实用工艺、绘画、雕塑、音乐、舞蹈和语言艺术。其中,语言艺术是这

---

① 详见黑格尔:《美学》第 1 卷,朱光潜译,商务印书馆 1979 年版,第 113 页。

样被定义的：

> 语言艺术（文学）以语言或它的书面符号——文字为物质手段，构成
> 一种表象和想象的形象，从而反映现实生活，表现艺术家的审美感受。①

到了 20 世纪，布洛克在他的《现代艺术哲学》（也译《美学新解》）中讨论
"艺术概念"时，列举了多种艺术门类：

> 举例说，在芭蕾舞《天鹅湖》，雕塑《濒死的高卢人》、《荒原》、《爱
> 达》、《儿子们和他们的情人》，弗朗兹·哈尔斯的肖像画，巴台农神庙建
> 筑，布鲁士的小提琴协奏曲和毕加索制作的陶瓷猫头鹰之间，有什么共同
> 性质可言呢？也许你可以在《荒原》和《儿子们和他们的情人》之间找到
> 某些共同之处，也可以在《爱达》和"小提琴协奏曲"以及《儿子们和他们
> 的情人》和《爱达》之间找到某种共同性质，但是，有谁能找到一种可以适
> 用于上述所有作品的性质呢？②

这段话中就包含了建筑、音乐、舞蹈、绘画、雕塑、诗歌、小说等艺术门类。
显然，布洛克是把文学归入艺术范畴的。

同时，20 世纪有一些西方（主要是德国）理论家致力于建立"艺术学"，但
是，这种"艺术学"以视觉艺术为主要领域，不仅还没能令人信服地给出囊括
了建筑、音乐、舞蹈、戏剧、电影等艺术、同时又区别于美学的"一般艺术概
念"，而且没有把文学完全排斥在艺术之外。最早提出"一般艺术学"概念的
德国哲学家马克斯·德索（也译作"德苏瓦尔"），在他的《美学与一般艺术
学》（也译"美学与艺术理论"）一书中并不排斥诗学，而且在该书的第八章集
中讨论了与语言文字相关联的艺术，如演说、戏剧、诗歌、故事，并与论述音乐
（第七章）和视觉艺术（第九章）的两章前后连贯。这意味着在德索所言的一
般艺术学中，文学占有重要的一席之地。

从历史的角度看，文学与其他艺术门类关联程度最高，这种关联十分深入
和持久。如今，我们进入"读图时代"，新媒体艺术也在兴起，但是这还无法改
变文学在艺术中的重要地位。特别需要指出的是，在我国两千多年的艺术史

---

① 王朝闻主编：《美学概论》，人民出版社 1981 年版，第 270 页。
② 布洛克：《现代艺术哲学》，滕守尧译，四川人民出版社 1998 年版，第 240 页。

里,文学一直处于十分重要的地位,与其他艺术门类的关联度大大高于西方文学与西方其他艺术的关联度,这是一个不争的事实。

诗舞乐原本一体。朱光潜说:"诗歌与音乐、舞蹈是同源的,而且在最初是一种三位一体的混合艺术。"①这种说法是有充分依据的,不仅有文字记载,而且有事实上的证明:现在一些原始部落还存留着诗舞乐一体的原始艺术形态。在《毛诗序》里,诗、乐、舞是随情感表现强度的需求依次出现的:

> 诗者,志之所之也,在心为志,发言为诗。故也。情动于中,而形于言,言之不足,故磋叹之,嗟叹之不足,故永歌之,永歌之不足,不知手之舞之足之蹈之也。②

这段文字恐怕是中国最早论述艺术分类的文献,它用"情"把诗、乐、舞内在联系在一起,并依据表现情志感兴的强弱依次排列。

在各门艺术相对独立发展的时期,文学和音乐的关系还是很密切的。歌由有歌词,歌剧有文学剧本,还有不少西方交响曲与神话传说或其他文学作品有密切联系。例如,贝多芬的第九交响曲第四乐章采用了席勒的诗《欢乐颂》,写成了气势恢宏的交响合唱曲;里姆斯基—科萨科夫的交响组曲《天方夜谭》(又名《舍赫拉查德》),就是取材于阿拉伯民间神话故事集《一千零一夜》(即《天方夜谭》)。欧洲浪漫主义时期产生了一种特殊音乐体裁——交响诗,它由李斯特首创,注重诗意和哲理的表现,而且常常取材于神话、民间故事等文学作品。

文学不仅与同样在时间中展开的音乐有密切联系,而且与偏于空间造型的视觉艺术结缘很深。古希腊雕塑基本上取材于希腊神话,文艺复兴时期米开朗琪罗的《大卫》则取材于《圣经》,中国的敦煌石窟中有不少塑像取材于佛教故事。西方绘画史上也有许多杰作取材于文学作品,特别是古典油画与神话、《圣经》、民间传说有着不解之缘。而在中国,诗与画的联系深入而特别。中国画不仅也有大量取材于神话传说的杰作,而且诗与画在创作思想、审美情趣等方面联系十分密切。一些诗人同时也是画家,或者说,一些画家同时也是

---

① 朱光潜:《诗论》,《朱光潜全集》第3卷,安徽教育出版社1987年版,第13—14页。
② 《毛诗正义》,《十三经注疏》上,浙江古籍出版社1998年版,第269—270页。

诗人。古代文人创造出世界上独一无二的艺术形式——题画诗,诗与画相得益彰。古代文人还喜欢把诗与画放在一起谈论,津津乐道于诗与画的相通。沈括曾评论说:

> 欧阳文忠《盘车图诗》云:"'古画画意不画形,梅诗咏物无隐情。忘形得意知者寡,不若见诗如见画。'此真为识画也。"①

苏轼有一首论画诗:

> 论画以形似,见与儿童邻。作诗必此诗,定知非诗人。②

他曾评价王维的诗画创作说:

> 味摩诘之诗,诗中有画;观摩诘之画,画中有诗。③

所谓"诗中有画",是指诗写景如在目前,栩栩如生;说"画中有诗",是指画不求形似,但求神似,追求诗意。近来,学界对苏轼的这两句话有各种争论,其实,"诗中有画"和"画中有诗"相互阐释,即都追求气韵和意境。所以,中国古代文人画和文人诗是相通相融的。这一点,朱光潜在他的《诗论》中讲得很明白:

> 中国向来的传统都尊重"文人画"而看轻"院体画"。"文人画"的特色就是在精神上与诗相近,所写的并非实物而是意境,不是被动地接收外来的印象,而是熔铸印象于情趣。一幅中国画尽管是写物体,而我们看它……所着重的并不是一幅真山水,真人物,而是一种心境和一幅"气韵生动"的图案。④

由此可以看出,文学与绘画的内在联系是中国艺术的一个重要传统和特色。

中国还有一些独特的艺术形式,如书法和篆刻。二者都属于造型艺术,可以归为美术类或视觉艺术类,但是,它们与文学的关系也十分密切。书法作品用汉字书写而成,多数情况下,这些汉字是书写诗词或者散文的文字,也就是

---

① 沈括:《梦溪笔谈·论画》,俞剑华编著:《中国古代画论精读》,人民美术出版社 2011 年版,第 19 页。
② 苏轼:《论画诗》,《中国古代画论精读》,人民美术出版社 2011 年版,第 22 页。
③ 苏轼:《书摩诘蓝田烟雨图》,《苏轼文集》第 7 卷,中华书局 1986 年版,第 2209 页。
④ 朱光潜:《诗论》,《朱光潜全集》第 3 卷,安徽教育出版社 1987 年版,第 151—152 页。

带有文学性的文字。尽管有关书法艺术中所写文字与书法创作的笔法、布局、气韵、意境等是否有联系尚有不同意见，但是书家所写的诗词或散文对于书法创作和欣赏的影响是不言而喻的。书家选什么诗词、用哪些句子来书写，都与他个人的审美情趣、人文涵养和艺术个性息息相关。王羲之传世的《兰亭集序》就是散文与书法完美结合的典范。

篆刻也是如此。有一种篆刻形式叫做"词句印"，即以词、短语、句子甚至是小篇章等言情、状志的文辞作为印文内容的印章。主要包括吉语印、成语印、箴言印、诗文印等。它诞生于春秋战国时期，明清时走向繁荣。它是印章艺术中最有生命力的一个类别，也是印章艺术发展的趋势。① 词句印有时称"闲章"，常见于书画作品的起首或压角，"闲章虽小，往往可以窥见作者的处世境遇、志向，领略到作者的艺途甘苦和思想情操，趣味盎然"②。这是文学与篆刻相结合并由此与书画作品融为一体的一个例证。

戏剧艺术与文学的联系更是直接。戏剧是综合性的表演艺术，而基础是神话、传说、故事、剧本。许多戏剧作品是由于其剧本（即戏剧文学作品）而在历史上产生了深远影响，如古希腊悲剧、元杂剧等，成为文学史和戏剧史的重要组成部分。在文学体裁的分类中，无论是三分法（即抒情文学、叙事文学和戏剧文学）还是四分法（即诗歌、小说、散文、戏剧文学），戏剧文学都占据重要地位。在中国，戏剧产生较晚，而且形制与西方戏剧很不同，那就是"以歌舞演故事"③，不过，基础还是在"故事"。中国的戏曲采用载歌载舞的表演形式，不仅所唱曲子的唱词富有诗意，连道白也极具文学性，所以，中国戏曲艺术的文学性或许要比西方戏剧更加突出。影视剧与文学的关系就更一目了然了，不仅影视作品有剧本，许多经典影视作品的剧本就是根据小说改编而成的。

由于文学在艺术各门类中处于特殊重要的位置，因此研究艺术史，特别是研究中国艺术史，需要文学视角与文学修养。中国是一个"诗的国度"，文学

---

① 详见浙江师范大学 2008 届文艺学研究生江小敏硕士学位论文《词句印美学研究》。
② 陈鹏刚：《书画闲章不"闲"》，《书画艺术》2009 年第 5 期。
③ 王国维：《戏曲考源》，《王国维全集》第 1 卷，浙江教育出版社、广东教育出版社 2009 年版，第613 页。

在中华文明史上具有举足轻重的地位,普通艺术教育不能缺了文学教育。

作为语言艺术,文学与其他艺术种类相比,有一个独特之处,那就是它并没有直接诉诸感官的形象,文学的感性形象是通过语言唤起想象而产生的。文学这种感性形象的间接性是不同于其他艺术类型的。然而,正是由于这一特性,文学更容易直抵读者心灵,更具有想象的自由性和思想的深刻性。文学所创造的诗意,作为艺术的一种特质,是各类艺术家所追求的艺术作品审美意味和人文蕴含。这就意味着文学是在艺术种类里面最能兼具审美性和人文性的一种,也是对学生进行美育的理想艺术种类。

从美育作为"感性教育"的角度来看,文学虽然并不直接诉诸感官,但是通过读者的想象可以产生生动的意象。北宋著名诗人梅尧臣曾说:

> 诗家……必能状难写之景,如在目前,含不尽之意,见于言外,然后为至矣。[1]

这里所讲的就是诗人写出好的诗词,一定是能够把景写得栩栩如生,使人能真切感知到;同时,写景之语还能够含有深远的意蕴,创造出超越日常话语所能言说的境界。梅尧臣这段话虽然是说诗的,但是同时准确地揭示了文学兼具感性意象和深远意蕴的特征。从美育作为"人格教育"的角度看,文学的美育价值更突出,所以注重人格教育的传统儒家美育思想和育人实践,都十分重视"诗教",孔子就希望通过诗教养育"温柔敦厚""随心所欲不逾矩"的道德人格。优秀的诗歌、散文、小说和戏剧文学不仅能够为读者提供审美快感,而且能达到对于社会人生的深刻领悟,给人以深刻的思想启迪。例如,中国古代的一些诗歌也包含着深邃的哲理,如"不识庐山真面目,只缘身在此山中""问渠那得清如许,为有源头活水来""山重水复疑无路,柳暗花明又一村"等,这些千古流传的佳句于自然和人生的体悟中显示了独特的智慧。我国历史上产生过许多优秀的小说和剧本,例如曹雪芹的《红楼梦》、鲁迅的《呐喊》《彷徨》、巴金的《家》、曹禺的《雷雨》、路遥的《平凡的世界》,等等。这些兼具审美性和思想性,使学生在阅读过程中产生审美情感体验,获得人格养育。从美

---

[1] 欧阳修:《六一诗话》,见叶朗总主编:《中国历代美学文库·宋辽金卷上》,高等教育出版社2003年版,第109页。

育作为创造教育的角度看,诗是最个性化也是最具创造性的文学样式;优秀的诗人能够打破日常用语的惯例,创造出独具表现力的诗的话语。例如,"红杏枝头春意闹"(宋祁)、"春风又绿江南岸"(王安石)等都是后人津津乐道的诗意化语言创造。文学并不直接提供可感知的形象,而是让读者在阅读过程中展开想象,从而在读者内心生成文学意象和情境。接受过良好文学教育的人就是具有良好想象力的人,同时具备了语言创造能力。而诗的形象或者创作,最关键的是要有一种"诗的境界",也就是知觉、情感、想象混合而成的直觉意象。所以,经常读诗或者写诗对于培养学生的创造性是很有帮助的。文学的其他体裁,如散文和小说,对于培养学生的创造性也是很有效的,只不过诗的创造性比较突出罢了。

综上所述,文学教育具有突出的美育属性和功能,所以蔡元培在谈及美育实施的范围时讲,6 岁的儿童进入学校,此后的十一二年里,"专属美育的课程,是音乐、图画、运动、文学等"。① 这是把文学包含在美育范围之内的。鲁迅曾说:

> 由纯文学上言之,则以一切美术之本质,皆在使观听之人,为之兴感怡悦。文章为美术之一,质当亦然,与个人暨邦国之存,无所系属,实利离尽,究理弗存。故其为效,益智不如史乘,诚人不如格言,致富不如工商,弋功名不如卒业之券。特世有文章,而人乃以几于具足。②

鲁迅的意思是说,从纯艺术的角度看文学,那文学是没有实用性的。不过,文学却是使人成为人的途径。文学的这种特殊用处,鲁迅称之为"不用之用":"涵养人之神思,即文章之职与用也。"③语文课程中的文学教育应该被纳入各级各类学校美育范畴,使其发挥"以美育人""以文化人"的作用。

我国是一个诗的国度,文学教育,特别是诗教传统源远流长。从 20 世纪

---

①　蔡元培:《美育实施的方法》,《蔡元培全集》第 4 卷,浙江教育出版社 1997 年版,第 670 页。

②　鲁迅:《摩罗诗力说》,《鲁迅全集》(编年版)第 1 卷,人民文学出版社 2014 年版,第 87 页。

③　详见鲁迅:《摩罗诗力说》,《鲁迅全集》(编年版)第 1 卷,人民文学出版社 2014 年版,第 87 页。

初开始,王国维就直接把"诗教"纳入美育的范畴,①此后,朱光潜、宗白华等也都把传统儒家的"诗教"看作中国美育传统的重要组成部分,把这种诗教传统看作培养情操、养育心灵的中国自己的美育传统。例如,朱光潜说:

> 《论语》有一段话总述儒家教育宗旨说:"兴于诗,立与礼,成于乐。"诗、礼、乐三项可以说都属于美感教育。诗与乐相关,目的在怡情养性,养成内心的和谐(harmony);礼重仪节,目的在使行为仪表就规范,养成生活上的秩序(order)。蕴于中的是性情,受诗与乐的陶冶而达到和谐;发于外的是行为仪表,受礼的调节而进到秩序。内具和谐而外具秩序的生活,从伦理观点看,是最善的;从美感观点看,也是最美的。儒家教育出来的人要在伦理和美感观点都可以看得过去。②

宗白华则指出:

> 本来中国古代的教育基本就是诗,书,礼,乐。孔子说:"兴于诗,立于礼,成于乐。"这实在就是美感教育。③

古代有一些有关"诗教"作用的论述,其中较为经典的表述当属《礼记·经解》中的一句"温柔敦厚而不愚":

> 孔子曰:"入其国,其教可知也。其为人也,温柔敦厚,《诗》教也。……其为人也温柔敦厚而不愚,则深于《诗》者也。"孔颖达疏曰:"温,谓颜色温润;柔,谓情性和柔。"④

这里的意思有两层:第一,诗教使人脾气温和、性情淳厚。第二,只有使人温柔敦厚而不至于"愚",才是诗教最高的效果。所以,诗教的目的是使人性情中和,不偏不倚,同时又不失于愚钝。《诗经·毛诗序》说得很明白:

> 发乎情,止乎礼义。发乎情,民之性也;止乎礼义,先王之泽也。⑤

---

① 王国维:《孔子之美育主义》,《王国维全集》第 14 卷,浙江教育出版社、广东教育出版社 2009 年版,第 16 页。

② 朱光潜:《谈美感教育》,《朱光潜全集》第 4 卷,安徽教育出版社 1988 年版,第 145 页。

③ 宗白华:《〈美育〉等编辑后语》,《宗白华全集》第 2 卷,安徽教育出版社 1998 年版,第 261 页。

④ 《礼记·经解》,《十三经注疏》(下),浙江古籍出版社 1998 年版,第 1609 页。

⑤ 《诗经·毛诗序》,《十三经注疏》(上),浙江古籍出版社 1998 年版,第 272 页。

情是人所不可免的,感物而动就会生情。但是,情往往会偏,所以需要用中和的诗乐来加以调和,使人的性情达到中和。这也是同孔子所讲的"乐而不淫,哀而不伤"相一致的。诚如朱自清所言:

> "温柔敦厚"是"和",是"亲",也是"节",是"敬",也是"适",是"中"。这代表殷、周以来的传统思想。儒家重中道,就是继承这种传统思想。①

由此可见,传统儒家推崇的诗教虽然主要从属于政治和道德的教育,但是其作用于气质、性情的独特方式,和乐教一样体现了美育的特点。今天,扬弃古代社会的某些道德内涵,诗教的作用可以理解为培养情操,也就是合乎道德规范的个体性情,属于美育的人格教育范畴。

与各种科学课程相比,各级各类学校的语文课程从根本上讲是属于人文学科的②,人文性是这个学科最基本的性质,它的主要功能、价值在于本国优秀语言文化传统的传承、创新和对学生人文素养的培育。属于人文教育的语文课程包含着丰富的文学作品,一般占全部课文的三分之二左右,当然在不同的年级比例会有所不同。选用这么多的文学作品是有原因的。优秀的现代文学作品是现代汉语的典范,文学作品不仅是一个国家、一个民族的文化记忆,而且是语言文化创造的典范。文学作品包含有千姿百态的审美意象和审美情趣,比较容易感染学生,激发学生对语言文化的学习兴趣。正是由于语文课程中含有大量文学作品,因此,我国的义务教育和普通高中"语文课程标准"都提到了培养或提高"审美情趣"。2017年版的《普通高中语文课程标准》直接把"培养高尚的审美情操"列入课程性质,同时在"基本理念"一节中指出:"语文教育也是提高审美素养的重要途径,要让学生在语言文字运用的学习中受到美的熏陶,培养自觉的审美意识和高尚的审美情操,培养审美感知和创造表现的能力。"这个课程标准还在"学科核心素养"一节中,把"审美鉴赏与创造"列为普通高中语言课程所要培养的四个核心素养之一,指出:

---

① 朱自清:《诗言志辨》,广陵书社2018年版,第151页。
② 关于人文学科的学科性质和特点问题,请参见拙文《关于当前我国人文学科研究的特点、价值和功能问题》,《浙江师大学报》1997年第4期。

审美鉴赏与创造是指学生在语文学习中,通过审美体验、评价等活动形成正确的审美意识、健康向上的审美情趣与鉴赏品位,并在此基础上逐步掌握表现美、创造美的方法。①

这个表述与美育的性质和任务是完全一致的！由此可见,我国从小学到高中的语文课程标准都把美育作为课程的多元目标之一,这是十分可喜的。

在我国,中小学有意无意地把课程分为"主科"和"副科",语文课理所当然地属于主科,有大量的课时安排,也有师资保障。在国内的师范院校里,对应中小学语文课程师资培养的中文系往往办学历史久,实力比较雄厚,所以,语文教师的来源相对是比较充足的。语文课程开设的教学条件并不很高,比较容易普及。在目前各级各类学校音乐、美术等教师比较缺乏、教学条件保障存在一定难度的情况下,充分发挥语文和文学教育课程的美育作用是进一步普及推广美育的有效途径。

---

① 中华人民共和国教育部制定:《普通高中语文课程标准》(2017 年版),人民教育出版社 2018年版,第1—3 页。

第十一章

景 观 美 育

一、景观的审美意义及其分类

作为美育学概念的"景观"

"景观"一词来自德语,这个词在英、德、俄等欧洲语言中的拼写形式较为相似,而且意义也相近。它早先是作为地理学概念出现的,指陆地上的景色、景物,近代作为科学名词被引入地理学和生态学,具有地表可见景象的综合与某个限定性区域的双重含义,兼具经济价值、生态价值和美学价值。目前已出现在诸如地理学、城市规划、美学等多个学科,其含义也扩展了,指自然风光、地面形态和风景画面。[①] 从美学的意义上讲,景观是指环境中具有审美属性和价值的景色或景物。美学上所讲的景观突出了景色和景物的观赏性,并把这种观赏性归结为对象所具有的审美属性和价值。同时,景观范畴还有一个从单纯的自然景观向包含了自然和人文景观的扩展过程:原来景观仅仅是指自然景观,如我国古代诗论、画论中讲的"景",一般是指自然山水;后来景观概念扩展了,不仅包含自然方面,而且包含人工制作的景色和景物。特别值得关注的是,近些年由于生态意识的增强,出现了生态批评和生态美学,"景观与环境间的有机联系受到充分重视,景观的生态考量占据着越来越重要的位置","这意味着景观美学遵循生态的世界观,以视觉感知为核心的风景审美模式受到严峻的挑战"。[②] 景观的含义进一步扩展和深化了。从学科发展的

---

① 肖笃宁、李晓文:《试论景观规划的目标、任务和基本原则》,《生态学杂志》1998 年第 3 期。

② 晏晨:《超越风景——当代景观美学的去蔽与重构》,《美育学刊》2019 年第 4 期。

角度看,这种发展也同地理学科中人文地理一支的发展壮大,环境美学、景观美学以及生态美学的出现有关。

景观作为一个美学范畴是晚近才出现的,由于城市、环境等景观建设的需要,美学同某些自然科学和社会科学学科的交叉,形成了专门研究景观的美学分支,景观才成为美学专门研究的对象。例如,地理学中关于景观的研究同美学研究的合作、交叉,产生了一门新的学科——景观美学。随着环境科学、生态学的发展和美学研究范围的拓宽,产生了一个范围更宽的环境美学、生态美学,景观又被纳入环境美学、生态美学之中,含义更加深广了。由此可见,目前"景观"是一个内涵丰富而外延又很广的概念,具有交叉学科所赋予的特殊意义。所以,景观美育不可能仅仅是"纯粹的"审美教育,它必然包含着人文精神和科学精神的教育,也包含着生态环境教育的意义。这样,景观美育既可以作为完整的美育体系中的一部分,又可以作为生态环境教育的一个重要内容。

美育学意义上的景观概念不完全是科学的概念,它总是同观赏者的情感体验和评价直接关联,因而也不是纯客观的。那是因为作为审美对象的景观是以其审美属性和价值为基本性质和特征的,而审美属性和价值是相对于审美主体而言的,不同于景观自身单纯的物质属性和构造。而且,因为景观(特别是自然景观)的欣赏在相当程度上依赖于主体的观念和原创性,所以,景观是一个偏向于主体的文化概念。中国古代讲"景"是同观赏者的"情"密不可分的,因为在古代的文人心目中,作为观赏对象的"景"是有灵性的,是在与观赏者的一种交融关系中被创造和呈现的。所以,中国古人讲对"景"的欣赏要做到"物我同一"。王夫之曾说:

> 关情者景,自与情相为珀芥也。情景虽有在心在物之分,而景生情,情生景,哀乐之触,荣悴之迎,互藏其宅。①
>
> 情景名为二,而实不可离。神于诗者,妙合无垠。巧者则有情中

---

① 王夫之:《姜斋诗话》,叶朗主编:《中国历代美学文库》(清代卷上),高等教育出版社 2003 年版,第 331 页。

景，景中情。①

也正是在这种主客观没有决然分割的观念影响下，中国人对景观总怀着一种亲和的态度，一种投入自然、与自然融为一体的态度。在科学精神不断发展的今天，这种观赏自然景观的态度更显弥足珍贵。否则，景归景，情归情，物我分割，景观便没有情趣和灵性，也不可能成为审美对象了。

自然景观和我国当代有些美学理论中讲的"自然美"是两个范畴。概括地说，前者是具体的审美对象，属于审美形态范畴，是与欣赏主体相对的；而后者是抽象的美，属于审美哲学或美的哲学范畴，关涉美和美感的来源。美育活动中直接涉及的是自然景观，它是具体、生动的，并不是自然美。当前一些美育理论常常把美育活动中具体的自然审美对象与形而上的自然美混为一谈，提出"自然美育"，这在学理上未必合适。

景观的分类

景观的范围十分广阔。随着人类的感知范围向宏观和微观两个方面的不断伸展，并由于人类的生态意识不断发展，因而新的审美景观不断呈现在我们眼前。人类对景观审美价值的确认也是发展变化的，大量以前不受关注的景观如今深受人们的喜爱。例如，随着城市现代建筑的普及，人们对传统的民居越来越感兴趣，那渗透着民俗文化、体现了传统建筑风格和文化记忆的乡镇民居，在许多整日生活在高楼大厦的现代人眼里，是那么的温馨而有灵趣。又如，许多动植物以前并不特别引人注目，如今却深得人们的赏爱，在这方面，生态意识起着重要作用。所以，我们或可以说，景观存在于人类生存着的整个环境之中，几乎是无处不在。

学界一般把景观分成两大类：自然景观和人文景观（或叫"文化景观"）。这种分类着眼于景观载体的成因：天然形成的景观是自然景观，人工建造的景观是人文景观。自然景观就其本身的特点来说，是以形式取胜的。尽管欣赏

---

① 王夫之：《夕堂永日绪论》，郭绍虞主编：《中国历代文论选》一卷本，上海古籍出版社1979年版，第317页。

者常常以移情的方式赋予自然对象许多观念性的内容,但是自然景观的审美属性和价值首先在于其色彩、形状、体量、质地、运动以及自身的发展规律。人文景观则是内容和形式的结合体,它不仅具有审美的形式,而且蕴含着文化、历史的内容。从一定程度上说,人文景观与艺术作品有着许多共同之处,而自然景观则是与艺术作品有着相当的差别的。

但是,这种分类也是相对的。事实上,诸多风景名胜是天然与人工混合而成的。如杭州的西湖,它是人工挖成的,既有自然的属性,又有人工的烙印;四周的亭台楼阁是人工建造的,而湖边的山色又是天然形成的。再加上关于西湖的诸多传说、故事和诗词文章,也给西湖增添了浓重的文化意味。又如泰山,它可以说主要是天然形成的,但是,自古以来,许多重要的文化事件使泰山成为中国的一处重要的文化名胜,它的自然景观意义或许还比不上它的文化价值。再如川北的九寨沟,就其山水而言,那是天然的,但是,沿着那山水而筑的九个藏民寨子,早已把浓浓的藏民文化风俗以及藏民们关于那山水花木的神话传说注入自然景观之中了。不了解那些奇异的文化和神话故事,就不可能真正理解作为审美景观的九寨沟。所以,把景观分为自然和人文两类只是就其主导方面而言的,这种分类的意义在于更具体地分析认识景观,而在实际的景观欣赏中有时确实是不能简单划分的。

由于景观存在于人们生活于其中的一切环境之中,而且审美景观是知识和文化的综合体,因此,景观美育的价值不仅体现为促进学生的审美发展,而且具有环境教育、文化教育等多方面的价值。从培养未来公民的意义上讲,景观美育不仅能够培养自然景观和人文景观的欣赏者,而且更有意义的是可以培养热爱自然、保护生态环境、进行审美设计的建设者。因此,景观美育作为一种美育的形态是应该加以重视的。尤其是在注重绿色发展、国民的生态环境意识需要加强的今天,景观美育有着其他美育形态所没有的特殊意义。

二、自然景观的美育价值和美育方法

由于自然景观构成的特殊性,自然景观的欣赏有其自身的显著特点。但是,我国当代美学界长期以来比较关注"自然美"的问题,对自然景观和自然景观欣赏的特点注意不够,常常把自然景观的欣赏与人文景观的欣赏混同起来,没有深入地揭示自然景观欣赏的特殊性,不能为自然景观美育的理论和实践提供必要的知识和方法。所以,这里有必要首先对自然景观欣赏的特点作一番探讨。

自然景观的欣赏

我们把自然景观界说为"具有审美价值的自然对象",它同人文景观、艺术作品有一个显著的不同,那就是自然景观本身不具备人工产品所具有的那种被赋予的"形式"。任何审美的创造,不论其构成材料如何,都内含着一个关键性的要素,那就是创造者对材料赋予一种形式,使其具有人工的构造特性。这个体现了人工构造特性的形式,其实就是把材料组织起来的内在关系。它的意义在于:它改变了事物原先的组织结构,按照创造者的意愿对材料进行创造性的重新组织,使之成为一个艺术品。例如,一堆泥巴在雕塑家的手中被创造成为一个雕像的过程,就是泥巴被雕塑家重新赋予形式的过程,雕塑家的创造实质上正体现于这个形式之中:作品的各个部分都是有序的安排,这种安排使一堆平凡的泥土成为一座有生命的艺术品,而艺术家的思想感情及艺术理念、技术创新,等等,也正是体现于所构造的这个形式之中。这个形式是艺术家构思设计的结果,表现为作品中一种特殊的秩序。艺术史家贡布里奇曾指出:"我们所说的'艺术作品'不是某种神秘活动的结果,而是由人为人而作出来的对象"。这个对象的"每一个特征是艺术家所作决定的产物"。①

艺术欣赏必然要接受艺术家的影响,不论欣赏者是否关注艺术家的创作意图,艺术家的创造,特别是他所创造的形式或秩序,总是艺术欣赏的焦点之一。

因此,艺术欣赏(包括艺术性的人文景观的欣赏)首先是对人的创造性成果的欣赏,作品所体现出来的独特的思想感情、崭新的艺术理念、精湛的艺术

---

① E.H.Gombridge, *The Story of Art*, London:Phaidon,1950,p.5.

技巧等构成了艺术欣赏的重要内容。真正内行的艺术欣赏总是围绕着艺术家对材料的处理而展开的,所以,艺术欣赏不是对一个自在之物的观照,而是对人(艺术家)的创造的体认。正是在这个意义上,有的学者提出:"艺术欣赏是以艺术家或设计者为中心的。"①欣赏者不仅直感式地对作品作出情绪反应,还要关注艺术构思及其体现、作品的创造者和创造过程,而这些又集中于对创造者所创造的形式或秩序的关注。这种由对象性质特征所决定了的艺术欣赏,要求欣赏者不仅应具备相应的审美能力,而且要具有一定的艺术史知识,并且对创作该作品的艺术家有所了解。

欣赏自然与欣赏艺术有较大的差异。由于自然不是由艺术家创造出来的,因此,它不同于艺术品,不是被构思、设计出来的对象。欣赏对象的不同决定了欣赏内容和方式的差异。即使是极富审美价值的自然对象,也并不是专为人们的欣赏而创生的,它自身并没有一个被艺术家所赋予的审美形式或秩序。而且,艺术品往往是一个相对独立的观赏对象,艺术家的艺术创造也常常考虑到使艺术品相对独立于日常生活。例如,一幅画的画框起到了把艺术品与周围环境分离开来并聚敛观赏者视觉注意的作用。另外,除了极少数的例外,自然景观总是天然地作为自然中的一部分而存在。它之所以成为审美性的景观,是因为欣赏者根据一定的观念或经验在意识中选择、组织的结果。因此,对自然景观的欣赏是偏重于主体意识的,而且,对自然景观欣赏的主观出发点不同,便会形成不同的欣赏侧重和方式。例如,孔子讲君子以玉比德,是从他的"里仁为美"原则出发的;晋人对自然注入深深的生命情调,讲自然的观赏可以"畅神",是从个性化的人物品藻伸发开来的。由此,我们可以发现:对自然景观的欣赏在相当程度上依赖于人们对自然的某种观赏观念。从"比德"的自然欣赏观念出发,孔子对松柏的观赏注重在它的道德象征意义——"岁寒然后知松柏之后凋"。而晋代文人更注重在自然中映现个性生命,把在自然中生命情调的投射或发现作为自然景观欣赏的根本,因此,自然景观不再像孔子眼中那样是"德"的比拟、象征,而是清新、活泼,充满了人的天性的对

---

① Allen Carlson,"Appreciating Art and Appreciating Nature",see Salim Kemal and Ivan Gaskell ed., *Landscape*,*Natural Beauty and the Art*,Cambridge University Press,1993,p.206.

象。宗白华在描述晋人对清新自然的赏爱时曾说:"晋人向外发现了自然,向内发现了自己的深情。""晋人酷爱自己的精神自由,才能推己及物,有这意义伟大的动作。""'群籁虽参差,适我无非新'两句尤能写出晋人以新鲜活泼自由自在的心灵领悟世界,使触着的一切呈露新的灵魂、新的生命。"①这种主体意识与客体意义的相互作用却深植于主体意识的转换。

尽管自然景观非人工创造,但是自然景观的欣赏是带有文化含义的,因此就存在不同文化之间的差异性。海伦·阿姆斯特朗和韩锋合作发表的一篇论文指出:

> 韩锋通过一系列研究,强调世界遗产的国际模式并不适用于中国风景名胜区景观遗产的解说和管理。她聚焦中国风景名胜区世界遗产,指出在这些地域,除了符合世界遗产标准的科学与历史价值之外,自然还具有其他突出普遍价值,即自然的风景文化价值,这种价值需要以中国人的自然观进行考察、诠释和理解。中国的自然风景概念深深扎根于儒释道思想中。在中国人眼里,自然是伦理的、审美的,同时也具有强烈的政治性和社会性。她指出,在中国,自然是万物之源,文化与自然从未被割裂,他们的价值具有高度的统一性,几千年来自然及其景观都被理解为文化场所。而西方当前景观遗产中的自然价值则仍以客观的科学评价为主导,这从"自然美和自然审美"属于世界自然遗产标准而非文化标准可见一斑。②

事实上,对于自然景观的不同文化观念直接导致了对自然景观的欣赏和理解,这是在自然景观美育过程中应该注意的。反过来,对自然景观的热爱也会影响到人们对自然的态度。

除了上述哲学或伦理学意义上的观念之外,对自然景观的欣赏还可以依赖于某种传说、故事或其他生活经验。例如,神话传说在中国人的自然景观欣

---

① 宗白华:《论〈世说新语〉和晋人的美》,《宗白华全集》(第二卷),安徽教育出版社 1994 年版,第 273、274、275 页。
② 海伦·阿姆斯特朗、韩锋:《景观遗产——西方的自然、精神灵性与审美》,《中国园林》2017 年第 1 期。

赏中常常起着重要作用,许多风景点正是以神话传说中的人物故事命名的。在这种情景中,将自然景色同神话传说连接起来的是观赏者的比拟式联想,正是由于某一个自然景色看起来与神话传说中的人物故事相似,因此观赏者就用它来给自然物赋予意义。

无论是"比德"的观赏,还是依赖于传说、故事或其他生活经验的观赏,对于自然景观的欣赏来说,它们都可以被称作"比拟的欣赏"。这种自然景观的欣赏方式是从某种既有的观念或经验出发,通过比拟的联想,把文化的或生活的意义注入自然之中,使之成为相对独立完整的观赏对象,并赋予它意义。这样的观赏内含着一个在意识中将自然对象"人文化"的过程,自然对象实际上是一个观念意识或生活经验的载体,如同比喻辞格中的"喻体",而"喻本"则是被赋予的人文意义。所以,这类自然景观的欣赏,要求欣赏者具有较为丰富的文化积累、生活经验以及比拟的联想能力。例如,不知道《西游记》的故事,没有相应的联想能力,观赏者就无法领略"猪八戒背媳妇"(张家界一景点)的情趣。值得注意的是,这种观赏过程中对自然对象的组织是以像某个用以比拟的人或物为原则的,选择的重点是自然对象的外形,其他如色彩、肌理、质地等则相对受到忽视。所以,观赏者常常可以发现,在诸多风景区里,景色更美之处往往由于没有被前人比拟地命名而被人们所忽视。如此看来,自然景观的欣赏还可以有其他的方式。

中国传统的自然观赏基本上依赖于欣赏者的人文知识修养,很少涉及自然科学的知识,这是一种民族特色,同时也存在着不足。自然科学的知识在自然景观的欣赏中可以发挥重要的作用,它可以帮助观赏者去把握、理解和感受自然景观的美。这就意味着:自然景观的欣赏还可以从主体的自然科学知识出发。这是一种不同于"比拟"的欣赏方式。它关注的是自然对象本身的自然属性,如自然的形状、色彩、肌理、质地、运动和力。它依据自然科学知识来把握自然的秩序,发现和构造自然景观的审美形式,使之成为审美对象。这时,自然景观不是一个"喻体",而是带有原创性的相对独立的审美对象。观赏者在这种欣赏过程中获得的感受主要不是象形的或联想的乐趣,而是对自然界某些运动变化的秩序感或对自然伟大力量的惊叹、赞美之情。相对于

"比拟的观赏",这种自然景观的欣赏更多地偏重于科学精神,因而也更理性化。

　　主要依据自然科学的自然景观欣赏涉及以下一些内容:第一,相关的秩序是自然秩序。第二,由于没有艺术家甚至没有同化的过程和材料,相关的力是自然的力:地理的、生物的和气象的力制造了自然秩序,它们不仅构造了地球,而且构造了地球上的一切。虽然它们同构成艺术品的许多力不同,但是认识和理解它们是自然欣赏的关键。第三,使自然秩序成为可视和可理解的相关缘由是自然科学所提供的关于自然的描述和故事——天文学、物理学、化学、生物学、遗传学、气象学、地理学、生态学,以及这些科学中的特殊解释理论。例如,认识和理解进化论关系到对显示于某一地区或时代的植物和动物中的自然秩序的欣赏。① 对于欣赏者来说,这种欣赏除了应具备一般的审美能力之外,还应具有相应的自然科学知识,在这方面,自然科学知识的普及和自然科学态度的形成是关键。由于这种欣赏是直接面对自然景观而不借助于人文意义上的比拟,因此具有较强的原创性,也更能体现自然景观欣赏的特点。从这个意义上讲,自然景观的美育对于促进学生的审美发展具有特殊作用。虽然我国自古至今对于基于自然科学的欣赏相当忽略,但是相信随着自然科学教育的加强和科普的兴盛,中国人的自然景观欣赏观念和方式会有所丰富和转变。

　　自然景观的欣赏还可以从描绘自然景观的艺术作品出发,也就是把风景诗、风景画的相应艺术知识和艺术欣赏能力迁移到自然景观的欣赏中去,使对自然景观的欣赏有一个可借助的形式,便于对眼前的景色进行选择、处理和组织。描绘自然的艺术作品中体现了创作者观赏自然景观的角度、方法以及对景观的理解,人们在观赏自然景观时常常借助这类艺术作品来构建自己的审美对象,并赋予其意义。通过学习艺术来增强对自然景观的创造性观赏能力,是提升景观审美能力的主要路径。

　　通过艺术的学习来提高景观欣赏能力不仅可以帮助人们掌握景观的审美

---

　　① 　Allen Carlson, "Appreciating Art and Appreciating Nature", see Salim Kemal and Ivan Gaskell ed., *Landscape, Natural Beauty and the Art*, Cambridge University Press, 1993, p.220.

能力,而且有助于提高对自然景观的文化理解能力。自然景观是自然的,非人工的,但是,观赏自然景观的人却会带着特定的文化观念去观赏。曾繁仁甚至把中国画称为"自然生态艺术",他从"国画'气韵生动'重要美学原则是将大自然作为有生命的灵性之物加以描绘的","国画特有的'外师造化,中得心源'的创作原则来源于中国古代生态智慧'天人合一'的思想","国画所追求的'可行、可望、可游、可居'的艺术目标符合人与自然和谐的精神","国画的'意在笔先,寄兴于景'充分展示了人与自然的友好关系"等几个方面充分论证了"中国传统绘画艺术饱含着极为丰富的生态审美智慧"。① 通过欣赏中国经典山水花鸟画,我们可以从中了解中国传统文化中的生态观念,那是一种与自然融为一体的审美生命观。中国传统艺术对自然景观总怀着一种亲和的态度,一种投入自然、与自然融为一体的态度,把自然当作可以寄情托志、慰藉心灵、振奋精神的知心朋友来对待,这种态度对于当今建立人与自然的和谐关系是十分可贵的优秀传统文化资源。而通过学习中国经典山水花鸟画,我们可以获得观赏景观的文化方式和态度,能够使我们在观赏自然景观时获得深厚的人文熏陶。

工业革命以来,人对自然的大规模深度开发,一方面生产出巨大的财富,另一方面造成了人类的生存危机。因此,人与自然和谐相处成为当今最重要的人类关切之一。我们开始认识到,单靠以市场思维和资本逻辑为代表的理智恐怕并不能给人类带来永久的福祉,资本的过度扩张甚至会危及生态平衡。② 我们还需要情感,需要艺术,需要理智与情感的平衡与协同。美国的一位生物学家在 1981 年出版了一本著作《人本主义的傲慢》(*The Arrogance of Humanism*,中译本书名为《人道主义的僭妄》),批判了"人类中心主义"的弊端,并提出要重新审视理智与情感的关系。他认为情感应该成为"现代决策

---

① 曾繁仁:《试论中国传统绘画艺术中所蕴涵的生态审美智慧》,《河南大学学报(社会科学版)》2010 年第 4 期。

② 有学者从马克思《资本论》关于资本逻辑的论述出发,论述道:"价值增殖支配下的劳动过程无止境地榨取自然资源,不断加剧人与自然的对抗关系,日趋危害到自然生态的自我维持与可持续发展。"郗戈:《资本逻辑的当代批判与反思——〈资本论〉哲学研究的关键课题》,《南京社会科学》2013 年第 6 期。

的一个必要部分"，举了许多例子来说明"感情已经被证明是行动的最好指导"。他的结论是："情感是生活的重要部分——愤怒、爱、恐惧、愉快，是日常存在的本质部分，是我们用无数死亡和大量悲剧换来的与生俱来的东西。若与情感充分合作，理性至少有可能帮助我们生存下去。若不合作，就一点可能也没有。"①在工业化的地球上，艺术是情感的绿洲，艺术保护、滋养、表现和提升着人们的情感，而艺术的情感又是保护自然的人性力量！艺术培养了我们观赏和聆听自然之美的感官，让我们加倍热爱自然，敬重自然；艺术培养了我们体验动物情感的心灵，使我们越来越体会到那些可爱的动物是和我们一样有爱的同伴。我们保护自然不仅基于理智，更发自内心："自然艺术就成了保护自然的理论基础。"②由此我们可以相信，通过自然景观的熏陶，能够培育人们亲近植物和动物、喜爱宁静优美的自然环境的审美态度，这对于建立人与自然的和谐关系是有帮助的。

自然景观美育的方法

自然景观的美育是以自然景观欣赏为基础的，所以，自然景观美育的关键是要培养学生相应的欣赏能力。当然，培养自然景观欣赏能力归根到底是要学生自己多到自然中去发现、体验和领悟，但是自然景观的欣赏能力的培养需要其他方面的学习。只要方法得当，引导得法，这种学习对于促进学生欣赏能力的提高应该是有帮助的，与学生自己去摸索相比，也容易取得事半功倍的效果。

自然景观是一个综合性的审美对象，对它的欣赏涉及人文、社科和自然科学的多方面知识，所以，欣赏自然景观的能力中必然包含着相应的多学科知识。首先，自然景观具有鲜明的形式特征，在一定程度上属于形式美范畴，要学会欣赏自然景观，就有必要学习相应的审美形式构成原理，了解审美形式的各种形态。而且，自然景观的审美形式包含着科学的秩序或法则，具有科学美

---

① 戴维·埃伦费尔德：《人道主义的僭妄》，李云龙译，国际文化出版公司 1988 年版，第 128—129、138、147 页。

② 戴维·埃伦费尔德：《人道主义的僭妄》，李云龙译，国际文化出版公司 1988 年版，第 175 页。

的意义,所以,还应当学习相应的自然科学知识。必须认识到,自然科学知识可以帮助观赏者按照自然界的特点和规律来观赏自然,从而使观赏者在自然界创造性地发现自然景观的独特、奇异之美。教师应该经常引导学生从自然科学的角度来观赏自然,有的小学教师结合常识课教学,带领儿童走进自然,在指导学生认识植物、动物和山水的科学形状的同时,引导他们发现和体会自然景观的美。这是一个很值得推广的做法。

当然,关于文化方面的知识也十分重要。日本画家东山魁夷曾说:

> 风景之美不仅仅意味着天地自然本身的优越,也体现了当地民族的文化、历史和精神。①

这种说法从一个侧面强调了自然景观欣赏对一定地域文化、历史知识的依赖。因为我国在自然景观欣赏方面具有深厚的人文主义传统,所以,对于诸多风景名胜的欣赏要依赖相关的神话传说、民间故事、历史典故、民俗文化等知识。从传统来讲,中国的自然景观欣赏观念里深刻地渗入了道家的思想,对道家思想的批判性接受也是增强对中国山水名胜的欣赏能力的一条重要途径。因为景观美育是综合性的,所以在自然景观美育中还要特别注意引导学生养成对祖国大好河山的热爱之情,培养他们热爱自然、保护生态环境的现代生态意识。

通过艺术来学习观赏自然景观的方法是培养学生自然景观欣赏能力的一条有效途径。从个体的成长过程来说,儿童对自然的观赏兴趣主要是比拟性的,这一点可以从它们的艺术创造中见出。所以,对儿童的美育主要依靠艺术活动。随着年龄的增长,自然景观开始进入青少年的视野。但是,自然景观的欣赏对审美能力有较高的要求,直接面对自然景观的教学也受到多方面的限制。实际上,学习自然景观欣赏方法的最简便途径应该是前人描绘自然景观的艺术作品。艺术家是最有创造性的观赏者,他们往往能以独特的方式把握自然的美。艺术中有大量关于自然景观的描绘,其中内含着艺术家观察、理解、感受自然景观和处理自然材料的方法,所以,对这类艺术作品的欣赏有助

---

① 东山魁夷:《中国风景之美》,《世界美术》1979 年第 1 期。

于人们领悟和学习其中观赏自然景观的方法。对于一般人来说，观赏自然景观的一个常见困难是如何把对象组织成为一个审美对象，这就可以通过多看风景画(山水画)来学习艺术家是如何"取景"的。这种作品看多了，心中自然有了一些"摹本"(观赏样式)，也就是建构景观的形式语言，再去看自然山水就比较容易把眼前的景色组织成为一幅画了。而对于自然景观的理解，更需要观赏者的主体创造。如果多读些描绘自然景观的诗词，增强对自然的领悟力，那么就有助于对景观的情趣、意味的体会。当然，中国现有的山水诗、画主要是从人文的意义上把握自然景观的，要从自然科学的角度来学习欣赏自然景观则需要接触具有科学眼光的艺术作品。例如，现代科学家的一些摄影作品，就不仅仅关注自然的人文意义，其选景、构图等往往也关注着自然对象自身的一些物质特点。这也是学生学习欣赏自然景观的好教材。

随着人们对更高生活质量的不断追求，人们外出旅游观光的机会也多起来了。对于大多数旅游者来说，他们的观光往往是"走马观花"，对自然景观的观察、体验不深，这不利于欣赏能力的提高。教师可以要求学生在旅游观光过程中用画画、写诗等方式记下当时所见景观的特征和感受，或是在旅游观光之后再回忆对自然景观的印象，写游记或画画。这种方法的作用在于：引导学生仔细观察、自由想象、深入体验、反复揣摩自然景观，从中发现、创造和体验自然景观的美，并逐步培养起观赏自然景观的能力。另外，还可以组织学生就某一处自然景观的美展开讨论，相互交流各自的取景方式和感受，培养大家对欣赏自然的兴趣和欣赏能力。

三、人文景观的美育价值和美育方法

人文景观的综合性

从美学的角度讲，人文景观是蕴含了多重意义又具有审美特征的文化综合体，从而区别于自然景观。另外，人文景观不同于单纯的艺术品。不管景观的建造或形成主要是以审美为目的还是以其他为目的，人文景观除具有审美特征外，还具有其他的文化意义。有时这种意义甚至比其审美特征更突出。例如,中国的长城,它是一个具有审美特征的人文景观,但是它的历史文化象征意义大大超过了它自身的审美价值。而且,人文景观的文化意义还常常与其自身的审美形式相分离,例如庐山的建筑形式与庐山的历史意义就并不是和谐统一的。所以,人文景观并不是单纯物质性的视觉对象,其丰富的文化意义常常是非物质性的,而且有时是不能用视觉直接感知的。正如一些学者所分析的:

> 文化景观还有一种凌驾于各物质因素和非物质因素之上、可以感觉到但难以表达出来的"气氛",它像区域个性一样是一种抽象的感觉,是文化景观构成的非物质成分。①

当然,也有一些人文景观具有比较浓重的艺术意味,例如中国古典园林,尽管它总包含着实用、经济、民俗、区域文化等因素,但是其审美价值十分显著;又如新近兴起的环境艺术,从分类上讲,它处在传统艺术和景观之间的交集处,虽然也可能包含着环境、生态和其他文化的因素,但它主要是艺术的创造。

人们容易把景观理解为静态的对象,其实不仅有些自然景观是运动着的,而且人文景观可以是动态的。例如,某个村落,作为景观,不仅是指那些固定的建筑物或其他人造物,而且包含着鲜活的劳作方式、生活方式、风俗习惯等,活动着的人群、村落里的牲畜与静态的建筑物一起构成了动态与静态相结合的人文景观。

从审美的意义上说,人文景观欣赏所涉及的面很广,除建筑艺术、造型艺术、艺术设计外,还涉及自然景观,因为人文景观往往同自然景观融为一体。因为所涉及的主要属于视觉审美范畴,所以把握对象的视觉形式以及蕴含于视觉形式中的审美意味是人文景观审美欣赏的基本特点,特别是那些艺术性比较强的人文景观,更是如此。

但是,因为人文景观本身具有多方面的综合性的特点,所以人文景观的欣赏既不同于自然景观的欣赏,又不同于单纯艺术品的欣赏。首先,它是对人类

---

① 汤茂林、金其铭:《文化景观研究的历史和发展趋势》,《人文地理》1998 年第 2 期。

文化创造及其成果的欣赏。人们对人文景观的欣赏必然包含着对创造动机、过程、精神力量和历史文化价值的认知和理解。其次，人文景观的欣赏既是一种审美的欣赏，又包含着对社会、历史、文化因素的认知和评价。由于人文景观的综合性，因此对人文景观的欣赏不可能都是单纯的艺术欣赏，而是包含着丰富的非艺术因素的品位。这就是说，虽然人文景观的欣赏要求主体以审美的态度来对待客体，也要关注对象的审美形式，但是，单纯地持审美态度还是不够的，也不应该仅仅关注对象的审美形式或艺术风格，还应该掺入多学科的认知和评价。因此，我们对人文景观美育功能的理解不能仅仅限于审美方面，而是应该充分意识到它在增长知识、提升情感、陶养道德等多方面的综合性教育功能。

人文景观美育的方法

人文景观美育在理论上的提出和实践是近几年才开始的，没有现成的模式，所以下文仅在中国人文景观中选择历史文化景观、园林景观和城市景观这三个有代表性的方面，作简要的论述。

首先是历史文化景观的美育。作为人文景观，历史文化景观是以历史文化遗迹为基础而形成的，如埃及金字塔、罗马斗兽场、中国长城、西安兵马俑、绍兴的兰亭、英国的海德公园等。虽然历史文化景观是以历史文化取胜，但它们往往具有较高的审美价值。那是因为人们在设计、建造大型历史文化名胜时总会把审美作为一个重要的因素加以考虑，而且深厚的历史文化内涵也强化了景观的审美意义。因此，历史文化景观可以作为美育的一种资源。

当然，历史文化景观不仅仅是美育资源，还是人文教育的重要场所，因此，在组织学生观光时，要充分考虑到审美教育同历史文化教育的有机结合。人们讲起历史文化景观总会想到世界上最著名的那些景观，如果有条件去观赏，那当然是再好不过的了。但是，对于大多数学生来说，这种机会毕竟是难得的，所以，教师应当注意发掘当地的历史文化遗迹。其实，每一个地方都有文化遗迹，它们或许还不著名，却是本地的名胜，也可能具有特殊的教育价值。例如，历史民居、古戏台、少数民族文化、地方博物馆，以及历史悠久的桥梁、道路、城墙、牌楼、人工河,等等。这些历史遗迹保留着丰富的区域文化传统,与当地的民风民俗密切相关。而且,它们往往与民间艺术血肉相连,或者就是民间艺术的代表,因而是美育的理想乡土教材。在目前的学校美育中,本土艺术文化教育也需要加强。不少学生可能对贝多芬略知一二,却对本地民族音乐家一无所知;可能都知道悉尼歌剧院,却从没有注意过家乡的古戏台。其实,乡土艺术文化对学生来说,要比西方的艺术或历史文化名胜更容易理解和接受,也可以由此使学生认识生活于其中的城镇或乡村的历史文化和艺术,从而培养他们爱家乡、爱父老乡亲的美好情感和保护乡土文化的意识。这在现代化和经济全球化的今天,显得尤其有意义。

历史文化景观的观赏是需要事先做知识准备的。教师的指导固然重要,但也可以在教师的指导下,要求学生自己做准备。特别是乡土历史文化方面的材料,可能比较分散,若发动学生分头去收集和整理,则更能发挥他们的能动性,培养他们的探索精神和实践能力。

其次是园林景观的美育。中国园林是我国审美文化创造的典范之一,蕴含着丰富的传统文化精神;若是从人工与自然妙合无垠、实用与艺术水乳交融这个意义上讲,又堪称世界人文景观之最。所以,中国园林建筑,只要是品位纯正者,都是对儿童青少年进行审美教育和人文教育的理想资源。

中国园林是由建筑(亭台楼阁等)、山水、花木、奇石等组合而成的综合性艺术品。古典园林虽也有一些实用的功能,但其主要作用在于悦目畅神、怡情养性,是富于诗情画意的审美景观。正因为园林不同于一般的庭院,所以,在组织园林观光之前,有必要先向学生介绍一些园林艺术的基本知识。这种知识准备的目的有两个:一是让学生了解园林是一件艺术品,观赏园林要特别留意艺术创造的美妙之处,以及如何去观赏园林艺术之美。二是帮助学生去体认中国园林所体现出来的传统文化精神。重要的是,教师应该把这两种知识的介绍有机结合在一起。例如,园林艺术十分注意把人工建造的东西与所处的环境协调地组合起来,所以"因地制宜""借景"等既是造园的重要构思方法,又是观赏者发现、体味园林构思、建造之妙的一个重要角度。每当夕阳西下,漫步在颐和园昆明湖畔,抬头见西边一抹青山,玉泉山塔影倒映入湖,下面是长堤翠柳,玉带桥隐现于柳影中,真是园内园外融成一片佳景,足见古人造园"借景"之妙趣。这种借景之妙不仅具有审美的意义,而且在它的深层蕴含着中国传统的生态观念:那就是人与环境的协调相处。其实,在古代园林中,传统的"天人合一"观常常有突出的体现。古人讲造园的理论很多,但最重要的一条是处理好人与环境、人工与自然的关系。李渔在《闲情偶寄·居室部》中讲述造园的理论时,曾对处理人工的建筑物与自然的关系提出过精要的见解。他认为,户外的山水与居室之间要有一些过渡性的点缀,这样既可避免二者之间由于对比强烈而有失整体的艺术和谐,又可以保持居室与自然的呼吸贯通。这种造园的原则不仅体现了审美的追求,还体现了"天人合一"的传统文化精神,即使在今天看来,它与现代生态观念也是相一致的。事实上,中国传统景观审美意识当中蕴含着丰富的环境、生态观念,所以,园林景观乃至大多数审美景观都不仅具有人文教育的价值,而且具有现代意义上的环境、生态教育价值。这就意味着,对古典园林的观赏,也要注意把传统文化的熏陶与当代现实融洽地联系起来。

园林知识的介绍固然重要,更重要的是实地观赏,也就是"游园"。在这个环节中,导游的作用直接影响着美育的效果。就目前的情况看,旅行社的导游还不能很好地胜任美育的任务,因为他们常常以掠奇逗乐为目的,缺乏专门的园林艺术和文化知识,并没有着力发掘园林艺术的教育资源。所以,最好请园林艺术专家来做导游,或者教师自己通过学习来指导学生观赏。还要注意的是,每个好的园林都有自己的个性。李渔曾说过,园林的构思、布置是为园林主人"摹神写像,以肖其为人也",是他的"神情"的体现。① 所以,无论是在游园前还是在游园过程中,都要向学生点出某个园林景观的特点,这样园林在学生的心目中就更加生动,也会使游园更有情趣。游园讲究动静相宜,就是既要在游历过程中"面面观、步步移",又要停下来对一些主要的部位作细致的品味,切忌匆匆地"走马观花"。更重要的是,教师要设法让学生静下心来,细细品味园林艺术。目前一些学校组织的园林观光,往往贪图多走几个景点,结

---

① 李渔:《闲情偶寄·居室部》,转引自北京大学哲学系美学教研室编:《中国美学史资料选编》下册,中华书局 1981 年版,第 242 页。

果没有一个景点给学生留下深刻印象。学校组织游园要选择好时机,尽量避开旅游高峰,这样在相对清静的状态下游园,学生的注意力容易集中,精神比较放松,视野也比较开阔,也比较容易接受适当的指导,美育效果也就会更好一些。

最后是城市景观①的美育。城市是人类文化创造的重要成果,也是一定时代审美文化创造的象征之一。城市有许多功能,如政治、经济、社会、文化、军事和日常生活等功能。同时,城市是一部大书,它蕴含着丰富的意义。尤其是近年来,城市的设计和建设越来越重视人文导向,更加追求城市的文化意蕴、区域特色、生态平衡和审美个性,所以,城市越来越成为美育可以开发利用的有效资源。此外,我国正处在现代化进程之中,城市景观美育在一定程度上也会对未来城市的建设和发展以及城市的生活方式产生积极影响。

与园林景观相比,城市景观具有更复杂的综合性。可是,从景观美育的角度讲,城市景观主要涉及城市建筑、城市公园、城市雕塑、环境艺术及城市建筑的各种装饰等物质形态,以及城市文化氛围、城市精神个性和城市生活方式等非物质形态。当然,这两个方面是结合在一起的,而且由于城市设施的多功能性,上述各要素之间常常是相互关联的。一个城市往往是比较大的,面面俱到的观赏既不可能,也不必要。城市景观美育要抓住某一个城市最有特色和个性的局部景观,如上海这座城市,从历史角度讲,外滩和城隍庙是比较有个性特色的,而论现代城市景观,浦东的"东方明珠""国际会议中心"以及风格各异的摩天大楼则是有代表性的。如果说上海这座城市是以近现代城市文明取胜的话,那么北京则以中国古代文明而显示出其个性来。其实,许多中小城市也是极富个性的,如杭州、苏州、绍兴等均有着丰富的历史文化底蕴,这种历史文化特色与现代化城市设计融为一体,使这些城市成为江南水乡城市的代表。组织学生去城市观光,就要选择有个性的城市,抓住有特点的景观。因为,城市景观的美就在城市的特色之中。当然表面装饰是一种美化,但那是比较肤浅的,城市深层次的美在于蕴含着文化内涵或时代精神的创造性视觉形象。

---

① 城市景观既有历史形态,又有当代形态,我们这里谈论的主要是当代形态。

只有抓住特殊景观这个重点,才能更好地发挥城市景观美育的作用,那就是使学生在观赏中学会观赏城市景观,并接受精神上的熏染。

和其他的景观美育一样,城市景观美育也需要教师事先做充分准备。城市比较大,最好给学生准备一些文字材料。有的学校在组织学生去城市观光时,发给学生一张旅游线路图,并附有主要景观的文字说明,这样对学生是有帮助的。另外,城市交通相对发达,环境也比较复杂,教师应该充分考虑安全保障问题。

与自然景观的观赏一样,人文景观的观赏也需要事后总结。教师可以根据美育的要求,结合历史文化教育,给学生布置一些写游记、感想之类的文字,这样可以帮助学生从感性观感上升为理性认识,加深印象,强化美育效果。

第十二章

学校审美文化建设

学校美育是以美育课程为核心的学校整体审美文化的育人活动,但是,仅仅靠几门课是无法有效完成学校美育任务的。学校应该成为审美文化建设的基地,通过开设美育课程、开展艺术活动、建立审美化人际关系以及审美化环境建设等几个方面,建设学校审美文化,使学校真正成为学生健康成长的家园。

一、学校审美文化的意义

学校文化的审美层面

关于学校文化的概念,目前国内大致有广义与狭义两种理解。所谓广义的理解,就是把学校文化视作"学校的整体文化";狭义的理解,就是把学校文化看作"校园文化",也就是相对于课堂文化的"课外文化"或"非课堂文化"。① 这两种理解从表面上看似乎仅仅是范围上的广狭之别,实际上却蕴含着对学校文化性质的不同认识。

学校教育是现代人成长所必需的文化环境,也是延续和发展人类文化的重要途径。它们既是文化的体现,又是文化传播和发展的手段。所以,对学校文化的理解应该与人类文化相联系。虽然关于"文化"的理解是那样众说纷纭,莫衷一是,但是,学校教育的基本文化功能是促进个体的全面发展,这一点

---

① 马千里:《高校校园文化理论研讨会综述》,《教育研究》1992 年第 2 期。

几乎已成为共识。因此,对校园文化的理解就应该侧重于文化的人文性质与功能。正是在这一点上,文化与教育获得了同一性:教育是使人成为文化的人,并由此与单纯的技能训练和知识灌输区分开来。这正是把教育的视野扩展到文化层面,并重视学校文化建设的根本意义所在。

然而,目前我国的学校教育在一定程度上忽视了教育的文化功能,特别是课堂教学几乎成为技能训练和知识灌输的同义词,恰恰是一些课外活动,例如兴趣小组、学生社团活动、文化艺术节、体育比赛和运动会以及其他文化娱乐活动,成为丰富校园生活、发展学生个性、促进学生较全面成长的主要途径。在这样的背景上,上述关于"学校文化"的广义与狭义理解就体现了文化观和教育观的深刻差异。事实上,对"学校文化"的狭义理解,正反映了校园生活的上述分裂现象,即课堂教学与课外活动在性质和功能上的严重差异,而对课外文化活动的强调正体现了拓展学校教育功能、丰富校园文化生活的要求。但是,学校文化应该是整个学校的文化,目前课外文化的某种积极的文化功能应该迁移或渗透到课堂文化之中,这是当前我国教育改革的走向之一。

正是基于这样的认识,笔者提出了"学校审美文化"的概念。审美文化最集中地体现了文化的人文性质和功能,在整个人类文化发展史上,审美文化一直以人自身的生存和发展为基本价值取向,在人与自然、人与人、人与文化之间起着重要的协调平衡作用。在学校文化中,审美文化广泛地渗透到各个方面,以其突出的人文性,调节着师生之间、学生之间、师生与校园环境之间、师生与组织制度之间,以及学生的情与理、身与心的矛盾关系,始终与学校教育的根本目的——促进学生的全面发展——保持着内在的同一性。因此,学校文化的本质属性应该是审美属性。

对于文化的层次划分,"物质"与"精神"这对范畴仍有相当的适用性。学校文化作为一种教育文化,虽然存在着部分物质属性,例如各种建筑物和设施设备,但主要属于精神文化,校园中的一些硬件以及体育课程也比较多地渗透着精神因素,这正是学校文化的重要特征之一。同时,精神文化还有层次,与知识、道德、信仰等偏重理性的精神文化因素相比,审美文化是感性与理性相融合的情感文化,它具有非压抑性、中介性和渗透性等特点。

所谓"非压抑性",是指审美文化是人们心理得到解放的途径与成果。单纯的知识传授和技能训练侧重理智的发展和工具的掌握,在这类活动中,学生的个性情感需要必须受到适当的控制。组织制度和道德教育强调规范性,个性的情感要求必须服从统一的条条框框,无法得到自由伸展。这些规范制度虽然是学校文化所不可缺少的要素,但并非与学生个体的健康成长要求完全一致。学校审美文化从另一侧面满足了学生的成长需求。不仅在艺术活动中学生的情感得到解放和提升,而且在校园人与人、人与环境的审美关系中,学生的心灵对话和情感交流也成为可能。审美文化是学校文化中最富于人情味也最能体现素质教育思想的文化层面,对于促进儿童青少年的协调平衡发展具有重要意义。

所谓"中介性",是指审美文化是物质文化与精神文化之间的桥梁。根据前人的美学研究成果,卡冈把艺术文化置于物质文化和精神文化之间,并图示如下:[①]

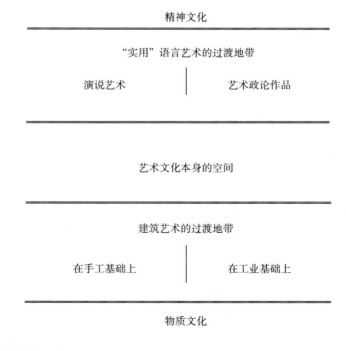

精神文化

"实用"语言艺术的过渡地带

演说艺术　　　　　　　　　艺术政论作品

艺术文化本身的空间

建筑艺术的过渡地带

在手工基础上　　　　　　　在工业基础上

物质文化

① 卡冈:《美学与系统方法》,凌继尧译,中国文联出版公司 1985 年版,第 92—93 页。

在这个图示中,艺术已突破传统的"精美艺术"(Fine Art)范畴,具有了审美的意义。因此,这种对艺术文化的结构分析同样适用于校园审美文化。在学校文化中,物质环境通过审美化改造,成为有情趣、有灵性的景观,从而转化为物质与精神的融合体。某种抽象的理性观念,通过审美化表现,融化于形象、直观的物质媒介之中,这也是审美中介性的体现。审美文化的这种中介性功能可以使学生身与心、情与理的矛盾得到缓和。

所谓"渗透性",是指审美文化并非独立自足的文化形态,它与情感的弥散性相一致,渗透于文化学校活动的一切方面。在这个意义上说,学校审美文化是一种交叉文化,具有多重综合的特性,渗透的结果是能动的调节,从而克服学校其他文化活动在育人功能上的片面性,使整个学校文化系统指向促进学生全面发展的总体目标。例如,在数理化教学活动中,审美因素的渗透改变了思维训练的单一抽象性,使抽象与直观、逻辑思维与形象思维协同发展。在教学过程中,审美因素的渗入可以改变单一的灌输—接受关系,充分调动学生的主动性和创造性,使教与学的关系保持适度的平衡。

学校审美文化结构分析

在学校里,审美文化可分为五个层次:艺术课、非艺术课程的审美要素、课外艺术活动、人际审美关系和审美环境。

艺术课是学校审美文化的集中体现,具有重要的美育功能,这一点前面已有论述。艺术课程对学校审美文化的形成也具有主导作用。通过课堂教学,审美文化得到传播,校园的艺术气氛逐渐浓厚,而且,艺术课培养着欣赏和创造学校审美文化的主体——学生,它所产生的美育成果扩展到整个校园生活,推动着学校审美文化的创造和发展。

非艺术课程中的审美因素是指除艺术以外各门学科教学中的审美要素。例如,思政、历史、地理、数学、物理、化学、生物等课程,都或多或少地包含着显在或潜在的审美要素。

课外艺术活动是学校审美文化的重要层面。它是艺术课的自然延伸和必要补充,特别是在当前学校艺术课程和课时偏少的情况下,课余的艺术活动已成为创造学校审美文化的主要途径,发挥着不可忽视的美育功能。与艺术课相比,课外艺术活动的内容比较活泼,更适合儿童青少年的身心特点;组织形式比较灵活,如文学社、艺术兴趣小组、艺术团、艺术节等活动,更能激发青少年的艺术兴趣,发挥他们的艺术特长。从形态上看,课外艺术活动具有明显的跨文化特征,它既是艺术课的延伸,又是社会审美文化的渗入。因此,它体现了校园审美文化的中间性和开放性特征。当前学校课余艺术活动对于促进儿童青少年在审美方面的逐渐成熟,对于他们今后顺利地进入社会审美文化生活,都具有积极意义。学校应该在这个意义上重视学生的课外艺术生活,提供必要的时间和场地,并加强指导。

人际审美关系处在学校审美文化的深层,存在于校园生活的一切方面。在校园生活中,人与人的审美关系是一种真诚的交往和对话关系;在这种关系中,心灵的沟通和情感的交融成为可能。在校园的一切人际关系中,审美关系最充分地体现了学校教育的功能。卡冈指出:

> 它在根本上不是教训人,不是灌输什么东西,而是在整个精神上造就人,以个性的意识同自我意识、他对别人的关系同对自己的关系、他的世界观同心理气质、他的知识同理想的统一教育作为主体的人、作为自由和完整的个性的人。[1]

因此,学校里的人际审美关系成为综合性地培养青少年完整人格的文化摇篮,它以无处不在、潜移默化的方式发展着青少年爱的心灵、理解人并努力与他人沟通的自觉意识和能力。

审美环境处于学校审美文化的表层,体现为物化了的校园审美氛围。环境的美化使物质具有精神内涵,使外在的环境与青少年的心灵发生共鸣关系。因此,审美环境成为青少年个性情感栖息与生长的处所,具有独特的美育功能。

---

[1] 卡冈:《美学与系统方法》,凌继尧译,中国文联出版公司1985年版,第255页。

二、学校审美文化的建设

艺术课程建设

学校美育的主要抓手是艺术课程。学校教育是以课程为主体来实施的，学校美育的主体当然也应该是艺术类课程，这类课程包括音乐、美术、舞蹈、戏剧、戏曲、影视，还包括语文或文学课程以及游戏等。在目前情况下，中小学美育课程以语文、音乐、美术为主体，一些学校还开设了其他一些艺术类课程作为选修课或者是学校特色课程。大学不仅有艺术类课程，还开设了艺术导论、美学基本理论等美育课程。

学校的艺术课程建设不仅应该坚持美育目标（详见第十章），而且应该开齐开足——"开齐"是指类别要全覆盖，"开足"是指课程量充足。由于受到各种因素的干扰，学校艺术课程常常受到冲击，故开齐开足还需努力。为提高艺术课程教学质量，学校应该配备充己的合格艺术教师，并保证艺术教师及时接受继续教育，提高他们的教育教学能力和水平。艺术教育需要特殊的教学条件，如课程教学的教室以及学习材料等。学生在学习艺术过程中，需要有展演活动，这是增进学生学习兴趣，展示学习成果的有效途径，艺术展演需要有场地等条件。这些教学条件都应该由学校提供保障。

学校美育必须坚持面向全体学生，由艺术课程来保障。有的学校对于艺术课程建设投入不足，却热衷于追逐各种艺术比赛的获奖，这是舍本求末的行为。比赛应该成为对艺术课程教学的检验，不能替代课程教学，更不能把艺术比赛成绩作为美育工作的主要成绩来对待。

非艺术课程的审美化教学

在其他各科的教学中，审美因素也是存在的，即使是在自然科学课程里，也存在着美育的任务。有一位小学自然常识课教师，尝试着在自然课教学中渗入美育的思想和方法，特别注重让儿童用自己的一切感官去直接感知自然。这种教学的独特价值在于：不仅很好地完成了常识课的教学任务，而且有效地发展着儿童的感觉能力,激发着儿童对自然的审美兴趣和探索兴趣。这就是一种美育的渗透。可见,美育向其他课程的渗透并不仅仅意味着或主要不是在这些课程中寻找这个"美"、那个"美",而是要把重点放在开发和发展学生的感性能力方面。

另外,非艺术课程教学可以采用美育教学的方法,以此增强课程的感染力和情趣。美育教学离不开情感体验,历史教学可以增强历史故事的感染力,使历史知识教学不再干巴巴的。更重要的是,用情感体验加强历史教育对学生内心的影响,塑造正确的历史观和价值观。还可以用艺术教学的方法来设计自然科学课程的教学,使化学实验变得有情趣、有惊喜。自然中充满了审美要素,小动物的萌态、动物母亲的"母爱"等都是极具感染力的生动案例,要善于把这些审美要素挖掘出来,在教学中培养学生爱自然的美好情操。

建立对话关系

目前,学校审美文化建设尚处于起步阶段,一些较为重视美育的学校也多在美化校园环境和开设多种艺术课等方面下功夫。这些都是有意义的,但是,从根本上讲,学校美育应该从整个学校文化建设入手,把审美文化建设作为学校文化建设的核心部分来抓。而建立师生之间的审美关系,又是校园审美文化建设的重要环节。

师生之间的审美关系是一种对话关系,它不仅应体现在校园的艺术课教学和课外艺术活动中,而且应扩展到课内和课外的一切活动当中。作为学校教育主要活动方式的教学过程,应该由从教师到学生的单向传授关系转化为师生双向交流关系。这样,不仅可以提高知识或技能教学的效果,而且可以增强教学活动的育人功能。校园的各个方面都具有育人作用,所以,课外的人际关系审美化同样应该重视。师生在课外的接触也应该是朋友式的对话关系,不仅学生应该尊重教师,教师更应该主动热情地关心、爱护和尊重学生。这种课外的师生关系既为学生的成长创造了良好条件,也为课堂教学中师生的双向交流打下了基础。

师生之间对话关系的建立应遵循审美交流的原则。诗人的创作不仅是独白,而且是对话:演员的表演不仅是一种"自我表现",而且是向观众发出参与的呼唤。没有读者和观众的积极反应和共鸣,任何艺术创造都是难以为继的,艺术作品的价值也是无法最后实现的。所以,艺术家总是把艺术接受者当作朋友,平等地与他们进行对话。艺术家要表现的东西,总是与特定的艺术接受者相适应的。他们了解读者或观众的需要、能力、观念和潜能,尽可能地把一己的表现与读者或观众的内心联系起来。这些艺术交往活动的审美精神,应该在校园审美文化建设中得到充分体现。教师不应该是"传教士",而应该成为学生的朋友,教学活动不应该脱离师生的内心生活,而应该包含真诚的心灵交流。事实上,师生之间不可能是机械的、冷冰冰的传授与接受关系,而应是有血有肉的人际关系。

师生对话关系是一种无言的心灵交流,它源于师生共同的参与与内心的敞开。一些教育美学论著也开始注意到教学过程的美化,但大都关注于表面的修饰,如教师的语言美、板书美和服饰美,等等。这是远远不够的。审美的核心是内心的真诚表现与交流,教育美学的核心问题是教育教学过程中师生之间的审美关系。一味地追求外在的艺术装饰,不仅不可能真正发挥审美因素在教育中的作用,而且可能进一步扩大师生之间的距离。教师只有以真诚唤起学生的真诚,以平等的朋友姿态诱使学生参与,才能使教育教学活动充满人文意味和创造活力。因此,应该强调教师的内在审美素养。只有此基础上,教学行为的外在形式才具有真正的审美感染力和表现力;也只有这样,教学行为的审美化才同素质教育的目标相一致。

师生之间的审美关系是由师生共同创造的,因此,应该充分发挥学生的主动性。天真烂漫的儿童和情感丰富的青少年渴望人与人之间真诚的交流,他们重感情、爱交朋友,特别希望教师理解他们,能够与他们达成真正的心灵沟通。他们的这些心理特征正是建立师生对话关系的良好条件。实际上,只要教师平等、真诚地与他们对话,他们总是愿意开启心扉,作出热情的应答的。关键是教师能否改变"角色",触及学生的内心深处,开启他们的心扉。

丰富艺术生活

目前,学校的艺术生活普遍比较贫乏,不仅艺术课比较少,而且课外活动时间也充斥着大量的习题。学生的校园生活显得单调、沉闷,与儿童青少年生命力蓬勃发展的特征很不适应。校园的艺术生活是建设审美文化的重要组成部分,不仅可以创造浓厚的审美氛围,而且能进一步推动校园审美人际关系的建立。

校园艺术生活主要由三个部分组成,即艺术课、艺术组织和艺术节。艺术组织和艺术节是对艺术课的重要补充,特别是在当前艺术课开设的种类和时间较少的情况下,课外的艺术生活显得尤为重要。艺术组织是根据学生个人的兴趣和特长组织起来的,配有专门的指导教师,如文学社、书画社、歌咏队、话剧队、舞蹈队、器乐小组、影评小组,等等。在这种有组织和指导的艺术活动中,学生的艺术潜能可以得到进一步的开发和发展,他们不仅可以学到更多的艺术知识和技能,而且可以进一步提高艺术修养。校园中的艺术组织往往是一个和谐融洽的团体,在趣味相投的集体艺术活动中,学生的社会意识和社交能力也可以得到提高。艺术节是校园定期开展大规模艺术活动的节日,声势大、内容丰富、普及面广,既是校园审美文化的集中呈现,又是进一步丰富校园审美生活的有效途径。

根据一些学校开展课外艺术活动的实践状况,目前抓好学校艺术组织和艺术节应该注意以下几个方面的问题。第一,要注意突出学生身心和审美发展的特点。校园艺术活动是儿童青少年的艺术活动,应该具有儿童青少年的身心特点和校园艺术特色,表现学生活泼、清纯、健康、向上的精神风貌。然而,目前一些学校的艺术活动严肃有余,活泼不够;成人味太浓,孩子气不足;社会化有余,校园风采不足。这就要求指导教师既加强引导,又开放手脚,多发挥学生自身的创造性。第二,要注意点面结合。一些学校特别重视抓少数几个高水平的艺术创作或表演队伍(如铜管乐队、合唱团等),这当然对于带动整个学校艺术水平的提高,树立学校形象是很有意义的。但是,光抓这么一点还是不够的,倘若把学校课内外的艺术教育引向"应赛""应奖""应景",那就偏离了美育的方向。应该同时注意普及校园艺术生活,让人人都来参加艺术活动,虽然整体的艺术活动水平相对低一些,但是扩大了艺术育人的范围,意义更大。第三,要注意走出去,请进来。一所学校的艺术指导力量是有限的,可以把学生带到校外去,如参观画展、听音乐会、看地方戏等,也可以请一些专家到校园来开设讲座,或担任艺术教育的兼职指导教师,指导学生的艺术活动,使校园艺术生活更丰富多彩,学生的审美水平也将得到提高。第四,要注意扩大艺术活动的范围。当前艺术正日益与生活相结合,生活艺术层出不穷,如服装艺术、设计艺术、招贴艺术、广告艺术,等等。这些艺术既有当代气息,又相对通俗一些,易于为中学生们所接受和喜爱。第五,要注意与学生的校外艺术生活相衔接。目前,许多学生(特别是中学生)把大量闲暇时间用于艺术欣赏活动,他们受社会上各种艺术思潮的冲击比较大,学校应该在校园艺术活动中帮助他们识别、选择和理解社会上的艺术现象,特别是在青少年中广为流传的各种"新潮"文艺,使他们有指导地参与社会上的艺术生活。目前,一些学校经常组织学生在教师的引导下对社会某些艺术、文化热点问题进行讨论,这有助于学生了解社会思潮,吸收新鲜的文化营养,同时抵御不良文化的侵蚀。

发掘公共艺术教育资源

充分利用公共艺术教育资源来对学生进行美育,是丰富他们艺术生活的一条途径。公共艺术教育资源主要集中在音乐厅、美术馆、图书馆、博物馆、纪念馆、电影院、剧院和城市雕塑、大型壁画等公共文化艺术设施以及艺术演出团体。学校的艺术教育资源总是有限的,而社会的公共文化艺术设施和演出团体却一般利用率不高,这是十分可惜的浪费。门罗曾就美术馆的教育功能问题进行过几年的研究,他认为,美术馆可以通过画展指导、艺术讲座、为学生提高艺术发展史的形象例证和珍贵的艺术原作,使美术馆成为艺术讲解、欣赏和临摹的课堂,发挥其艺术教育的功能。[①] 近年来,我国的一些演出团体开始重视进入学校去演出,出现了诸如学生专场音乐会、学生专场"课本剧"等面

---

① T.Munro, *Art Education: Its Philosophy and Psychology*, New York: Liberal Arts Press, 1956, Chapter 20.

向学生的艺术演出。随着经济、社会、文化建设的现代化,各地多种多样的公共文化艺术设施相继建成。这些都为学校艺术教育提供了良好的外部条件。但是,要使公共文化艺术设施更好地发挥其艺术教育功能,学校和教育行政部门应该加强与上述文化艺术部门的合作,主动开发这些文化艺术资源,把它们纳入学校艺术教育的总体规划之中,使之能更适合于学校艺术教育的要求。

在公共文化艺术设施比较落后的广大农村地区,应该注意开发民间的、乡土的艺术教育资源。例如,地方戏、曲艺、民间工艺、农民画,等等,这些艺术品种虽然"不登大雅之堂",却充满了生机活力,而且其中也不乏艺术和文化价值较高的作品,且贴近乡村学生的生活,为他们所喜闻乐见。但是,许多学校倾向只给学生介绍大量古今中外的名家名作,却根本不屑本乡本土的艺术。其实,乡土文化是生长于其中的人们最切近的文化之根,人们个性人格的形成也离不开乡土文化的滋养,乡土艺术同样具有独特的教育价值。乡土艺术那种本乡本土的亲切、贴近生活的生动、乐观开朗的情趣、艺术形式的活泼易懂,等等,都是一些高雅艺术所不具备的。因此,可以精心选择一些优秀乡土艺术来作为艺术教育的材料,以丰富艺术教育的内容,提高艺术教育的趣味化和生活化水平。浙江省嘉兴市郊区有一所农村小学——洛东小学,坚持把农民画引进美术课教学,取得了可喜的成绩。他们根据农民画与儿童画在观察、感受和表达上都类似于原始思维的特点,引导儿童向农民画学习,突出了绘画的乡土气息和强烈的装饰性、大胆的想象夸张,同时又注重表现儿童画的童真童趣。由于这种绘画教学贴近儿童的生活实际,充满了情趣,而且条条框框比较少,技巧难度也不大,因此,洛东小学的学生们人人都会画,而且都可以画出他们自己的个性来。这种可贵的探索表明,民间的、乡土的艺术资源可以被吸纳到学校的艺术教育中来,并可以取得良好的教育效果。

美化校园环境

校园的审美环境是校园审美文化的物化形态,是师生校园活动的审美空间。优美的校园环境可以丰富学生的感官刺激,提高他们的审美感受力。赏心悦目的环境也可以使学生的身心获得松弛与安逸,学习生活更有活力。审美环境对学生的校园活动也有一种暗示性的引导作用,如整洁有序的校园可以使学生减少破坏公共卫生的行为,宁静优雅的花园可以使学生更加热爱校园的一草一木。校园审美环境以直观方式表现着崇高的审美理想,可以促使学生心灵获得解放,精神得到升华。总之,校园审美环境具有不可忽视的美育功能。

但是,目前许多学校的校园环境美化程度仍普遍偏低。比如,许多教室除了黑板,要么空徒四壁,要么贴了几条口号;学生宿舍拥挤杂乱,也没有美化;校园建筑设计观念陈旧,诸多活动设施在设计和建造时很少考虑审美因素;等等。这固然与学校办学经费有限有关,但是,有些建设项目花了钱,但是艺术效果不好;许多美化校园的工作其实并不太费钱,但就是没有去做。所以,问题的症结主要在于学校领导有没有环境育人的意识、有没有美化校园的自觉性。

校园环境的美化应该以整洁为基础,这虽然是一个最起码的要求,但许多校园离这个要求还有距离。另外,整洁并非简单划一,校园建筑应该寓多样于统一之中,这才是审美的秩序。

校园环境的美化还应该坚持实用与审美、时代性与民族性相结合的原则。例如,教学楼的设计应在充分考虑其实用功能的同时,尽可能地渗入审美因素,打破千篇一律的四方形、“火柴盒”的结构形式,使之具有艺术性。校园设施中实用与审美的比例也应各有偏重。例如,教学楼、宿舍楼等建筑物以实用为主,而绿化点则应以审美为主。不同功能的建筑物也可以创造不同的审美风格,以显示建筑物的个性。建筑是时代精神的凝聚,校园的建筑应该充分体现明快、简洁的现代建筑特征。同时,也应吸收古代建筑的优良传统,如园林建筑中人与自然和谐的观念和变化适度、错落有致的形式美特征。

校园环境的美化应该提倡师生共同参与。当前学生的环境意识发展比较快,对美化校园有自觉的要求和很高的热情。让学生来参与校园的规划和建筑物的设计,参加美化校园的具体劳动,不仅可以培养他们的自觉环境意识和美化环境的能力,而且可能会使校园的审美环境更适合他们的身心特点,更能受到他们的珍视和保护。

三、大众文化对学校文化的冲击及其对策

对学校文化的理解,特别是从实践的角度看,不能仅仅局限于校园本身,而应该结合社会文化的发展变化及其对学校文化的影响。离开了这个大背景或参照系,我们对于学校文化以及学校审美文化建设的认识都可能有局限。自20世纪末以来,随着文化产业的兴起以及西方大众文化的进入,学校文化与社会文化之间的关系变得越来越丰富和复杂,特别是大众文化对于儿童青少年身心发展的影响日益加剧。所以,学校美育问题的研究应该密切关注大众文化问题。

大众文化兴盛与学校文化环境的变化

大众文化是以现代信息传播和复制技术为手段、以市场为依托、以为消费者提供游戏性的娱乐而营利为目的、具有强烈商业属性的文化产品及其消费方式。大众文化是全球化背景下、市场经济的特有产物。它不同于传统意义上的"通俗文化",其主要特点有:大众文化不是一种自生自灭、处于社会文化生活边缘的文化,而是一种以具有强大影响力的大众传媒为载体,有组织的、产业化的、由强大文化资本作支持,并最大可能地迎合乃至引导大众文化娱乐口味的文化产品及其生产、传播和消费方式。大众文化带有全民性,通过广播、电视、电影、报刊、广告牌,特别是数字媒体等现代传媒,遍布人们生活的每个角落。同样,大众文化已广泛地进入各级各类学校,成为当前学校文化的一部分,有时甚至是对学生极具影响力的一部分。

这就意味着目前我国学校教育、校园文化的外部文化生态环境已发生了不同于以往的深刻变化。在大众文化兴起以前,传媒和文娱生活基本上与主流文化、主流意识形态一致,与学校教育的价值目标一致。人们接触的文学、艺术和娱乐活动与学校所倡导的无甚差异。然而,这些年来,社会文化(特别是大众文化)与学校在价值选择的某些方面开始出现分离,具体地说,即学校的正统文化价值体系与社会上时兴的、影响颇大的大众文化所传播的某些价

值观念之间形成错位甚至对立,由此造成学校内部的某些文化分层。例如,课程体系与潜课程文化之间的脱节。这种状况给学校的教育、教学和管理带来新的问题和困难,对学生的身心健康成长有时具有消极影响。这是应该引起重视的。

　　应当看到,当前大众文化的兴盛是我国对外开放和市场经济条件下文化发展的必然结果。一方面,它为不同文化层次的人提供了丰富多彩的娱乐产品和条件,改变了单一、单调的文化艺术生活方式,活泼、新鲜、通俗、生活化的娱乐方式活跃和丰富了人们的休闲生活;作为第三产业的一个重要部分,文化产业能够扩大就业机会,拉动内需,并有着可观的经济效益。另一方面,大众文化虽然也有少量有价值的产品,但是总体上品位不高,属于快餐文化,其"泛娱乐主义"在价值观上与主流文化、经典艺术和我国学校教育所倡导的价值观念有一些错位甚至抵触之处(具体分析详后)。从一定意义上讲,与高雅文化相对的大众文化,其文化层次较低,但是,当前它在我国如此流行,恰恰消极而客观地反映了当前我国公众的文化素养和审美趣味水平。同时,以提供感官快乐为主要特征的大众文化也满足了人们(包括文化水平较高的人群)消遣娱乐的需求,其中有些作品也具有一定的水准。可见,大众文化与学校教育之间的矛盾不可能在短期内消除。我们不可能因为大众文化品位较低而对它进行"扫荡",学校也不能封闭式办学,与社会文化生活隔绝。我们应该正视大众文化对学校教育的挑战,对比有所重视、有所认识、加强研究并采取措施,通过自身的改革,使学校的教育适应新的文化生态环境。

大众文化对学校教育的消极影响

　　作为一种消费性、娱乐性的文化,大众文化产业竭力追求商业利润,为此,通过不断增强和更新其娱乐功能来尽可能地吸引消费者。特别是在数字化平台,出现了"泛娱乐主义",其背后是资本的逻辑在起作用。有学者分析说:

　　　　从本质上看,真正支撑网络泛娱乐主义运转的深层力量是平台资本霸权。当然,资本力量向来习惯以"拜物教"这种隐秘形式来遮蔽自身与文化间的内在勾连。在"数字化生存"的今天,由于资本积累模式从追求

"存量增进"转向"要素流量化",平台资本利用数字技术以更为复杂且隐秘的方式架构了庞大的"流量拜物教",催生了网络泛娱乐主义。①

为了满足消费大众的猎奇心理,唤起他们的无意识冲动,暴力、性、犯罪等均被加以游戏化的渲染,真与假、善与恶、美与丑、正义与邪恶以及性关系等都被以各种非现实的方式加以表现,从而造成大众文化产品显著的反现实主义的"虚幻性"。有些产品在认知层面向青年学生描绘了一幅幅"白日梦"般的"世界图景":没有规律,只有巧合;不用思考,只需感觉;没有悲剧,只有喜剧;一个个梦想成真,一次次化险为夷;杀人如儿戏,暴力显英雄。"善有善报,恶有恶报""有情人终成眷属""好人一生平安"之类的"世俗神话",在高科技的支持下被演绎成一个个煽情场面或"动人"的"真实"故事,而现实的社会矛盾、生活的艰辛和奋斗的困苦却被这些"美丽的假相"掩盖了。当然,在生活节奏加快和竞争日益加剧的年代,人们似乎也需要某些心理安慰;然而,被"梦幻工厂"拨弄得"糊里又糊涂"的学生很容易产生认知偏差:他们可能会以梦代替现实,满足于"望梅止渴""画饼充饥"式的理想实现,用从大众文化产品中获得的"世界图景"代替对人生意义、社会现实、民族忧患和人类历史的理性把握和深入思索。这些娱乐产品造成了对主流教育价值观的冲击和消解,对于学生世界观、人生观和价值观的形成产生了消极影响。

作为一种崇尚快乐原则的娱乐文化,大众文化具有突出的"非道德化"倾向。许多产品暗示着:只要游戏,不要严肃;只追求感官刺激,不顾道德原则;只要个人的随心所欲,很少考虑其应承担的责任和使命。处于转型期的中国,某些旧的道德规范正在被遗弃,一些陈旧观念的"庄严"外套正在被撕破。但是,有些大众文化往往在调侃、讥讽旧观念和旧习俗的同时,排斥和消融着某些崇高的道德信念和理想;在一味追求享乐的同时,淡化人们的道德意识,甚至与一些最基本的道德观念和道德原则相对立。事实上,抛弃道德原则、销蚀高尚精神正是诸多大众文化产品激起无意识欲望、提供感官刺激的必要前提:只有无所顾忌,才能引发"白日梦";只有在理性、精神已被麻醉的情况下,才

---

① 张恂、吕立志:《祛魅与消解:网络泛娱乐主义的资本逻辑批判》,《思想教育研究》2020年第6期。

能完全投入大众文化精心营造的非理性梦幻之中。因此,"非道德化"与"非理性化"在大众文化中是有机联系着的。"跟着感觉走"可以被看作大众文化的一个"宣言",一个向消费大众发出的吁求。当然,人们有正当的娱乐需求,休闲娱乐也不能太严肃。但是,把娱乐置于非道德基础之上,把感性的需求与理性的价值完全对立,把文化享受置于精神的烛照之外,或是把享受与道德相对立,就必然造成价值观混乱。例如,把性混同于爱,把施暴者混同于英雄,把个人欲望混同于人类普遍的理想,把感官刺激混同于精神享受,这些都会使学生产生价值判断混乱。

大众文化产品作为一种文化商品,主要作用于人们的感觉、情感和想象。为了使消费者更多地购买自己的产品,这些产品的生产者和传播者便想方设法地塑造消费大众的口味,使之喜爱甚至迷恋自己的产品。在诸多广告和推销攻势的作用下,多数消费者事实上已无自己独立的判断力或选择力可言,而流行、时尚正在代替相当一部分人的判断力。有家化妆品公司的广告告诉人们,什么是女人的美,女人美在哪里,获得这种美恰恰是由于使用了该公司的产品,而没有这种美的女人简直是没法活的。正是在这种赏心悦目、以追随时尚为承诺的广告诱导下,消费大众开始接受这种具有强烈商品意味的审美趣味。把人类高尚和美好的情感或观念与自己的商品联系在一起,是大众文化的根本营销策略。在大众文化不断推出"新星"、不断炮制新的"奇闻异事"、不断变换新时尚的同时,大众消费者的独立判断力日趋减弱。他们兴奋而盲目地追随"新潮",养成依赖他人的、被动的文化消费习惯。问题是,大众文化产品普遍缺乏真正的创造性和文化品位,它们是标准化、程序化、大批量复制的产物,而且为了最大限度地占有市场,它们必然要迎合多数人水平不高的文化口味。在这种低水平重复的消费品位塑造过程中,人们的精神能力(包括认知、审美、创造、评价等)容易衰退;特别容易使学生在是非辨别、价值判断以及艺术欣赏等方面陷入混乱,对养成鲜明个性和独立思考能力、发展创造性等都会产生不良影响。

更值得注意的是,大众文化以各种方式暗示、诱导和宣扬一种人生观——享乐主义。这是大众文化发展和壮大的重要思想武器:一方面,只有把游戏享乐当作人生目标,大众文化才可能有如此兴旺的发展;另一方面,只有使更广泛的大众接受享乐主义,大众文化产品才可能成为市场上最有买主、最能创利的商品。可见,大众文化对于传播享乐主义起着推波助澜的作用。因为执着于享乐,于是"不求天长地久,只求曾经拥有","过把瘾就死",即只要及时行乐,不必考虑未来,更无须承担任何责任。应该承认,适当的享受是健康生活的有机组成部分,瞬间的快感有时的确动人肺腑,令人终生难忘。然而,正常的享乐不等于"享乐主义",大众文化渲染和引导的享乐主义至少有以下两个问题:第一,它所提供的享乐过程仅仅满足了人的感官需要,而且在强化这种满足之时,学生的高级需要(如对真善美的追求等)受到抑制,从而容易使他们玩物丧志、精神萎靡。第二,倡导以享乐为本位的大众文化实际上易促使学生滋长一种享乐主义的人生态度和价值追求,不利于他们确立艰苦奋斗、勤俭节约和克己奉公的良好品德。艰苦奋斗、勤俭节约和克己奉公应该成为我国发展社会主义物质文明和精神文明的重要精神力量。但令人担忧的是,中国尚处于社会主义初级阶段,享乐主义文化却极不相称地兴盛,而且对学生产生了比较大的影响,这与我国目前社会发展对教育的"立德树人"要求形成尖锐冲突。

大众文化与全球市场一体化的进程同步发展,具有全球化特征。以美国为首的西方发达国家仰仗其高新技术和强大的跨国资本,向第三世界大量销售它们的大众文化产品。中国大众文化的发展一直受到西方直接或间接的影响。从根本讲,西方大众文化在我国的扩张主要是受经济利益的驱使,同时,也应该看到,这种扩张具有深刻的文化和政治内涵,它对于我国民众特别是中学生和大学生的心理乃至生活方式都有深刻影响。国内外一些学者从国际(主要是西方国家与第三世界国家)政治、经济和文化关系的角度提出了"文化霸权主义"的概念和理论,分析了西方统治阶层为了其政治、经济目的,通过各种手段对第三世界国家进行文化渗透,力图重新塑造这些民族的价值观念、行为模式、制度和个性,为它们自己的文化商品占领国外市场、巩固其霸主地位开辟道路。这个以"全球化"为直接背景的文化入侵过程往往是在感性愉悦的大众文化层面展开的。一些学者指出,这种与政治、经济互为因果、相互协同的文化渗透和统治,对第三世界民族文化的生存发展构成威胁,容易造成不发达民族(特别是其青年一代)的某种自我认同危机,使他们在不知不觉中渐渐远离本民族的文化之根。① 西方大众文化产业的经营者们很清楚,必须在第三世界培养、强化文化殖民意识和崇洋心态,使那里的大众特别是青年逐步脱离本民族文化传统,这是他们的产品在第三世界国家长驱直入的一个深层心理基础。我们不难在西方大众消费品的广告中发现,它们十分巧妙地暗示这些产品的使用意味着一种西方式的现代、时髦、高雅的生活方式,意味着摆脱民族自卑心理、步入贵族生活阶层。这无疑是在告诉人们,只有西方的生活方式才是唯一理想的,只有西方人的价值观才是唯一合乎人性的。在某些由好莱坞制造的"现代神话"里,"保卫地球""拯救人类"的"英雄"几乎都是美国人,或是"美国式"的人物,这里的意识形态内涵是显而易见的。西方大众文化很容易使我们的学生产生这样的错觉:似乎西方人都像那些"大片""肥皂剧"所展示的那样生活,似乎西方大众文化代表着当代文化的主流,似乎西方文明才是我们唯一可以选择的发展方向,似乎本民族的文化传统已经过时,失去了存在和发展的必要。如今我国传媒被西方大众文化产品或者模仿西方的本国大众文化产品占据了相当多的时空,这种文化生态环境对于学生"三观"(世界观、人生观、价值观)的形成将构成怎样的消极影响,是可以想见的。值得注意的是,教育界应如何应对这种挑战,将是摆在我们面前的一个新课题。

学校的美育对策

大众文化的兴起和冲击是当前改革开放和社会主义市场经济条件下学校教育面临的新问题之一。如何迎接大众文化的挑战,如何保证我们的学生在新的文化生态环境里更健康更全面地成长,是摆在各级各类学校领导者、管理者和教育理论研究者面前的一个重要课题。由于大众文化具有感性愉悦的特征,因此与美育有着密切的关系,甚至可以说,应对大众文化的挑战是当前学

---

① J.皮特拉斯:《20 世纪后期的文化霸权主义》,《当代亚洲季刊》(菲律宾)1993 年第 2 期。

校美育面临的一个全新而又极具现实意义的课题。因此,除了社会各界要为学校教育创造良好的育人环境(包括网络环境)之外,学校美育应该积极应对大众文化冲击。这里拟从以下几方面,概要地提出针对大众文化挑战可以采取的对策。

第一,从最一般意义上讲,要坚持立德树人,全面推行素质教育,真正建立以素质教育为核心的人才培养观念和教育教学模式。以往,人们习惯于把学校教育理解为"传授知识""培养技能"的过程,这有其合理的一面,但不全面。学校教育更基本的任务是培养高素质的人才,它面对具有整体人格的学生,通过各种途径和方法,使学生的各种潜能得到高水平的发展,成为身心协调、情理平衡、个性与社会性统一、具有较高文化素养和专业水平的一代新人。大学不能成为装配车间,它的主要任务是培养人,要把教育的对象看作一个个有思想感情、有个性需求的生命整体。同时也要认识到,目前学生的社会化程度日益提高,因此,学校教育既要有相对稳定的教育内容,又必须根据社会的发展变化和社会对学生成长的各种影响作适时调整,增加有针对性的教育内容。

从目前的学校教育实际出发,人的素质可分为自然素质、心理素质和文化素质三个层次。针对大众文化的冲击,学校应加强对学生的心理素质教育和人文素质教育(它是文化素质教育的基础)。心理素质是指人在精神、意识上的特征和品质,包括智力和非智力因素。对学生进行心理素质教育,培养良好的心理素质,能保证学生在与自然和社会环境的互动过程中有良好的适应性。"心理素质是素质结构的核心因素,是人的素质的灵魂。"[1]非智力因素包括情感、意志、个性意识、个性心理品质等,与智力有机联系着;而且,德育只有把道德原则内化为个体的非智力因素,才能取得良好效果。所以,从育人的意义上说,对非智力因素进行教育是加强素质教育的重要环节。从学生(特别是中学生和大学生)成长的需要来说,他们正处在青春期,渴望深入认识生活,憧憬美好的爱情,并不断产生"成长的烦恼"。他们急切需要人生指导,需要有人帮助。这也是大学生、中学生被大众文化所吸引的主要原因之一。可是,我

---

[1] 浙江教育科学院编:《教育改革月刊》1996 年第 4 期,第 3 页。

们学校里的德育课教学,内容较陈旧,话语缺乏吸引力,有些脱离现实,又缺乏针对性,教学方法也比较单调,不能在学生三观形成的关键期提供很有效的教育。于是,学生更容易受到大众文化的某些不良影响。因此,学校德育要适应学生身心发展的特点和需要,根据目前文化发展的新情况,进行改革,充分发挥学校德育的主导作用。

人文素质是指构成人们世界观、人生观、价值观和个性品质的基本文化修养,它是人的社会文化素质中的最基础部分。要加强学校的人文素质教育,就应该打破"重理轻文""重技轻道"的陈旧观念,还应该在全面育人的意义上实施文理渗透的教育。实践不断证明,卓有成就的科学家、发明家和管理人才不仅专业水平高,而且都具有深厚的人文修养,有较高尚的人格。这往往得益于某种丰厚的传统文化熏陶。因此,不能仅仅在工具理性的意义上理解和实施人文教育,把知道几个历史名人、记住一些名著的标题或掌握作文技巧当作人文素质教育的目标是远远不够的。人文素质的养成是个体通过大量吸收优秀传统文化的营养而达到的,所以,优秀传统文化教育应该成为人文素质教育的核心。要有重点、有针对性地选择一批中外经典,以课堂教学为主导,把古典名著的教学列入教学计划,使学生获得比较系统的教育。针对大众文化的文化霸权主义影响,学校的人文素质教育应该特别注重把中华民族的优秀传统文化教育放在首位,开设内容丰富、形式多样又具有时代气息的传统文化课程,发掘现有课程中的传统文化教育因素。这种教学的重点应放在帮助学生感受中华民族的文化精神,引导学生在了解和探索传统文化的过程中接受传统文化的滋养,使他们养成"爱我中华、兴我中华"的美好情操。

第二,切实加强美育和艺术教育,提高学生的审美能力和审美意识。大众文化主要是通过感性层面对学生的非智力因素产生影响,特别是对知觉、情感、想象等心理因素潜移默化的作用更深。应该指出,大众文化与作为感性教育的美育表面上相似,却有质的区别。概括地讲,美育对学生的感性有满足的一面,更有提升的一面;而多数大众文化只有感性满足,有时还把感性满足与精神的提高对立起来。美育促进着学生的审美发展,这种发展与理性的发展是协调统一的;而有些大众文化片面发展学生的感性,把感性引向同理性的错位甚至对立。因此,我们应该特别注意加强美育和艺术教育。然而,在教育界有一种片面的观念,似乎学生的发展就是理性的发展,具体地说,就是逻辑思维发展。现代心理学已经证明,人是感性和理性相互联系着的整体,人的发展是这两个方面的协调发展。这一点不仅表现为人在从事劳动时需要左右脑的协同,特别是创造性劳动更要求逻辑思维与直觉想象的配合,在文化生活方面也需要逻辑判断力和直觉判断力的相互作用,而且个体的精神也只有在感性和理性的平衡中才能健康成长,特别是人生观、道德观只有被内化为个体的感性生命时才算真正建立起来了。美育通过以审美活动为主的教学过程,促进学生的知觉、想象、情感和直觉创造力的发展,并形成较高水平的审美能力和审美观。学生普遍感觉灵敏、情感充沛、想象丰富、精力旺盛,他们有着抒发和交流情感的强烈需求,有着对艺术和美的热情追求;可是,由于他们审美能力水平不高,所受的艺术教育不多,因此多数人对高雅艺术可望而不可即,而大众文化却以其通俗性和煽情性吸引了他们。这也从一个侧面表现出加强美育和艺术教育的必要性。

针对大众文化的冲击,加强学校美育和艺术教育还要特别注意以下几方面:一是要突出高文化、低技巧的原则。"高文化"就是文化品位高,文化内涵丰富。要特别重视艺术文化素质的教育,引导学生领悟优秀艺术作品中的人文精神。"低技巧"就是降低技巧的要求,多数学生往往会因为技巧水平低而被排斥在高雅艺术的门外。所以,从实际出发,选择一些容易被学生接受的优秀艺术作品介绍给他们,引导他们由浅入深地步入高雅艺术之门。二是要突出美育、艺术教育的感性、情感特征。美育和艺术教育不仅是用感性、情感的形式来教育学生,而且是对学生的感性、情感本身进行教育。因此,要彻底改变那种在艺术教育课上一味作抽象讲解的教学方式,而应该引导学生去体验审美对象,感受艺术品,增强趣味性和愉悦性,并在此基础上培养他们较高的审美能力和审美观。三是应该把对大众文化的分析和评价纳入美育、艺术教育课的教学内容,特别要增强中学生和大学生艺术批评能力的培养,帮助学生独立、清醒、客观地对待大众文化,提高他们的鉴别力和批判能力。总之,只有遵循美育、艺术教育的特有规律,才能取得良好的效果。

第三,要把娱乐教育作为美育的任务之一,加强对儿童青少年娱乐生活的引导和指导。大众文化对儿童青少年的消极影响主要是通过介入他们的娱乐生活而实现的,遗憾的是,我们的学校基本上不关心学生的娱乐生活。其实,娱乐是人们正常的生活需要,对未成年的学生来说,更是如此。一方面,人们在娱乐中得到休息,获得生活的享受;另一方面,人们也在娱乐中获得一定的教育。当然,娱乐有层次高低之分,也有健康和不健康之分,所以,寻求什么样的娱乐,怎样娱乐,不仅反映了一个人的生活趣味和修养水平,而且影响着人们特别是儿童青少年的身心发展。蒋孔阳曾指出,美育首先是"一种娱乐的教育"①。作为娱乐教育的美育,一方面要使学生在美育活动中获得休息和享受,另一方面要使学生学会娱乐。学会娱乐就是要意识到应该寻求健康的娱乐生活,远离不健康的娱乐生活,同时还要具备寻求健康娱乐生活的能力。因此,学校要对学生的娱乐生活,特别是校外的娱乐生活进行指导,提高学生的辨别能力。例如,适时提供课外娱乐生活指南,引导学生走进健康的娱乐生活;为学生利用社会文化设施(如图书馆、博物馆、美术馆等)创造便利条件;提醒学生家长关心子女的娱乐生活;等等。

第四,要根据学校的特点,加强学校文化的导向作用。值得注意的是,当前我国一些学校的课外时间有越来越休闲化的趋势,而学生的休闲方式更多地受大众文化的影响。作为育人材料的艺术必须经过严格甄选,应该以高雅艺术和未被商业化的民间艺术等优秀艺术为主。校园的艺术活动具有育人功能,不能盲目跟随"流行文化",不能沦为"娱乐"。特别是当前的娱乐文化存在一些不健康的东西,这对学生健康成长是不利的。学校美育不能一味追求场面热闹,甚至"网红",而应该沉下心来,耐心引导学生步入高雅艺术殿堂。有些高校把"校园十大歌手""校园星光大道"等作为学校美育的"业绩",还到处宣传,似乎唱唱跳跳,甚至狂呼尖叫就是学校美育,这是需要反思的。学校美育要明确坚持"提升学生审美和人文素养"的具体育人导向,切实发掘优秀艺术作品中的育人价值并把它纳入教学和校园艺术活动之中。应该清楚地

---

① 蒋孔阳:《谈谈审美教育》,《蒋孔阳美学艺术论集》,江西人民出版社 1988 年版,第 256 页。

认识到:大众文化是一种相对低层次的文化,学校文化应该是一种高层次的文化;大众文化是社会上允许存在的文化,学校文化应该是一种值得倡导的、育人的文化。因此,必须保证高品位的学校文化的导向作用,注意引导学生开展健康、高尚的文化活动。这是保证育人质量的一项重要工作。

第五,学校文化建设要注重弘扬优秀传统文化。目前学校软硬件建设还不同程度地存在追求"洋气"的倾向,例如走廊、大厅悬挂的图片、绘画或名人名言等,西方的多,中国的少,建筑物的设计也存在此类"偏好",这是值得注意的。我们的确应该学习借鉴外国优秀的文明成果,但是,学校文化建设必须以"我"为主,以中国优秀文化为本。

第十三章

美育教学的方法论原则

美育教学的方法论原则是指开展美育活动、实现美育目标所遵循的一般原则,其主要依据是美育的性质、特点以及美育教学的目标。

一、以活动为中心的原则

活动的意义

活动是一个意义丰富的概念。作为一般教育方法论原则的活动,是指学生身心参与的主客体相互作用过程,是学生作为主体积极能动地获得切身经验的过程,具有感性实践与心理过程有机联系的基本特征。作为教育过程的活动是有特定目标和组织形式的。

在教育过程中,活动是知行统一的过程,它是促进受教育者身心协调发展、发展各种能力和学习各种知识与技巧的最基本、最自然、最有效的途径。陆游曾写下"纸上得来终觉浅,绝知此事要躬行"的名句,强调从感性实践中获得切身经验对于认识的重要意义,这是符合人类认识发展的基本规律的。美国教育家杜威认为,通过活动获得经验是教育的基本法则:知识若不以经验为基础,不与切身体验相联系,那就不能成为有意义的认识成果;能力若不以经验为基础,那就不会得到发展。于是,他把教育定义为"经验的不断改造",①儿童在有价值的活动中获取经验或对既有经验进行改造就成为教育过

---

① 杜威:《我的教育信条》,《我的教育信条——杜威论教育》,彭正梅译,上海人民出版社 2017年版,第 7 页。

程的核心。因此,他提出了"做中学"的著名教育方法论原则,要求教学过程成为一个身体动作与精神活动协调一致的过程。杜威的这种教育理论强调个体经验的获得与重建,强调身心协调的活动,强调知识学习和能力培养要与切身经验相联系等思想,这对于素质教育(包括美育)的理论和实践是有其相当合理性的。

瑞士心理学家皮亚杰的"发展认识论",从心理学的角度,为以活动为中心的教学原则提供了重要的理论支持。皮亚杰根据对儿童心理发展的长期观观察和研究,提出了"思想是内化了的行动"①的著名观点。他发现,主体对客体的认识存在着一些"中介物",这种中介物最初便是活动。因此,"我们的研究需要从活动开始"②。这种研究的结果证明,活动结构通过符号而沉淀为思维形式时,行动的逻辑就内化为思维的逻辑。这就给教育提供了一个有益的启示:只有在操作、组织和切身体验对象时,心理能力才会得到发展。

从活动主体来看,活动是主体积极、能动的行为,这个"行为"是外部行为与内部(心理)行为的统一。在活动中,主体不仅是接受者,而且是主动的探索、实验和创造者;他不仅听和看,而且说、唱、写、演奏,有身体运动和心理建构。所以,活动是主体能动地与环境打交道的过程,是主体以其身心的全面和协调功能与对象进行相互作用的过程。马克思曾指出:"自由的有意识的活动恰恰就是人类特性。"③这个观点充分揭示了人类活动的本质特征。所谓"自由自觉"就是人在活动中体现出来的认识和运用客观规律,有意识地实现活动目的的创造力量,这也就是活动主体的能动性的核心内涵。在教育过程中,通过主体能动的活动,发展着受教育者"合规律的"与"合目的的"创造力量,正体现了使受教育者全面发展的现代素质教育宗旨。欲使人类在生活活动中形成和发展起来的本质力量转化为个体的能力,我们的教育应当为个体提供类似的活动,使他们在全面的和能动的活动中成长,在实验性和探索性的活动中获得知识,发展能力。由于美育的教学是以审美体验为基础的,所以,

---

① 见陈孝禅等译:《皮亚杰学说及其发展》,湖南教育出版社 1983 年版,第 87 页。

② 皮亚杰:《发生认识论原理》,王宪钿等译,商务印书馆 1981 年版,第 22 页。

③ 《马克思恩格斯选集》第一卷,人民出版社 2012 年版,第 56 页。

个体在教育过程中获取相应的经验是美育教学是否成功的关键;而审美经验的获得和更新,正是需要学生投入美育活动。教育界所开展的"活动课程"和"活动教学"实验,也从理论和实践两个方面为美育的"活动"教学原则提供支持。正如有学者所指出的:

> 活动课程相对于学科课程,其基本内容以学生的直接经验为主,它要求从科学的、书本的世界向生活的、经验的世界回归,让学生走出抽象的、符号的知识体系,进入立体的、具象而鲜活的真实世界,实现课程与生活的高度链接,让学生生活在一个真实、开放、复杂的世界之中。[①]

美育课程的基本方法论与这和活动课程观念是一致的,因此,美育课程的教学应该遵循活动课程的教学原则。这也从一个侧面体现了美育在普通教育中的基础性地位。

美育活动与美育的过程性、全面性等特征是相一致的,它是指学生身心参与的、积极的审美创造、审美欣赏以及有关的知识学习和技巧训练等过程,操作性与体验性的有机融合是美育活动的最基本特征;在活动中促进审美发展,在制作中学习与训练是美育教学的基本规律之一,也是"以活动为中心"的美育方法论原则的基本意义。

美育的这种方法论原则是同审美(特别是艺术)活动的基本特征和规律相一致的。从活动过程来看,审美活动总涉及感性材料的加工、组织与创造,特别是作为美育主要领域的艺术,更离不开实践的制作过程。从活动主体来看,审美是肉体与精神、生理与心理的协调统一,不仅创造方面离不开身体的动作,而且欣赏方面也离不开身体的运动(有时是内部的生理过程)。所以,以活动为中心的美育过程是促使受教育者全身心协调的审美发展的最佳途径。活动保障了学生积极性的提高和兴趣的激发,可以充分发挥学生的创造性,也给学生的积极尝试与实验提供了机会。更重要的是,活动使美育成为一个过程,只有在积极的活动中,个体的审美需要才能得到满足和提高,个体的审美愉悦才能产生。

[①]　潘洪建:《我国活动课程发展 70 年》,《课程·教材·教法》2019 年第 6 期。

从学习的意义上说,活动是培养审美能力和审美意识的基本方式。首先,审美能力和审美意识的形成和发展基于主体能动的审美活动本身,灌输或说教往往收效甚微,甚至有时会产生副作用。唯有借助审美经验的积累与重建,才可能真正建立真诚的、稳固的审美能力和审美意识。其次,审美能力和审美意识的发展有赖于一定的艺术技巧和美学知识的掌握,而后者只有在实践活动的基础之上才可能做到。且不说技巧训练是一个实践过程,就是美学知识的掌握也必须基于审美经验。审美和艺术的妙处常常是不可言状或言不尽意的,非得亲身体验和领悟不可。单纯的知识传授或概念记忆不仅意义不大,而且容易同美育的基本目的相左。

美育的以活动为中心的原则也适合受教育者的生理与心理特征。好动是个体成年之前的一个特征,特别是年龄较小的儿童,全身心的活动是他们各方面得到发展的基本方式。身体的动作带动心理的发展,这是对儿童进行美育必须遵循的一条规律。让他们毕恭毕敬地坐着欣赏绘画或音乐,会使他们很快地感到疲累和乏味,其美育效果是不会好的。有位美学家说:"很少可以怀疑,趋向运动和活动的天性,以及对于刺激突然而入剧烈地作出反应的天然趋向,使得创造性的活动要比单纯的被动的欣赏,在儿童生活中,更为显著明白得多。儿童像原始人,而不像文明人,他主要是制作者,而不旁观者。"①事实上,年龄越小的儿童,在艺术方面的活动就越显示出身体动作和生理活动的特征。因此,美育过程应充分考虑到他们的这一特征,把美育的教学过程设计成一种生动活泼的全身心活动。瑞士音乐教育家达尔克罗兹创造了一种在全身心活动中发展儿童音乐感的方法——"体态律动教学法"。"体态律动"本义是"伴随着音乐身体做动作",作为一种音乐教学法体系,"包含体态律动、视唱练耳和钢琴即兴三个分支,三者相互补充,均以'动'为首要特征"。他坚持认为,身体在学音乐中具有十分重要的作用,身体的参与是学习音乐的前提,音乐性的节奏感以有意识的身体运动为基础。而且,在体态律动的过程中,儿

---

① 李斯托威尔:《近代美学史评述》,上海译文出版社 1980 年版,第 206 页。

童身心合一地学习音乐,大大提升了音乐的学习效率和质量。① 达尔克罗兹遵循儿童好动和身心尚未完全分化的特点,把音乐教育设计为一个活动过程,对于整个美育都具有方法论上的启示。我国应用这种教学法的实践也证明,体态律动教学法对于传授音乐知识,提高音乐感受力,激发学习兴趣,开发创造力,均有良好的效果。

以活动为中心的原则也是与儿童身心尚未完全分离,各种心理功能也尚未分化发展的状况相一致的。身与心、手与脑以及知、情、意的分化独立发展是分工的产物,它一方面是人的各种能力得以充分高水平发展的条件,另一方面又是个体人格和谐发展的障碍。随着个体受教育级次的上升,身心分离和知、情、意分化发展是不可避免的,但是,这也容易使个体人格出现分裂或片面发展的趋势。美育不仅促进个体情感的发展,而且有促进个体身心协调平衡的任务。美育的活动就具有综合性的特点,它是身体动作与心理体验的统一、认识与实践的统一、受动与能动的统一。学生在美育的活动当中,保持天然的身心平衡的素质,并使之发展到更高的水平。在这种活动中,欣赏与创造相结合,体验与制作相联系。由于主体的积极参与,对象成了他全身心活动的一部分,认识与评价均以自己切身的感受为基础。各种审美素质和能力便由此而得到发展,而且,理智、情感与意志也自然地融合于他的活动之中。由此可见,以活动为中心的美育是儿童健康成长的最自然途径。

必须指出,对受教育者积极能动性的强调并不意味着忽视和抛弃教育者的积极作用。教与学是一个矛盾统一体,无视学生能动性和创造性的教学之所以失败,一味地灌输或压制之所以越来越无效,不是由于教师不努力,而是由于激化了教与学的矛盾,使教师与学生处于一种对立的关系之中。因此,如何使教与学成为一个有机统一体,如何使教师的"教"融会于学生的"学"当中,是目前教学过程首先要解决的问题。而充分调动学生积极性和创造性的活动正为教师充分发挥其指导作用提供了有效途径,唯有学生乐意接受、善于

---

① 李茉:《一场动起来的音乐教学革命——论达尔克罗兹体态律动教学法之"动"》,《中国音乐》2019 年第 5 期。

接受,教师的作用才能充分发挥出来。另外,美育任何一个具体的活动都离不开教师的精心设计、组织、引导和控制,光凭学生的自发性是不可能取得良好的活动效果的。西方一些学校曾一度风行的所谓学生完全自由地表现与探索的方法,已被实践证明存有许多弊病,甚至对学生的审美发展是不利的。有的美术教师探索用"任务驱动教学法"来调动学生学习的主动性和积极性,但是,教师的作用不是消逝了,而是转变了:课前系统地分析教学目标、合理安排教学任务,要求学生在课前有充分的时间反复课程教学的内容,引导学生与其他学生合理分工完成合作学习,由此提高学习效率。[①] 因此,有必要对美育活动的设计、组织、控制及其必要的材料与设备进行探讨。

活动的设计

美育的活动总是为完成特定的教学任务而设计和组织的,所以,活动的设计首先要确定特定的教学目标和内容。一般来说,美育的教学范围是比较广的,例如自然景观、社会交往和艺术等方面,均可列入教学范围。其中艺术是美育的主要领域,不过不能仅限于古典的或高雅的艺术,而应涉及古典与现代、实用与相对纯粹、民间与专业、通俗与严肃、中国与外国等方面的艺术;从艺术过程来说,创作或制作、欣赏、批评与艺术史均可作为教学内容。具体的美育教学活动均应设立明确的教学目标,它应该是综合性的,又是有重点的。所谓综合性,就是美育活动的综合效应,即对学生审美能力、审美意识、美学知识、艺术技能等方面的教学均有所涉及,并充分考虑到使学生的情感表现与发展成为可能。所谓有重点,就是集中解决一个问题,例如,学习圆舞曲的节奏型,通过画蝌蚪使学生掌握用水墨的浓淡来进行表现,等等。

设计美育活动的关键步骤在于把教学目标转化为一个活动结构,使活动沿着预定目标来进行。这里要注意的问题是:(1)学生的兴趣,这是最基础性的;(2)为学生的创造性提供一定的发挥余地;(3)提供相应的活动用品;(4)最重要的是要使活动成为学生与教学目标之间的桥梁,让学生在主动的

---

① 高钰涵、高明伟:《中学美术教学任务驱动教学方法研究》,《中国美术教育》2021 年第 16 期。

尝试、实验和探索中,完成教学目标所预定的学习任务。(5)使教学过程转化为一个师生共同参与的活动过程。所以,活动的设计要充分考虑到学生的需要与能力水平等。

美国有一所学校为了完成一个美学知识方面的概念教学目标,采用了活动的方法。有一节课的教学目标是:使学生懂得"一件艺术品或整个艺术品中任何一个因素的意义依赖于这一因素与其他众因素之间的相互关系。因此,艺术家决定改动某一件作品的一部分就不仅影响到这一部分,而且影响到整个作品的意义"。该校艺术教师不是空洞地讲解知识概念,而是设计了一个由学生自己来做的活动,并相应地设计了一种特殊教具——由形状相同而图像、色彩各异的几个部分组成的拼板。然后,让学生自由组合拼板,对艺术作品中各部分的"相互依赖关系进行实验",从而在实验性和探索性的活动中获得对上述原理的切身体验和认识。在另一所学校里,艺术课教师为了让儿童获得"空间"的概念,就让他们在椅子下的空档中爬来爬去,或用大型块状物堆出空间,这也是把概念教学转化为探索和实验活动的有益尝试。艺术欣赏教学也可设计为一个活动过程,列如,让学生用身体做出各种"雕塑姿态,体验雕塑的节奏、生命力和各部分的有机联系"。① 上述几所学校所尝试的美育活动教学方法均取得了良好的效果,是值得我们认真研究和借鉴的。

一般来说,学校美育特别是艺术课程是有一定的大纲的,因此,可以按大纲的要求来设计组织活动所必需的教学用品系列,然后成批生产,分发到各所学校。这样可以使艺术教师在组织活动时免受专业水平、制作能力、经费和时间等诸方面的条件限制,较便利地开展教学活动。美国斯坦福大学曾出于提高小学艺术教育质量的要求,设计和实验了一个"凯特林方案"。主持这项工作的埃斯内(Eisner)教授介绍说,为了使未经专业训练的教师也可提高他们作为艺术教师的职能,他们不仅设计了前后连贯的课程计划,而且还为每一堂课设计了可供选择的 2—3 种活动项目和一个很大的"凯特林箱"。这个箱子

---

① A.Hurwicz, *Programs of Promise Art in the School*, New York: Harcourt Brace Jovanovich Inc.1972, p.8.

里装有各种与教学单元配套的教学用具,可供师生在活动中使用。① 这种做法在我国目前艺术教师水平普遍不高、艺术课的教学用具极其缺乏的情况下,是值得借鉴的。

活动程序的设计和活动用品的提供为教学目标的完成奠定了基础,但是,在具体的活动过程中,教师仍需要做适时和必要的控制、引导和调节工作。值得注意的是,要使学生活动起来,教师的情绪状态和态度十分重要,教师应该首先进入状态,应是真诚而积极的,与学生是平等的,是可亲近的。教师不应是活动的旁观者或局外人,而应积极介入活动过程,作为活动群体中的一个积极而重要的成员而起作用。例如,在达尔克罗兹的"体态律动"教学活动中,教师以钢琴弹奏出来的音乐来组织、控制和调节活动,而音乐既是学生活动的依据,又是学生活动当中的一部分。活动的形式常常要根据学生心理特征和教学内容的要求进行变换,例如由拍手改为踏步,由自己动手画改为名画欣赏。活动过程也需要适时地插入教师的讲解、概括与评价,以进一步给活动定向,提高活动的教学成果。

教师还可以运用评价和奖赏机制来激励活动的进行。评价可以由教师一人来进行,也可由师生共同进行。后一种方式最适合在课堂进行。例如,把学生画的几幅有代表性的画拿出来,让学生来讨论:这幅画的线条精致但力度不足,那幅画的线条粗壮有力但不够完整,等等。这样,可帮助学生意识到各种线条在表现特性方面的差异源于每一线条的画法。在活动当中,教师最好的奖赏莫过于使每一个学生都有充分表现的机会,这种奖赏也为活动本身提供了内在动力。另外,教师个别的鼓励性评价也具有激励活动的作用。

二、激发表现力和传授表现方法相结合的原则

美育的"动力学"方法

美育活动的启动与展开依靠教师与学生双方的积极性,其中,学生的表现

---

① A.Hurwicz, *Programs of Promise Art in the School*, New York: Harcourt Brace Jovanovich Inc.1972. pp.5-14.

要求与表现能力又是最根本的方面。教师的积极性固然很重要,但它主要是体现在设计美育活动,以唤起和激励学生投入学习的积极性,帮助学生顺利完成学习任务。要把教师的积极作用转化为学生的积极活动,首先就要激发学生的审美表现动力;没有这种动力,美育活动便"动"不起来,美育的各项任务也难以顺利完成。在一些发达国家的艺术教育理论和实践中,曾有这样一种倾向,即认为美育活动只是让儿童用可利用的方式、途径和资源来进行自发和纯粹自我表现的过程,教师的作用是有限的,只是为学生提供所需的材料、场合与时间。这种方法基于一种自由主义教育观念,只相信儿童艺术天性与创造本能的美育过程,其结果当然是不理想的。且不说儿童审美表现的需要和能力需要在教师的适当帮助和引导下得到提高,即使是他们的创造冲动或表现动力也不可能像喷泉那样,永远自动地涌出来,而是需要一定的激发、诱导和激励才可能有比较持久的活力。因而,即使在帮助学生进行自由的审美表现方面,教师也不是可有可无或无所事事的。只不过,教师的工作应讲究方法,应根据美育的规律来选择或创造独特而有效的教学组织方式。

　　学生审美表现的发生不能光靠命令、强制或分数奖赏,因为它有自发性的特点。艺术家进入艺术创作阶段虽需要必要的准备,但情感的勃发、想象的驰骋不能靠事先的安排或意志的努力。学生也是如此。要想使他们进入审美状态,投入审美活动,不能光凭教师提示。许多美育课上得缺乏生气,学生没有积极性,更无创造热情,原因之一在于没有激发起他们的审美表现动力。这不是教师不努力,而是他只想直接唤起学生的情绪,他或许对着正在唱歌的学生高喊着"情绪要饱满!""这里要唱得有激情!",甚至还会直接要求学生"笑""笑",等等,学生却怎么也不能实现他的意图。有的艺术教师或许会要求学生"大胆想象!",或者让他的学生先读一篇诗,然后在内心里想象诗的意境,但是,他或许终于发现,大多数学生都没有按他的要求去做。倒不是学生不肯去想象,而是他们越按老师的计划去想象,想象却越是受到抑制。事实上,审美能力的培养不能靠教师的直接传授,学生不可能从教师那里学会如何想象、如何直觉、如何体验等心理活动方式;在美育活动中,教师也不能按部就班地直接启动学生的审美表现,像体操课教师那样,用口令来指示学生做动作。但是,教师可以通过激发学生的审美表现动力,来推动和组织美育活动,并在一定程度上为学生的审美表现(包括在创作、欣赏和批评中)定向。

激发表现动力就是唤起审美期待和审美冲动,使学生进入一种渴望情感传达和交流,希望投入审美创造活动中去的跃跃欲试的积极状态。这是使美育活动富有生气活力的基本条件,也是让学生的审美情感生活成为可能,使他们的审美能力和审美意识得到发展的基本条件。唯有表现动力被内在地激发起来,学生才会主动地开放自我:既实现了审美情感的表现,又乐于接受良好的影响。所以,激发表现动力就是开启学生的心灵之门,打通学生与教师情感交流与相互作用的渠道。就美育的实施过程来说,能否激发学生的表现动力,是关系到美育效果的关键所在。

审美的表现动力不可强制启动,只能用情绪感染和心理暗示等方式来加以诱发,而创设审美氛围则是诱发表现动力的一个基本方法。审美氛围是一种特殊的情境,是由环境、教师与学生相互作用而形成的"心理场",它的一个基本特点是具有情感的弥散性,这种情绪氛围把身处其中的人都包围起来,情感的流动具有感染力,使大家不知不觉地、自然而然地进入审美期待和冲动的动力状态。它又具有某种不可言喻的暗示性,传递着某种信息,能唤起内心深处的审美欲求。审美氛围又是一种自由、平等和合作的空气,学生可以相对自由地表现内心情感,进行各种尝试和实验,允许有差异,不怕犯错误;教师与学生之间是平等合作的关系,他们相互信任、相互鼓励;学生与学生之间也打破了在其他场合中存在着的某些隔阂(如性别界限、优生与差生的界限、组与组的界限等),可以相互交流、合作和帮助。总之,审美氛围是一种特定的心理时空,在这当中,学生的表现动力可以被激发起来;审美氛围本身也会由于表现动力的激发与强化而得到保持和加强。

审美氛围是由具体的美育过程中的环境、教师和学生等要素的相互作用而形成的,其中,教师起着预设、开创和调节的主导作用。第一,教师的心理状态、精神面貌、言行举止以及工作态度与方式,对美育课的审美氛围的创造起着决定性作用。教师应该情绪饱满,言行举止富于形象性、生动性和感染力。他应该像合唱指挥那样,用手势、姿态、表情等来感染和调动学生,诱发学生的情感和想象。一些演员常说,要使观众相信,自己必须先相信;要使观众感动,自己必须先感动。美育课的教学亦如此。教师必须首先进入审美状态,才能在无言之中带动学生进入审美状态。

第二,要特别注意巧妙地激发学生的兴趣。有小学美术教师把活生生的母鸡和小鸡引进美术课堂,学生的兴趣一下子就被激发起来了。"教师可以用学生的作品点缀教室,为学生营造富有艺术氛围的学习环境,从而起到激发学生的美术学习兴趣、熏陶学生情感等作用。教师的鼓励和支持更有利于调动学生动手的积极性,让学生敢于动手,促进其动手能力的发展。"①有的美术教师把中小学美术课堂移到美术馆去,在那个艺术的殿堂里,学生的兴趣容易被激发,审美的氛围也就自然而然地形成了。美育教学的内容必须是学生能接受的,太过成人化对儿童不合适,过于严肃也不利于气氛的活跃,这是美育教学设计应该注意的。

第三,校内教学环境要有利于审美氛围的创设。环境的布置要靠教师来进行,或者由教师组织和指导学生来完成。环境有大小之分,就学校而言,大的方面有校园的美化和校园生活的艺术化,小的方面有教室的美化。例如,用鲜花、图画、书法或其他装饰物来布置教室,创造一种优美的、诗意的气氛;上课之前,教室里荡漾着优美的音乐,也是一种审美气氛的渲染;即使是课桌椅的放置,也要注意美育活动的特点,或围成一圈,或分成几小块,教室中要留有便于走动的空间,也要为喜欢独处的学生创造条件。环境的美化最好由学生在教师的带领和指导下自己动手来做,这样一方面可以使校园、教室成为印有学生创造性劳动标记的场所,对他们有着亲切感;另一方面可以让学生在创造性劳动实践中获得审美发展。环境的布置意在唤起学生的审美期待,促发审美心境的形成。一般情况下,学生是带着非审美态度进入美育课堂的。为使美育课能迅速地发生效应,必须使学生的心境发生转换,而教室的艺术化布置正为这种转换提供了条件。

第四,教师应以热情和真诚的态度对待学生,对学生的每一个作品、每一

---

① 蒋思思:《小学美术教学中学生动手能力的培养方法研究》,《美术教育研究》2021 年第 21 期。

次尝试都怀着浓厚的兴趣和真诚的关注。只有这样,学生才会全身心地开放,投入美的活动中去。许多有经验的艺术教师都懂得,教师朋友式的、平易近人的态度是调动学生表现积极性的巨大力量。教师的工作方式对创造审美氛围是举足轻重的。一般来说,美育课教学也得有预定的教学计划,但它应是指导性的,即规定了活动范围和方向以及要取得的教学效果,而不能是一个按部就班地去实施的固定程序。教师应密切关注学生的反应和状态,在一定范围内,对教学计划作临时的调整,包括增删、变换某些预定的活动项目。美育教学涉及学生的情感表现和想象呈现等主观的个性因素,即兴式的工作方式显得尤为重要,它可以使教师根据教学过程中千变万化的各种具体情况,有针对性地开展教学活动。而且,即兴式的工作方式给学生以一种轻松、灵活和富于活力的印象,更有利于调动他们参与活动的积极性和自发性。

最重要的是,在学校生活中(不仅仅是美育过程中),教师要主动与学生建立一种情感交流关系。学生都有维护自尊的要求,他们希望甚至渴求教师以平等、尊重、亲和和理解的态度开展教学,喜欢同教师进行交流。因此,教师应该树立教育教学的民主观念,放下架子,主动地与学生平等交流。只有教师的心灵是敞开的,学生才能充分敞开心扉;只有当学生意识到、感受到教师的真诚,学生才会打开心灵的窗户,真诚地投入到审美表现活动中去。这就要求教师既是活动的组织者,又是活动的参与者。这样会破坏教师的形象吗?不!这样只能使学生更加尊重和喜爱教师,只会更有效地推动美育活动的展开。

美育教学和其他教学一样,需要预先准备,但是,艺术类课程的教学设计切忌按部就班,单调刻板,而应根据具体情境灵活安排。英国艺术教育专家罗斯认为,即兴的工作方式有助于使学生进入一种想象自发呈现的"入迷"状态。他曾对这种工作方式进行实验,如在戏剧课当中,使学生的即兴创作与教师(他自己)的即兴指导或提示相结合,从而造成了一种充满情绪性和幻想色彩的课堂气氛。这个活动是从预设一个可能被进一步发展的情境开始的:

　　罗斯:你看见这个果园了吗?(指着空无一物的空间)

　　学生:看见了。(知道这是一个"让我们扮演"的练习)

　　罗斯:天气怎么样?

学生：晴天。

罗斯：草地上湿吗？

学生：不，是干的。这个果园在一个山腰的斜坡上。

罗斯：呵！你能看得这么远！

学生：是的，在山的峡谷里有一条河，还有个农舍。山坡上更多的是树林。

罗斯：在果园里散散步。（这学生慢慢地走开，开始不解地瞪着眼睛，笑了）你看到什么了？

学生：花。树上开满了花——非常美。（她继续愉快地走着，观看着那个地方）

罗斯：你一个人？

学生：是的。噢，看——有人刚从大门走进。（她用右肩做了一个动作）

罗斯：是个男人还是女人？

学生：一个妇女。

（罗斯请了一位愿意扮演这妇女的学生乙，请她走到指定地点，进入角色。她走到原先那位扮演者面前，穿过果园，停下来，向远方凝视着）

罗斯：那样对吗？她不愿理你？

学生甲：是的，她不想同我说话，她为了某件事情而十分沮丧。

罗斯：你不想理她吗？

学生甲：不，我过去同她说话。

罗斯：行，就这样做。你对她说什么？

学生甲：我说，"这花开得很美，是吗？我从来也没见过这么可爱的果园。"（学生乙看着学生甲，但没兴趣）

罗斯：（对学生甲）她对你说什么？

学生甲：她说，"医生还没来。"

罗斯：好，（对学生乙）请这么说。

学生乙：医生还没来。

罗斯:现在如何?

学生甲:我挽着她的手,我们走着。(她们这样做了,在果园的另一端停下,分开了)

罗斯:(对学生乙)你想坐一会儿吗?

学生乙:是的。(她坐下了,然后直着腰背注视着果树。学生甲坐在她身边,看着她。过了一段时间)

罗斯:(对学生乙)发生了什么事?

学生乙:现在起风了,花儿阵雨似地纷纷飘落。我想快走。①

在这个即兴创作活动中,学生的想象随情境的发展而展开,教师则是适时地介入情境之中,帮助和协调创作活动的继续。透过这些对话,我们可以感觉到一种幻想中的、富于情感内涵的氛围在教师的诱导和鼓励下在渐渐地形成,而学生的创造自由得到了相当的保障。

表现方法的传授

另一方面,激发表现冲动不能只依靠创造自由的审美氛围,因为表现冲动的实现和表现水平的提高还需要掌握和运用表现的方法。绝对自由的自我表现是不可能的,倘若没有一定的手段,自由就成为空空如也,一无所有,根本谈不上审美创造与表现。正如有的专家指出的那样,美育活动中的自由只是一种进行实验和尝试的权利,是起跑前的助跑,而不是目的。解开一切束缚便意味着不幸,是一种空虚。② 20世纪上半叶,维也纳工艺美术学校的 F.西采克(Cizek)曾实验过一种"自由表现"的艺术教育方法。他主张让儿童更自由地观察世界,实验适合于自我表现的运用艺术媒介的方法。于是,他不向学生介绍各种艺术传统,生怕干扰了学生的创造自由。但是,学生并不是无师自通地创造出表现自我的方法,而是只能依他们的艺术教师西采克所倡导的构造主义方法来进行创作和表现。③ 这个实验的不足之处在于,只强调了美育的动

---

① M.Ross, *The Aesthetic Impulse*, Oxford: Pergamon, 1984, pp.115-116.

② H.Reed, *Education Through Art*, London: Faber and Faber, 1943, pp.282-283.

③ T.Munro, *Art Education*, New York: Liberal Art Press, 1953, pp.237-238.

力学方法,忽视了同样重要的表现方法的传授,从而导致学生审美表现动力的枯竭、审美创造的单一和审美个性的贫乏。

事实上,每一个儿童在进行审美创造时,都迫切需要他人(同学、家长或教师等)的适时帮助。从观察的方法到表达的方式,从欣赏的技巧到运用艺术媒介的技巧,对儿童来说,都是有待解决的问题,需要克服的困难。强调儿童审美创造与表现的自发与自由固然重要,但是,倘若只鼓励他们自发和自由的表现,而不要求他们学习任何方法,那么他们的表现动力不会得到支持,表现质量也不会提高,他们会随着心智的成长而陷于审美创造与表现的力不从心或眼高手低的困境,最终对审美和艺术活动失去热情与信心。针对美国普通艺术教育一般重自我表现、轻表现方法学习的状况,美国心理学家加德纳曾指出:其长处在于孩子们有充分时间自由探讨不同元素来发展创造的潜力,而危险在于,当他们要用艺术来取得某种效果时,他们所掌握的方法、技巧却往往不能保证他们达到目的。① 因此,美育教学活动不仅要保证个性创作与表现的自由,而且要传授一定的创作和表现方法;不仅要强调自由尝试与探索,而且要重视创作或欣赏的效果。任何只取其中一端的做法都很可能导致美育的失败。

审美表现方法的学习主要是从古今中外的艺术作品当中吸取审美形式构成的方式与技巧,并在具体的活动中进行训练。这种教学的适当方法是:让学生广泛地接触艺术传统,由教师指出不同的表现方式与技巧,允许学生在实验中选择运用适合自己个性的类型。在创作方面,应该引导学生用一定的有秩序的形式来创造和表现,这是审美表现的基本条件之一,也是美育活动的基本目的之一。阿恩海姆曾指出,儿童作画的方式会反过来影响他当时的心理状态。因此,创造有统一秩序的视觉形式,对于促进儿童的健康平衡发展极为重要。阿恩海姆说:"没有形状的情绪,并不是教育所要达到的最终艺术品,同样也不能作为艺术教育的手段。"②不仅视觉艺术中的美育是如此,其他艺术

---

① 详见中国音协教育委员会、中国函授音乐学院编:《迎接美育的春天》,山西人民出版社 1988 年版,第 602 页。

② 阿恩海姆:《艺术与视知觉》,滕守尧、朱疆源译,中国社会科学出版社 1984 年版,第 281 页。

领域中的美育也是如此。所以,应该让学生在活动中模仿、体验与创造具有统一秩序的审美形式构成方法,也就是艺术表情达意的语言,像绘画中的各种构图法、色彩的配制等,音乐方面的各种节奏、旋律、和声、曲式等,文学方面的各种修辞法、结构方法、韵律、文体等。在欣赏方面,应该教会学生从整体的形式结构入手去体悟对象的意味。教师有必要向学生介绍必要的美学概念和艺术知识,并让他们在欣赏活动中加深理解,学会运用。例如,什么叫写意画,它在构图用笔上有什么特点;什么叫"洛可可"风格,它有哪些特征;等等。这样做可以培养学生的形式感,使之逐渐脱离光凭直觉印象对艺术品作零碎观赏的阶段。而且,欣赏可以同创作结合起来,以提高教学效果。

传授表现方法应注意克服将技巧训练与审美表现、形式辨认与心理体验分离的不良倾向。传授表现方法的目的在于帮助学生更好地进行审美表现,所以,要将表现方法的学习与表现冲动的实现结合起来,这样才有意义。我国目前的美育教学过于偏重技巧教学,忽视了把技巧训练与审美创造、表现的结合,这是有缺陷的。仅仅会弹贝多芬的《小步舞曲》是不够的,更重要的是要融进自己的体验与理解而去有表情地弹。认识艺术作品的形式结构也不能只限于理智上的认知,而更应强调情感的体验。应该使学生直接从审美形式中品尝出审美意味来,而不是将形式与意味(内容)分开。再则,审美表现方法的传授不应是强制、单一的和灌输的,而应提供丰富的表现方式,让学生自己来选择。由于个性的审美差异,他们的审美表现方法也是千姿百态的,倘若要求一律用写实方法或用象征方法,这种教学恐怕不可能面向全体,也不可能取得普遍良好的效果。

三、个性化与阶段性原则

教育是社会与个体相互作用的过程。一方面,教育者总是依据一定社会的普遍要求来确立教育目的,运用与之相适应的教育内容和方法去影响受教育者;另一方面,受教育者不是一张可以任意涂抹的白纸,而是一个个活生生的、能动的个体,教育的效果只有通过他的积极接受才能真正实现。由于教育效果总是通过具体的教育活动落在个体特定的"心理基地"上而产生,因此,使教育的内容、方法、目标适合受教育者的个性特征和心理水平便成为教育过程的一个基本规律和方法论原则。

美育当然也不例外,甚至更应强调美育的教育教学内容和方法的个性化,并同个体的审美发展水平相适应。这一原则是完成美育任务和实现美育目的的基本保障。倘若不顾个性差异和心理发展水平,让幼儿去欣赏莎士比亚的悲剧,要求内倾性格的个体在欣赏绘画时采取客观的态度,那么就很难谈得上满足他们的审美需要,使他们的个性情感得到创造性表现和提升了。至于提高他们的审美能力和审美意识,培养他们的审美兴趣等,也都将成为一句空话。就我国目前的美育现状来说,强调适合受教育者的审美个性差异和审美发展水平,对于纠正无视或轻视个性倾向、强求千篇一律的美育方法,以及纠正儿童美育当中的"成人化""专业化"倾向,是很有针对性的。这两种不良做法不仅在促进学生的审美发展方面收效不大,而且大大破坏了儿童们那种自发地爱美、爱艺术的天性,使审美世界成为一个对他们来说只在理智上认为有价值,但在情感上不可亲近的陌生的、枯燥的和难以理解的东西。

"因材施教"

所谓审美的个性差异是指个体在不同的生理和心理结构基础上形成的不同审美需要、审美能力和审美价值取向,最突出地体现在审美趣味和审美方式上。有的人喜欢再现型艺术,有的人喜欢表现型艺术;有的较注重艺术品的思想内容,有的人较偏重艺术品的情绪效果;有的人容易卷入艺术品的情境之中,有的人则采取较冷静的旁观态度,等等。审美的个性差异也往往意味着在审美活动中的不同特长。《乐记》讲不同个性气质的人"宜歌"相应的不同作品,这就是说不同个性的人在音乐方面有不同的特长,适宜于演唱其风格与其个性相适应的歌曲。所谓"宜",就是适合,从美育的角度来说,就是要用不同风格的艺术品来满足不同个性的审美需要,培养他们的审美特长,发展他们的审美个性。

里德在他的《寓教育于艺术》一书中指出:"如果教育被置于'人'或'人性'的简单概念之上,那么,这种教育过程将是粗糙和专横的。"①那是因为,简单的人或人性概念过于宽泛,很难落实到面向个体的具体的艺术教育过程之中。因此,他提出,艺术教育应该基于对儿童个性气质和特殊性格倾向的认识,这种观点是合理的。在具体的美育教学过程中,教师所面对的不是空洞抽象的"人"或"人性",而是活生生的、具体的个体,他们在气质、性格等方面是有差异的。正是丰富多彩的个性才构成了美育过程中"人"或"人性"的丰富内涵和真实意义。因此,具体的美育教学过程应该把有差异的个性作为实际的对象,从个体的人出发。

个体的审美差异基于他们不同的个性,所以,尊重审美的个性倾向,对于促进个体完整人格的建构,对于个体生存发展的平衡协调具有重要意义。同时,审美是最富于个性特征的活动,创作、欣赏与批评均存在个性差异,对于审美活动来说,这种个性差异不是无意义的,而是很有价值的。因为个性正是审美(或艺术)独创性的重要心理基础和动力,而美育的目标之一就是发展学生的个性。一个人在审美过程中若能充分而鲜明地表现出他的个性,这正是他的审美发展达到相当高度的标志之一。由此可见,在美育活动中尊重与发展个体的审美个性,决不是一种教学策略,而是一个教育教学的目标;决不是一种权宜之计,而是促进个体审美发展的重要方法论原则。

教育教学民主是美育个性化原则确立的基础之一。个性是与他人相对的差异性,在目前中国的现实生活中,特别是在目前的学校教育中,学生显示自己的与众不同、充分表现个性是需要条件的,那就是尊重和理解学生、尊重和鼓励个性发展的民主观念和气氛。美育教学的个性化,既需要教师在观念上和具体的教学过程中真正尊重个性、发展个性,又需要学生珍视、确认和大胆表现自己的个性。要使学生做到这一点,就要求教师以平等、宽容的姿态来开展教学,一定要使学生的个性表现有一个安全、宽松的心理环境。任何对学生(包括教师对学生和学生们之间)的粗暴指责、冷嘲热讽、冷淡冷漠都极可能

---

① H.Reed,*Education Through Art*,Londen:Faber and Faber,1943,p.224.

压抑学生的个性化活动。因此,在美育过程中,民主、平等、宽容、理解的气氛是至关重要的。

要使美育过程充分个性化,应该在具体的教学目标制定、教学内容安排、教学活动组织、教学效果检验和评价等诸多环节,注意给学生的个性化表现留出充分的空间。例如,给学生规定的作业要有弹性,不能过分强求一律。即使是临摹一件物品或一幅画,也不能仅仅以逼肖原物为唯一目标或标准,也不能仅仅以教师的偏爱为标准,而应允许学生用不同的方式去画。所以,美育课的教学目标应该重在表现方式的传授和掌握,只规定学习的范围或类型,而不对结果作简单划一的规定。这样就可以使学生按自己的兴趣、爱好和特长来完成学习任务。试比较下列两个作业:第一个作业,用橡皮泥做一只茶杯;第二个作业,用橡皮泥做一件圆形器皿。显然,前者对结果规定得比较死,后者则较有弹性,可以让学生在构思、制作等方面有一定的独立选择的余地。同时,也可完成前者所要达到的教学目标,因为就美育的任务来说,主要的是学习圆形的空间立体概念和造型方式,并发展审美的心理能力,而非掌握制作某一特定物品的特殊技艺。在这个意义上说,第二个作业的美育效果一般要优于第一个。

美育的活动也要让个性有表现的余地,可以让学生按自己的感受和理解来进行创作、欣赏和评价。例如,司是唱《蝌蚪找妈妈》这首歌,有的孩子认为青蛙妈妈应该唱得响亮,因为它长大了,是妈妈;有的孩子则认为,青蛙妈妈应唱得柔情,因为这是妈妈在同自己的孩子谈话;有的主张强调小蝌蚪的演唱;有的主张强调青蛙妈妈的演唱。教师在这种情况下所做的事情,是让小朋友们自愿结合,让他们自己的理解和处理尽情地表现出来,并不强求全班学生的一致。① 这种做法,有利于学生自己去体会,自己来表现,只要是有价值的,都应鼓励。

美育教学中对学生学习成效的评价也要尊重和鼓励审美个性的表现,对于有独创性的制作与理解要给予充分奖励,甚至要适当鼓励在制作与理解上的标新立异。不能要求学生对某一作品获得共同的感受和理解,也不能要求

① 参看马淑慧:《介绍美国"综合音乐感"课程》,《上海歌声》1984 年第 10 期。

每一个学生的艺术品制作都表现同一种意义。另外,教师在评价上也不是被动的或无所作为的,一个重要任务是,在肯定个性化的表现与理解之时,还要适当地指出可能被表现与理解的其他意义,这样做的价值在于扩大个体的审美视域,因为审美个性意味着独特性,而不是偏狭性。审美个性的形成恰恰需要丰富的审美经验,需要充分吸收各种审美类型与风格的有益因素,并对此进行改造与消化,以个性的方式整合到具体的审美个性之中。真正的审美个性是独特性与丰富性的有机统一。然而,教师在评价时,应采用启发式的方法和讨论式的平等态度,鼓励学生去发展更丰富的审美意义和表现方式。这种引导式的评价也可以采取集体讨论的活动形式,让不同的个性展示各自的表现性作品,表达各自的审美理解和评价,促成他们相互之间的影响与沟通。在目前的学校里,这种鼓励学生相互启发、交流和促进的评价方式应该加以大力提倡。

美育的个性化原则还意味着对于有特殊艺术才能的学生,应该给予特别的指导。当然,作为素质教育一部分的美育,首先应该面向全体学生。当前一些学校把美育工作仅仅限于培养几个获奖的学生或组建几个有特色的艺术团体,热衷于扩大学校影响,而不是面向全体学生,切实促进学生的审美发展,这种美育不仅不全面,而且在方向上也是有偏差的。但是,面向全体并不意味着千篇一律,简单划一。学生在各个方面的发展确实存在着差异,简单划一地对待学生的审美发展不符合教育的规律。对于有特殊艺术才能的学生,由于他们的审美发展水平比一般学生高,特别是在某种艺术技能方面比较出众,还是应该为他们"开小灶",帮助他们在审美和艺术方面更快地发展。而且,这些学生还可以成为学校或班级中的艺术活动骨干,在增强学校的艺术氛围、激发其他同学的艺术兴趣、协助教师带动更多的同学参与艺术活动等方面发挥积极作用。因此,学校的美育和艺术教育应该在面向全体学生的基础上,为一些有艺术专长的学生提供进一步向高水平发展的条件,做到"点"与"面"的结合、普及与提高的结合。

"循序渐进"

受教育者不仅有个性差异,而且有发展水平或阶段的不同。个体是不断发展着的,特别是在成年之前,其身心的发展尤为迅速而明显。处于不同发展阶段的个体,他的需要、能力和意识等水平也是不同的,所以,美育是一个前后连贯、循序渐进的过程。对于处在某一发展水平的人应采用相应的教学内容和方法,这是教育的又一基本规律和原则。

明代著名思想家王守仁曾用形象的比喻,阐述了这一原则:"与人论学,亦须随人分限所及。如树有这些萌芽,只把这些水去灌溉,萌芽再长,便又加水。自拱把以至合抱,灌溉之功皆是随其分限所及。若些小萌芽,有一桶水在,尽要倾上,便浸坏他了。"①这里讲的"分限"就是个体成长的内部可能限度,教育应依此限度恰如其分地进行,倘若超出这个限度,不仅对个体成长不利,反而会损害个体。因此,教育应遵循个体成长的内在规律来进行,不能操之过急,否则便会犯"揠苗助长"的错误。美国教育家杜威则指出:"既然生活本身意味着生长,那么,每一个生物在每一个生存阶段都是确实的和积极的,在每一个阶段都具有同样的本体的成熟和生长的要求。因此,教育的意义在于不同年龄地提供适于生长的条件和适当的生活。"②杜威的观点与王阳明的说法有相一致之处,即教育应随着个体的发展水平来进行;另一方面,杜威又强调了每年龄段的个体不仅有生长要求,而且首先有生活的要求,因此,适合个体发展水平的教育又具有了使他的生活尽可能完满的意义。在这一点上,杜威更注意到教育的人文性。毕竟人与树木是不同的,人是主体,有自己的需要和能动性,所以教育教学的循序渐进不仅含有逐步培养的意思,还含有满足和提高处于一定发展水平的个体的成长需要、提高他的生命质量的意义。教育不仅仅是为人的未来做准备,他当下的生活更重要,只有保证个体在每一发展阶段都有适当的成长,这种教育才是好的。美育也应该如此。

这种对于循序渐进原则的人文性理解,与美育的基本目的相一致。每一发展阶段的个体有不同的审美需要,唯有适合于这一发展阶段的个体的审美需要、审美能力和审美意识的美育,才能满足其审美需要,才能使其生存的情

---

①　王阳明:《传习录下》,《王阳明全集》(上),上海古籍出版社 2011 年版,第 139 页。

②　转引自佛罗斯特:《西方教育的历史和哲学基础》,吴元训等译,华夏出版社 1987 年版,第 578 页。

感之维的展开成为可能,才能促进其审美发展。因此,适合个体审美发展水平的美育方法,既符合使个体的情感生活得以完满的目的,又与使个体的审美素质和能力得到提高的任务相一致。

个体的审美发展是审美需要、审美能力和审美意识的发展,是人格发展的一个方面,即感性生命的发展。个体的审美发展以审美能力的发展为最显著标志,体现为审美创造力、表现力和理解力的发展,一般可以在个体的审美定式、选择方向、感受与表现方式等方面见出。

例如,0—2岁左右的幼儿,一般对艺术作品作感觉层面的接受,他们注意的是比较鲜明、简单和变化着的感觉材料,如色彩、音响等,而对作品的内在形式、结构,如构图、旋律等缺乏把握能力。

3—6岁左右的学龄前儿童,则比较喜爱即兴式的艺术创作和欣赏。他们往往把作品作为某种内心情绪的表达,而且经常以身体动作来配合审美感受。开始对形式、结构发生兴趣,旋律感和节奏感的形成便是一个标志。对作品的理解也已从感觉材料进入它的情绪内涵。在能力方面,想象力的发展尤为突出。

7—12岁左右的儿童(小学阶段)则开始进入所谓的审美常规阶段。他们已开始对成人的艺术世界发生兴趣,开始尝试着用成人艺术的一些惯常而简单的表达方式来进行创作,但所表现的内容和理解的意义还是较孩子气的。在绘画方面,再现的(或称"现实主义"的)风格逐渐形成,学会把某种知觉图形作为现实事物的真实描摹来使用。在音乐方面,对旋律与节奏的类型、乐曲结构与风格也有了初步的自觉意识。这一阶段存在一个危机,即内心冲动与表达手段之间的不协调,出现"眼高手低"的情况。

13—18岁左右的少年(中学阶段)开始趋于社会化和成人化,审美理解力提高,有批判意识。对细节观察较细致,对艺术作品的形式、结构和媒介有了自觉意识,审美表现与理解的内容也具有社会性和历史性。同时,个性也明显地凸现出来。他们一般较喜欢模仿自己所崇拜的艺术家,也较喜爱内容和形式较为复杂的艺术品,甚至对非主流的文学艺术作品产生兴趣。对自然景观的兴趣有较大发展,也比较注重自己的言行举止的审美规范。他们审美发展的另一个特点是,在日常生活及其环境中,开始有意识地按自己的趣味来进行审美化创造。

针对个体在审美发展的各个不同阶段所具有的特点,美育应采用相应的方法,这涉及美育教学计划、教学目标、活动组织、评价标准等诸方面。例如,针对 7—12 岁儿童开始对艺术常规发生兴趣的特点,美育教学应注重艺术常规的教学,如调性、调式、旋律和节奏类型的辨认、体验与掌握应该成为这一阶段音乐课的重要内容之一。在绘画方面,针对这一阶段儿童的现实主义兴趣,可较多地给他们欣赏再现或写实风格的作品,注意引导他们对细节的注意。由于 13—18 岁的少年已具备了一定的概括和抽象能力,应要求他们对较复杂的审美对象进行整体性把握,并能建构复杂的艺术形式和理解较深刻的审美意蕴。同时,针对他们逻辑思维能力发展可能对自发的情感冲动与想象力造成压抑,应该引导他们在审美活动中充分表现个性,并把个性的自由表现与审美形式的建构内在联系起来。

美育教学过程经常面临的问题之一是成人(教育者)与儿童(受教育者)在审美发展水平上的差异。教育者往往会自觉或不自觉地以成人的趣味、观念和表达方式来要求儿童。例如,2—4 岁的儿童往往喜欢在纸上乱涂乱画,既不合艺术常规,又不能真实地绘出实物,这就是所谓的"涂鸦阶段"。有的家长或教师很着急,迫切要求他们画出符合成人所理解的"图画",殊不知这种貌似"无意义"的涂画游戏,正是这个年龄阶段的孩子即兴表现和学习使用绘画艺术媒介的基本特点。儿童的绘画常常是新颖别致、真诚生动、富于想象的,但往往也不讲究色彩调配、比例或客观真实性。有的家长或教师就会向儿童提出逼肖原物或掌握成人绘画技法的要求。当然,要求儿童像成人那样画或具有成人那样的审美选择和评价的标准,可能在短期内可以做到,但这样做只能培养他们虚假的观赏力,而且这种观赏标准不会维持多久。有艺术心理学家曾作过一些实验,让儿童按专家的标准来对两幅画作出优劣的选择。但这种状况只能维持 6 个月,此后,"经过训练的孩子又回复到原来的审美判断水平"[①]。还有一位小学一年级学生,写出了这样的诗句,"蝴蝶在花丛中跳",

———————

①　详见温诺:《创造的世界——艺术心理学》,陶东风等译,黄河文艺出版社 1988 年版,第 140 页。

但语文教师却把它改作"蝴蝶在花丛中飞舞"。其实,这位儿童描写的那种蝴蝶在飞的过程中没有滑翔,而是一蹿一蹿的,看起来像是在"跳"。他只是真切地描写了自己眼睛看到的东西,并用儿童化的语言加以表现,而教师的修改却使句子较为抽象,并且还落俗套。因此,美育工作者必须了解受教育者在不同年龄阶段的审美发展水平,了解各发展水平的审美心理特征,从而使美育过程增强科学性、自觉性和针对性,减少盲目性。英国艺术教育专家罗斯曾指出,除非将美育的课程计划和评价建立在清晰的审美发展概念之上,否则要制定首尾一致的计划和对教学效果进行公正的评价是困难的。[①] 罗斯的这种观点对我们的美育实践应该是有启发意义的。

个体的审美发展与其人格的发展,与其智力、道德等方面的发展既有联系,又有区别。一般来说,一方面,随着逻辑思维能力的发展,儿童在审美概括、艺术抽象和对审美对象内涵的理解等方面也会有相应的提高。随着道德意识的发展,儿童在审美判断上也逐渐克服"自我中心主义"的倾向,趋向于社会的审美规范;而且,在审美选择与评价方面,也已渗入了道德评价的因素。[②] 另一方面,审美发展与智力发展在某些方面是不同步,甚至取相反的方向。R.W.维特金曾指出:"认知发展理论不可避免地集中在体现较高精神活动特征的抽象力的进步,但这种发展理论是十分片面的。皮亚杰的工作为自然科学和数学方面的认知发展理论提供了基础……但并没有为艺术方面提供直接的帮助,这正是由于他的发展概念使思维愈来愈远离艺术家们感兴趣的激发美感和感觉的世界。"[③]实际上,皮亚杰的认知发展概念之所以不能恰切地概括审美发展,正是由于审美发展与认知发展有明显的差异。即使是审美的概括和抽象能力,也不是概念式的,而是与知觉和想象中的形象密切相连的。因此,美育工作者应该在儿童的逻辑思维水平提高的同时,帮助儿童保持幼时那种直觉式的审美方式,并使之与逻辑思维能力相协调,减少二者的相互

---

① M.Ross, *The Development of Aesthetic Experience*, Oxford: Pergamon, 1982, p.7.

② 参看温诺:《创造的世界——艺术心理学》,陶东风等译,黄河文艺出版社 1988 年版,第 144—146 页。

③ M.Ross, *The Development of Aesthetic Experience*, Oxford: Pergamon, 1982, p.71.

干扰,提高他们审美感受的深度和广度。审美发展与道德发展也有差异,这主要表现在前者具有鲜明的个性倾向和情感判断特征,而后者则是社会意识的发展和行为规范的内化。值得注意的是,随着道德水平的提高,个体在审美方面极易出现"二重现象",即一方面按社会的或成人的审美规范来进行审美选择和评价,另一方面却仍保持着某种"自我中心主义"倾向。如何协调这两个方面,使之尽可能趋于一致,是美育工作者应当加以注意的问题。

总之,个体的审美发展是其整个人格发展的一个有机方面,所以,适合其审美发展水平的美育方法论原则,也要求把一定年龄阶段的智力、道德发展因素引入审美发展的方面,同时要防止因智力和道德发展而给审美发展造成不利条件。事实上,在我们的学校里,学生因为形成了概念式的认知习惯而影响对艺术品作直接的形象感受,太习惯于按教师或书本所示范的方式去对待世界,从而影响了审美的个性判断和心理自由,致使学生在审美方面不能正常和健康地成长,这种状况应予以纠正。

四、学生学习评价的综合性原则

美育方法论逻辑必然地关注美育目标实现的主要途径——课程,而课程的方法论问题不仅涉及教和学,而且涉及对教和学的评价。与世界上多数国家一样,我国的学校美育主要是通过艺术课程实施的,艺术课程学习评价十分重要。但是,我国对于艺术课程学习评价的研究还处于起步阶段,研究课题和研究成果不多,这和发达国家形成了不小的差距。本书关于普通艺术教育各门课程的学习评价的探讨主要关注一般方法论原则层面,而对音乐、舞蹈、美术等具体课程的学习评价研究则需要进一步深入。

关于教育、教学和学习评价

教育评价是教育活动中的一个重要环节,是对教育、教学活动及其相关要素的价值判断。陈玉琨指出:

> 教育评价是对教育活动满足社会与个体需要的程度做出判断的活

433

动,是对教育活动现实的(已经取得的)或潜在的(还未取得,但有可能取得)价值作出判断,以期达到教育价值增值的过程。……教育评价的目的是进一步促进教学、教育质量的提高,使教师的工作能产生更大的价值。[①]

我们常见的关于教育评价的定义一般由两部分构成,一部分说的是教育评价的性质,另一部分说的是教育评估的目的。在上面所引的论述中,教育评价被定义为教育价值的判断活动,其目的是使教育价值得到增长,这种定义明确了教育评价的目标导向特征。

在我国目前教育评价的分类中,教学评价主要涉及课程、大纲、教师教和学生学,以及教学工作管理等几个方面。教师的教和学生的学构成了课程教学的主要内容,所以,普通艺术教育课程教学评价就是对这些课程中教师的施教和学生的学习行为进行评价。而在教和学两个方面,教师的工作固然很重要,是实现课程目标的主要保障,但是,学生的学习与课程目标关联最紧密。很显然,教师的教是为了学生的学习,教学和教育质量的提高、教师工作价值的增值,归根到底要落实在学生身心的成长上。因此,教学评估的根本在于考察学生的学习成效,那就是学习评价。而作为人文教育的艺术课程,学生的学习成效是内在和渐进的,而且成效的显示度常常是不清晰的,这给评价带来了不小的难度。

课程学习评价的核心是考察课程目标的完成度。我国把"提高学生审美和人文素养"作为美育教学的根本目标,那么普通艺术教育课程的学习评价就应该围绕这个根本目标来展开。然而,在工具理性的驱使下,学校教学评价往往过分关注知识增长,相对忽略人格的成长。[②] 艺术教育课程的学习也是一样,过分关注知识和技能,相对忽视学生的人格成长。学生的审美和人文素养就属于人格成长的范畴,应该成为学校普通艺术教育课程学习评价的核心要素。

---

① 陈玉琨:《教育评价学》,人民教育出版社 2019 年版,第 13 页。
② 位涛:《教学评价的基础性维度——基于赫尔巴特"教育性教学"的成人指向》,《中国教育学刊》2019 年第 5 期。

美育是否需要学习评价?

普通艺术课程的教学评价是一个难题。教育教学是对活生生的个体产生影响,而教学评价就是对这种影响的质和量进行判断。由于个体千差万别,而且育人是一个缓慢渐进的过程,因此教学效果究竟如何是不容易做出判断的。再加上审美和艺术非常注重创造性和个性化,对艺术品的感知、欣赏和价值判断也常常是见仁见智的,所以,艺术课程的教学更是难以评价。稍有美学或艺术常识的人都知道,对于艺术的评价从来都是见仁见智的,人们经常用"有一千个读者就有一千个哈姆雷特""青菜萝卜个人喜欢",来描述艺术评价的主观性差异。艺术是如此,以学习艺术为主的美育也是如此。所以,一般来讲,艺术家多数不主张在学校艺术教育中有学习评价,而应该让学生自由创造和个性化表达。艾斯纳曾概括了美国艺术教育领域不同意艺术学习评价的几项理由:

> 在艺术教育中,评价常常是一个不受欢迎的概念,其不受欢迎的原因有:第一,评价行为对学生学业质量的判断,而这种判断常常被认为是有碍创造潜能释放的。第二,评估意味着对表现的某种测量,而测量被许多艺术教育工作者看作是与艺术不相匹配的,因为艺术所珍视的经验形式是不可量化的。第三,评价与学生努力的结果相关联,而有不少的艺术教育工作者却更重视学生参与的过程而非结果。第四,评价与考查、标准化考查关系密切,而许多艺术教育工作者相信,标准化考查与他们所追求的教育效果几乎没什么关系。最后,评价与等级评分有密切联系,但是,艺术教育中的等级评分,特别是对年幼的儿童,被认为不仅没必要,而且是有害的。①

对于学生艺术课程学习评价持排斥或者怀疑态度的艺术教师在我国也有不少。事实上,上述对学生艺术学习评价的排斥意见是针对评价本身的不足

---

① 见 Elliot W.Eisner, *The Arts and Creation of Mind*, New Haven & London: Yale University Press, 2002, p.178。在该书中,艾斯纳用了两个词——assessment 和 evaluation——来讨论艺术教育的评价问题。作者自己说,虽然这两个词经常可以互换,但是 assessment 一般涉及对个别学生表现的评价、鉴定,而 evaluation 则一般涉及对一个项目的内容(用来吸引学生的活动或者发展思维技能的途径)的评价、鉴定。但是,在现代汉语里,很难找到各自相应的词汇,所以,把这两个词都译作"评价"。

而言的,而这些不足相当程度上是可以克服的。例如,量化测量并非完善的评价方法,那么是否可以把量化测量和定性评价结合起来呢? 又如,认为评价只关注学习结果,忽视了过程。那么,是否可以把过程评价引进来,和结果评价相结合呢? 我们总不能因为现有的评价做法有缺陷而取消对学生学习的评价。

这种对于艺术教育评价的排斥态度是有来由的,审美现代性的突出特征就是排斥审美之外的任何因素对艺术的渗入。康德美学产生之后,"审美自律""艺术独立"等审美主义观念曾普遍存在于美学和艺术界,著名的"为艺术而艺术"就是审美主义的典型话语。即使在进入后现代的西方,这种观念还是颇有影响力的。爱尔兰都柏林城市大学研究音乐教育的墨菲列举的研究结果显示,专业型音乐教师和通识型课堂音乐教师在对待教学评价上的显著差异:通识型音乐教师对基于时间、资源、训练、能力、感知反应和兴趣的国家课程标准几乎予以拒绝,而专业型音乐教师则对赋予课程目标的人文内涵几乎不予理会。[1]前者重视艺术的人文内涵,而后者则更加重视艺术的技术方面。

但是,我们对于所有的教和学的行为总得有一个判断,不能因为艺术教育具有特殊性就排斥教学评价,也不能因为现存的某些普通艺术课程教学评价有不恰当之处或根本是不合适的就全盘否定评价的必要性。教师教得怎样,学生学得怎样,教师总得心里有数,应该知道自己的教学是否达到了课程目标,是否需要改进,怎么改进,等等。学生也应该了解自己学习是否达到了课程要求,是否有进步,努力的方向在哪里,等等。学校的普通艺术课程的教学不能处在全然不知效果如何的状态,这是学生和家长都无法接受的。正如艾斯纳所言:

> 没有一定形式的评价,教师不能知道自己教的结果如何。不知道,或者至少是不想知道,那是职业的失职。宣称这种教育结果是原则上不可知的等于是要求人家凭着信任来支持教育项目。[2]

---

[1] Regina Murphy, "Harmonyzing Assessment And Music In The Classroom", Liora Bresler Ed., *International Handbook Of Research In Arts Education*, Dordrecht：Springer, 2007, p.364.

[2] Elliot W.Eisner, *The Arts and Creation of Mind*, Yale University Press/New Haven & London, 2002, p.179.

因此,对学生的美育学习成效还是应该有适当评价的。有了评价,就可以检验教学效果如何,从而弥补不足,提高成效;有了评价,就可以告诉社会,美育对学生身心健康发展是有益的,不可或缺的,从而引起全社会对美育的更多关注和重视;有了评价,还可以激励学生,不断努力,争取更大进步。

我国对艺术课程学习评价的研究和实践刚刚起步,存在着这样那样的问题和不足是很正常的。只要尊重美育的特点和规律、不偏离美育的基本目标,经过一段时间的理论研究和实践探索,是能够制订出相对合理的艺术课程学习评价办法的。

走向评价的综合化

教育部组织专家制定了《中小学生艺术素质测评指标体系(试行)》,于2015年出台了《中小学生艺术素质测评办法》(以下简称《办法》)。《办法》规定:"本办法适用于全日制小学、初中、普通高中、中等职业学校。学生艺术素质测评应覆盖到全体学生。"关于测评结果的应用,《办法》明确:"纳入学生综合素质档案。初中和高中阶段学校学生测评结果作为学生综合素质评价的重要内容。"这是重要的进展。但是,还是有学者指出,这个《办法》还存在不足。一是只有等级成绩,"90分以上为优秀,75—89分为良好,60—74分为合格,60分以下为不合格",没有定性的个性化描述;二是对知识和技能关注较多,对兴趣和态度,特别是解决问题的能力关注不够。她提出了如下建议:第一,艺术素质测评的重心应该从考查学生艺术知识和技能的掌握程度转向关注学生针对现实情境和需要综合运用艺术知识、技能的意识和能力,艺术素质测评不仅评定学生的艺术能力,还要评价学生艺术思维的发展水平。第二,艺术素质测评的设计和实施需要体现共同协商共同建构的评价范式并走向专业化。第三,可利用真实、动态和交互的情境化测评考查学生的综合艺术能力,基于信息技术的"艺术成长记录袋"评价方式可让学生成为自我评价的主体,并使教师能更全面和客观地评价学生的艺术素养。①

---

① 易晓明:《关于学生艺术素质测评的问题思考》,《美育学刊》2018年第3期。

目前,我国解决这个问题的关键有两个:第一,要按照"提高学生审美和人文素养"的总体要求,以高水平学术研究为基础,在课程标准中,把课程所要培养学生的那些"核心素养"用具体的概念、术语标示清楚,列出不同课程在不同年龄段所要达到的核心素养要求。这需要一个长期研究和检验的过程,评价办法也需要不断改进。目前的状况是,具体的艺术教育课程(如文学、音乐、美术等)还缺乏具有公信力的、具体明确的核心素养指标体系,以便于教师实际使用。在核心素养的表述中,应该把掌握和运用艺术语言的能力置于核心地位,而不是把艺术的相关知识和技能作为主要内容。

第二,在评价方式方法上,要遵循美育特点,把评价与美育目标紧密联系起来,只有这样才能真正发挥学习评价的作用。随着科技的发展,世界上出现了对科学的崇拜,导致"科学主义"诞生。香港中文大学前校长金耀基曾指出:

> 科学主义,不仅认为科学是知识的一种形式,而且把知识与科学等同起来,科学即知识,知识即科学。事实上,现在一般人的思维已经逐渐接受了这种科学主义。不仅在中国有此现象,在全世界都有这种趋势 。这当然是不合理的。[①]

这种状况直接导致了对标准化、客观化知识和技能的重视,再加上当下教育领域的诚信状况有待改善,对于个性化和主观性的评价存在不信任,因此,对于美育教学中的学生学习评价偏向于标准化、客观化。于是,知识和技能成为艺术素养测评的主要内容也就理所当然了。这当然并不合理,而且,目前我国学校课程教学实际上普遍是"考什么教什么"的,评价的指挥棒作用十分突出,偏于标准化和客观化的评价可能会使美育教学出现严重偏差。美育是提升学生感性能力和情感境界的教育,是在学生内心深处植入优秀人文基因的教育,是发展学生想象力、创造力的教育,这些教育的目标都涉及学生的内心情感、想象和观念意识,不是标准化、客观化的评价可以覆盖的。艺术学习的进步涉及学生艺术兴趣的培养,对艺术微妙幽深之处的表达和领悟,学生个性

[①] 金耀基:《人文教育在现代大学中的位序》,《中国大学教学》2003 年第 11 期。

化的表现和理解,这些也是标准化、客观化的评价所无法完全涉及的。因此,美育的学习评价应该遵循美育特点、指向美育目标,坚持审美与人文、标准化与个性化、客观化与主观化、结果性和过程性相结合的原则。

审美与人文相结合是就学习评价的内容而言的。美育课程主要是通过艺术学习培养学生的审美和人文素养。审美素养主要包括掌握艺术知识、艺术技能,具有一定的审美感知、想象、体验和创造能力。在具体的艺术课程学习中,审美能力体现为对某一门艺术语言的理解和运用能力。美育中的人文素养则是指通过对优秀艺术作品的欣赏和理解,在学生内心深处不断获得优秀文化积淀,使他们的审美趣味更纯正、审美意识更深刻,由此提升他们的精神气质和人格修养。上述两个方面的素养是紧密联系在一起的,没有审美素养就不可能有美育的人文素养,没有人文素养,审美素养就是低层次的,只是简单的艺术知识和技术。因此,在美育的学习评价中必须坚持把这两种素养有机结合在一起。

标准化与个性化、客观化与主观化、结果性和过程性这三对关系属于美育学习评价方法。其中标准化评价和客观化的评价是联系在一起的,二者追求统一的标准,要求评价对象是客观可量化的,这有其合理的一面,特别是在保障评价结果的公正性方面有其优势。但是,如前所述,美育的学习有统一标准、可量化的一面,例如知识、技术,但美育学习不限于这些方面。所以,美育的学习评价还需要有评价主体主观的观察和评判,这种评价还应该尊重学生的个性差异,做到标准化与个性化、客观化与主观化相结合。结果性评价是以学生学习的结果作为评价对象,而过程性评价则关注学生学习的过程,后者更能够起到学习评价的激励作用,二者的结合也是很有必要的。

评价综合化是当前学校美育课程改革的大趋势,不少学者和一线教师都为此做出了可贵的尝试和探索。尹少淳提出:

> 我们可以将评价作为促进美术教学,搜集教学信息的手段,通过评价激发学生的学习兴趣,让他们找到努力的方向。在新的美术课程中,我们鼓励积极进行评价方式的改革,具体是:采用多主体评价,原来只是教师评价学生,现在扩展到学生自我评价、互相评价、学生评价教师等。其他

评价方式还有定性评价，比如写评语，做成长"记录袋""档案袋"等方法。可以采用纵向评价，在发展的过程中让学生看到自己的进步。还可以采用过程性评价和终结性评价相结合的方式，在过程中不断地去评价，及时反馈，促进学生的发展。①

这里强调的是，以综合化的评价激发学生的美术学习积极性，促进学生发展。这显然有利于弥补标准化、客观化、结果性评价的不足，对学生美育课程学习和发展状况做一个立体的考量。有一位一线教师提出了"综合评价"的设想：

教学评价的方式与方法很多，但要注意综合评价，在评价时可采用几种方法相结合的办法，比如形成性评价与终结性评价相结合。

定性述评与定量测评相结合。

评价学生时可采用自评、互评及他评相结合，多在评价的纵向上做比较。比如学生会在同学的评价中寻找自己在班集体中的位置；在父母的评价中感受来自家庭的期望；在自我评价中发现以前与现在的不同和进步，寻求今后发展的方向。②

这里涉及三方面的综合：一是过程性与结果性评价相结合，其中"形成性评价"就是注重过程的评价，关注学生个体在学习过程中兴趣、能力和知识、技能的进步情况，这种评价要比结果评价更重要，使学习评价真正起到了促进学生学习进步的激励作用。二是评价尺度的综合，既有定量，又有定性。三是评价主体的综合，调动学生自己和同学、教师、家长各方面的积极性，对学生的艺术学习进行评价，这也会使评价更加符合实际。

个性化和主观化的评价主要是由教师来实施的，从公平的角度讲，这对教师的职业道德自律和学校管理提出了很高的要求。同时，个性化和主观化评价还可以让学生参与进来，将学生自评和互评相结合。另外，对学生艺术学习的主观评价还可以采用外请教师参与评价的方法，避免人情因素对学生学习评价的干扰，使教师的主观评价更加公平。

---

① 尹少淳：《始于世纪之初的美术课程改革》，《基础教育课程》2021 年第 21 期。
② 王银晶：《完善教学评价，推动音乐课程发展》，《中国音乐教育》2012 年第 11 期。

第十四章

美育教师的核心素养

　　"美育教师"是指在各级各类学校承担美育课程（一般是非专业性的艺术课程）教学和学校艺术活动指导工作的教师。"美育教师的核心素养"包括两个方面：一是所有教师岗位要求具备的一般知识素养、能力素养、伦理素养和实践智慧，[1]比如，师德、一般教育学心理学知识、组织教学和师生交流的能力，等等；另一个方面是美育教师承担美育课程教学和艺术活动指导所应该具备的专门知识、能力和修养。以下主要讨论的是第二个方面的核心素养。

　　美育是全面发展教育的有机组成部分，与德、智、体、劳等教育形态有内在联系。同时，我们应该认识到，美育是一种特殊的教育形态，它的具体目标是"提高学生审美和人文素养"，也就是促进学生审美发展。要对学校美育教师的基本能力和素养进行研究，首先要理解美育的特点和规律，特别是美育与目前教育界常见的教育教学观念和行为不同的方面。美育是在审美活动（主要是艺术活动）中育人的一种教育形态，审美和艺术活动具有突出的情感和想象特征，与大家熟悉的认知和实践有显著差异。认知是用理智来认识世界，认知的发展是逻辑思维的发达，所以智育的主要任务是促进学生理智的发达、逻辑思维能力的发展。实践追求实际的利益，有具体的功利目的，这在经济行为中表现得最为突出。审美和艺术偏于感性，学生的审美发展是感知、情感和想象的发展，这就和认知很不相同；审美和艺术并不追求实际利益，具有无直接现实功利性的特点，这就与实践有较大差异。学生在感性和理智两方面和谐

---

　　①　王潇晨、张善超：《教师核心素养的框架、内涵与特征》，《教学与管理》2020 年第 1 期。

发展,才能养成完整人格;一个人超越了个人私欲,才能养成高尚人格。美育以"提高学生审美和人文素养"为目标,对学校美育来讲,中小学生的审美素养主要包括对高雅艺术的兴趣、欣赏和理解经典艺术品的审美能力、有品位的审美趣味和审美意识,以及从事艺术实践的基本技能等。而审美能力本身就是一种创造力。对于大学生来说,审美素养应该加上对艺术品有较强的解读和批评能力,具备一定的美学和艺术史知识等。美育培养的人文素养主要有文化理解能力、高雅的生活情趣、超越私欲的宽阔胸怀和超越世俗的精神气质,这种通过学习高雅艺术养成的人文素养实际上是学生道德观、人生观、价值观的坚实而真诚的情意基础。由此可以见出,美育是有其相对独立的领域的,其教育目标、特征和规律都与其他的教育形态有所差异,这其实就是美育可以被单独列出的理据。对美育自身的特点和规律的认识是研究学校美育教师基本能力和素养的前提。

学校美育教师基本能力和素养的研究是当前一项紧迫任务。由于美育被重新列入国家教育方针时间不长,学校美育工作开展还不平衡,高校尚未独立设置美育学学科,因此高层次美育人才的培养和美育的学术研究比较薄弱。目前,艺术师范教育专业(如音乐教育、舞蹈教育、美术教育等)与相应的非师范类艺术专业在人才培养方案上差别不大,没有体现艺术教师教育的鲜明特点。另外,中办和国办 2020 年 10 月下发的《关于全面加强和改进新时代学校美育工作的意见》要求:

> 到 2022 年,学校美育取得突破性进展,美育课程全面开齐开足,教育教学改革成效显著,资源配置不断优化,评价体系逐步健全,管理机制更加完善,育人成效显著增强,学生审美和人文素养明显提升。到 2035 年,基本形成全覆盖、多样化、高质量的具有中国特色的现代化学校美育体系。

要达到上述目标,我们需要在十几年的时间内培养几十万合格的美育教师,另外还有对大量在职美育教师的培训任务,因而加强和改进艺术师范教育刻不容缓。[1]

---

① 对此,笔者曾撰文《加强美育教师培养刻不容缓》(见《中国教育报》2021 年 8 月 20 日第 3 版),此不赘述。

对于学校美育来说,美育师资主要是指承担面向全体学生的、以提高学生审美和人文素养为目标的艺术教育课程的教师,例如承担音乐、美术、文学、舞蹈、综合艺术等课程教学和学与艺术社团指导的教师。美育教学的主体是艺术课程教学,因为艺术是审美活动最集中和典型的形态,学生主要通过学习艺术来养成审美和人文素养,艺术课程毫无疑问是落实美育教学的主渠道。社会美育虽然并不完全以学校艺术课程的形式来开展,但是艺术的教学仍然是其最基本最可行的方式,还是需要懂美育、会育人的艺术教师来进行指导。

加强和改进艺术师范教育的认知前提之一是对学校美育教师基本能力和素养作深入研究。本章从美育促进学生全面发展和立德树人的总目标出发,遵循美育"以美育人、以美化人、以美培元"的特点和学校教育教学的规律,按照爱教育、懂美育、会艺术、有品位、能教学等美育教师的基本要求,揭示学校美育教师必须具备的特殊知识、能力和修养。这里只是就美育教师的基本能力和素养做概述,涉及各门艺术的美育教师能力和素养则需要更加细化的研究。

一、掌握美育理论知识,理解美育课程目标,确立正确的学校美育观念

美育教师应该明确所承担艺术课程的美育定位,也就是学校艺术课程的美育性质和特点,深刻理解艺术课程提高学生"审美和人文素养"的目标和"以美育人、以美化人、以美培元"的任务,并由此出发用心探索服务于美育目标和任务的课程教学方法。学校美育教师承担的是具体的艺术课程,如语文课、音乐课、美术课等,他们应该明确认识到,音乐课不仅仅要指导学生会唱,而且要通过唱来培养音乐兴趣,掌握音乐表情达意的语言,领悟经典歌曲的审美意蕴和人文内涵。美术课也不仅仅要教会学生画画,还要让学生通过欣赏和实践喜爱绘画,掌握绘画表情达意的语言,理解优秀绘画作品的审美和人文意义。如果没有正确的美育观念,艺术教师很容易把艺术课简单当成培养学生某一门艺术技能的课程,不懂得应该通过学习艺术技能引导学生深入理解

艺术的内涵,不会自觉地把艺术课上成美育课。

美育教师应该明确认识到"学生审美和人文素养"在具体的艺术课中指的是什么。审美和人文素养,对于小学生和大学生来讲应该是不同的,小学生偏于感性、直观,大学生则应该宽阔、厚重一些。在音乐课和美术课中,上述素养的表现形式也有差异。美育教师还应该懂得学生的审美和人文素养是如何通过美育而发展的。优秀艺术品是人类文明的生动记忆,体现了杰出的审美创造,包含着丰富深刻的文化意义,是对中小学生进行教育的理想教材。选取人类历史上既经典又适合学生年龄特征的艺术作品,能够使学生学会欣赏艺术,懂得审美,能够判别艺术品的优劣,并由此学会欣赏自然景观。学生长期接触优秀艺术品,耳濡目染,积累审美经验越多,审美能力也就越强,而且还会渐渐地变得趣味高雅、气质优良。当然,作为美育教材的艺术品,必须是经过历史检验的优秀经典作品,而不是所有被称为艺术的东西都可拿来作为美育教材。目前流行文化盛行,多数的"艺术"实际上只不过是娱乐,有的还不很健康,必须要仔细甄别。一些学校把美育简单等同于艺术活动,为追求热闹甚至网红,把一些艺术水准不高且情趣不健康的流行艺术引入校园,这是有悖美育宗旨的。艺术还是人类最具创造性的文化活动,优秀的经典艺术品是人类创造力的显著标志。通过学习艺术,能够发展学生创造性知觉和想象能力,丰富他们把握世界的方式,使他们能够创造性地工作和生活。美育的这些作用是其他各种教育形态所没有的,属于美育独特的、不可替代的价值。这都需要学习美育理论才能被美育教师所掌握。

美育教师应该懂得,学生审美情趣、审美能力和审美观的发展都是以他们不断积累的审美经验为基础的,因此,美育教学过程始终伴随着学生的审美情感体验。离开了情感体验,就不可能有审美经验的获得,也就不可能有审美和人文素养的提高,美育的情感体验性是美育教学必须遵循的重要特点和规律。目前学校美育课堂普遍存在"无感"现象,教师和学生在学习艺术的过程中几乎"无动于衷",这样的艺术课教学是不可能实现美育目标的。

目前的状况是,大量师范艺术教育专业的课程体系里基本上没有美育理论课程,有的只是在"教育学原理"课程里提到美育。要培养合格的学校美育教师,就应该在师范艺术教育专业开设作为专业基础课的美育理论课程。未来专门从事美育教学的艺术师范生不学习和钻研美育理论,这是无论如何都说不过去的。

二、熟练掌握一门艺术的技能和艺术语言

艺术技能的学习对于艺术创造、表演和欣赏是至关重要的,没有技能就没有艺术,没有艺术技能也很难深入理解优秀艺术作品的审美和人文内涵,这是美育教学必然包含艺术技能教学的原因。也因为此,即使是面向人人的学校美育教师也必须具备一定水平的艺术技能,包括创作(含编创和改编)或表演的技能。美育教师在艺术上有一技之长,不仅有助于开展教学、给学生作示范和组织艺术活动,而且能够引起学生对艺术的兴趣,成为学生学习艺术的良师益友。但是,必须明白,学校美育教师的艺术技能主要是为什么服务的,是指导学生参加比赛,去拿奖,还是培养艺考生? 这些可能都是小众的需求。面向全体学生的艺术技能教学主要是为了帮助学生养成艺术兴趣,更重要的是帮助学生掌握一门艺术独特的语言,进而能够深入艺术当中,接受优秀艺术的浸润,领悟优秀艺术品的审美和人文真谛。此所谓"由技入道"。

每一种艺术都有特定的媒介,如文学—话语、音乐—音响、舞蹈—肢体,等等。特定的媒介要素被组织起来,构成一个表情达意的整体,那就是艺术作品。例如,把词语按照诗的语言特点组织起来,就成了一首诗。除了韵律的要求之外,诗的语言还不同于日常用语,它是陌生化的,突破了日常用语的一些习惯。如"春风又绿江南岸"中的"绿"成了动词。王国维曾评论说:

> "红杏枝头春意闹",着一"闹"字而境界全出。"云破月来花弄影",着一"弄"字而境界全出矣。[①]

"闹"与"弄"打破词语日常用法,在上述两句诗句中的确造成了"陌生化"的效果,但细细品味,便可使我们进入一个独特的意象世界,领悟到丰富

---

① 王国维:《人间词话》,《王国维全集》第 1 卷,浙江教育出版社、广东教育出版社 2009 年版,第 462—463 页。

的意义。所以,艺术课程学习的关键就是学习艺术作品是如何由用特定的媒介组织而成的,用不同方式组织媒介的基本范型就是艺术语言。音乐作品是用有组织的音响运动来表情达意的,不同的调性、和弦、曲式、节奏、强弱,等等,都具有不同的情感色彩。要读懂音乐作品,就需要理解不同音响形式所具有的表情效果,这就需要掌握音乐这门艺术的独特语言。一定时代的艺术作品有特定的表情达意的语言范型,学生掌握了这种特定的艺术语言范型就比较容易理解相关的艺术品,对这一门艺术就开始入门了。学生怎样才能掌握艺术语言呢?一是需要经常有欣赏的实践,二是自己进行艺术实践,掌握一定的艺术技能,从而能够自己体会艺术语言的奥秘。这些都需要教师指导。因此,美育教师必须要有一技之长,还要能够"由技入道",对自己所擅长的那一门艺术的语言范型了如指掌,并且能给学生做讲解,帮助学生掌握艺术语言,进入艺术的意义世界。

在当前学校美育教学中,比较突出的问题之一就在于,美育教师普遍缺乏对艺术语言的掌握,结果就缺乏分析和阐释作品审美意义的能力。比如,讲音乐作品的鉴赏,教师所讲解的音乐作品的意义总是与学生所听到的相互脱离,不是用"仿佛让我们看到了……"这样的句式来讲画面,就是用更为抽象的时代背景或者概念来替代对音乐作品本身审美意义的解读。这种做法的毛病在于它完全脱离了音乐,要讲画面干吗还要音乐,绘画摄影甚至电影不是更直接吗?要讲抽象概念,还要听音乐做什么呢?直接讲概念就可以。这种音乐课等于部分取消了音乐,因为到了阐释作品意义这个环节,已经与听觉经验无关,也就没有音乐了。其实,音乐的音响运动是有情感效果的,不同的曲式、不同的旋律和和声、不同的节奏和强弱,等等,本身都是表达情感的音乐语言要素,应该从这些入手,再结合时代背景等历史文化因素,才能够向学生阐发音乐作品的审美和人文意义。因此,美育教师解读艺术作品独特语言的能力是至关重要的,没有这种能力,就无法引导学生理解作品的意义,也就无法完成美育的任务。因此,学校美育教师的培养和培训都需要专门开设针对某一门艺术的经典作品鉴赏课程,主要任务就是培养未来美育教师对经典艺术作品的审美和人文意义的解读能力。在教育部主办的"2021年全国普通高等学校音乐教育专业本科学生和教师基本功展示"中,新添了一个项目——音乐教育专业教师"经典音乐作品鉴赏",这个导向十分重要,也非常及时。

三、掌握至少一门艺术的系统知识,并能够理解和阐释这一门艺术中经典作品的人文内涵

所谓"一门艺术的系统知识",包括:一门艺术的基本理论和历史,这门艺术的美学特点和艺术语言的表达方式。艺术理论重点阐述了一门艺术的基本性质、特点、形态和价值,等等,只有掌握了这些知识,美育教师才能够对这一门艺术有全面的认知。艺术史则描述了一门艺术从诞生以来的发展演变过程,掌握了这些知识,美育教师才能够知晓不同时代、不同文化环境中产生的艺术的各种特点,才能知晓各个时期重要艺术家的创作成果,才能知晓所教授的艺术作品的特点以及美育价值。而且,艺术史还能助人用历史的、文化的、发展的观点来看艺术,确立艺术史观念,提高对艺术现象的分析判断能力。由此可见,掌握一门艺术的系统知识,对于美育教师评判哪些作品具有较高美育价值,对于美育教师解读艺术品的审美和人文内涵,都是至关重要的。要当一个称职的教师,对所教授的东西不仅要知其然,并且要知其所以然;不仅要心知肚明,并且要能给学生做适当的讲解。只会吹拉弹唱或者国油版雕,对于合格的美育教师而言,是远远不够的。即使是一个创作成就卓著的艺术家,如果没有一定的艺术知识修养,照样不可能成为一个优秀的美育教师。事实上,对于普通学校美育来说,美育教师并不一定需要很高的艺术技能水平,却应该有比较强的艺术理解和阐释能力,因为他的任务主要不是创作,而是用艺术来育人。

艺术是以感性、形象的方式记录人类文化历史的成果,优秀的艺术作品不仅给人以美感享受,也蕴含着丰富的人文内涵,这是美育能够发挥不可替代的育人作用的根本依据。例如,在中办、国办于 2017 年 1 月 25 日印发的《关于实施中华优秀传统文化传承发展工程的意见》中,有一段这样的表述:"中华优秀传统文化蕴含着丰富的道德观念和规范,如天下兴亡、匹夫有责的担当精

神,精忠报国、振兴中华的爱国情怀,崇德向善、见贤思齐的社会风尚,孝悌忠信、礼义廉耻的荣辱观念,体现着评判是非曲直的价值标准,潜移默化地影响着中国人的行为方式。"这种优秀的传统道德精神在中国传统戏曲的经典剧目中表现得最集中、最突出。因此,戏曲不仅是一种可以满足人民群众文化娱乐需求的艺术样式,更是弘扬中华传统美德,坚持用社会主义核心价值观引领文化建设的重要途径。

要发挥艺术课程的育人作用,需要美育教师多读书,首先要读懂艺术理论和艺术史,还要更多地了解世界优秀艺术文化,特别要对中华艺术精神有一定深度的了解。从目前学校美育教师的整体素养来看,这方面的修养是一块短板。目前的学校美育教师中,有相当比例的来源于非师范专业,他们在艺术专业学习期间比较注重技能学习,相对忽略了艺术理论和艺术史的学习。来自师范艺术教育专业的教师,可能在艺术系统知识素养上还存在不同程度的短板。这些短板是应该抓紧补齐的。师范艺术教育专业除开设一般性的"艺术概论"外,应该增加部门艺术的史论课,如音乐概论或音乐美学、中外音乐史,等等。

四、了解儿童审美发展的心理特点

任何教学都必须了解学习者的身心特点,所以说,备课就是"备学生"。脱离了学生的身心接受基础,任何教学都可能落空。例如,儿童的艺术兴趣是我们必须认真对待的课题,因为艺术的学习必须学生自己投入,产生情感体验,展开想象,从而获得审美经验。单纯靠老师说教是灌输不进去的。所以,艺术课必须让学生动起来,在做中学,课堂上要"有感",这些都需要一个前提:学生有兴趣。这就需要我们了解和研究儿童的艺术兴趣。小学生与大学生对于艺术的感性游戏特征和人文内涵的接受能力差异较大,所以儿童美育可以多一些游戏,而大学生的美育则应该高文化低技巧。

在心理学层面了解个体审美发展的特点和规律有利于美育过程的设计有的放矢。英国艺术教育专家罗斯曾指出,"审美发展"课题的研究,目的是"帮助教师们更好地理解他们的目的,特别是鼓励艺术教师为儿童们创造一些适应他们变化着的需要的学习经验"。① 这个认识是恰如其分的。而且,对于个体审美发展的深入了解还有助于建立科学合理的艺术课程学习评价指标体系,以便对学生的学习状况做出恰如其分的评价。

学生在艺术学习中还会表现出个性特征,对于学生的个性特征,只要是健康的,都应该小心呵护,鼓励发展。因为美育的一个重要任务是发展学生的创造力,而创造力的人格基础恰恰就是个性。没有个性就没有创造。美育教师应该掌握初步的个体审美类型理论,能够分辨不同的审美心理类型。个体审美心理类型是指不同个体在审美方面所具有的某种共同或相似的心理特征,是一定的人格类型特征在审美创造、表现、理解以及选择、评价中的体现。了解了个体审美心理类型,一方面可以帮助美育教师在教学中发现学生不同的个性倾向,另一方面可以引导美育教师克服千篇一律的评价习惯。

美育教师应该具备一些心理学知识,但是,目前我国心理学界对于儿童审美发展的研究还比较薄弱。然而,学生的审美发展与认知发展有较大差异,儿童的认知发展一般呈现出感性直观向抽象逻辑思维转化的发展轨迹,而审美发展却不断增强儿童的知觉敏锐性、想象的丰富性和越来越深入的情感体验能力,培养独特的直觉批判能力,这种发展也并不以"逻辑运算"为最高发展阶段。这也说明,儿童的审美发展与认知的发展存在着很大差异,二者在发展过程中甚至可能是相互矛盾的。美育教师应该具备一些有关儿童审美发展的心理学知识,然后根据自己的实践经验,摸索儿童艺术学习的心理特点。

因此,师范艺术教育专业不仅要设置普通心理学课程,而且应该有专业性更强的儿童审美心理学课程,以帮助未来美育教师更有针对性地开展美育教学工作。

五、掌握"遵循美育特点"的有效教学方法

要做好美育的教学,美育教师必须要"遵循美育特点"。美育是以情感熏

---

① M.Ross, *The Development of Aesthetic Experience*, Oxford: Pergamon, 1982, p.1.

陶的方式发挥育人作用的,通过美育,不仅能够使学生学到审美和艺术的知识和技能,更重要的是让学生在生动的情感体验过程中,把人类优秀文化的养分内化于心,使身心得到滋养。这是我们中国的一个优良育人传统。孔子等先贤早就发现,以情感体验的方式来实施教育,是使做人的道理深入人心的最好方法。美育就是在润物细无声的过程中,使青少年的内心世界发生潜移默化的变化,最终促进儿童青少年形成健康的人格。同样是育人,德育是讲道理,美育则是以情动人,用情来潜移默化地感化人,二者方法不同,影响人的方式也不同。目前有一种错误观念认为,美育要育人,就是要在艺术活动中生硬地加上教化的内容,似乎只有加上几句教训人的话才能算是在"育人",这是违背美育特点和规律的。

美育教学方法的独特性首先表现为与专业艺术课程教学的区别,这种区别来自培养目标的差异。专业艺术教育是培养艺术专门人才的,所以技能训练占了大量时间,有的高校舞蹈专业的基本功训练就占据了一周五个上午,每天四课时。作为美育的艺术教育是为了提高学生审美和人文素养,技能训练是辅助性的。但是,由于一些教师对课程的美育目标认识不清,模仿专业教学的方法,结果不仅无法把学生零起点的技能提高,而且无法完成以美育人的教学任务。美育教学方法应该围绕育人的目标,始终把对优秀艺术的体验作为教学过程的重点。触发学生情感体验的方法就是想方设法让学生动起来,在"做中学"。这里说的"动"不仅是身体要动,而且要由此引发心动,也就是让学生在身体做动作的时候感受艺术的魅力,产生情感体验,这样才能解决目前普遍存在于中小学艺术课堂里的"无感"问题。这就要求艺术教师具备教学设计能力,把学习内容转变成一个动态过程,让学生和老师一起参与进来。

艺术课程的学习评价是一个大难题,难在哪?艺术活动个性化突出、主观性强,见仁见智是常态;个人趣味,只要是健康的,无法统一,也不可厚非。不能以老师的喜好要求学生,也不能以多数人的喜好压制少数学生。因此,艺术学习的评价很难全都采用客观化、标准化的测评,应该既有客观标准的测试,又有发展性、描述性评价,而且应该以后者为主。但是,教师个体性的评价很难保证公正公平。我们不应该因为艺术学习评价是难题就放弃不做,评价是必要的。评价可以检验教学效果,可以检验学生学习进步,可以说明学校美育的积极成效。解决这个难题的出路是两方面的:一方面,学术界抓紧理论和实验研究;另一方面,学校美育教师应该在教学实践中积极探索有效的方法。

我们必须明确:美育教师是从事教育教学的专业人员,他不仅要会艺术,更要爱教育、能教学,他应该具备一个合格教师的能力和素养。目前在师范类艺术专业中,应该设置一定数量的教学方法课程,除传统的"课程教材教法"外,还应该增加结合具体艺术(如音乐、舞蹈、美术、书法等)教学的"课程教学设计""学生学习评价"等属于美育学与教育学交叉的专题性选修课,甚至还应该让学生去选修"班级管理"等教师教育课程,以便为将来做班主任打下理论基础。这些课程是目前师范类艺术专业普遍的短板,它们却能够帮助未来美育教师比较自如地上手美育教学,做好课堂管理和班级管理,并在教育教学实践中不断自我反思,提高教育教学质量。除此之外,加强教育教学实习也是提高未来美育教师教学能力和教学管理能力的有效途径。师范艺术教育专业的实习不能仅仅上几节课,而且要实习班主任工作。北京舞蹈学院的舞蹈教育专业从大一开始就组织学生进中小学见习,而且每年都有安排,这是很值得倡导的一种好做法,有条件的师范艺术教育专业都应该这么做。

六、具备组织和辅导学生艺术社团活动的多方面能力

各级各类学校从事美育教学的艺术教师应该是多面手,这和专业艺术工作者很不同。我国艺术专业往往分得很细,在本科专业目录的基础上还要细分为几个方向,这样做的好处是学生可以学得很专。然而,从培养学校美育教师角度看,这恰恰有点不合适。美育教师最好是一专多能,在艺术的某一个方面有特长,还有几个方面也能懂一点、会一点。所以,师范艺术教育专业应该打破专业艺术教育的模式,让未来的教师在艺术上学得宽一点,懂得多一点,以便未来更能适应学校美育的需要。例如,你本来是学习古典舞的,现在要求你会编导,但是编导在舞蹈学院是一个独立的专业。还有可能要求你指导现代舞,这也跨界了,但是,学校舞蹈教师不多,你也只能努力适应。一个钢琴教

师可以把难度很大的协奏曲弹下来,可是你可能被要求为一首歌曲写一个伴奏谱,或者要你即兴伴奏,甚至去指挥一个学生合唱团。这在外行人看来是理所当然的,但是从专业上讲,都算是跨界了。这说明,美育教师不仅要能自己做艺术,而且要能够组织非艺术专业的学生一起来做艺术,这就需要具备一些能满足校园艺术活动的特殊本领。一些师范大学的音乐教育专业开设了"即兴伴奏""合唱指挥""编舞"等通选课,要求该专业学生都要选修,这是一种很有价值的尝试。

一般来讲,艺术生相对比较独立,组织和参与集体活动少些。但是,艺术师范生未来是要组织学生艺术活动的,因此,需要在职前锻炼组织才干。常听到学校领导抱怨说,他们学校的美育教师艺术上能力不错,就是组织能力偏弱,这也是需要引起关注的一块短板。师范艺术教育专业可以有意识地让学生在校期间做一些组织艺术活动的实践,培养学生的组织能力。

七、遵循美育特点,改革美育教师培养方案

这些年,我国"艺术师范教育"培养了大批普通艺术教师,为了学校美育的开展提供了重要支撑。但是,由于我国还没有设置相对独立的"美育学"学科,美育教师的培养还是存在不少问题的,影响了美育实施的成效。

第一,专业性不强。这里所说的"专业性"是指美育教师培养的专业性。正如《中华人民共和国教师法》第一章第三条所说:"教师是履行教育教学职责的专业人员。"这里所讲的"专业",并非仅仅指数学、语文、音乐、美术等学科的专业知识和能力,还有同样重要的教育教学的专业知识和能力。我们讲教师教育是一门专业,就是以教师所需要具备的复合型的知识和能力为依据的。从现状看,音乐教育、舞蹈教育和美术教育等专业的课程体系与专业艺术教育差别不大,专门针对学校美育教学和学生课外艺术活动的课程还太少。这些专业的学生普遍存在对美育的性质、特点以及美育课程教学方法了解不多、认知不深的问题,毕业后能够胜任美育课程教学的不多。一些专业艺术院校冠以"××教育"专业的课程体系里面甚至没有专门开设教育学、心理学课

程,更不要说专门介绍和研究中小学艺术教育课程、教材、教法的课程。

第二,艺术师范教育中,人文类课程、美育类课程十分薄弱。受专业艺术教育课程体系影响,艺术师范教育中"史论"课程普遍不受重视,几乎没有美学和美育理论课程。这些专业的毕业生对艺术的人文理解力不强,对艺术的文化感受性较弱,所以对经典艺术作品的意义解读和结构分析能力以及对当下艺术文化现象的价值评判能力都还有待提高,而这些恰恰是学校美育教师必须具备的"基本功"。作为教师,不仅要"知其然",更重要的是要"知其所以然"。一个画家可以只画画,不必对自己的画作说三道四,但是,美术教师除了会画画之外,还要能说出一幅名作的美妙之处,引导学生去体会和领悟,这就需要理论分析和价值评判所需的知识和能力,否则难以胜任"以美育人""以文化人"的美育任务。

第三,缺乏学科支撑,美育教师教育的教学和科研水平还不够高。由于艺术师范教育的多学科交叉特征,只有建立美育学学科,我国的师范艺术教育才能够得到长足发展。美育学是以美学、艺术学与教育学为主交叉而成的应用型学科。其知识体系既包括美育的性质和特点、美育的形态与范围、美育的方法论,又包括学生审美核心素养的构成与培养、学生审美发展的阶段性特点,以及实施美育的各类主要艺术课程的特点、规律和教学方法。因为美育学属于交叉学科,需要美学、教育学和艺术学等学科的协同合作,所以美育学学科建设更需要得到各方面的大力支持。目前对应着基础教育领域课程的教师教育,我国基本上都有大学学科做支撑,例如语文、数学、外语、物理、化学、生物、政治、历史、地理和体育等,只有美育等少量教育教学领域还没有学科支撑。正是由于缺乏学科支撑,因而专门从事美育教学和研究的教师比较少,师范艺术教育还处在几个学科拼凑的状态。高等教育是整个教育系统的龙头,高校学科建设水平直接影响着各级各类学校教育的水平,因此,美育学学科建设应该尽早提到议事日程。

在目前高校美育学学科尚未正式设置的情况下,教育主管部门应该加快建立美育教师培养培训基地,以基地项目形式整合各方面资源,建立"三合一"培养模式,推动美育教师培养方案的改革。

　　所谓"三合一"培养模式,是指美育教师培养方案由美育理论类、艺术实践类和教育类三大类课程构成复合型美育教师培养模式。美育理论类课程主要由美学和艺术理论、艺术史以及美育理论等构成,培养未来美育教师自身的美学和艺术理论修养,提升他们对艺术的审美和人文理解、分析和评判能力。艺术实践类课程的主要目的是让未来美育教师掌握至少一门适应学校美育需要的艺术专门技能,例如音乐技能、绘画技能、舞蹈技能等。这些技能是必需的,但具有教师教育的特殊性。同样学习音乐技能,未来音乐美育教师可能更需要学习即兴伴奏、合唱指挥等学校美育更常用的技能。教育类课程既包括一般的教育学和心理学知识,又包括学校美育课程、教材、教法的知识,还应包括多次教育教学见习和实习的安排。

　　这种三合一的培养模式不仅仅适合于本科层次,也适合于硕士层次的美育教师培养。而在大量美育教师职后培训中,情况有所不同:除常规的课程外,要更加重视提高在职教师对艺术的审美和人文分析、理解、评判能力,以及提高对新时代学校美育方针的认识。

后　记

　　《美育学》书稿即将交给出版社了,趁此机会回顾一下自己的美育研究历程。

　　我出生在一个音乐教师的家庭,父母均毕业于国立福建音乐专科学校,一辈子做音乐教师。记得小时候家里有很多音乐书籍和唱片,"文革"中被红卫兵悉数抄走。但是,音乐还是成为我生命中的重要组成部分。我认真学过几年小提琴,父亲是我的小提琴启蒙老师。被强制下乡前,母亲为了我可以在农村做一些"宣传队"的事,临时嘱咐我练习了一本《拜耳》钢琴练习曲,同时还学了一点手风琴。恢复高考那年,我有幸考入大学,学习之余做了许多校园艺术活动,如组织学生艺术团排练和演出、创作歌曲、举办音乐讲座等。在浙江师范学院(浙江师范大学前身)这块黄土地上,乘着思想解放的春风,我展开了艺术和美学之旅。

　　1980年,我的上铺徐加方从图书馆借回一本书,读得津津有味,我凑过去看到了书名《西方美学史》。于是,我也开始读这本书,那是朱光潜写的《西方美学史》上卷。虽然我当时理论思维水平很低,不可能完全读懂书中讲的道理,但是这种讨论美和艺术以及关乎人性和情感问题的学问强烈地吸引了我。那个时候,经过十年浩劫的学校图书馆藏书有限,我把能找到的美学和文艺理论书籍都找来看,把能买到的美学书籍也都买来读,毕业前还和徐加方一起合写了两篇用美学观点来鉴赏、评论文学作品的文章。

　　1982年初,我毕业留校,拟担任"美学概论"课的主讲教师。但是,我的理论储备和思维水平让我很是惶恐。当年春天,借着浙江省成立美学研究会的机会,我认识了杭州大学的王元骧先生。于是我就以写信的方式,把在读书和备课过程中遇到的问题向王先生求教。王先生每次回信都很及时,他的指点对我帮助很大,而且回信总比我的去信写得长,字也写得更端正,给我留下十分深刻的印象,至今仍心存感激!1984年深秋,学校领导同意年轻教师考研究生,但只能考一次。于是,我考进了山东大学,跟周来祥先生学习美学。山大中文系注重培养学生扎实的学术功底,倡导读原著,使学生受益匪浅。周先生重视学生思维能力的训练,学美学要求从学哲学起步,特别强调辩证思维方法的训练。刚入学,他就要求我们用一个学期的时间读黑格尔的《小逻辑》,还要求写大量的读书笔记。读了《小逻辑》后,再读康德、黑格尔等大家的美学著作就容易多了。记得师兄弟会经常在一起研讨书中一句话的意思,有时还会因为观点不同而争得脸红耳赤,这种为学问而学问的态度,以及在这种学习过程中所获得的纯粹学问的快乐,已经成为我学术生涯中最宝贵的记忆。

在山大求学期间,我就想认真地做美育理论研究,搜集了一些相关资料,还翻译了一本英国美育论著。本想学位论文就做美育方面的,但是,导师要求我们七位同学一起做了个课题,而且,也有老师认为美育不受重视,不做也罢,所以没做成。从山大毕业以后,我回到浙江师范大学继续做文艺理论教研室的教师。我开始了美育基础理论系统研究,试图建构一个美育理论体系。同时,结合学校教师教育的特点,在浙师大中文系开设了"现代美育学"选修课,作为"美学概论"课程的延伸。两年后,写成了我的第一本美育理论著作,却没办法出版。在那个出版学术著作很困难的时期,彭立勋老师主编了一套美育丛书,要求我提供书稿。我的书稿有二十多万字,结果删到十二万字,取名《现代美育学导论》,由暨南大学出版社出版。直到2000年,全部书稿经过补充由教育科学出版社出版,名为《美育论》(此书还在2014年稍作修订再版)。1993—1994年我受国家派遣去英国做高级访问学者,除研究美学与文化的关系外,搜集了一大箱与美育研究有关的资料,并带回国内。回国后,先后做了几个有关美育的课题,相继出版了《青少年美育》(1995)、《儿童美育概论》(1995)两本书,主编了国家教委立项的重点教材《美育学概论》(1997),还发表了一系列研究美育的论文。于是,我的美育理论研究开始在学界产生影响。

　　2000 年,我到复旦大学申请博士学位,导师吴中杰先生对五四优秀传统的传承和他本人的人格精神,对我此后的学术研究产生了深刻影响。我把学位论文选题申报了国家社科基金,获得立项。这个课题是从美育思想角度切入中国美学现代传统的研究,阶段性成果在《中国社会科学》《文艺研究》《文学评论》等期刊发表,最后的成果是《审美功利主义:中国现代美育理论研究》,由人民出版社出版。同时,我有意识地组织六届研究生按代表性人物分别研究中国现代"人生艺术化"理论,最后形成了《中国现代人生艺术化思想研究》一书。2002 年,我主持过一项教育部人文社科基地重点课题"美育当代性问题研究",最后形成了与课题名称同名的一套丛书,由山东文艺出版社出版。2003 年,我和周跃良一起做过一个实证性的国家社科基金(教育学单列)课题"小学美育化教学实验研究"。我们选择了四所小学开展试验,从培训教师、编写教案到做出新课、指导教师写作研究成果,历经三年,最后出版了一套(四册)研究成果,这是将美育理论应用于学校课程教学实践的一次尝试。

　　2005 年初,一纸任命书把我调到浙江科技学院任院长。这是一所以工科为主的理工科高校,全校没有一个我在学术研究上的同行。而且学校各方面条件十分困难,甚至濒临被合并的境地。于是,我全身心投入学校行政工作中,偶尔做一点研究也是关于德国应用科学大学办学模式和我国应用型本科高校人才培养特点的,自己的学术研究被迫中断,而这一中断持续了八年!

　　2013 年,我被调任杭州师范大学校长。这是一所有着悠久艺术教育传统的学校,李叔同、鲁迅等均在此任教,曾经培养出了潘天寿、刘质平、丰子恺等一批艺术家、艺术教育家,被誉为"人文学堂,艺术校园"。虽然管理工作十分繁忙,但是学术感觉在慢慢恢复。2016 年暑假,趁着在学校值守半个月的机会,我写出了一直想写的论文《美育三义》,开启了我对美育理论研究的新阶段。在此之前,我还做过两个国家社科基金课题,一个是"新时期文学审美论研究"(1996),另一个是"中国现代审美功利主义思想与儒家心性文化传统关系研究"(2012)。虽然题目是美学的,但是,实际上研究的都是文学艺术的审美和人文价值问题,特别专注于对这种审美价值观念与中国本土问题和传统文化之间联系的挖掘。这些研究使我渐渐认识到,中国是一个美育思想源远流长又异常丰富的国家,20世纪初我国引进外国美学和美育理论是传统文化和解决本土问题需要双重定位和选择的结果,利用审美和艺术实现修身的目标是中国美学从先秦到现代一直延续的核心问题之一。我按照这个认识,申报并获批国家社科基金重大项目"当代中国美育话语体系建构研究",试图立足本土和当代,打通古今中外,建构中国自己的美育学理论。2018年初,我因年龄原因卸任校长一职,又恰逢国家空前重视美育工作,阅读和写作的时间突然多了起来。我一方面花大量时间在做美育方面的事情:在杭州师范大学和中央美术学院、东北大学等校培养美育理论研究方向的研究生,主持美育理论研究的课题;参与教育部全国高校美育教学指导委员会的工作,主持中国高教学会美育专委会工作,推动全国高校公共艺术教育课程改革和建设;发起各种全国性美育学论坛,组织全国高校美育教师培训;在全国政协的平台上连续多年对我国的美育政策提出意见建议,如建议成立教育部美育教学指导委员会、建议加强美育教师培养培训工作、建议把文学纳入国家美育工作体系等。另一方面,埋头从事美育基础理论研究,发表了一系列美育理论研究论文,重新组织编写《美育学概论》,组织编写《美育学读本》。

本书是我从事美学和美育学研究,以及教学四十余年的一个提炼和集成,也是我主持的国家社科基金重大课题"当代中国美育话语体系建构研究"的成果之一。本书的基础是2000年出版的《美育论》,但是,有五章是新写的,另有四章是对原来的内容作了大幅度的修改,增写了许多内容,其余各章也做了一定幅度的修订,还删除了一章。新写的内容字数超过一半。更关键的是,本书是从建构"美育学"知识体系出发的,更加注重交叉学科的知识融通;对美育的性质的阐述由原来的"感性教育"一义完善为"感性教育""人格教育""创造教育"三义,对美育的理解更丰富、更深刻,也更具中国特色。本书十分重视对于中国优秀美育思想传统的发掘和吸收,而且特别关注中国优秀美育思想的现代传统,从王国维、梁启超、蔡元培、朱光潜、宗白华等现代美学家那里吸取了许多融合中西的美育思想,以此来丰富美育学知识体系。同时,根据新时代美育发展的新趋势新任务,对艺术教育及其课程也有较多阐述。美育学既是交叉学科,又是应用型学科,因此有必要加大对美育方法论的研究,这也正是本书的又一个新特点。

经过 40 年在美育领域的探索，由我自己独立完成和主编完成的美育研究成果已超过 300 万字。回顾过去，我首先要感谢作为音乐教师的父母，他们赋予了我爱音乐、爱教育的"家庭基因"，这是我永远感恩的。在我开始美育学研究的那些年，美育并不受重视，蒋冰海、李范、楼昔勇、曾繁仁、彭立勋、聂振斌、彭治平、阎立钦、赵永嵩等老师，还有许多未曾谋面的编辑，指导和鼓励我的美育学研究，我要感谢他们和我的学生们支持我把美育研究坚持到今天。我的美育学研究还得到了美学界、教育学界、艺术学界诸多师友的支持和帮助，国家社会科学基金立项资助了我主持的三个美育研究课题，教育部体卫艺司也对我的美育学研究提供了支持，中央美术学院给我提供了一个深化美育研究和人才培养的平台，杭州师范大学艺术学理论学科为拙著出版提供了资助，在此一并致谢。还要感谢人民出版社的领导和责任编辑，他们的支持让拙作得以出版。

学术研究无止境，美育学知识体系的建构才起步，我将继续在美育学教学和研究上努力，在此恳请读者和同行们提出宝贵意见。

杜　卫

2022 年 2 月 22 日